언어

이론과 그 응용

한국문화사 언어학 시리즈

제3판

언어
이론과 그 응용

LANGUAGE
ITS THEORIES AND USES

김진우

한국문화사

J. B.에게

부모님께
와
학생들에게

(초판 증정)

『제3판』을 내며

『깁더본』(=제2판)을 낸 지도 열두 해가 넘었다. 늦어도 십년 안에 제3판을 내겠다고 다짐했었는데 또 천성과 만성(타고난 게으름과 고질적 다망)에 밀려 이렇게 늦어졌다.

일리노이 대학교를 2006년에 퇴임하고 연세대학교에서 5년간(2007-2012) 학부학생들을 가르치면서, 보고 듣고 배운 것들, 그동안 학계에서 거론된 것들, 또 전자시대에 걸맞은 새 장(언어와 컴퓨터) 등을 이 3판에 새로 담았다.

이 책이 세상의 빛을 보게 되도록 도와주신 분들이 여럿 있다. 통사론에 관해 조언을 준 일리노이대학교의 윤혜석 교수, 자료수집과 교정을 도와 준 가천대의 박충연 교수, 제15장(언어와 컴퓨터)의 집필을 도와 준 유호현 군이다. 모두에게 깊은 고마움의 마음을 전한다.

여러 가지 사정으로 제3판의 출판을 탑출판사로부터 한국문화사로 옮겼다. 이 책이 처음 나온 1985년부터 30여 년을 한결같이 보살펴주신 탑의 김병희 회장님께 심심한 사과와 감사를 드린다.

무엇보다도 전자파일 시대에 인쇄물의 영업성이 별로 없을 것임에도 불구하고 이 책의 출판을 기꺼이 맡아주신 한국문화사의 김태균 전무님과 조정흠 영업부 차장님, 그리고 예쁜 표지를 디자인해 주신 유승희 디자인 과장님과 이사랑 디자인 담당자님에게 깊은 감사를 드린다. 특히 처음부터 끝까지 저자의 변덕을 견디며 치밀한 편집으로 원고를 정리해 주신 이은하 편집 과장님께 진심으로 고마운 마음을 전한다.

미국의 nursery rhyme에

Baa, baa, black sheep,	(매애, 매애, 검은 양아,
Have you any wool?	양털이 좀 있느냐?
Yes, sir, Three bags full:	네 그럼요. 세 바구니가 있습죠.
One for the master,	하나는 나리님,
And one for the dame,	하나는 마님,
And one for the boy.	하나는 도련님 것입죠.)

란 동요가 있다. 3판을 거친 이 졸저를 저자를 가르쳐주신 아버님과 스승님들("my masters"), 저자를 사랑해준 어머님과 아내("my dames"), 그리고 저자의 제자와 학생들("my boys")에게 헌정한다. 특히 이 3판은 저자의 아내가 2010년 가을에 세상을 떠난 뒤, 저자를 꾸준히 위로해주고, 낙망을 낙천으로 바꾸어 준 J. B.에게 고마운 마음으로 바친다.

『언어』 제3판을 급히 집필하느라 부끄러운 오류와 오타를 간과하였다. 그동안 장석진 교수님(서울대 명예), 김진형 교수님(천안 과기대), 이금화 교수님(중국 난징대), 이은하 한국문화사 편집 과장님, 및 독자 박주형 님 등 여러분들이 졸저를 정독하고 오류를 지적해 주셔서 제 3쇄에 반영하였다. 이 모든 분들에게 진심으로 깊은 감사를 드린다.

2017년 7월 9일
미 일리노이주 어버나시
저자의 서재에서
제3판 3쇄에

『초판』 머리말에서

내 나름대로의 책을 써보겠다고 마음먹은 것은 벌써 여러 해 전의 일이었다. 그러나 바쁨과 게으름이 공모하여 (후자가 더 큰 몫으로) 늘 내 의지를 꺾었고, 그럴 때마다 도사리던 마음도 구멍 난 풍선처럼 사그라져 가고 있었다. 그러던 참에 지난해 안식년을 고국에서 보내면서 연세대학교와 충북대학교에서 언어학 강의를 하게 되었을 때, 슬기와 기대와 정열에 찬 학생들의 눈동자에서 나는 어떤 절박함을 보았고, 메꿀 수 없는 아쉬움을 느꼈다. 더 이상 게으름을 피울 수 없었다.

이 책은 Illinois 대학교의 연구실에서 두 겨울방학을, 그리고 연세대학교 매지리(梅芝里) 캠퍼스의 영빈관에서 한 여름방학을 쪼그리고 앉아 보낸 소산이다. 부화기(孵化器)가 길었다기보다는, 봄, 가을로 두 번 중단되었기 때문에 책의 내용도 이를 반영해서 고르지 않을는지 걱정된다.

…

제자(題字)를 써주신 아버님은 내게 언어학의 씨를 처음 심어주신 분이며, 어머님은 이를 키워주신 분이다. 토질이 나빠서 아직도 설익었지만 이제 커진 열매의 씨를 딴 밭에 뿌려 볼 때가 된 듯하다. 이 책을 부모님께와 학생들에게 바치는 것은 이 때문이다.

1985년 1월 12일
Urbana, Illinois에서

『깁더본』* 머리말에서

『언어』를 쓴 지도 거의 스무 해가 지났다. 그동안 30쇄를 거듭하면서, 수많은 독자들의 사랑을 받았고, 전문 교수 선정 언어학 분야의 최우수 서적, 일간 신문사 선정 최우수 교양서적 등의 지정을 받았음은, 모자란 저서임을 저자 자신이 주지하고 있었던 만큼, 과분하고 송구스러운 영예였다. …

탑의 김병희 회장님께 심심한 사과와 감사를 드린다. "내년 여름에 개정판 원고를 꼭 제출하겠습니다"라고 김 회장님께 드린 약속을 못 지킨 횟수를 다 센다면 발가락까지 빌려야 할 것이다. 그럼에도 불구하고 김 회장님은 여름에 뵐 때마다 늘 화사한 웃음으로 저자를 맞이해주셨다. 『깁더본』 머리말을 쓰면서 무거운 지겟짐을 내려놓는 기분이었는데, 이것이 10년 만의 탈고(脫稿)에서 온 것이었는지, 김 회장님에 대한 죄책감으로부터의 출고(出庫)에 온 것이었는지 분별하기가 힘들었다.

무엇보다도 그 동안 이 졸저를 꾸준히 아껴주신 많은 동료와 독자에게 깊은 감사를 드린다. 손님 없는 가게는 문을 닫기 마련이다. 여러분의 애용이 없었던들 이 책이 거의 스무 살이 되면서 아직도 인쇄되고 있을 리가 없다. …

저자의 아내는 저자의 게으름은 다그치고 바쁨은 솎아주면서, 저자의 삶을 깁고 더해준 사람이다. 이에 이 『깁더본』을 그에게 바친다.

2003년 10월 1일
일리노이주 어버나시
저자의 서재에서

---

*"깁더"는 김두봉의 『깁더 조선말본』(1927)에서 빌린 것으로, 『깁더본』이란 "깁고 더한 본", 즉 "개정 증보판"이란 뜻이다.

‖ 차례 ‖

제1부

서론

———

제1장   언어학의 과제

> 한겨레의 문화 창조의 활동은 그 말로써 들어가며, 그 말로써 하여 가며, 그 말로써 남기나니 : 사람의 생각을 소리로 나타낸 것을 말이라 하느니라 … 그러므로 생각의 학문이 따로 있고, 소리의 학문이 따로 있음에 대하여 말의 학문이 또한 따로 있는 것이니라.
>
> 외솔 최현배 (1894-1970)

　사람과 동물을 구별하는 유일한 척도는 언어라고 해도 과언이 아니다. 생리학적으로 사회학적으로 또 다른 면에서도 다소 차이는 있겠지만, 궁극적으로 가장 큰 차이는 인간만이 언어를 소유하고 있다는 데에 있다(동물세계에 언어가 있는가 없는가 하는 문제는 다음 장에서 더 자세히 관찰해 보겠다).

　사람들이 대화할 때에 한 시간 평균 4·5천 단어를 쓰며, 라디오나 TV 아나운서들은 평균 8·9천 단어를 쓰고, 독서의 평균 속도는 시간 당 1만 4·5천 단어이다. 그러니까 하루에 한 시간씩만 대화하고, 라디오나 TV를 시청하고 독서한다면 적어도 2만 5천 내지 3만 개의 단어를 매일 처리한다는 말이 된다(실제로는 10만에 더 가깝다. 물론 공부벌레나 수다쟁이, TV 스크린에 눈을 박은 사람은 이 수가 더 늘어날 것이다). 인간의 일상생활에서 이만한 빈도를 가지고 작용하는 것도 별로 없다. 우리는 하루 평균 2만 3천 번 숨을 쉬고, 우리의 심장(맥박)은 10만 번쯤 뛴다(1분에 70번 뛰는 것으로 계산했을 때). 실상 언어는 우리가 마시는 공기나 물만큼이나 인간의 일상생활에 불가결한 것이고 심장의 고동만큼이나 인간의 사회생활에 중요한 것이다. 구약에 나오는 바벨탑의 이야기는 그것이 언어의 분화의 근원을 말해 주는 것이라기보다, 공통된 언어가 없이는 협력을 요하는 사회생활이 불가능함을 상징적으로 말해 주고 있다고 볼 수 있다. 그리하여 언어를 구사하지 못하는 사람은 사람 구실을 못한다고 할 수 있을 정도로 언어의 중요성이 부각되는데, 실상 여러 사회에서 언어 장애인이나 청각 장애인이나 실어증 환자가 마치 팔다리가 없는 장애인으로 간주되는 것은 이런 이유 때문이다(이런 사람들이 구직, 구혼, 입대 신청을 했을 때 쉬이 받아들여질 것인가 생각해 보라). 이러한 사실은 여러 나라 말에도 반영되어 있다. Swahili어(아프리카 동부)에서 '사람'을 *m-tu*라 하고 '사물'을 *ki-tu*라 하는데(한자어에서의 人-物 대 事-物과 비슷하다 하겠다) 어린 아이가 언어를 습득할 때까지는 *kitu*라 불리고 습득하고 나야 *mtu*라고 불리게 된다. 영어에서 *he, she*라는 3인칭 단수 대명사가 있는데도 유아는 *it*로 불리는 것도 비슷한 현상이라고 볼 수 있는데, 언어능력이 없는 사람은 사람이라고 부를 수 없다는 잠재의식에서 나온 현상일 것이다.

언어의 중요성은 다음과 같은 현상에도 반영되어 있다. 어떤 사물이나 현상이 인간생활에 더 중요한 것일수록, 그것을 지칭하는 단어의 수가 비례적으로 많아지는 것이 대체적인 사실이다. 그래서 화가(畫家), 포목상, 문신장이에게는 색상(色相)을 구별하는 단어가 더 많고, 어른들의 미팅을 젊은이들은 **고팅, 짤팅, 정팅, 졸팅, 번개팅** 등으로 나눈다. 그런데 **걷다, 자다, 먹다, 싸다** 등의 일반 동사에 비해서 **말하다**라는 동사는 조금씩 뜻과 상황의 차이에 따라 얼마나 많은가 생각해보라. 떠오르는 것만 '가나다' 순으로 나열해 보면,

> (1.1) 고자질하다, 기리다, 꾸중하다, 뇌까리다, 떠들다, 비아냥거리다, 빈정대다, 사뢰다, 속삭이다, 쑥덕거리다, 수군거리다, 아뢰다, 악쓰다, 야단치다, 읊다, 읊조리다, 이르다, 재잘대다, 중얼거리다, 지껄이다, 푸념하다, 하소연하다, 호통치다

"언어를 쓰다"라는 동작의 뉘앙스를 세분해서 이렇게 많은 단어가 있는 것을 보아서도 언어가 인간의 일상생활에 얼마나 큰 비중을 차지하는가를 알 수가 있다. 남영신의 『우리말 분류사전』(성인당, 1994)의 제5부 제5장이 「말씀」인데 말하기와 말로 하는 행동에 관한 어휘가 34쪽(656-689)을 차지하고 있다. 한 쪽에 평균 50단어가 올라와 있다고 보면 무려 1,700개나 되는 어휘이다.

앞에서 우리는 언어를 공기나 물에 비유했거니와, 이 비유는 다른 의미에서도 적절하다. 즉, 인간의 일상생활뿐만 아니라 생명 유지에 필요한 공기와 물이 항상 우리와 같이 있고 우리와 불가분한 관계에 있기 때문에 그 존재를 의식하지 못하고 당연히 주어진 것으로 여기는 것처럼, 그러다가 공기가 희박한 고지에서나 물이 없는 사막에서야 공기와 물의 귀함과 필요성을 절감하게 되는 것처럼, 인간생활의 필수물인 언어도 평상시에는 의식하지 못하며, 그 존재를 지극히 당연한 것으로 생각하고 있다가, 언어를 상실하는 특별한 경우(예를 들면 청각 장애인이 되거나 실어증 환자가 된 경우)에야 언어의 존재와 필요성을 절감하게 된다.

이렇게 언어는 대중의 의식 속에 뚜렷하게 살아 있는 현상이 아니기 때문에 많은 사람에게 호기심을 불러일으키지도 않았고, 따라서 언어학의 역사는 다른 과학 분야와 비교해서 매우 짧으며, 언어학이 대학 교과과정에 얼굴을 내밀게 된 지도 얼마 되지 않는다. 그러나 현대 문명인이라면 누구나 기초 셈본이나 기초 경제원리, 기초 전기작용 등을 알고 있어야 하는 것처럼, 인문학도나 교양인이라면 설사 언어학도가 아니라 할지라도 이렇게 인간생활에 중요한 언어, 또 인간과 동물을 구별하는 유일한 척도인 언어를 그 속성이 무엇이고 그 생태가 어떠한 것인가를 조금쯤은 알아 둘 필요와 의무가 있는 것이다. 하물며 언어학도일 바에야. 물론 방언학, 철자법 문제, 문법기술, 표준어 문제, 언어교육, 사전편찬, 외래어 문제, 읽기와 쓰기문제, 음성인식, 음성합성, 기계번역 등 언어학의 이론을 응용해야 할 실제적인 문제로부터 두뇌의 모델로서의 언어와 사고작용의 관계에 이르기까지, 언어와 교육, 심리, 음악, 종교, 사회, 인류학, 생리학, 신경학, 전자공학 등과의 관계의 연구에 언어학은 불가결한 요소인 것이다.

그러면 언어학의 연구대상인 **언어**(language)란 무엇인가? 이것은 "삶(人生)이란 무엇인가?" 하는 질문처럼, 그 대답이 한편 자명하고 간단한 것 같으면서도 한편으로는 복잡하고 신비스럽다고 하지 않을 수 없다. 왜냐하면, 언어를 "말소리를 매개체로 한 통화수단의 체계"라고 간단히 정의해 버리고 말기에는 삶을 "신진대사를 할 수 있는 생물체의 자질"이라고 정의해 버리고 마는 것처럼, 그 기원, 진화, 조직, 생태, 변화 등에 대해선 아무런 언급도 하지 못하고 있기 때문이다. 마찬가지로 언어가 무엇인가를 알기 위해서는 언어의 기능이나 구성요소뿐만 아니라, 언어의 기원에서부터 사멸에 이르기까지 그 생태를 살펴보아야 되는 것이다. 언어가 생물은 아니라 할지라도 유기체처럼 낳고, 자라고, 분화하고, 번식하고, 또 죽기도 하기 때문이다.

한마디로 말해서 언어는 '기호(sign)의 체계(system)'라고 할 수 있다. 그런데 Charles Peirce(1839-1914)라는 미국인 논리학자에 따르면, 기호에는 세 가지 종류가 있다. 직증적(直證的 iconic) 기호, 지표적(指標的 indexical) 기호 및 상징적(象徵的 symbolic) 기호이다. 도로변에 있는 「길굽이」를 가리키는 도로표지나, 화장실 문에 붙인 「남·여」의 그림은 직증적 기호의 예이며, '왕권'을 상징하는 파라오의 홀(笏), '교회/기독교'를 상징하는 십자가(+) 등은 지표적 기호이다(직증에 대비하여 간증적(間證的) 기호라고 해도 될 것이다). 한편, 상징적 기호에는 기호와 그 기호가 지시하는 의미 사이에 아무런 관계가 없다. 교통신호등(燈)이 그 한 예이다. 파란 등은 '가라'는 의미이고, 빨간 등은 '멈추라'는 의미이며, 노란 등은 '곧 서라(또는 더 빨리 가라!?)'는 필연적인 의미가 이 색채들에 함유되어 있지 않다. 화성에서 온 외계인이 새벽 네 시경 한적한 교차로에서 신호등이 바뀌는 것을 보고서 그 의미를 알아맞힐 수는 없을 것이다.

또 이 화성인은 [하나]라는 음성체가 한반도에선 '1'을 의미하는데, 옆섬(일본)에 갔더니 어떤 때는 '꽃', 어떤 때는 '코'를 가리키는 이유를 이해할 수가 없을 것이다. 그 이유는 [hana]라는 소리에 어떤 고유한 의미가 연루되어 있는 것이 아니기 때문이다. 마찬가지로, 일리노이대 도서관 문에 적힌 PULL[풀], 대전역 앞 어느 상점 문에 쓰인 **땡겨유**, 일본의 온천탕 문에 새긴 引く[히꾸] 등은 그 의미가 '끌어당기라'라는 뜻임을 시사해줄 아무런 요인이 없다. 즉, 이들 기호와 그에 연루된 의미 사이에는 순전히 자의적이고 임의적인 관계밖에 없는 것이다.

여기에서 우리는 "언어가 기호의 체계이다"라고 할 때, 직증적이나 지표적 기호의 체계가 아니라, 상징적 기호의 체계를 지칭함을 알 수 있다. 그런데 이 간단한 정의에서 언어란 상징적 기호의 집합이 아니라, "체계"라고 한 사실에 유의할 필요가 있다. 한 나라말의 낱말이 그 나라말의 기호이고, 이 낱말의 모둠이 사전이라고 할 때, 이 사전이 바로 그 나라말이라고 할 수는 없다. 터키어 사전을 외웠다고 해서 터키어를 구사할 수 있는 것이 아니기 때문이다. 그러면 기호의 어떤 작용이 언어를 이루는가? 이에 대한 답을 다시 신호등의 비유에서 찾아보자. 세 빛깔의 신호등과 각 색에 따른 의미가 규정되었다고 신호체계가 서는 것은 아니다. 체계에는 규칙이 필요하다. 우선 배열의 규칙이 있다. 빨간 등이 맨 위에, 가운데에는 노랑, 맨 밑에 파랑의 순서로 배열되게 되어 있다. 다음에는 점등(點燈)의 규칙이 있다. 동시에 한 신호등 이상이 켜지면 안 된다는 제약과, 항상 파랑-노랑-빨강의 순번으로 반복해서 신호등이 켜진다는 순서의 규칙이 있다. 언어도 마찬가지이다. 문장을 만들기 위해서는 언어의 기호인 낱말이 어떤 배열, 제약 및 순서의 규칙을 준수해야만 됨을 우리는 다음 장들(제2부)에서 보게 될 것이다.

물샐틈없는 정의란 쉽지도 않거니와, 또 간단한 정의는 필요하지도 않고 충분하지도 않다. 그러므로 우리는 이 책에서는 언어를 정의하려는 노력을 삼가는 대신에, 책을 끝장까지 읽었을 때 "아, 언어란 이런 것이구나. 언어는 이렇게 작용하는구나"라는 느낌을 갖게 될 수 있기를 바라기로 하자.

언어는 이를 습득한 사람이면 누구나 자유로이 구사한다. 이는 마치 운전을 배운 사람은 누구나 운전할 수 있고, 스위치의 용법을 배운 사람은 라디오나 TV를 시청할 수 있는 것과 같다. 즉, 차가 움직이는 원리를 모르고도 운전할 수 있고, 먼 곳에서 소리와 그림이 어떻게 전달되는가 하는 원리를 전혀 모르고도 라디오나 TV를 켤 수 있는 것처럼, 우리는 언어가 어떻게 작용하는가 하는 원리를 전혀 모르고도 말을 할 수가 있다. 그러나 이러한 비유는 여기서 끝난다. 자동차나 TV는 분해하고 재조립해 봄으로써 그 작동의 원리를 원하면 알아 볼 수 있지만, 언어는 기계가 아니기 때문에 이를 분해하고 재조립해 봄으로써 그 작동의 원리를 알아낼 수 없기 때문이다. 바로 여기에 언어연구의 어려움이 있다. 심리작용의 언어가 두뇌의 소산인 만큼 원칙적으로는 두뇌를 분해해 봄으로써 언어의 정체를 알아 볼 수 있다고 할 수 있다(실상 신경언어학(neurolinguistics)이 근래에 발생했는데, 제14장 참조). 그러나 현대의학으로는 아직도 이것이 가능하지가 않다. 설령 산 사람의 두개골을 달걀껍질인 양 깨 보고, 신경세포를 세어 본다 해도 우리가 원하는 답을 얻을 수가 없다. 그리하여 우리는 귀납적인 방법보다는 연역적인 방법을 언어 연구에 취할 수밖에 없게 된다.

그러니까 3과 4를 곱하면 그 답이 무엇이냐(3×4=?)는 식의 연구가 아니라, 3에다 무엇을 곱해야 그 답이 12가 되느냐(3×?=12)는 식의 연구가 된다는 말이다. 이때 이것을 $x \times y = z$라는 공식으로 표현하고 x를 입력(input), z를 출력(output), x를 받아들여 가공 처리해서 z를 내는 y를 가공기(加工機 processor)라고 하자. 언어의 경우 input은 단어(어휘)이며, output은 문장이고, processor는 문법이다. 모든 문장이 단어들로 구성되어 있지만, 단어들을 아무렇게나 배열했다고 문장이 되지 않는 것은, 큰 쓰레기장에 종잇조각에서 쇳덩이에 이르기까지, 비행기를 제조하는 데 쓰이는 모든 재료가 다 있다손 치더라도, 회오리바람이 한 번 지나갔다고 해서, 아니면 번개가 한 번 쳤다고 해서 거기에서 보잉 747기가 생산될 수 없는 것과 마찬가지라고 할 수 있다. 구체적인 예를 들어보자. 다음 문장들은 김탁환의 단편소설「앵두의 시간」(『제40회 이상문학상 수상작』. 132-213쪽. 문학사상 2016)에서 인용한 것이다(139쪽).

(1.2) 봄 산이 온통 타오르듯 붉었다. 백 그루 앵두나무에 영근 수만 개의 앵두들이 나를 반겨 흔들렸다. … 이 세상에 앵두보다 맛있는 과일은 없었다.

그런데 윗 문장의 낱말들을 "비비"면, 비(非) 문장이 된다. 예 :

(1.3) *붉었다 산이 봄 타오르듯 온통
*영근 앵두들이 수만 개의 흔들렸다 반겨 백 그루 나를 앵두나무에
*과일은 맛있는 없었다 앵두보다 세상에 이

문장 앞에 붙인 별표(*)는 그 문장이 화자/청자가 수락할 수 없는 비문법적인 문장임을 표시한다. 이번에는 간단한 예를 영어에서 들어보자.

다음의 영어 문장들에서 (a) (c) (e)는 가능한 영어 문장이지만, 별표(*)가 달린 (b) (d) (f)는 영어에 있을 수 없는 문장들이다.

(1.4) a. Charles lost his gold watch.　　(철수가 금시계를 잃어버렸다)
　　　 b. *Lost Charles watch gold his.
　　　 c. Susan is an angel, isn't she?　　(순자는 천사지, 아냐?)
　　　 d. *Susan is an angel, were they?
　　　 e. Duane wants to kill himself.　　(두완이가 자살하고 싶대)[1]
　　　 f. *Duane wants me to kill himself.

　문장 (b) (d) (f)들이 영어 문장이 못되는 것은 그 안에 영어 아닌 외국어의 단어가 들어 있기 때문이 아니라 영어 단어들이 잘못 "처리·가공"되었기 때문인 것이다. 영어든 프랑스어든 어느 외국어를 배울 때 그 외국어 사전을 암기했다고 그 나라말을 할 수 없음을 우리는 잘 알고 있다. 이것은 문장의 구성에 "가공기"가 절대적으로 필요함을 단적으로 제시해주고 있다. 화자(話者 speaker)의 경우 이 "가공기"는 그의 두뇌이며 그의 "문법"이다. 그러나 앞에서도 말한 바와 같이, 두뇌를 해부해서 화자의 문법을 알아낼 수는 없으니까 이를 연역적으로 추리해 낼 수밖에 없게 된다. 화자가 가지고 있는 언어 가공기(즉 화자의 문법)의 재구(再構), 이것이 바로 언어학자의 임무이다.

　문법(文法 grammar)이란 문자 그대로 문장을 만드는 법칙이다. 여기서 우리는 "문법"이란 말에 적어도 두 가지 뜻이 있음을 알 수 있다. 하나는 화자가 그의 두뇌에 지니고 있는 이상적인 언어가공기이며, 또 하나는 이것을 언어학자가 추리해서 재구한 모델(모형 model)이다. 그러니까 "영문법"은 영어화자로 하여금 영어를 유창하고 자유롭게 구사할 수 있게 하는 자기 두뇌 속에 지니고 있는 문법을 지칭할 수도 있고, 이 영어화자의 두뇌 속의 문법은 이러이러한 성능을 가진 것일 것이다라고 어느 언어학자가 추리해서 재구한

---

[1] *Charles, Susan, Duane*을 저자는 철수, 순자, 두완이라고 옮긴다.

모델을 지칭할 수도 있다(그렇기 때문에 이상적인 영문법은 하나지만, 그 모델은 언어학자에 따라 다를 수가 있는 것이다). "문법"이란 단어에 이러한 두 가지 의미가 있음을 이제 우리가 아는 이상, 이후에는 이를 구태여 구별해서 쓰지 않기로 한다. 대부분의 경우 문맥에 의해 그 뜻이 구별될 것이며, 또 구별을 하지 않아도 무난할 때가 많기 때문이다.

그러면 언어학자는 문법의 모형을 어떻게 만드는가? 그 예를 예문 (1.4)로 돌아가 살펴보자.

우선 우리는 (1.4a)와 (1.4b)가 똑같은 단어로 구성되어 있는데도 (1.4a)는 문법적(grammatical)인데 비해 (1.4b)는 비문법적(ungrammatical)임을 착안하고 그 이유가 단어들이 어떤 특정한 순서에 의해 배열되어야 함을 추정할 수 있다. 그런데 이 어순(word order)은 개별적인 단어 단어마다 어떤 단어는 선행할 수 있고/없고, 어떤 단어는 후행할 수 있고/없고… 하는 식으로 규정되어 있는 것일까? 즉 (1.4b)가 비문법적임을 *lost*가 *Charles*에 후행해야 할 것이 선행했기 때문일까? 그렇다면,

(1.5) a. Susan lost Duane. (순자가 두완이를 잃었다)

b. Lost Duane. (길 잃은 두완이)

c. When Susan got lost, Duane found her. (순자가 길을 잃었을 때 두완이가 그녀를 찾았다)

이와 같은 문장들의 문법성은 어떻게 설명할 것인가? (1.4f)의 비문법성이 *me*가 *wants*와 *to*사이에 끼었기 때문이라고 가정한다면 다음과 같은 문장들의 문법성은 어떻게 설명되는가?

(1.6) a. John wants me to go. (존은 내가 가길 바란다)

b. John wants me to kill him. (존은 내가 그 놈을 죽였으면 한다)

c. She told me to come. (그녀가 나보고 오라고 했다)

이에 우리는 어순이 단어마다 개별적으로 규정되어 있는 것이 아님을 알수 있게 된다. 수십만 개가 되는 단어마다 일일이 개별적으로 다른 단어들과의 어순관계를 규정짓는다는 것이 수학적으로도 불가능한 것임을 우리는 곧 알 수 있다.

그러면 어떻게 영어의 어순이 규정되는가? 여기서 우리는, 화자가 의미의 세계를, 사물을 가리키는 명사, 동작을 가리키는 동사, 수식어 등등의 몇 가지 범주로 나누고, 단어들을 이 범주에 따라 분류하고 어순은 이 범주로써 규정한다고 가정하지 않을 수 없게 된다. 좀 더 구체적으로, 영어의 한 어순은 아래의 (1.7)이라고 가정할 수 있다.

(1.7) 명사 + 동사 + 수식어 + 명사

어느 가정의 옳고 그름은 다른 자료로 시험(test)해 봄으로써 알 수 있다. 우리의 경우 (1.7)의 가정이 맞는다면, (1.7)과 같은 어순은 모두 문법적이어야 할 것이다(지금 단계에서 어순이 (1.7)과 같지 않다고 해서 다 비문법적이라고는 아직 단정할 수 없다). 다음 문장들은 이 가정의 옳음을 보여주고 있다.

(1.8) a. Mary bought new hats. (메리가 새 모자를 샀다)
     b. Men love their wives. (남자들은 자기 부인을 사랑한다)
     c. John walked three miles. (존은 3마일을 걸었다)

우리는 한걸음 더 나아가 (1.7)의 마지막 명사가 수식어를 앞에 둘 수 있으면 맨 처음 명사도 수식어를 동반할 수 있을 것이라고 가정하고 이를 시험해 볼 수 있다. 다음 문장들을 살펴보면 이 가정도 옳음을 알 수 있다.

(1.9) a. Young Sam lost his senses. (젊은 샘이 정신을 잃어 버렸다)
     b. Mad men like loose women. (미친 놈이 화냥년을 좋아한다)
     c. Old Susan bought new hats. (늙은 순자가 새 모자를 샀다)

여기서 우리는, 영어문장은 명사＋동사＋명사로 구성되고 명사는 그 앞에 수식어를 동반할 수도 있다는 문장의 규칙(즉 문법)이 영어에 있음을 가정할 수 있으며, (1.4b)가 비문법적인 것은 이러한 문법 규칙(rule)에 어긋났기 때문이라고 할 수 있다.

이 규칙은 국어에도 적용된다. (1.3)의 문장들이 비문법적인 이유의 하나는 <수식어＋명사>의 어순이 <명사＋수식어>의 어순으로, 즉 수만 개의 앵두들이 대신에 *앵두들이 수만 개의, 맛있는 과일은 대신에 *과일은 맛있는, 이 세상에 대신에 *세상에 이 등으로 어순이 뒤바뀌었기 때문이다. 다른 규칙을 범한 것도 있다. 예를 들면, 국어 문장에서 동사가 마지막으로 와야 되는데 (1.3)에선 어두나 어중에 있으며(*붉었다 산이, *앵두들이 ... 흔들렸다 반겨, *맛있는 없었다 앵두보다), 또 국어에서 목적어는 동사 앞에 와야 하는데 (1.3)에선 이 규칙이 지켜지지 않고 있다(나를 반겨 대신 *반겨 ...나를).

국어와 영어화자이면 누구나 이러한 어순의 규칙이 있다는 것을 알고 있다. 이때 "알고 있다"는 말은 화자의 뇌리에 그 규칙이 영구적으로 기억되어 있음을 뜻하는데, 이것을 **언어능력**(言語能力 linguistic competence)이라 부른다. 그러니까, 언어학자가 문법을 기술한다는 것은 화자의 언어능력을 기술한다는 말이 된다. 그런데 여기에 한두 가지 문제가 있다. 그 하나는 앞에서도 언급했듯이, 언어학자의 연역적 추리의 토대는 언어자료인데, 이 언어자료가 화자의 언어능력을 항상 충실하게 반영해 주지만은 않는다는 사실이다. 인간의 두뇌는 신비스러우리만큼 그 능력이나 용량이 무한하면서도 빈틈없는 컴퓨터와는 달리 "인간다운 실수"도 가끔 저지를 수 있기 때문이다. 며칠 전 소개받은 사람의 이름이나, 몇 번 사전에서 찾아본 영어 단어를 우리는 얼마나 자주 잊어버렸던가? 비교적 간단한 암산도 틀린 적은 없었던가? 타자를 칠 때나 원고 교정을 볼 때 오자(誤字)를 간과한 적은 없었던가? 더하기와 곱하기를 할 수 있는 능력이 있는데도 때로는 계산이 틀릴 수 있듯이, 말을 할 수 있는 언어능력이 있는데도 우리는 말실수를 하는 수가 많다. 말더듬, 주저, 반복, 인칭이나 격 수의 상치, 미완결문, 비문법적인 삽입구 등등, 우리의 일상생활의 구어(口語 spoken language)에는 말실수가 매우 많다.

화자의 이러한 실제적인 언어 실연(實演)을 언어능력과 대조해서 **언어수행**(言語遂行 linguistic performance)이라 하는데, 언어수행에 실수가 있다고 해서, 그 화자의 언어능력에도 결함이 있다고 단정할 수 있을 것인가? 때때로 암산이 틀린다고 해서 그 사람이 더하기나 곱하기의 원리를 모르는 증거라고 속단할 수 있을까?

언어수행에 실수가 섞여 언어능력의 참 모습을 흐리게 할 수도 있는 한편, 인간의 짧은 기억력(short-term memory) 때문에 이해가 어렵거나 불가능한 문장들이 있다. 다음과 같은 가상적인 대화를 살펴보라.

(1.10) A. 언어학을 공부하게 되어 기쁘네.
  B. 자네가 기쁘다니 나도 기쁘네.
  A. 내가 기쁘다고 자네도 기쁘다니 나 더욱 기쁘네.
  B. 자네가 기쁘다고 나도 기쁘다니까 자네가 더욱 기뻐하니 나도 더욱 기쁘네.
  A. 내가 기쁘다고 자네도 기쁘다니 나 더욱 기쁜데 자네도 더욱 기뻐하니 나 더욱 기쁘네.
  B. 자네가 기쁘다고 나도 기쁘다니까 자네도 더욱 기뻐하니 나도 더욱 기쁜데 자네도 더더욱 기뻐하니 나도 더더욱 기쁘네.
  A. 내가 기쁘다고…
  B. 자네가 기쁘다고…

위에서 A와 B의 대화는 서너 번밖에 오가지 않았지만, 의미의 추적이 점점 어려워지고 있음을 볼 수 있다. 그리하여 이러한 대화가 더 이상 계속된다면 문장의 이해가 거의 불가능해질 것이고, 그래서 화자는 이런 따위의 문장을 말놀이를 위해서나 일부러 짓궂기 위해서가 아니라면 별로 쓰지 않을 것이다. 그렇다고 화자에게 더 기다란 문장을 꾸밀 언어능력이 없고, 청자(hearer)에게 충분한 시간을 주었을 때(아니면 종이 위에 문장을 써놓고 연필로 선을 그어가며 따져볼 때) 그러한 문장의 의미를 추적할 수 없다고 단정할 수 있을 것인가? 암산(暗算)의 실수가 계산의 불능을 말해 준다고 볼 수 없듯이 기억력의 제한에 의한 언어의 오발(誤發)도 그것이 언어능력을 반영해 주는 것이라고 볼 수는 없다. 언어자료, 즉 언어수행에서 언어능력을 연역적으로 추리해야하는 만큼, 언어학자라는 농부는 언어수행이라는 밭에서 무성한 잡초를 솎아낸 다음에야 참된 채소의 모습을 찾아볼 수 있을 것이다.

언어학자가 토박이 화자(native speaker)의 언어능력을 탐지하려는데 있어서의 또 하나의 문제는 화자가 자신이 지니고 있는 언어능력을 대부분의 경우 의식적으로 인지하지 못하고 있으며 무의식으로 암암리에만 알고 있다는 사실이다.

언어학에 문외한인 언중(言衆)은 아주 단순한 경우를 제외한다면(예를 들어 명사의 복수형을 만드는 규칙이나, 동사의 과거형을 만드는 규칙 등), 어떤 문장의 성립 여부나 문법성(grammaticality)의 진위를 즉각적으로 판단을 할 수 있어도, 왜 어떤 것은 되고 왜 어떤 것은 안 되는가를 설명할 수 없는 것이 예사이다. 문장 (1.4c)와 (1.4e)는 되는데 문장 (1.4d)와 (1.4f)는 왜 안 되는가를 순진한 영어의 화자는 설명하지 못한다.[2] 영어의 관사(article)의 용법을 미국인 친구에게 설명해 달라고 해보라. 또 국어에서 나는과 내가의 용법의 차이를 그 미국인에게 설명해 주려고 해보라. 영문법이나 국문법을 깊이 알고 있지 않으면 정확한 설명이 매우 어려울 것이다. 그렇다고 이러한 설명의 불가능이 화자의 언어능력의 불완전을 가리켜 준다고 우리는 말할 수 없다. 영미인은 관사를 자유자재로 올바르게 쓰고, 한국인은 내가와 나는을 서슴없이 구별해서 적시적소에 쓸 수 있는 언어능력을 소유하고 있기 때문이다. 여기서 우리는 토박이 화자의 언어능력을 사냥하려는 언어학자의 과업이 그리 쉽지 않은 것임을 알게 된다. 그리하여 언어학자는 가설을 시험하고 모형을 거듭 짓게 된다. 지금까지 어떤 가설들을 제시하였고, 최근 어떤 모형들을 만들고 있는가가 다음의 여러 장에서 소개·토론될 것이다.

---

2) (1.4d, f)의 비문법성은 제8장에서 설명될 것이다.

참고문헌

강범모. 2006. 『언어 - 풀어쓴 언어학개론』. 2판. 서울: 한국문화사.

김종현. 2009. 『언어의 이해』. 서울: 태학사.

김형기. 1993. 『국어학의 제문제』. 서울: 한국문화사.

김형엽. 2001. 『인간과 언어』. 서울: 한울아카데미.

장석진(편). 1994. 『현대언어학 지금 어디로』. 서울: 한신문화사.

장영준. 2014. 『언어학 101』. 서울: 한국문화사.

Akmajian, A., R. *et al.* 2010. *Linguistics: An introduction to language and communication.* 6th ed. Cambridge, MA: MIT Press.

Beaken, Mike. 2011. *The making of language.* 2nd ed. Edinburgh, UK: Dunedin Academic.

Finegan, E. 2004. *Language: Its structure and use.* 4th ed. Boston, MA: Wadsworth.

Fromkin, Victoria A., Robert Rodman, and Nina Hyams. 2014. *An introduction to language.* 10th ed. Boston, MA: Cengage Learning, Inc.

Hudson, G. 2000. *Essential introductory linguistics.* Oxford, UK: Blackwell.

Jackendoff, Ray. 1994. *Patterns in the mind.* New York, NY: Basic Books.

_____. 2002. *Foundations of language.* Oxford, UK: Oxford University Press.

Napoli, Donna Jo. 1996. *Linguistics.* New York, NY: Oxford University Press.

O'Grady, William et al. 2006. *Contemporary linguistics: An introduction.* 6th ed. Boston, MA: St. Martin's.

Peirce, Charles Sanders. 1955. Logic as a semiotic: The theory of signs. In J. Buchler ed.: *Philosophical writings of Peirce*, pp. 98-120. Mineola, NY: Dover Publications.

Pinker, Steven. 1994. *The language instinct: How the human mind creates language.* New York, NY: William Morrow and Co.

Rowe, Bruce M. and Diane P. Levine. 2012. *A concise introduction to linguistics.* 3rd ed. Upper Saddle River, NJ: Prentice Hall. [장영준 역: 『언어학 강의』. 서울: 시그마프레스. 2012.]

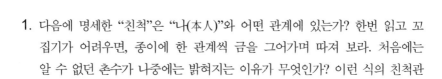

1. 다음에 명세한 "친척"은 "나(本人)"와 어떤 관계에 있는가? 한번 읽고 꼬집기가 어려우면, 종이에 한 관계씩 금을 그어가며 따져 보라. 처음에는 알 수 없던 촌수가 나중에는 밝혀지는 이유가 무엇인가? 이런 식의 친척관계의 명세에 일정한 끝이 있는가?

   외삼촌의 조카의 부인의 자녀의 사촌형제의
   고모의 숙부의 형의 아들의 동생 …

2. 다음의 (ㄱ)과 (ㄴ)을 비교해 보라.
   (ㄱ) a. 류서방은 놈팽이다.
   　　 b. 갑순이가 류서방은 놈팽이라고 고자질했다.
   　　 c. 놀부가 갑순이가 류서방은 놈팽이라고 고자질했다고 뇌까렸다.
   　　 d. 돌쇠가 놀부가 갑순이가 류서방은 놈팽이라고 고자질했다고 뇌까렸다고 대꾸했다.
   (ㄴ) a. 류서방은 놈팽이다.
   　　 b. 류서방은 놈팽이라고 갑순이가 고자질했다.
   　　 c. 류서방은 놈팽이라고 갑순이가 고자질했다고 놀부가 뇌까렸다.
   　　 d. 류서방은 놈팽이라고 갑순이가 고자질했다고 놀부가 뇌까렸다고 돌쇠가 대꾸했다.

   (ㄱ)과 (ㄴ) 중 어느 것이 더 이해가 쉬운가? 그 이유는? 이러한 문장의 중식에 제한이 있는가? (ㄱ, d)와 (ㄴ, d)보다 더 긴 문장의 예를 셋씩 들어보라.

3. 유의어 사전을 이용하여, '말하다'는 여러 뜻의 한자어 표현이나 영어 단어들을 될 수 있는 대로 많이 모아보라. 예: 언급하다, 경고하다, 예언하다, …: say, speak, tell …

4. 다음의 왼쪽 단은 Urdu어(파키스탄)의 의성어들이다. 무엇을 표현한 것이라고 생각하나? 오른쪽 단에 있는 단어들과 짝을 지어보라.

ba	개
bwak	고양이
cuk-ruu-kuu	돼지
dhum	말(馬)
guuru-guuru	문(門) 닫히는 소리
myau	수탉
sahii	시계
tik	양(羊)
ting-ting	오리
vau-vau	종(鐘)

5. 영어에서, gl-로 시작하는 어휘들이 '빛'을 나타내고(예: *glare, gleam, glimmer, glint, glitter, glisen, glow* …), sn-으로 시작하는 어휘들 중에는 '코'가 개입된 것이 많으며(예: *snoot, snooze, snore, snort, snout* …), 또 -ump로 끝나는 단어들은 '무딘' 소리나 모양을 나타내는 것들이 많다.(예: *bump, chump, lump, rump, thump* …) 국어에 이와 비슷한 현상들이 있는지 찾아보라.

6. 구약성서 다니엘서 7장에는 다니엘이 환상 중에 네 맹수(사자, 곰, 표범, 뿔이 열 달린 짐승)를 보는데, 성경학자들은 이들이 당시 유대인을 핍박하던 네 나라(바빌론, 페르시아, 그리스, 로마)를 가리킨다고 한다. 이는 Peirce의 기호체계에서 어떤 기호인가?

7. 국어에서나 영어에서 비문법적이라고 생각하는 문장을 셋씩 들어 보라. 왜 비문법적이라고 생각하는가?

8. 다음의 현상("표적")은 직증적인 기호인가, 지표적인 기호인가, 아니면 상징적인 기호인가?

　ㄱ. "바리새인과 사두개인들이 와서 예수를 시험하여 하늘로서 오는 표적
　　　보이기를 청하니, 예수께서 대답하여 가라사대 너희가 저녁에 하늘이
　　　붉으면 날이 좋겠다 하고 아침에 하늘이 붉고 흐리면 오늘은 날이 궂
　　　겠다 하나니" (마태복음 16:1-3)
　ㄴ. 두루마리 구름은 좋은 날씨를 수반하고, 조개구름은 비를 수반한다.
　ㄷ. 달무리나 햇무리가 지면 비가 온다.
　ㄹ. 가을이 되면 나뭇잎의 색이 변한다.
　ㅁ. 아침에 이슬이 맺히면 저녁까지 날씨가 좋다.

9. 다음은 Michel Faber의 장편 소설 *The Crimson Petal and the White*
(Harcourt, Inc.: New York and London, 2002)에 나오는 한 문단이다.
(p. 636)

Rap-rap	똑-똑
'Miss Sugar?'	'슈가 양?'
Rap-rap-rap.	똑-똑-똑
'Miss Sugar?'	'슈가 양?'
Rap-rap-rap-*rap*.	똑-똑-똑-똑
'Miss Sugar!'	'슈가 양!'

무엇을 상징한 것인가? 어떤 효과가 있다고 생각하나? 활자체의 크기를 똑
같게 하면서 같은 상황을 기술한다면 어떻게 할 것인가? 독자가 작가라고
가정하고 한번 시도해 보라. 똑의 수가 하나씩 늘고 있는 이유는 무엇인가?
"슈가 양"의 구두점이 "?"에서 마지막에 "!"로 바뀐다. 이것의 그럴듯한
음성적 해석은 무엇일까? 맨 마지막의 *rap*을 이탤릭체로 쓴 이유는 무엇
이라고 생각하나?

"아하, 지난번에 문법을 틀리게 쓰시는 걸 사람들이 알아챘지요."
"야, 요즘 내게 골칫거리가 얼마나 많은데, 문법까지 챙기란 말이냐?
　　베드로, 저 여자 이름 뭐야!"
"어 어!"

〔이 삽화는 신(神)의 절대무류성(絶對無謬性 infallibility)을 부인하는 것이 아니라,
언어수행의 실수가 무소부재(無所不在)함을 시사할 뿐이다.〕

제2장 동물의 "언어"

인간은 동물 가운데서 logos를 가진 유일한 존재이다.
아리스토텔레스 (384-322 BC)

No matter how eloquently a dog may bark, he cannot
tell you that his parents were poor but honest.
Bertrand Russell (1892-1970)

앞 장에서 우리는 언어는 유독 인간의 소유물이라는 전제하에 언어의 기능과 언어학의 과제를 살펴보았거니와, 언어가 통신의 수단이고, 동물세계에도 비록 원시적인 것이라 하더라도 어떤 통신 방법이 있는 바에야 무슨 기준으로 인간의 언어와 동물의 "언어"를 구별하며, 언어에 어떠한 자질이 구비되어 있어야 하길래 언어는 인간에게만 특유한 현상이라고 할 수 있는가? 이에 우리는 이 장에서 인간의 언어를 동물세계의 통신수단과 대조 비교해 보면서 그 특징을 찾아보자.

우리가 동물세계의 통신수단을 관찰해 보려는 것은 그것이 인간의 언어와 질(質)적으로 다른가 아니면 양(量)적으로 다를 뿐인가 하는 것을 규명하려는 데에도 그 목적이 있지만, 또 하나의 중요한 목적과 의의는 인간의 언어의 기원을 동물세계의 통신수단에서 찾아볼 수 있는가 하는 것이다. 다윈(Charles Darwin, 1809-1882)의 진화론에 입각해서 인류(人類)가 원류(猿類)에서 진화되었다면 인간의 언어도 원숭이류의 통신수단에서 진화된 것인가? 아니면, 계통의 진화와는 관계가 없는 다른 요소가 언어 발생에 있었는가? 이러한 물음에 긍정적으로나 부정적으로 대답할 수 있기 위해서는 동물의 통신수단을 관찰해 보지 않을 수 없다.

학자들의 관찰에 의하면 어류(魚類)는 약 10에서 15, 조류(鳥類)는 약 15에서

25, 그리고 포유동물은 약 20에서 40가지의 신호를 쓰고 있다고 한다. 인간의 언어에는 적어도 수만에서 수십만의 단어가 있음을 상기해 보면, 동물의 단어 수는 인간의 그것에 비해 비교가 안 되리만큼 적음을 알 수 있다. 그래도 인간과 동물의 언어의 차이가 신호(단어)의 다소뿐만이라면 그 차이는 양적인 차이밖에는 되지 않는다. 그러나 인간과 동물의 언어의 근본적인 차이는 양적인 것이 아니라 질적인 것이다. 이의 사실 여부를 코넬(Cornell)대학의 교수였던 Charles F. Hockett(1916-2000)라는 언어학자가 지적한 **언어의 구성자질**(Design features of language) 몇 가지에 입각해서 관찰해 보자.

(1) **이원성**(二元性 duality). 인간의 언어에는 소리의 체계와 의미의 체계가 분리·독립되어 있는 반면, 동물의 신호(예: "위험하다" "배고프다")는 소리와 의미가 한 덩이가 되어 있어 둘을 구분할 수가 없다. 인간의 언어에는 소리와 의미가 독립·분리되어 있어서 비슷한 소리가 전혀 다른 의미를 나타낼 수도 있고 다른 소리가 같은 의미를 나타낼 수도 있다. **담배**는 많이 피우면 **담**(痰 가래)이 **배**(腹)에 끓는다고 해서 담배가 아니며, **소금**(鹽)이 아무리 귀해도 **쇠금**(鐵金)은 못된다. 화사하게 핀 **개나리꽃**에서 '개같은 사또'의 몰골을 연상하지 않으며, **구두쇠**는 구두와도 쇠와도 아무런 관계가 없다. 또 **두개골, 머리뼈, 대갈통**은 소리는 전혀 다르지만 그 뜻은 같다.

오래전에 저자가 이란(Iran)의 수도인 테헤란(Tehran)에 간 적이 있었는데 어느 날 저녁 나갔다가 RUGS $5-$10라는 네온사인을 먼발치에서 보았다. 페르시아의 양탄자(rug)가 저렇게 쌀 리는 없는데 하는 의아심이, 사인 가까이 오자 풀어졌다. 원래는 DRUGS(약, 잡화)의 사인이었는데 D자에 불이 꺼져서 RUGS로만 보였던 것이다. DRUG의 RUG가 '양탄자, 융단'과는 전혀 관계없음을 보여주는 예다. 마찬가지로 catalog(목록)는 cat(고양이)나 log(통나무)와 아무런 연관이 없다. 이러한 현상은 소리와 뜻이 독립되어 있어서 가능한 것이다. 동물세계에서 어떤 일련의 소리가 '위험하다'를 뜻한다고 한다면, 이 일련의 소리는 다른 뜻을 가진 신호들과 혼동됨이 없도록 아주 다르게 되어 있어서, 이 소리에 다른 소리를 보태서 다른 뜻을 만드는 경우도 없고, 또 그 소리와 전혀 다른 소리가 같은 뜻을 갖게 되는 경우도 없다.

(2) 창의성(創意性 creativity). 둘째로 언어는 그 어휘수에 제한이 있다 하더라도 새로운 단어를 언제나 만들어 낼 수 있으며, 또 어휘의 다른 배합으로 만들어 낼 수 있는 통신 사항에는 제한이 없어서, 새로운 문장을 언제나 창조해 낼 수 있으나, 동물의 통신 내용의 목록은 선천적으로 규정된 한계를 벗어나지 못한다는 사실이다. 예를 들어 국어의 "그녀", "미지공", "옥떨메" 등과 영어에서 "nylon", "laser", "video" 등의 단어는 최근에야 생긴 신어(新語)들이며 다음과 같은 문장은,

(2.1) 나는 검은 곰이 기린을 타고 가는 것을 보았다

지금까지 아무도 꺼내 본 사람도 들어 본 사람도 없겠지만, 선뜻 할 수도 있고 또 들어서 곧 그 뜻을 이해할 수 있다(그 실현의 가능성이야 어떻든 간에). 이러한 것을 밑없는 생산성(open-ended productivity) 또는 창의성(creativity)이라 하는데 동물의 언어에는 이러한 자질이 없다. 숲속에서만 살다가 동물원에서 살게 된 짐승이 새로운 사물인 "쇠울타리", "구경꾼" 등에 해당하는 단어를 추가한다거나, "낮잠을 자고 싶은데 저 애들이 너무 떠드는군" 하는 식의 말(물론 동물어로)을 할 수 있으리라곤 상상할 수 없다.

(3) 임의성(任意性 arbitrariness). 언어의 세 번째 자질은 임의성이다. 이는 말의 소리와 그 소리가 상징하는 개념 사이의 관계가 필연적이 아님을 뜻한다. 예를 들면, "말"(馬)이라는 개념을 여러 나라 말에서 다음과 같이 표현하는데,

(2.2) 국어: 말
영어: 호오스 (horse)
프랑스어: 셔발 (cheval)
독일어: 페르트 (Pferd)
스페인어: 까바요 (caballo)
아랍어: 사바프 (sabap)
스와힐리어: 파라시 (farasi)
터키어: 아트 (at)

여기엔 아무런 표현 방식의 공통점이 없으며, "말"이라는 개념이 어떤 특정한 소리로 표현되어야 함을 우리는 발견할 수 없다. 화가가 캔버스에 "말"을 그릴 때는, 아무리 추상화라 하더라도 "말"의 모습을 분별할 수 있도록 해야 하며, 어느 화가가 그린 말이든 거기에는 공통된 말의 모습이 있지만, "말"의 개념과 이 개념을 표현하는 음성 사이에는 전혀 임의적인 관계만이 있을 뿐이다. 필연적인 관계를 가정해서 든다면, "하나"(一)를 "하나"라고 할 때, "둘"은 "하나-하나", "셋"은 "하나-하나-하나", "넷"은 "하나-하나-하나-하나" 등으로 표현하는 것이 그 한 예가 될 것이며, 섭씨 0도의 기후를 "춥다"고 표현할 때 영하 5도를 "추웁다"로, 영하 10도를 "추우웁다"로, 영하 20도를 "추우우웁다" 등으로 표현하는 것이 또 한 예가 될 것이다. 그러나 어느 언어에도 이러한 현상은 찾아볼 수 없다(한자 숫자의 一, 二, 三이나, 로마 숫자의 Ⅰ, Ⅱ, Ⅲ 등의 예가 고작이다).

개념과 말소리 사이의 임의적인 관계에 예외가 되는 것으로 의성어(擬聲語 onomatopoeia)라는 게 있다. 동물의 울음소리를 흉내내는 "멍멍", "꼬끼오", "뻐꾹" 등과 사물이나 자연의 소리를 흉내내는 "출렁출렁"(물결), "핑핑"(팽이), "땡땡"(종) 등이 그 예이다. 그러나 이러한 어휘의 숫자는 극히 제한된 소수이며, 또 이러한 소리조차 각 나라 말마다 그 상징 방법이 다른 경우가 많다. 개(犬)가 몇 나라말로 어떻게 짖는지 다음 예를 보라.

(2.3) 국어: 멍멍
　　　 영어: 바우와우 (bow-wow)
　　　 러시아어: 가브가브 (gav-gav)
　　　 인도네시아어: 공공 (gong-gong)
　　　 프랑스어: 뚜뚜 (tou-tou)

이 예들에서 우리는 의성어도 소리의 상징에 지나지 않으며 실제의 소리와는 거리가 멀 수 있음을 알 수 있다.

의성어와 비슷한 예로 **음성상징**(sound symbolism)이라는 게 있다. 다음에 든 영어의 예를 보면 *gl*로 시작하는 많은 단어가 "빛"의 의미를 포함하고 있음을 알 수 있다.

(2.4) glare '섬광', '눈부시게 빛나다'   gleam '미광', '반짝 빛나다'
　　　glitter '광채', '반짝이다'   gloss '광택', '윤기'
　　　glisten '번쩍거리다'   glimmer '깜빡이다'
　　　glint '번득이다'   glow '백열', '빛나다'

　그러나 이러한 경우도 *gl*이라는 소리에 "빛"이라는 개념이 필연적으로 연관되어 있는 것이라면, 영어 아닌 다른 나라 말들에서도 비슷한 현상이 있어야 할 텐데 그렇지가 않으며, 또 영어 자체 내에서도 *gl*로 시작하는 모든 단어가 "빛"과 관련되어 있는 것도 아니다. 예: *glass* '유리', *glide* '미끄러지다', *glove* '손장갑', *glottis* '성문(聲門)', *glutton* '대식가(大食家)' 등. 오히려 *glacial* '냉담한', *gloomy* '어둑한', *glum* '음울한' 등의 단어는 "빛"과는 전혀 반대의 의미를 보여주고 있다. 결국, 소리와 그 뜻의 관계는 전혀 임의적인 것이라고 하지 않을 수 없다.

　(4) 네 번째 언어의 자질은 **교환성**(interchangeability)이라는 것으로, 화자가 수시로 청자도 되고 청자는 화자가 될 수 있음을 말한다. 즉, 동일한 통신자가 message의 송신자도 될 수 있고 수신자도 될 수 있다는 말이다. 반면에 동물세계에서는 송신자와 수신자의 기능이 분리되어 있는 경우가 많다. 예를 들어 공작새는 수컷만이 꼬리를 부채처럼 펴서 암컷에게 교신할 수 있으며, 닭도 수탉만이 울 수 있듯이 많은 짐승이나 새의 경우, 수컷과 암컷의 통신이 구분되어 있어 그 기능을 상호 교환할 수 없게 되어 있다.

　(5) 다섯 번째의 자질은 **전위**(轉位 displacement)라는 것으로, 인간의 언어는 "지금"과 "여기"를 떠나 과거와 미래, 또 가까운 곳과 먼 곳에서 일어났던 사항들을 서술할 수 있으며, 사실무근의 "거짓말"도 할 수 있으나, 동물세계의 언어는 현재와 현장에 관한 것을 통신하는 데에 국한되어 있을 뿐이다. 이러한 사실을 영국의 철학자 버트런드 러셀(Bertrand Russell)은 이 장 처음에서 인용한 바와 같은 비유로 잘 말해 주고 있다. "개가 아무리 웅변술이 좋다 하더라도, 자기 부모는 가난했지만 정직했노라고 짖어서 말해 줄 수는 없다"고.

　(6) 여섯 번째의 언어의 자질은 **문화적 전승**(cultural transmission)이라는 것으로써 언어 전달이 문화적이지 유전적이 아니라는 사실이다. 즉, 한 어린

애가 한국어를 하는 것은 그 부모가 한국인이거나 한국어를 하기 때문이 아니라, 한국어의 문화권 내에서 언어를 습득했기 때문인 것이다. 한국어를 하는 한국인 부모에게서 태어난 아이라 하더라도 낳은 지 얼마 안 되어 미국으로 이민을 가면 영어를 배우게 되게 마련이다. 즉, 어떤 언어를 습득하게 되느냐 하는 것은 어떤 문화권 내에서 언어를 습득하느냐에 달려 있지 부모에게서 어떤 언어를 유전 받았느냐 하는 것과는 전혀 관계가 없다는 말이다. 그러나 동물의 세계는 이렇지가 않다. 새든 짐승이든 유전적으로 신호의 목록이 이미 결정되어, 아시아의 참새나 유럽의 참새나 미대륙의 참새나 그 지저귀는 소리가 같고, 참새가 까치들 틈에서 자랐다고 해서 까치 소리를 낼 수는 없는 것이다.

위에서 우리는 언어의 구성자질을 몇 가지 보았는데, 어떤 통신수단이 이러한 자질 등을 모두 구비하고 있지 않은 이상 그것이 인간의 언어답다고는 말할 수 없게 된다. 그러니까 인간만이 언어의 소유자라는 말은, 동물세계의 통신방법에서는 위와 같은 자질들을 발견할 수 없다는 말이 된다. 이것이 사실인가? 이 대답을 우리는, 동물세계에서 신통하다 할 만큼 가장 발달된 꿀벌(honeybee)의 통신방법과, 진화론적으로 인간과 가장 가까운 친척이라는 침팬지(chimpanzee)에게 인간의 언어를 가르쳐주려던 노력의 결과가 어떠했나 하는 것을 살펴봄으로써 언어 보기로 한다.

그런데 이에 앞서 우리는 "그럴 듯한" 경우들을 먼저 제거하지 않으면 안된다. 예를 들어 앵무새가 "안녕하세요?", "제 이름은 미나예요", "안녕히 가세요" 등등의 문장을 똑똑히 발음할 수 있다 하더라도, 이 앵무새가 국어를 말할 줄 안다고는 할 수 없을 것이다. 문장의 뜻을 전혀 모르고, 외운 문장을 기계적으로 되풀이할 뿐이기 때문이다. 이는 우리가 뜻도 모르는 헝가리어 문장을 두어 개 외워서 발음했다고 해서 헝가리어를 할 수 있다고 말할 수 없음과 같다. 또 하나의 그럴 듯한 예는 이른바 **영리한 한스증(症)**(Clever Hans Syndrome)이라는 것이다. 20세기 초에 베를린에 폰 오스텐(Wilhelm von Osten)이라는 수학교사가 있었는데, 한스(Hans)라는 자기의 말(馬)이 아주 영리하여 셈본을 잘 한다고 하면서 그 묘기를 유럽의 도시를 돌아다니며 보여주었다. 주인이 "셋 더하기 넷은?" "열 빼기 다섯은?" 등등 하고 물으면, 한스가 앞발굽으로 땅을 쳐서 정답을 주곤하는 것이었다. 소문이 너무 자자해지자 한 과학자(Oskar Pfungst)가 이를 조사해 보았더니, 말이 더하기·빼기 등을 할 수 있을 만큼 영리했던 것이 아니라, 정답이 다가왔을 때 주위의 군중의 얼굴 표정이나 태도가 조금 바뀌는 것을 눈치채고 그때 발굽으로 땅을 치던 동작을 멈추더라는 것이었다. 그리하여 십중팔구 정답을 맞추는 것처럼 보였다는 것이다. 결정적인 단서는, 군중이나 실험자 자신이 정답을 모르기 때문에 아무런 눈치도 주지 못했을 때, 예를 들어 두 사람이 말의 양쪽에 서서 저쪽 사람에겐 들리지 않도록 숫자를 하나씩 말의 귀에 속삭였을 때는, 한스가 전혀 정답이 무엇인지 모르고 계속 땅을 치더라는 것이다. 한스가 영리하긴 영리한 말이었지만, 숫자를 세고 말을 알아들을 수 있을 만큼 영리하진 않았던 것이다. 영리한 개가 "앉아", "이리와", "악수" 등등 주인의 말을 잘 알아듣고 복종하는 경우도 "영리한 한스증"에 불과하다. 개가 이러한 말의 뜻을 알고 행동하는 것이 아니라 훈련받은 대로 맹목적으로 행동하는 것이기 때문이다. "앉아", "이리와", "악수"라는 어휘 대신 "하나", "둘", "셋"이나 "쿵", "딱", "핑"이라는 신호로 처음부터 훈련을 시켰더라면 "쿵" 하면 앉고, "딱" 하면 이리 오고 했을 것이다. 그뿐만 아니라 주인이 "내가 '앉아' 해도 앉지 마" 하고 "앉아" 해도 개는 앉을 것이다. 음식이 안 보여도 종소리만 나면 침을 흘리던 파블로프(Pavlov)의 개와 다를 것이 무엇이 있는가?

꿀벌의 통신 방법은 카를 폰 프리쉬(Karl von Frisch, 1886-1982)라는 노벨상 수상자(1973년)의 관찰에 의한다. 한 꿀벌이 어디서 꿀을 발견하면, 벌집에 돌아와서 다른 벌들에게 그 사실을 알리는데, 방향, 거리 및 꿀의 품질을 춤을 추어서 비교적 정확하게 알려준다는 것이다. 꿀벌말에도 "방언"이 있어서 지역에 따라 변형은 있으나, 유럽 꿀벌(European honeybee)의 경우 그림 (2.5)에서 보는 바와 같이 8자형의 춤을 벌집의 벽을 향하고 춘다.

(2.5) 꿀벌의 8자형 춤

이때 꿀이 발견된 장소의 방향은 다음과 같이 전달된다(2.6 참조). 꿀의
방향이 태양의 방향과 같은 방향이면 8자의 가운데 선이 수직으로 위를 향
하도록 춤을 춘다(A). 반대로 꿀의 방향이 태양의 방향과 정반대 쪽이면 8
자의 가운데 선이 수직으로 아래를 향하도록 춤을 춘다(C).

(2.6) 꿀벌의 춤과 꿀의 방향과 관계

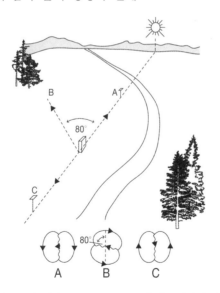

그림 가운데의 상자가 벌집. A, B, C는 그로부터 다른 방향에 있는 꿀의 소재지 셋. 밑에
이 세 방향에 해당하는 벌꿀의 춤. 춤 B의 점선은 중력을 표시한 것이다.

그 외의 경우(예를 들면 (2.6)의 B)는 벌집과 중력을 잇는 선과 벌집과 꿀의 발견지를 잇는 선과의 각도(그림의 예에서 80°)를, 중력을 나타내는 수직선과 8자 춤의 가운데 선과의 각도로 표시한다.

이렇게 해서 방향을 제시하는 동시에, 벌집에서 꿀 발견지까지의 거리는 벌춤의 속도, 더 정확히 말해서 일정한 시간 단위당 8자 춤의 빈도로 나타낸다.

구체적으로 보건대 춤이 빠를수록 거리가 짧고 느릴수록 거리가 멀음을 가리키는데, 약 15초 안에 열 번 돌면 100m 가량, 여섯 번 돌면 500m 가량, 네 번 돌면 1,500m(약 1마일) 정도를 나타내며, 실험에 의하면 11km(약 7마일) 거리까지 비교적 정확하게 교신할 수 있었다고 한다.

세 번째로, 발견된 꿀의 품질은 춤의 활기성에 의해 전달되어, 춤이 활기를 더 띨수록 꿀의 품질이 더 좋은 것임을 말해 준다고 한다.

von Frisch는 여러 가지 실험을 통해서 꿀벌의 위와 같은 통신방법이 우연적인 것이 아니고 일관성 있는 것임을 알아냈다. 예를 들자면, 한 벌에게 벌집에서 2km 떨어진 지점에 설탕물을 맛보게 하고 벌집으로 돌려보낸 뒤 원지점으로부터 설탕물을 다른 곳으로 옮겨도, 원지점 근방에 벌들이 날아와 설탕을 찾는다든가, 같은 방향이지만 원지점보다 가까운 1.2km 거리에 설탕물을 놓아도 이곳을 지나쳐 버린다든가 하는 등. 한낱 곤충에 지나지 않은 벌이 이러한 통신수단을 갖고 있다는 것을 우리는 경탄할 만하다고 하지 않을 수 없다.

특히 빈 벌집에서는 춤을 추지 않으며, 꿀의 발견지와 벌집 사이를 직행하지 않고 우회해서 날아와도 꿀 소재지의 방향과 거리를 정확하게 전달하는 것은 기특한 일이라고 할 수 있다. 또 어느 한도 내에서는 방향과 거리가 바뀌어도 이를 충실히 표현할 수 있으니, 벌의 통신에도 창의성이 있다고 할 수 있으며, 태양과 중력이 같은 기준선으로 동일시되어야 할 논리적 이유가 없고, 춤의 속도와 거리 사이에도 필연적인 비례관계가 없는 이상 벌의 "언어"에도 임의성이 있다고 할 수 있다.

그러나 좀 더 자세히 살펴보면, 벌의 "언어"에는 창의성도 임의성도 없음을 알게 된다. 우선 먼 거리일수록 가는 데 시간이 더 오래 걸리니까, 한 바퀴 도는데 더 오래 걸리는 춤일수록 원거리를 나타내는 것이 당연하다고 할 수 있다.

그리고 다음과 같은 실험 결과는 벌의 "언어"에 전혀 창의성이 없음을 보여준다. 즉, 벌을 날아가게 하지 않고 꿀 소재지까지 걷게 했더니, 돌아와서 춤을 추는데 거리를 스물다섯 배로 오산하더라는 것이며, 벌집 자리에서 수직으로 50m 높이의 나뭇대를 세우고 그 위에 꿀을 얹어놓고 벌이 맛보게 한 뒤 벌집으로 돌아가게 했더니, 다른 벌들에게 그 위치를 가르쳐 주지 못하더라는 것이다.

즉, 수평적인 거리는 10km까지 정확하게 춤으로 전달할 수 있음에도, 50m의 수직적 거리는 교신하지 못한다는 말이다. 빈 벌집에서 키운 벌을 벌이 들끓는 벌집에 옮겨 놓았더니 바로 벌춤을 추더라는 사실과 연관시켜 볼 때, 벌의 "언어"도 유전적으로 받은 것이지 후천적으로 습득한 것이 아니며 새로운 환경에서는(예: 수직의 거리) 그 환경에 맞는 통신을 할 수 있는 창의성도 없음을 알 수가 있다.

진화론적으로 볼 때 인류와 가장 가까운 영장류(靈長類)가 침팬지, 원숭이, 고릴라 등이기 때문에[1], 이들의 통신방법이 인간의 언어와 비슷한 데가 없나, 또 인간의 언어의 기원을 이들의 통신수단에서 엿볼 수 있지 않나 하는 기대에 이들 영장류의 통신 모습이 많이 관찰되었다. 그러나 이들이 그들의 자연번식지(natural habitat)에서 음성, 몸짓, 후각, 촉각 등으로 "위험", "분노", "위협", "순종" 등 여러 가지를 교신함이 관찰되었으나, 이러한 "어휘"의 수가 극히 제한되어 있었으며, 대체적으로 그때그때의 감정의 노출에 지나지 않음이 발견되었다. 새로운 상황에 적응해서 새로운 신호가 나타나지도 않았고, 대개의 신호라는 것이 판에 박은 듯이 고정된 것이고 의례적인 것이었으며, "지금·여기"를 떠나 어제나 내일 또는 산 너머의 일을 표현하는 법이 없었다.

위와 같은 사실에 대하여 일부 동물심리학자들은, 원숭이류가 인간다운 언어를 구사하지 못하는(않는?) 것은 그들의 자연환경이 인간의 생활환경과 다르기 때문이며, 그들의 생활조건에서는 더 이상 복잡한 통신이 필요없기

---

[1] 인간과 침팬지는 DNA를 98.7% 공유하고 있고, bonobo monkey(=pigmy chimp 난쟁이 원숭이)와는 98.5%를 공유하고 있다 이에 UCLA의 인류지리학자 Jared Diamond 교수는 인간을 "the third chimpanzee"(제3의 침팬지)라고 부르며, 동물학자 Desmond Morris는 사람을 "the naked ape"(털없는 원숭이)라고 부른다.

때문일지도 모른다고 주장하고, 인간과 똑같은 생활환경에서라면 인간다운 언어를 습득할 능력(capacity)이 있을지도 모른다는 가정하에서, 침팬지나 고릴라에게 인간의 언어를 가르치는 실험을 하기 시작했다.

이러한 실험은 대체로 부부팀이 갓난 침팬지(흔히 암컷)를 마치 자기의 어린 아이를 기르듯 집안에서 데리고 기르면서 언어를 가르치는 형식을 취한다.

이러한 실험이 성공한다면, 즉 이러한 환경에서 침팬지가 언어습득에 성공한다면 이는 동물에게도 인간의 언어를 습득할 수 있는 능력이 있음이 증명되는 것이고, 따라서 언어가 유독 인간의 소유물이라 하더라도 이것은 인간의 생활환경에 기인한 것이지 어떤 인간 특유의 생리학적인 요인에 근거가 있는 것이 아님을 증명하게 될 것이다.

다음의 (2.7)은 지금까지의 실험을 연대순으로 보인 것이다.

(2.7) 언어를 침팬지에 가르치려던 사람들

연대	침팬지의 이름	실험자
1930년대	구아(Gua)	Winthrop and Luella Kelloggs
1940년대	비키(Viki)	Keith and Catherine Hayes
1960년대	와쇼(Washoe)	Allen and Beatri Gardner
1970년대	사라(Sarah)	Ann and David Premack
1970년대	래너(Lana)	Duane M. Rumbaugh
1970년대	님 침스키(Nim Chimpsky)	Herbert S. Terrace
1970년대	코코(Koko) [고릴라]	Francine Patterson
1980년대	캔지(Kanzi)	Sue Savage-Rumbaugh

Kellogg 부부는 7달 된 Gua를 집에 데려와서 10달의 아들 Donald와 마치 자내인 듯 길렀다. 말을 전혀 하지 못했으며, 16개월 만에 100개의 어휘를 구별해서 알아들을 수 있었다고 한다. Donald가 영어습득 대신 Gua의 소리를 흉내내기 시작하자, 실험을 끝냈다. 발성을 처음 배운 것은 비키(Viki)였는데, 겨우 서너 단어를 한다면 할 수 있을 정도였다(Keith를 "papa", Catherine을 "mama"라고 부르고, 배가 고프거나 목이 마르면 "cup"이라고 했다). 비키를 찍은 비디오를 본 Gardner 부부는, 비키의 손짓이 매우 활발한 것에 착안,

비키의 빈약한 어휘는 침팬지가 어휘를 배울 수 있는 두뇌의 능력이 없기 때문이 아니라, 침팬지의 발성기관이 인간의 그것과 달라, 인간의 언어같은 말소리를 발성할 수 없음에 지나지 않을지도 모른다고 가정하고, 침팬지의 두뇌력을 시험하기 위해, 청각장애인들이 쓰는 「미국수화어」(American Sign Language)를 와쇼라는 침팬지에게 가르쳐 주기로 하였다. 한 살이 조금 넘어서 부터 기호언어를 배우기 시작한 와쇼는 22개월 후에 34 사인(sign)을, 네 살 때에는 85 기호를, 다섯 살 때에는 132 사인을, 그리고 14살이 되던 1979년에 는 약 250개의 기호를 습득하였는데, 예를 들면 "먹다", "더", "듣다", "개", "열쇠", "너", "나" 등이었으며, "내 애기"(baby mine), "너 마셔"(you drink), "빨리 안아"(hug hurry), "꽃 줘"(give-me flower) 등 기호를 둘 결합하기도 했다. 2007년 10월 42세로 죽었을 때 약 350개의 ASL 기호를 습득하였다고 한다.

자못 놀라운 것은 백조(白鳥)를 보고 WATER-BIRD(물-새), 수박을 보고 WATER- CAKE(물-케이크), 오이를 보고 GREEN-BANANA(초록색-바나나), 말 라빠진 빵을 보고 COOKIE-ROCK(과자-돌), 또 보온병(thermos)을 보고 METAL-CUP-DRINK(금속컵-마시다)와 같은 합성명사를 임의적으로 수화했다는 사실이 다. 인간언어의 한 자질인 독창성을 침팬지도 구사할 수 있는 증거의 예라고 와쇼의 훈련사들은 한때 흥분했었다.

언어 특징 중의 하나가 임의성임을 보았거니와 기호언어의 기호 중에는 기 호와 그 의미 사이에 자연적인 관계가 있으므로(예를 들면 "먹는다"의 기호 는 먹는 시늉을 하고, "자다"의 기호는 자는 시늉을 하는 등), 침팬지가 완전 히 임의적인 기호도 습득할 수 있다는 것을 증명하려는 실험이 두셋 있었다. 하나는 33쪽의 도표 (2.8)과 (2.9)가 보여주는 것처럼 무의미한 기하학적 도 안으로 된 Lexigram이라는 건반의 키를 침팬지가 쳐서 통신하게 한 실험이고 (Lana와 Kanzi의 경우), 또 하나는 플라스틱으로 실물과 모양이 다른 기호 를 만들어 이 기호를 가지고 통신하게 한 실험이었다(Sarah의 경우).

(2.9)는 난쟁이 침프 Kanzi가 배우고 사용한 건반인데, 이그러진 한자(漢字)들 이 보인다(침프의 이름을 Kanzi라 한 것도 漢字의 일본어 발음에서 따온 듯하 다). 실험 결과를 보면, 두세 건반을 순서없이 쳐서 의사를 표시했을 뿐(예를 들면 Lewis이라는 사람과 숨바꼭질을 하고 싶을 때, CHASE-HIDE-LEWIS의

건반을 치는 등), 어떤 규칙을 만들어 문장을 만들지는 않았다. 그것도 대부분의 경우 흉내를 내거나 반복한 경우이고, 자진해서 요구사항을 표현한 것은 4%에 불과했다고 한다. Kanzi는 약 200사인을 습득했으며 Pac-Man이란 게임을 할 수 있을 정도로 영리했다고 한다.

좀 더 재미있는 것은 Sarah의 케이스이다.

34쪽에 있는 도표 (2.10)은 Sarah가 습득한 플라스틱 사인들은 모양이나 색에 있어서 실물과 전혀 닮은 데가 없었다. 예를 들면 "사과"의 기호는 보라색 삼각형이며, "바나나"의 기호는 붉은색 정사각형이고, "적색"의 기호는 회색, "황색"의 기호는 흑색, "갈색"의 기호는 청색, "녹색"의 기호는 백색이었다. 사라는 이러한 기호의 의미를 개별적으로 배웠을 뿐만 아니라, 몇 개의 기호들을 연결해서 (2.11)과 같은 "문장"을 만들었다는 것이다. 예를 들면,

(2.11) a. APPLE AND BANANA DIFFERENT
           '사과와 바나나(는) 다르다'

        b. CHOCOLATE BROWN COLOR
           '초콜릿은 갈색(이다)'

그뿐만 아니라, 훈련사가,

(2.12) a. IF SARAH PUT RED ON GREEN, MARY GIVE SARAH CHOCOLATE
           '빨강을 파랑 위에 얹으면, 메리가 사라에게 초콜릿을 주겠다'

        b. IF SARAH TAKE BANANA, MARY NOT GIVE SARAH CHOCOLATE
           '사라가 바나나를 먹으면 메리가 사라에게 초콜릿을 안 주겠다'

와 같은 문장을 쓰면, 사라가 이해하고 올바르게 행동했다고 한다. 놀라운 것은 34쪽 밑에 있는 (2.13)과 같은 문장을 주었을 때,

(2.8) 침팬지 래너(Lana)가 배운 건반기호의 예

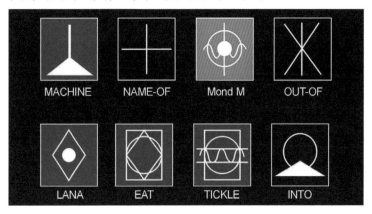

(2.9) 침팬지 캔지(Kanzi)가 배운 건반기호의 예

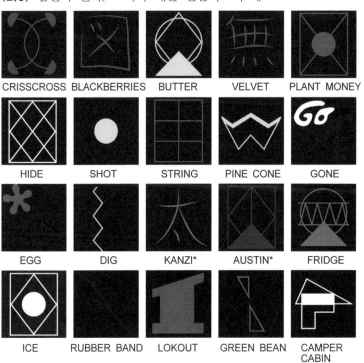

(2.10) 침팬지 사라(Sarah)가 배운 플라스틱 기호의 예

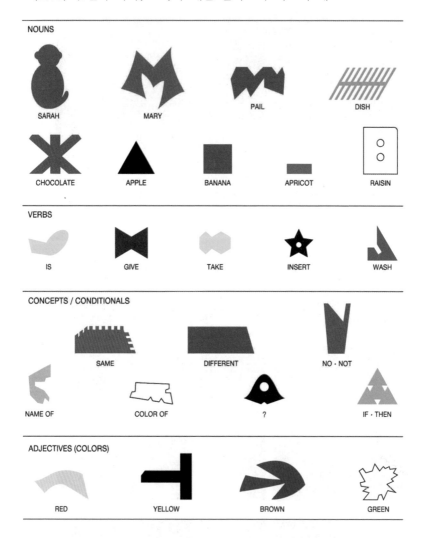

(2.13) SARAH INSERT APPLE DISH BANANA PAIL
'사라' '넣어라' '사과' '접시' '바나나' '물통'

사과와 접시와 바나나를 모두 다 물통에 집어넣을 수도 있었는데 그러지 않고 사과는 접시에, 바나나는 물통에 넣었다는 것이다. 이러한 현상은 침팬지가 다음에 보이는 바와 같이 괄호 속에 있는 단어가 생략된 것까지도 알고 있었다는 증거라고 Premack은 주장하고 있다.

(2.14) SARAH INSERT APPLE DISH (AND INSERT) BANANA PAIL
'사과는 접시에 (넣고) 바나나는 물통에 넣어라.'

침팬지가 이렇게 생략된 구절까지 염두에 두고 문장을 이해하고 구성할 수 있었다면 이는 실로 놀라운 업적이지만, 이러한 문장을 일관성 있게 처리할 수 있다는 확실한 증거는 아직 없다. "일관성 있게"라는 말은, 어쩌다가 우발적으로가 아니며 또 실수도 거의 없이라는 말이다. 실상 침팬지 실험자들은 그들의 가정이나 주장을 뒷받침하는 현상만을 보고하는 경향이 있어서, 어떤 "놀라운 언행"을 침팬지가 보여 주었으면 거기에 얼마만한 일관성이 있었는지, 그리고 침팬지의 언행에 실수가 있었으면 실수의 성격이 어떠한 것이었으며 어떤 빈도로 실수를 했는지 등등은 자세히 보고가 되어 있지 않다. Sarah가 생략문을 이해했다고 하는 것은 관찰자의 해석일 뿐, 우연적으로 들어맞은 행위였을 수도 있었다는 가능성을 배제하지 못한다. Washoe가 백조를 보고 WATER-BIRD라고 사인한 것도, 독창적으로 합성어를 만들었다고도 볼 수 있지만, 물과 새의 두 단어를 독립적으로 수화(手話)했다고도 볼 수 있다.

Nim Chimpsky(언어학자 Noam Chomsky의 성명에 말놀이를 해서 붙인 이름이다)의 경우, 4년 동안에 125개의 기호를 배우고, 두세 기호를 잇는 표현도 있었으나(38쪽 연습문제 5의 예 참조), 많은 경우, EAT-NIM(동작-주어), NIM-EAT(주어-동작), NUT-NIM(목적어-주어) 등의 예가 보여주는 것처럼, 주어와 목적어의 역할이 어순에 의해 정해진다는 개념이 전혀 없었다. 이에 처음엔 열의와 기대를 가지고 실험을 시작한 Terrace는 실망한 나머지, 동료들의 침팬지실험의 과장보고와 무용성을 오히려 고발하고 비판하였다.

Terrace의 관찰에 의하면 88%의 경우 사람(훈련사)을 흉내내어 되풀이한 경우이고, 자발적인 경우는 12%에 불과했다고 하니, 침팬지의 "언어"에 인간의 언어에서와 같은 창의성이 있다고 보기는 아직 어렵다. 어린아이가 언어를 배울 때 어른의 말을 그대로 흉내내는 경우는 아주 적으며, 곧 독창적으로 새로운 문장을 늘 구성하기 때문이다.

인간 아닌 영장류가 인간다운 언어를 배울 수 있는 능력이 있느냐 하는 질문에 아직 확답을 줄 수는 없다. 실험실과 동물원에서 죽은 침팬지들의 두뇌를 해부해보았더니, 왼쪽 두뇌의 planum temporale(PT)라는 부분이 오른쪽 것보다 더 큼이 최근에 관찰되었기 때문이다. 이 PT는 음성-의미를 연결시켜주는 뇌수(腦髓)인데, 인간의 경우 왼쪽 PT가 더 크다. 이와 같은 현상은 침팬지에게도 언어를 위한 신경저층이 있음을 시사한다고 지지자는 말한다. 그렇다곤 해도 침팬지나 고릴라가 인격(人格)으로 승화하였으니까, 이젠 이들을 동물원의 짐승으로 가두어 둘 수는 없다는 열광자의 주장은 조금 지나친 것이라고 하지 않을 수 없다.

참고문헌

강옥미. 2009. 『언어여행』. 제4장 (203-280). 서울: 태학사.

Dwyer, David. 1986. "What are chimpanzees telling us about language?". *Lingua* 69:219-244.

Frisch, Karl von. 1962. "Dialects in the language of bees". *Scientific American*, vo. 207, no. 2 (Aug 1962), pp. 78-87.

_____. 1967. *The dance language and orientation of bees*. Cambridge, MA: Harvard University Press.

Gardner, R. A. and B. T. Gardner. 1969. "Teaching sign language to a chimpanzee". *Science* 165:664-672.

Hayes, Keith C. and Catherine Hayes. 1952. "Imitation in a home-raised chimpanzee". *Journal of Comparative Psychology* 45:450-459.

Hockett, Charles F. 1960. "The origin of speech". *Scientific American* 203:88-111. [Reprinted in: Wang, William S-Y. ed.: *Human communication: language and its psychobiological bases,* pp. 4-12. *Scientific American*, 1982]

Patterson, Francine. 1978. "Conversations with a gorilla". *National Geographic*, vol. 154, no. 4, pp. 438-465.

_____. 1981. "Ape language". *Science* 211:86-88.

Premack, David and Ann J. Premack. 1972. "Teaching language to an ape". *Scientific American* vol. 227, no. 4, pp. 92-99.

_____. 1983. *The mind of an ape*. New York, NY: W. W. Norton.

Rumbaugh, Duane M. 1977. *Language learning by a chimpanzee: The Lana project*. New York,, NY: Academic Press.

Savage-Rumbaugh, Sue and Roger Lewin. 1996. *Kanzi: The ape at the brink of the human mind*. New York, NY: Wiley.

Terrace, Herbert S. 1979. *Nim: A chimpanzee who learned sign language*. New York, NY: Knopf.

Ward, B. 1999. "Koko: Fact or fiction?". *American Language Review*, 3(3):12-15.

Wilson, Edward O. 1975. "Animal communication". *In Animal behavior: Readings from Scientific American*, pp. 265-272.

1. 늑대는 귀, 입술, 꼬리로 통신을 하는데, 꼬리의 모양만으로 자신, 위협, 낙심, 방어, 복종, 무관심, 항복 등 무려 여남은 가지 감정을 표현할 수 있다고 한다. 꼬리를 구부리는 모양에 따라 천 가지 감정을 표현할 수 있다고 가정하자. 이것은 인간의 언어와 비슷하다고 할 수 있는가? 어째서? 아니라면, 어째서?

2. 꿀벌과 Sarah의 통신 방법에 인간의 언어다운 자질이 있다면 무엇인가?

3. 다음의 Noam Chomsky의 언급을 논평하라.

   "원숭이가 언어를 배우게 될 가능성은 어느 섬에 있는 날지 못하는 새가 인간이 가르쳐서 날게 될 수 있기를 기다리고 있는 가능성과 같다."

4. 다음은 다 징후적인 기호의 예들이다. 이것은 동물의 "언어"인가? 어느 것이 지표적인 기호이고 어느 것이 상징적인 기호인가?

   ① 개는 반가우면 꼬리를 치고, 고양이는 화났을 때 꼬리를 친다.
   ② 낙지는 공격의 태세를 취할 때, 빨간 색으로 변한다.
   ③ 거위는 공격 태세를 주둥이를 벌리고 목을 움추려서 보인다.
   ④ 갈매기가 해변에 앉으면 곧 비가 올 징조이다.
   ⑤ 소가 꼬리를 서쪽으로 두면 맑은 날씨의 징조이고, 동쪽으로 두면 궂은 날씨의 징조이다.

5. 다음은 침팬지 Nim Chimpsky가 한살 반에서 세살 사이에 미국수화어 (American Sign Language)로 말한 세 단어짜리와 네 단어짜리 10개씩이다 (Terrace 1979: 212-213에서 추림). 네 단어 기호에서 반복적 표현의 백분율을 계산해보고, 같은 나이또래의 어린애들의 언어와 비교해볼 때 어떤 현상이 현저한가 말해보라.

세 기호 표현	네 기호 표현
1. Play me Nim	Eat drink eat drink
2. Eat me Nim	Eat Nim eat Nim
3. Eat Nim eat	Banana Nim banana Nim
4. Tickle me Nim	Drink Nim drink Nim
5. Grape eat Nim	Banana eat me Nim
6. Banana Nim eat	Banana me eat banana
7. Eat me eat	Banana me Nim me
8. Me Nim eat	Grape eat Nim eat
9. Hug me Nim	Nim eat Nim eat
10. Yogurt Nim eat	Play me Nim play

6. 동남 아프리카의 버빗(verbet) 원숭이는 세 가지 경고음을 낼 수 있다고 한다. 표범이 다가올 때 "키리키리" 하고, 독수리가 날아오면 "캑캑" 하고, 뱀을 보면 "르르르르"라는 소리를 낸다고 한다(강옥미 2009:230-1). 이를 논평하라.

7. 돌고래(dolphin)는 영리한 동물로 알려져 있다. 다음은 Hudson(2000: 202)이 인용한 실험이다. 돌고래 한 쌍을, 등불이 깜박거릴 때와 등불이 고정적으로 켜져 있을 때, 둘이서 다른 잣대를 눌러야만 먹이가 나오게끔 훈련을 시켰다. 어느 쪽 등불이건 암컷이 먼저 눌러야만 했다. 그리고 다음과 같은 실험에서 그 옆에 적힌 결과를 얻었다. 이 실험이 보여주는 돌고래의 언어능력의 여부를 비판하라.

실험	결과
1. 탱크에 칸막이를 쳐서 암컷만이 등불을 볼 수 있게 했다.	1. 암컷이 수컷에게 신호를 보내서 등불에 맞는 잣대를 눌렀다.
2. 수컷만이 등불을 볼 수 있게 했다.	2. 맞는 잣대를 누르지 못했다.
3. 칸막이를 걷었다.	3. 아직도 칸막이가 있는 것처럼 암컷이 수컷과 교신했다.

"내가 울화가 치미는 이유는 말야,
인간이 우리가 하는 말을 해독할 수 있을 만큼 영리하다면 말야, 왜 이따위 기호
들을 우리가 배워야 하느냔 말야."

제3장 언어의 기원

What makes language possible? How does man form
words so that he is understood?

Epicurus (341-270 B.C.)

대부분의 종교와 신화가 언어의 기원에 관한 이야기를 포함하고 있다. 이집트의 신화에서는 신(神) 토스(Thoth)가, 바빌로니아의 신화에서는 나부(Nabu) 신이, 그리고 인도의 신화에서는 우주의 창조자인 브라아마(Brahma)신의 부인인 사라스바티(Sarasvati)가 언어를 창안한 것으로 되어 있다. 이러한 사실은 인간이 예로부터 언어의 기원에 대해 많은 관심이 있었다는 것과, 또 신화로서밖에는 언어의 기원을 기록할 수 없으리만큼, 언어의 기원을 설명할 수 없었다는 것을 말해 준다.

언어가 인간의 독점물인 만큼, 언어의 기원에 대해서 우리의 조상들이 관심을 보인 것은 당연한 일이다. 언어의 기원을 알아낼 수 있다면 그것은 인간 자신의 기원을 알 수 있는 것이나 마찬가지라고 그들은 생각했던 것이며, 실상 언어가 원숭이를 사람으로 만들었다면, 언어의 기원이 인류의 근원과 같다는 견해는 그리 그릇된 것이 아니다. 인류학자들에 의하면 인류의 역사는 적어도 1백만 년 내지 2, 3백만 년이 된다고 한다. 그러나 언어가 인류 최초의 조상 때부터 있었는지의 여부를 우리는 알 길이 없다. 가장 오래된 현존하는 문자의 기록은 기원전 4천 년경의 수메리안(Sumerian) 비문으로, 6천년의 역사밖에 없으나, 구어(spoken language)는 그보다 훨씬 전부터 쓰이기 시작했을 것이기 때문이다. 실상 언어의 존속에 문자가 불가결한 것은 아니다. 오늘날에도 문자 없는 언어가 지구상에 많다. 18세기의 프러시아(Prussia)의 학자 요한 쉬스밀히(Johann Süssmilch, 1707-1767)가 인간이 사고력 없이 언어를 발명할 수 없었던 반면에, 사고는 언어를 전제로 하니까, 이러한 모순(paradox)에서 헤어나올 수 있는 유일한 길은 신(神)이 언어를 인간에게 선물로 주었다고 볼 수밖에 없다고 역설한 것은 오리무중의 언어의 기원에 대한 체념적인 가설이라고 할 수 있다. 마치 엄연히 존재하는 사물의 출처를 밝혀낼 수 없을 때, "그럼 하늘에서 떨어졌나?" 하는 식으로 반문하는 것처럼.

언어가 신의 선물이라는 잠재적인 의식은, 인간이 받은 원어(原語)는 신의 언어와 같았을 것이니까 신과 통화를 할 때는 이 원어나 원어에 가까운 고어(古語)를 써야만 한다는 관습에 남아 있는 듯하다. 그리하여 힌두교에서는 힌디어(Hindi)의 조어(祖語)인 산스크리트어(Sanskrit)를 쓰며, 회교의 성전(聖典) 코란(Koran)은 고전 아랍어(Classical Arabic)로만 쓰여 있고 천주교에서도 미사를 드릴 때는 근래까지 라틴어(Latin)를 썼으며, 신교(新敎)에서 기도할 때 고어(古語)를 쓰는 것도 이 때문일 것이다. 예를 들면,

(3.1) After this manner therefore pray *ye*:
　　　Our Father *which art* in heaven, Hallowed be *thy* name.
　　　　　　　　　　　　Matthews 6:9 (*The King James Bible*, 1611)
　　　(하늘에 계신 우리 아비신 자여, 네 일홈의 거룩하심이 나타나며 네 나라히 림하시며 …)

　　　　　　　　　　　　　　　　　　　　　(19세기 천주교 성경)

신의 언어가 원어였다는 가설은 맹목적인 민족주의와도 관련되어, 신은 완전하기 때문에 완전한 언어를 사용했을 터인데, 세계에서 가장 완전한 언어는 독일어이니까 신의 언어는 독일어였을 것이라고, 16세기의 바카누스(J. G, Bacanus)는 주장했고, 17세기의 켐페(Andreas Kempe 1628-1689)는 신의 언어가 스웨덴어(Swedish)였다고 주장했다. 바카누스가 독일인이었고, 켐페가 스웨덴인이었음은 쉬이 짐작할 수 있다.

인류 역사상에 언젠가 신이 준 원어가 있었고, 현재 지구상의 수많은 언어들은 모두 이 원어에서 유래되었다는 가설은 구약의 창세기 11장에 나오는 바벨탑의 이야기 때문에, 기독교의 영향을 많이 받아온 서구 문명에서 있음직한 가설일 수도 있다. 그러나 단일 인종, 단일 언어에서 많은 인종과 언어가

분파했다기보다는 인류의 기원은 다원적(多源的)이었을 것이라는 것이 현대 과학의 정설이다. 하여간 언어의 기원에 대한 호기심은 인류의 유사 시대만큼이나 오래된 것으로 그리스의 사가 헤로도투스(Herodotus, c.484-c.475 BC)에 의하면 기원전 7세기의 이집트의 파라오 프삼티크 I세(Psamtik I, 재위 664-610 B.C.)는 아무런 언어와도 접촉이 없이 자라는 아이가 자발적으로 하는 언어가 원어일 것이라는 가정 아래 두 어린아이를 낳았을 때부터 고립시켜 가두어 두고 관찰해 보았다 한다. 결과는, 이 아이들이 처음 발성한 단어가 베코스("bekos")여서 이것이 어느 나라말의 단어인가를 조사해 보았더니 소아시아(토이기국 서북부)의 프리지안어(Phrygian)에서 '빵'이라는 의미의 단어임이 밝혀져, 프리지안어가 원어라고 단정했다는 것이다[1](배가 고파진 아이들이 빵을 달라고 그랬었구나 라고 그럴 듯한 해석까지도 했을 것이다).

이것이 재미있는 일화일 수는 있으나, 최근 기록된 야생아(野生兒 feral children)나 고립아(孤立兒 isolated children)의 경우를 미루어 보아, 사실이었다고 믿을 수는 없다. 이들이 발견되었을 때 나이를 막론하고 하나같이 말을 할 줄 아는 아이가 없었기 때문이다.

짐승 틈에서 자란 야생아의 예가 18세기에 독일에서 한 건(Wild Peter of Hanover 1725), 프랑스에서 한 건(Victor, the Wild Boy of Aveyron, 1798) 있었으나, 그보다 더 최근이고 더 잘 알려진 것이 1920년 인도에서 발견된 카말라(Kamala)와 아말라(Amala)라는 두 소녀의 경우이다.

인도 동북부에 있는 벵갈(Bengal)주의 미드나포어(Midnapore)라는 지방에 있는 늑대소굴에서 사람과 같이 생긴 늑대새끼(늑대새끼같이 생긴 사람?)를 둘 발견해 생포하였다. 둘 다 소녀였는데 하나는 여덟 살쯤 되어 보였고 하나는 겨우 한 살 반 정도였다. 언니를 카말라, 동생을 아말라라고 이름 지었다. 기록에 의하면 둘 다 두 손과 두 발로 기고 일어서질 못했으며, 음식을 손으로 먹지 않고 혀로 핥아 먹었으며, 한동안 하룻밤에 세 번씩(10시, 1시,

---

[1] 파라오의 학자들이 좀 더 박식했다면 [베코스]라는 발음이 이탈리아어로는 '주둥이'(복수 대격), 러시아어로는 '저격', 말레이어로는 '흔적'이라는 뜻도 의미함을 알았을 것이다. 이때 원어가 무엇이라고 했었을까?

3시) 짖었다 한다. 말은 물론 없었다. 1년이 채 안 된 1921년 9월 아말라가 병으로 죽자 카말라가 엿새 동안 금식하고 울었다고 한다. 카말라에게 말을 가르치려는 노력은 약 4년에 45개의 단어를 습득시키는 것으로 끝났고, 1929년 11월 카말라도 이질로 죽었다.[2]

고립아의 예는 1938년 미국 일리노이 주에서 애너(Anna)라는 여섯 살 난 소녀가 2층 다락방에 갇혀 자란 경우와, 같은 해 오하이오 주에서 역시 여섯 살 반의 이사벨(Isabelle)이라는 소녀의 경우가 있었는데, 두 경우 다 사생아로서 어머니가 이를 숨기려는 데서 갇혀 살게 되었다. 최근 1970년 11월 지니(Genie)라는 거의 열세 살 반의 소녀가 벽장에 갇혀 살아온 것이 로스앤젤레스(Los Angeles)에서 발견되었는데, 이 경우는 그녀의 아버지가 지니가 저능아라고 판단하고 사회와의 접촉을 일절 금지하려는 의도에서 비롯되었다 한다. 야생아의 경우처럼, 고립아의 경우도 발견 당시에는 전혀 아무 말도 할 수 없었으며, 애너는 지진아(遲進兒)였는지 발견 후의 언어습득이 불완전 했으나 이사벨은 언어습득이 완전했으며, 지니의 경우는 모국어인 영어를 배우는 과정이 마치 외국어를 배우는 과정과 비슷하다는 흥미있는 현상이 관찰되었다. 이사벨의 경우와 다른 이유는, 지니가 선천적인 언어습득 능력 (innate language learning capacity)이 두뇌에서 사라진 다음에 언어를 배우기 시작한 때문일 것이라고 학자들은 보고 있다(제11장에서 언어습득에 관한 것을 더 자세히 관찰해 보겠다). 이러한 현상은 언어습득이 어떤 언어와의 접촉과 자극이 있어야만 가능하지 진공상태에서는 불가능함을 보여주고 있다. 프삼티크의 이야기를 우리가 액면 그대로 믿는다고 해도 그것은 한 어린애가 [베코스]와 비슷한 발성을 우연히 했을 뿐이지, 신의 선물로 인류의 원어 프리지안어를 하루 아침에 계시받고 말하기 시작했다고는 볼 수 없다.

1859년에 출간된 세기의 획기적인 저서 *On the Origin of Species*(종(種)의 기원에 대하여)를 집필하면서 Darwin이 가장 고민한 것은 언어의 기원이었다.

---

2) 윗 이야기는 두 야생아를 키웠다는 Joseph Singh이라는 고아원장의 일기를 근거로 한 Hahn(1978)에 의한다. 그런데 최근에 Serge Aroles라는 프랑스 외과 의사가 Singh의 일기와 여러 상황을 검증해 본 결과 이는 거짓진술이라고 주장하였다(2007).

Darwin은 그의 진화론이 지구상의 모든 현상을 설명할 수 있다고("a theory of everything"이라고 했다) 확신했으나 유독 언어의 발생만은 진화로 설명할 수 없었다. 분명히 언어도 어떤 재주나 곡예를 부렸든 그의 진화론에 들어맞게 나타났을 텐데 그것이 무엇인지 알 길이 없었다. 그래서 『종의 기원』에선 식물과 동물의 진화만을 다루고 인간은 다루지 않았다. 12년 뒤 1871년에 출간한 *The Descent of Man*(인간의 계통)에서 Darwin은 궁여지책으로 인간의 언어는 새의 지저귐이나 짐승의 짖음에서 진화했을 것이라고 책의 맨 뒤에서 잠시 언급했다.3) 이 미지근한 이론은 일부 학계의 비방과 비판을 자아냈다.

독일 태생이면서 Oxford 대학에서 언어학과 인도학을 가르치고 있었던 Max Müller(1823-1900)라는 교수가 있었다(Müller는 그의 시로 슈베르트가 가곡집 *Winterreise*를 작곡한 문인이기도 하다). Müller는 "언어는 어떤 짐승도 건널 수 없는 인간의 루비콘강"이라고 하면서 Darwin의 언어진화설을 반박하였다. 짐승의 울음소리를 흉내내는 데서 언어가 시작되었다는 가설은 "bow-wow" theory (멍멍설), 새의 지저귐에서 언어가 출현했다는 가설은 "sing-song" theory(짹짹설), 감정의 분절적 표현이 언어가 되었다는 "pooh-pooh" theory(아아설), 사물 고유의 소리를 인간이 지각하는 대로(예: 종은 "땡땡" 울리고, 손뼉은 "짝짝" 치고, 땅은 "땅땅" 치고 하는 등) 표현하려는 데서 언어가 시작되었다는 "ding-dong" theory (땡땡설) 등, 익살스런 명칭을 붙여가면서 Darwin을 비방하였다.

이러한 여러 기원설이 그 명칭이 우스운 만큼이나 그 내용도 우습다고 우리는 생각하지 않을 수 없게 된다. 어느 하나도 수긍할 만한 이론을 제시하지 못하고 있기 때문이다. 이러한 가설들은 기껏해야 의성어·의태어 같은 일부 극소수의 어휘의 출처를 말해 줄 뿐, 이를 떠난 일반적인 어휘와 문장구성의 법칙이 어디서 어떻게 비롯되었는가에 대해서는 한 마디도 하지 못하고 있다. 이렇게 언어의 기원은 신의 선물설과 인간의 발명설 사이를 수 세기 동안 공전하였을 뿐, 어느 누구도 뚜렷한 방향을 제시하지 못하였다. 그리하여 언어의

---

3) "I cannot doubt that language owes its origin to the imitation and modulation ... of various natural sounds, the voices of other animals, and man's own instinctive cries." (Charles Darwin, 1871.)

기원은 영원히 구름 속에 잠겨 있어 우리가 엿볼 수 없으니까, 이 문제에 대해서 더 이상 왈가왈부 하는 것은 학문적으로 무모하고 공허한 짓이기 때문에,

(3.2) "La société n'admet aucune communication concernant l'origin du langage." (본 회는 언어의 기원에 관한 논문을 더 이상 접수하지 않는다)

라는 회칙을 파리 언어학회가 1866년 제정할 정도였다. 6년 뒤인 1872년에는 런던의 언어학회도 언어의 기원에 관한 논문이나 토론을 금지하였다.

언어의 기원에 관한 이론이 제자리에서 빙빙 도는 회전문 같은 것이라면, 왜 우리는 이 책에서 이 문제를 다루고 있는가? 여기에는 세 가지 이유가 있다. 첫째는 언어학이 언제까지나 언어의 기원에 관한 문제에 등을 돌릴 수는 없다는 견해 때문이고, 둘째는 최근 새로운 각도에서 언어의 기원에 대해 좀 더 의미 있는 토론을 할 수 있는 가설이 제시되었다는 사실이며, 셋째로는 언어의 기원에 관한 새로운 고찰에서 우리는 언어의 특징에 대해 또 인간의 언어와 동물의 통신수단 사이의 차이에 대해 더욱 통찰력 있는 이해를 얻을 수 있다는 전제 때문이다.

종래에 언어의 기원을 동물 세계의 통신 방법과 "원시인"의 언어에서 찾아보려던 것과 관찰의 각도를 달리 하여, 생리학과 고고·인류학적인 견지에서 언어의 기원을 모색해 보려는 노력이 최근 리버만(Philip Lieberman) 교수에 의하여 이루어졌다. 그의 전제는 다음과 같다.

언어의 근본적인 특징은 전장에서 언급한 바 있는 이원성(二元性 duality)이다. 즉, 음성과 의미가 독립된 체계를 갖고 있다는 사실이다. 이 특징의 중요성이 절감됨은 아무리 발성기관이 발달하였다 하더라도 의미체계의 결여로 언어를 갖지 못하는 앵무새의 경우와, 그 반대로 어느 정도 의미의 체계를 습득할 수 있더라도 음성체계의 결핍으로 인간다운 언어를 구사하지 못하는 침팬지의 경우를 보아 알 수 있다. 그러니까 언어의 발생은 의미체계의 습득을 가능케 하는 두뇌의 진화와, 음성체계의 실현을 가능케 하는 발성기관의 진화와 밀접한 관계를 가지고 있다고 볼 수 있으며, 뿐만 아니라 이 두 기관의

진화는 동시에 병행해서 일어났을 것이라고 보지 않을 수 없게 된다. 그렇다면 고고학적으로 또 생리학적으로 이러한 변화가 언제 이루어졌는가를 조사해 봄으로써 언어의 시발점이 언제쯤이었을 것이라고 추정해 볼 수 있다. 이러한 가정 하에서 리버만 교수는 인간의 두뇌의 진화와 발성기관의 진화를 검토해 보고, 인간의 조상의 원시문화 중에서 어떤 유물들이 두뇌의 결정적인 진화를 말해 주며, 그러한 유물들의 출현 시기가 언제인가를 고증하는 한편, 오래된 해골들(예: "크로마뇽인" Cro-Magnon, "북경인" Peking Man)의 두개(頭蓋)의 용적(cranial capacity)을 측정해 보고, 비교해부학을 통해 발성기관의 진화를 고증해 보았다.

지능의 함수는 두뇌의 용량이라고 할 수 있다(더 엄격히 말하자면 두뇌의 절대용량이 아니라 체중과의 비율이다). 그런데 인간의 두뇌는 3백만 년 전 인속(人屬 Homo)과 원속(猿屬 Australopithecus)의 분화가 시작되던 무렵의 원숭이(Australopithecus africanus)의 경우 440cm³ 내지 450cm³의 두 개 용적에서 (오늘날의 원숭이류가 이 정도의 두개 용적을 가지고 있다) 약 2백만 년 후 직립원인(直立猿人 Homo erectus)이 되었을 때 두 배인 900cm³로 늘었으며, 오늘의 호모 사피엔스(Homo sapiens)의 두뇌는 원 용적의 3배가 넘는 1400cm³이다. 어떤 생물기관의 크기가 3백만 년 동안에 세 배나 성장했다는 것은 진화사상 그 유례를 볼 수 없는 현상이다. 대저 생물의 기관마다 그 존재 이유가 있고, 기관과 행동 사이에 함수관계가 있는 것이 원칙이다. 예를 들면 심장이 튼튼하면 장거리 뛰기를 더 잘 할 수 있고, 허파가 클수록 목관악기를 더 쉽게 불 수 있으며, 간이 좋을수록 액체의 처리를 잘 할 수 있다. 그러면 두뇌의 함수는 무엇인가? 그것은 물론 지능이다. 왜 인류는 더 고도로 발달된 지능이 필요했을까? 수백만 년 전의 우리 조상의 생활모습의 기록이 없는 이상 우리는 이를 추측할 수밖에 없는데, 불(火)의 통제, 사냥에 필요한 더 좋고 새로운 도구의 발명과 사용, 협력과 단체 행동의 필요성 등, 사회생활이 더 복잡해짐에 따라 이를 감당할 수 있는 두뇌력이 필요하게 되어 두뇌가 조금씩 증대하기 시작했을 것이고, 증대된 두뇌는 더욱 더 복잡한 사회생활을 가능케 했을 것이고, 이 보다 더 복잡한 사회제도는 더욱 더 큰 두뇌를 낳고…. 그러니까 닭이 먼저인가 알이 먼저인가 분간할 수 없듯이, 두뇌와 환경은 서로를 증강시켰을 것이다. 언어는 이 틈에서 태어난다. 그러나 달걀이 병아리로 깨어나기까지에는 소정의 부란기(孵卵期)가 필요하듯이, 두뇌가 언어를 낳기까지에도 소정의 부란기가 필요했다. 이 기간이 얼마였는지 우리는 아직 모른다. 그러나 알이 깨는 시간을 정확히 기록해놓지 못해서 병아리의 나이를 잘 알 수 없을 때, 깨진 알껍질의 흔적으로 병아리의 생일과 출생지를 짐작할 수 있지 않을까? 그렇다면 언어 출생시의 동시산물인 "알껍질"을 추적해 봄으로서, 우리는 언어의 출생시기를 추리할 수 있을 것이다. 언어의 "알껍질"은 무엇인가? 그것은 어떤 화석이나 고고학적 유물로서, 그것이 제조되려면 적어도 언어만큼 복잡한 현상을 구사하는 데 필요한 두뇌력을 전제로 해야 하는 것일 것이다. 그리고 그러한 유물의 연대를 추정할 수 있다면, 언어도 그때쯤 발생했을 것이라고, 적어도 그 이전에는 발생할 수 없었을 것이라고 추정할 수 있을 것이다. 언어의 출현을 위해서는 최소한 그만한 유물을 만들어 낼 수 있을 정도의 지능을 소유하고 있었어야 되었기 때문이다.

그러면 언어의 출현에는 얼마만큼 진화된 두뇌가 필요했을까?

인간의 행동을 분류하는 척도가 여러 가지 있겠지만, 지능을 분류 기준으로 삼는다면 "단선적"(單線的 linear) 행위와 "추적적"(追跡的 tracking) 행위의 둘로 나눌 수 있다. 어떤 목표를 향해서 일직선으로 걷는 것은 단선적 행위의 예이며, 원(圓)이나 정삼각형을 그리며 걷는 것은 추적적 행위의 한 예이다. 목표를 향해서 일직선으로 걸을 때는 지금까지 얼마나 어떻게 걸어왔는가 하는 것을 전혀 염두에 두지 않고 앞만 보고 똑바로 걸으면 된다. 그러나 걸어서 정삼각형이나 원을 그려야 한다면 지금까지 걸어 온 각도와 거리 등을 항시 염두에 두고, 즉 "추적"하면서 걷지 않으면 정삼각형이나 원을 걸어서 그릴 수가 없다. 또 하나의 예는 교미(交尾)이다. 배우자 선택에 어떤 사회적인 제약이 없이 마구잡이로 아무하고나 교미하는 것은 단선적 행위이며, 근친상간의 불허는 추적적 행위이다. 누가 근친인지 "추적"하고 있어야 되기 때문이다.

언어는 어휘가 머리에 떠오르는 대로 입 밖으로 내뱉어서 문장이 이루어지는 단선적 현상이 아니라, 그 발언과 이해에는 지나간(생략된) 것을 기억할 수 있는 두뇌력이 필요한 추적적 현상이다. 다음 문장을 보라.

(3.3) 철수는 기차로, 영자는 고속버스로 서울로 갔다.

화자나 청자나 이 문장 안에는 "철수는 기차를 타고 (대전이나 부산으로가 아니라) 서울로 갔다"는 뜻이 있음을 안다. 그 이유는 아래에서 보이는 바와 같이,

(3.4) 철수는 기차로 (서울로 갔다).
　　　영자는 고속버스로 (서울로 갔다).

괄호로 표시한 반복된 부분이 하나 생략되었음을 청자가 "추적"하고 이를 다시 부활시켜 의미해석을 하기 때문이다. 반복된 부분의 생략이 목적지가 아니라 교통수단이어도 됨은 다음 문장을 보아 알 수 있다.

(3.5) 철수는 대구로, 영자는 대전으로 기차로 갔다.

이렇게 생략된 부분을 청자가 "추적"하고 부활시켜 의미해석을 해야 올바른 뜻이 나온다. 생략된 부분이 철수도 "기차로 갔다"임을 알 수 있다.

약 1백만 년 전의 초기 구석기시대까지만 해도, 부싯돌이나 손도끼 같은 석기(石器)를 보면, 그림 (3.6)이 보여주는 바와 같이 이미 목적물과 비슷한 돌덩이를 골라서 모서리만 조금 다듬었을 정도였다.

(3.6) 초기 구석기 시대의 손도끼

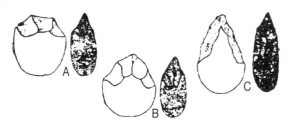

이러한 석기를 만드는 데는 "단선적"인 두뇌력만이 필요하다. 완성품의 모습만 염두에 두고 돌을 다듬으면 되지 쪼아낸 돌조각의 크기나 모양 등을 기억(추적)하고 있을 필요가 없기 때문이다. 마치 목표만 시야에 두고 일직선으로 걷는 것같이.

그런데 약 50만 년 전인 구석기 시대 중엽에 근본적으로 다른 기교로 만들어진 석기가 출현하기 시작하였다. 르발루아(Levalloisian)⁴⁾ 기법이라고 불리는 이 석기 제조법은 그림 (3.7)가 보여주는 바와 같이 고갱이 돌(core stone)을 구해다가 모루돌 위에 얹어 놓고 돌망치로 치거나, 아니면 가슴팍의 힘으로 눌러서 "돌껍질"을 벗긴다.

(3.7) 구석기 중엽의 석기 제조법

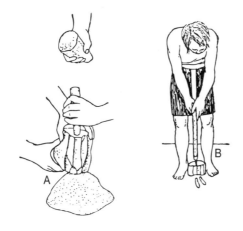

이때 벗겨진 돌껍질(stone flake)이 바로 창촉이고 부싯돌인 것이다. 이럴 때에는 어느 크기의 돌조각을 어느 모습으로 쪼아낼까 하는 것을 염두에 두고(="추적하면서") 돌을 쪼아야 할 것이다. 초기 구석기시대에는 쪼아낸 돌을 버렸지만, 이제는 쪼아낸 돌 자체가 바라는 도구가 되기 때문이다. 이러한

---

4) 프랑스 파리의 서북쪽에 있는 Levallois-Perret라는 마을에서 유물이 발견된 데서 유래된 이름.

석기의 예가 그림 (3.8)에 있다.[5]

(3.8) 그림 (3.7)의 르발루아 기법으로 만든 구석기 중엽의 석기. 그림
(3.6)과 비교해 보라.

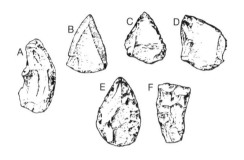

여기서 우리는 이러한 석기제조법과 언어를 연관지어 볼 수 있다. 즉, 언어의 구사가 "추적적" 현상이므로 그만한 능력을 가진 두뇌를 전제로 하는데, 고고학사상에서 추적적 두뇌의 최초의 산물이 약 50만 년 전의 르발루아 기법의 석기이므로, 언어의 출현/발생도 이보다 뒤졌으면 뒤졌지 앞설 수는 없었을 것이라는 추론이다. 그러니까 우리는 언어의 발생이 두뇌의 진화와 밀접한 관계가 있다고 가정할 때 지금부터 50만 년을 더 거슬러 올라갈 수는 없다고 말할 수 있다.

위에서 본 바처럼, 두뇌의 진화가 언어의 발생에 필요한(necessary) 조건이었다 하더라도 충분한(sufficient) 조건은 되지 못한다. 오늘의 언어가 성립되기 위해서는 두뇌의 진화와 병행해서 발성기관의 진화가 필요했던 것이다. 다음 장에서 언어의 음성구조를 더 자세히 보겠지만, 언어는 수십 개의 말소리(語音)로 수만의 단어를 만들 수 있는 것이 그 특징 중의 하나이다. 앞장에서 우리는 비키라는 침팬지가 몇 해 동안을 그에게 말을 가르쳐 주려는 인간 부모와

---

5) 석기제조법이 이렇게 진화된 것은 "단선식"으로는 손도끼나 활촉을 뾰족하게 만드는 게 힘들고 거의 "완제품"을 찾아다녀야 되었기 때문에 시간이 오래 걸리는 반면, 르발루아 기법은 처음부터 뾰족한 석기를 한 자리에서 많이 만들어 낼 수 있기 때문이었다고 한다.

같이 살았으면서도 겨우 [파파] [마마] 따위를 흉내낼 수 있을 정도뿐이었음은 침팬지의 발성기관이 인간의 발성기관과 달라 여러 가지 다른 말소리를 낼 수 없게 되어 있기 때문임을 보았다. 그러면 두 발성기관은 어디가 어떻게 다르며, 인간의 발성기관은 어떤 진화의 과정을 밟았는가?

(3.9) 인간의 발성기관(A)과 원속동물(B가 오랑우틴, C는 원숭이)의 발성기관과의 비교

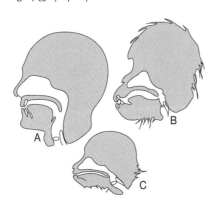

위의 그림 (3.9)를 보면 인간의 발성기관(vocal tract)과 원속(猿屬)동물의 발성기관과의 가장 현저한 차이는, 인간의 경우 성문(聲門 glottis)이 목 가운데 (해부학적으로는 척추의 제5경부(頸部 cervix)와 제6경부 사이)에 위치해 있는데, 원속동물의 경우는 목위(척추의 제4경부 윗부분)에 위치해 있다는 사실이다. 그리하여 인간의 경우는 설근(舌根 tongue root)이 인두(咽頭 pharynx)의 앞 벽을 이루고 있는데, 원속동물의 경우는 설근이라고 부를 수 있는 부분도 없고, 인두도 거의 없음을 볼 수 있다. 또 원속동물의 경우는 후두개(喉頭蓋 epiglottis)와 연구개(軟口蓋 velum)가 맞닿고 있어서 구강(口腔)을 인두로부터 완전 폐쇄시킬 수 있으나, 인간의 경우는 그럴 수 없음을 볼 수 있다.

이러한 차이는, 인간은 구강과 인두가 합해서 ㄱ자 모양의 이관형 기관 (two-tube tract)을 갖게 되나, 원속동물은 인두의 부재로 구강 하나로만 구성된 일관형 기관(one-tube tract)을 갖게 된다는 사실이다.

이러한 사실이 발성의 다양성에 미치는 영향은 매우 크다. 일정한 길이의 공명관(共鳴管)은 오르간의 파이프처럼 거기서 나오는 소리가 정해져 있다. 그러나 두 개의 공명관이 이어져 있을 경우, 그리고 상대적인 길이를 바꿀 수 있을 경우, 여기서 나오는 소리는 그만큼 다양하다. 여기서 우리는 원속 동물의 일관형 기관이 발성기관으로써 매우 제한되어 있는 반면, 인간의 이관형 기관은 혀를 앞뒤와 아래위로 그 위치를 바꿈으로써, 구강과 인강의 상대적 크기를 변화시켜 다양한 소리를 낼 수 있음을 알게 된다. 예를 들어 모음 이 [i]는 구강이 좁고 인강이 넓은 반면, 모음 아 [ɑ]는 반대로 구강이 넓고 인강이 좁아져서 나오는 소리이며, 모음 우 [u]는 그 가운데 소리로 구강과 인강의 크기가 거의 같을 때 나오는 소리이다. 이를 그림으로 보면 다음 (3.10)과 같다.

(3.10) 모음 이 아 우 [i ɑ u]를 발성할 때의 구강과 인강의 상대적 크기
 (오른쪽은 왼쪽 것을 간략하게 윤곽만 그린 것이다)

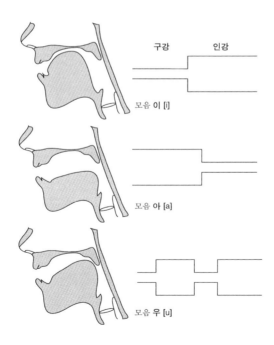

이에 우리는 성문의 하강이 언어발생에 필요한 또 하나의 진화였음을 알
게 된다. 이러한 진화는 유아(幼兒)의 발성기관에서도 찾아볼 수 있다. 생물
학에 "개체발생은 계통발생을 재요약한다"(ontogeny recapitulates phylogeny)라
는 말이 있다. 이는 개체(個體)의 일생이 그 개체가 속하는 계통(系統)의 진화
과정을 축약해서 보여줄 수가 있다는 말로서, 개구리 한 마리가 알에서 올
챙이로, 올챙이에서 개구리로 바뀌는 과정은 개구리의 계통이 난생동물에서
파충류(爬蟲類)의 동물로, 여기서 척추동물로 진화된 과정을 개체의 일생으로
축약해서 보여준다는 것이 그 한 예이다. 인간의 경우, 원속동물에서 진화하면
서 성문의 하강을 겪었다면, 이 현상이 개체에서도 나타난다고 볼 수 있다. 실
제로 그림 (3.11)에서 보는 바와 같이 태아는 성문이 목보다 더 높이 올라와 있
음을 볼 수 있다.

(3.11) 태아의 발성기관(성문과 후두개의 위치가 어른에서보다 더 높음
        을 볼 수 있다(그림 (3.9A)와 비교 참조).

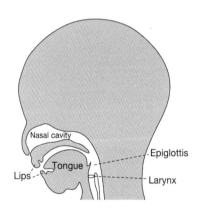

성문의 하강은 이것이 생리적으로 불리함에도 일어났다는 것을 우리는 주
목해야만 한다. 예를 들면 인강 깊숙이 내려간 후두개가 잘못 말리면 숨이
막힐 수도 있으며, 연구개와 후두개가 접촉을 해서 구강을 비강-인강-후강의
호흡통으로부터 완전히 분리시키면, 입안에 음식을 넣고 있으면서도 호흡을
계속할 수 있다. 또 입안에 있는 음식이 후각을 전염시키지도 않는다. 어떤

화초가 식용물인가 아닌가를 후각이나 미각으로 시험판단하려 할 때 두 감각을 분리시켜 서로를 흐리지 않게 하는 것이 중요하다. 이러한 생존에의 이점이 있는데도 성문이 내려간 것은 내려감으로써의 장점(즉 언어의 발성)이 단점보다 더 컸기 때문이라고 볼 수 있다.

여기서 우리는 "추적적" 행위를 가능케 하는 두뇌의 진화(두개 용적의 증대)와 다양한 말소리의 발성을 가능케 하는 발성기관의 진화(성문의 하강)의 교차점에서 언어가 발생하였음을 추리하게 된다.

이러한 생리적인 진화가 언어 출생을 직접 목표로 두고 진행되었으리라고는 볼 수 없다. 물고기 부레가 허파의 전신이듯, 이미 있는 기관을 새로운 환경과 새로운 필요에 적응시켰다고 보는 것이 더 타당할 것이다. 우리가 발성기관이라고 부르는 기관 자체가 원래는 호흡하고 음식을 씹기 위해 생긴 기관임을 보아서도 알 수 있다. 성문의 하강도 언어의 발성을 목표로 내려앉았다라고 보기보다는 인간이 네 발로 기는 자세에서 두 발로 서서 걷는 자세로 바뀌면서, 앞을 내다보기 위해 쳐들었던 수평적인 머리와 고개의 위치를 수직적으로 적응시켜야만 되었고 이 과정에서 성문이 내려가게 되었을 것이다. 마치 "기다리고나 있었던 듯"이라고 한 것은 이때쯤 우리의 조상들은 도구를 제조하고 사용하는 데 두 손을 다 써야 되었기 때문에, 손짓과 몸짓으로 했었을 통신 – 오늘날의 침팬지와 같이 – 의 대용물이 마침 필요했을 것이기 때문이다.

두뇌의 진화도 마찬가지이다. 언어발생을 위해 두뇌가 증대했다고 보기보다는 더 복잡한 사회생활, 더 복잡한 도구의 제조와 사용을 감당하기 위해 두뇌가 적응되는 과정에서 언어가 부산물로 나타났다고 볼 수 있다. 공간인식, 윤곽잡기, 형체 파악 등의 작용을 오른쪽 두뇌가 부담하는 반면, 언어는 도구사용을 비롯한 분석적 행위를 부담하는 왼쪽 두뇌에 자리잡고 있다는 사실도, 인류의 선사시대에, 도구의 발달과 언어의 발생이 결부되었음을 시사해 주는 것이라고 볼 수 있다.[6]

결론적으로 인류가 언어의 루비콘(Rubicon) 강을 건넌 것은 약 50만 년 전

"호모 에렉투스"(Homo erectus 직립원인)에서 "호모 사피엔스"(Homo sapiens 이성인)로 될 즈음 두뇌 용적이 약 1000㎤에 달하고 성문이 하강하였을 때였다고 할 수 있다.

에티오피아의 Rift Valley에서 최근 발견된 화석화된 골격에 의하면 인류가 두 발로 걷는 시도를 시작한 연대를 5.8백만 년 전까지 소급할 수 있다고 2001년 7월 23일자 타임 지(pp. 54-61)가 보도하고 있다. 서서 걷는 것이 꽤 불안정한 자세이고 전진속도가 느려진다는 단점에도 인류의 조상이 일어선 이유에 대해선 아직도 인류학자들 간에 의견이 분분한 듯하다. 기후와 지형의 변화에 따라 숲이 초원으로 변하면서, 더 멀리 내다볼 수 있기 위해서, 나무열매를 더 쉽게 따먹을 수 있도록 키를 키우기 위해서(기린이 목을 뺀거나, 게레누크(gerenuk)라는 아프리카의 영양(羚羊)의 일종이 목과 뒷다리를 키운 것이 같은 이유인 것처럼), 도구를 쓰게 되면서 손을 기는데서 해방시켜야 되니까, 등등. 유의해야 할 것은 인류의 계보가 일직선으로 내려오는 것은 아니라는 사실이다. 단적으로 존재 시기가 겹치는 호모 사피엔스와 네안데르탈(Neanderthal)인과의 관계를 우리는 아직 모른다. 이 책에서 언어의 기원과 연관해 거론하고 있는 호모 에렉투스는 0.5~1.5백만 년에 존재한 인류이다.

기적같은 언어현상은 도저히 자체생성이나 자연발생으로 설명할 수 없다고 생각하기 쉽다. 언어가 신의 선물이라는 언어기원설은 이런 가정에 기인한다. 그러나 다윈(Darwin)의 진화론은 경이로운 기적같은 현상이 어떤 개체에 발생할 수 있음을 가르쳐주었다. 가자미는 두 눈이 다 한쪽에 달려있고, 달팽이는

---

6) 최근에 성대의 하강은 인간에게 유일한 현상도, 언어의 진화와 직접적인 관계도 없다는 설이 대두되었다(Ohala 2000, Fitch 2002). 요약하면 구강을 증강시켜 음성의 피치를 낮추어서 인간의 몸집이 실제보다 큰 동물임을 알리려는 데서 비롯되었다는 것이다. 성대하강 현상이 남자에게만 두드러지게 일어나고 또 소년은 사춘기에 변성이라는 제2차의 성대하강을 치른다는 사실이 이를 입증한다는 것이다. 또 숫사슴도 목소리를 낮추기 위해 성대를 하강시켜 구강을 넓힌다는 것이다. 이것이 사실이라 하더라도 성대의 하강으로 이루어진 두 개의 구강을 여러 소리의 발성에 이용해서 음성언어의 발생에 기여한 것은 사실이라 하겠다.

항문(똥구멍)이 바로 입구멍 위에 위치해 있다. 얼핏 보면 괴상한 형체다. 그러나 진화론은 이해할 만한 설명을 해준다. 가자미의 경우, 배경과 어울리기 위해, 몸통 한쪽을 바다 밑에 깔고 서식하게 됨에 따라 밑쪽 눈이 위쪽으로 옮겨 붙게 된 것이며, 달팽이의 경우는 보신책으로 온 몸을 단단한 껍질로 에워싸게 되자 몸뚱이를 180도로 구부려서 배설구를 입 위로 위치하게 한 것이다. 아프리카의 마다가스카(Madagascar)섬에 사는 카밀리언(chameleon)이라는 도마뱀은 기분, 상황, 온도에 따라 몸뚱이의 색을 바꾸고(변덕쟁이를 chameleon이라고 부르는 이유), 혀의 길이가 몸통의 길이보다 길고, 두 눈을 따로 움직이며, 몸통을 나뭇가지처럼 오므리기도 하고, 낙엽처럼 납작이기도 한다.[7]

MIT에서 2003년 가을 하버드 대학으로 옮긴 언어심리학자 스티븐 핑커(Steven Pinker)는 코끼리의 코를 들어 진화의 불가사의함을 예시하고 있다. 길이가 2m에 가깝고 두께는 30cm나 되는 코끼리의 코는 6천 개의 근육이 있는 나무통같은 기관이다. 이 코로 거목을 송두리째 뽑고 무거운 통나무를 운반할 뿐만 아니라, 연필, 동전 등을 집을 수 있고, 제 몸에 박힌 가시를 빼고, 우물을 파고, 물을 빨아올리고, 흙을 뿌리고, 냄새를 맡고, 여러 가지 소리를 낸다. 콧구멍과 윗입술이 진화되어 발생된 이 기관은 동물세계에서 유일무이한 형체이다. 인간에서의 언어본능 발생은 이러한 코끼리의 코나, 가자미의 눈이나, 펭귄의 자세나 박쥐의 날개의 진화보다 더 신기할게 없다고 핑커는 말한다.

언어는 소리와 뜻이 연결되어야만 이루어진다. 소리는 성문이 내고 뜻은 두뇌가 해석한다. 소리가 집합하여 단어를 이루고 단어가 집합하여 문장을 이룬다. 이에 언어학은 말소리, 단어, 문장 등의 언어의 단위가 어떻게 구성되어 있고, 어떻게 생성되며, 어떤 뜻을 유도하는가를 살펴보아야 할 것이다. 어느 길을 먼저 택해야 하느냐에 어떤 선험적인 이유는 없으나, 이 책에서는 단위가 작은 말소리부터 시작해서 더 큰 단위로 한 계단씩 올라가 보기로 하겠다.

---

7) Edmonds, Patricia. 2015. "Colorful language of chameleons." *National Geographic*, September 2015, pp. 91-109)

참고문헌

Arbib, M. A. et. al. 2008. "Primate vocalization, gesture, and the evolution of human language". *Current Anthropology* 49:1053-63; Discussion 1063-76.

Aroles, Serge. 2007. *L'enigme des enfants-loups*. Paris: Publibook.

Botha, Rudolf P. and Knight, Chris. 2009. *The cradle of language*. Oxford, UK: Oxford University Press

Chomsky, N. 2005. "Three factors in language design". *Linguistic Inquiry* 36(1):1-22.

_____ . 2011. Language and other cognitive systems. What is special about language? *Language Learning and Development*, 7(4):263-278.

Corballis, Michael. 2003. *"From hand to mouth: The origin of language"*. Princeton University Press.

Curtiss, Susan. 1977. *Genie: A psycholinguistic study of a modern-day "wild child"*. New York, NY: Academic Press.

Deutscher, Guy. 2005. *The unfolding of language: An evolutionary tour of mankind's greatest invention*. New York: Metropolitan Books

Diamond, Jared. 1991. *The third chimpanzee*. Hutchinson Radius. London. [김정흠 역:『제3의 침팬지』. 문학사상사. 1996.]

Dingwall, W. O. 1979. The evolution of human communication systems. In Haiganoosh Whitaker and H. Whitaker eds. : *Studies in neurolinguistics,* vol. 4, pp. 1-95. New York, NY: Academic Press.

Dunbar, R. I. M. 2003. "The social brain: Mind, language, and society in evolutionary perspective". *The Annual Review of Anthropology* 32:163-81.

Enard, W. et al. 2002. "Molecular evolution of FOXP2, a gene involved in speech and language". *Nature* 418:869-872.

Fitch, W. T. 2000. "The evolution of speech: A comparative review". *Trends in Cognitive Science* 4:258-267.

_____. 2002. "Comparative vocal production and the evolution of speech: Reinterpreting the descent of the larynx". In A. Wray, ed. : *The Transition to Language*. Oxford: Oxford University Press, pp. 21-45.

_____. 2010. *The evolution of language*. Cambridge: Cambridge.

Hahn, Emily. 1978. "Look who's talking". *New Yorker*, April 17 and April 24, 1978.

Haran, Yuval Noah. 2015. *Sapiens: A brief history of mankind*. New York, NY: Harper Collins.

Hauser, M. D.; Chomsky, N.; Fitch, W. T. 2002. "The faculty of language: what is it, who has it, and how did it evolve?" *Science* 298(5598):1569-79.

Jespersen, Otto. 1964. *Language: Its nature, development and origin*. New York, NY: W. W. Norton.

Lane, Harlan. 1976. *The wild boy of Aveyron*. Cambridge, MA: Harvard University Press.

Lieberman, Philip. 1975. *On the origin of language*. New York, NY: Macmillan.

_____. 1984. *The biology and evolution of language*. Cambridge, MA: Harvard University Press.

_____. 2007. "The evolution of human speech: Its anatomical and neural bases". *Current Anthropology* 48(1):39-66.

MacNeilage, P. 2008. *The origin of speech*. Oxford, UK: Oxford University Press.

Ohala, John. 2000. "The irrelevance of the lowered larynx in modern man for the development of speech". Paris, ENST: *The Evolution of Language,* pp. 171-172.

Tallerman, Maggie; Gibson, Kathleen Rita. 2012. *The Oxford handbook of language evolution*. Oxford, UK: Oxford University Press.

The Economist, "The evolution of language: Babel or babble?". 16 April 2011, pp. 85-86.

1. 다음은 구약성경의 창세기 2장 19절이다. 이것이 언어의 기원에 관해 무엇을 말해주는가 평하라.

   "여호와 하나님이 흙으로 각종 들짐승과 공중의 각종 새를 지으시고 아담이 무엇이라고 부르나 보시려고 그것들을 그에게로 이끌어 가시니 아담이 각 생물을 부르는 것이 곧 그 이름이 되었더라."

   (개역개정, 1998)

2. 다음과 같은 덴마크의 언어학자 예스페르센(Otto Jespersen, 1860-1943)의 발언에 대해 논하라.

   "언어는 인류가 구애(求愛)하던 시기에 태어났다. 인류의 최초의 발언은 밤마다 고양이가 마루 위에서 짝을 부르는 소리와, 철새의 선율적인 사랑의 노래 틈에서 나왔다고 나는 마음속에 그려본다."

3. 한국의 신화나 야사에 언어의 기원에 대한 이야기가 있는가 찾아보고 논평하라.

『와일리 사전』
    낱말: 원조 갈비
    풀이: 이브

제4장　언어의 소리

The sound must seem an echo to the sense

Alexander Pope (1688-1744)

Phonetics is concerned with describing the speech sounds in the languages of the world.

Peter Ladefoged (1925-2006)

　소리(음성)는 언어의 매개체이다. 이론적으로는 소리가 아닌 다른 현상을 인류의 조상이 언어의 매개체로 선택할 수도 있었을 것이다. 우리는 지금도, 간 녹이는 눈웃음, 간 서늘이는 눈살, 차가운 악수, 뜨거운 박수, 매혹시키는 향수(香水), 향수(鄕愁) 일으키는 매실주 등등으로 소리없는 신호를 주고받는다. 후각이나 미각, 혹은 촉각으로 통신하는 것은 너무 불편하고 실용성이 적다 하더라도, 얼굴표정, 손짓, 몸짓에 의한 시각적 통신은, 그것이 원시 인간의 중요한 통신수단의 하나였을 만큼, 이것이 자연적으로 진화되어 시각적 기호가 언어의 매개체로 발달되었을 가능성도 있었으리라고 생각된다. 청각장애인들이 쓰는 고도로 발달된 수화어를 보더라도 시각적 언어를 전혀 배제할 수는 없다. 문자를 비롯해서, 도로표지, 교통신호, 선박 간에 깃발이나 깜박등으로 주고받는 신호, 북미 토착인이 쓰던 연기 신호 등등 오늘날에도 시각적 "언어"가 많이 쓰이고 있음은 물론이다. 사실 손짓이나 신호는 어떤 면에서 소리보다 더 큰 장점이 있다. 예를 들면 소리는 도저히 닿지 않는 먼 거리에서도 신호는 쉬이 보인다든가, 소리는 지속성이 없고 금방 사라지는 반면, 그림은 영구히 지속적이므로 말을 되풀이할 필요가 없다든가, 시각장애만 없었다면 벙어리나 청각장애도 무관하고, 목이 쉬거나, 몹쓸 감기가 들어 코가 아주 막혔어도 상관없다는 장점이 있다. 그러나 신호는 어둡거나 종이 한 장의 장애물만 있어도 보이지 않는다는 단점과, 두 손을 손짓의 통신에 묶어 놓으면, 도구의 제조와 사용 등에 불편이 많을 뿐만 아니라 수신자의 눈도 묶어 놓는 불편이 있고, 무엇보다도 일정한 단위시간 내에 송신할 수 있는 소리의 통신량이 손짓이나 그림 그리기보다 훨씬 더 많다는 장점 때문에 소리의 매개에 의한 언어가 결국 진화되었으리라고 본다. 아무리 손짓이 빠르다 하더라도, 1분에 200음절의 속도(보통 회화할 때)를 따라갈 수는 없을 것이다. 소위 발성기관의 원래의 기능은 호흡과 음식씹기임을 고려해 볼 때, 언어라는 새로운 현상에 적응하기 위해 진화되었음을 여기서도 볼 수 있다.

모든 학문은 그 학문의 연구대상이 되는 현상/사물의 최소단위를 규정하고 분류하는 데서 시작한다. 그리하여 화학에 원소(元素)가 있고, 물리학에 원자(原子)가 있으며, 생물학에는 종(種 species)이 있다. 언어의 최소단위는 낱낱의 말소리이다. 말소리가 모여 단어가 되고, 단어가 모여 문장이 되고, 문장이 모여 담화(談話 discourse)가 됨을 쉬이 알 수 있는 한편, 낱낱의 말소리(예: ㄱ, ㅏ, m, u)를 더 작은 단위로 쪼갤 수는 없음을 알 수 있다.

그러면 말소리는 어떤 기준으로 분류할 수 있는가? 가능성은 몇 가지가 있을 수 있다. 우선 소리가 주는 청각적 인상을 기준으로 소리를 분류할 수도 있다. 예를 들면 국어의 모음조화가 "밝은" 양성(陽性)모음 대 "어두운" 음성(陰性)모음으로 작용한다고 하는 것이나, 의성의태어에서 어떤 자음은 "된"소리이고 어떤 자음은 "거센"소리이고 하는 것은 소리의 청각적 인상에 의한 분류라고 할 수 있고, 또 『훈민정음해례』에서 어떤 모음은 "얕"고(淺), 어떤 모음은 "깊"다(深)든가 어떤 자음은 "맑"고(淸) 어떤 자음은 "흐리"(濁)다고 기술되어 있는 것도 청각적 인상을 서술한 것이라 할 수 있다. 또 하나의 가능성은 소리의 물리적 자질을 기준으로 소리의 주파수(周波數 frequency)나 음폭(音幅 amplitude)에 의하여 소리를 분류하는 것이다. 음향음성학(音響音聲學 acoustic phonetics)에서 이른바 "포먼트"(formant)의 주파수에 의한 모음의 분류나, 음향력(acoustic energy)에 의한 자음의 분류같은 것이 그 예이다. 그러나 인상이라는 게 대개 그렇듯이 객관성이 적고 세분(細分)이 어려우며, 음향학은 1950년대 이후 전자 시대의 도래와 더불어 발달된 것으로 그 역사도 짧거니와, 일반대중의 물리적 지식은 얕고, 또 소리의 스펙트럼에는 너무도 상세하고 사소한 정보가 많을 뿐더러, 연속적(continuous)으로 나타나는 음향 현상을 어떻게 불연속적(discrete)인 소리의 단위로 구분하느냐 하는 난점과 단점이 있다. 만화가가 사람이나 사물을 그릴 때는 사진을 찍은 것처럼 자세한 묘사를 하지 않고 단지 몇 개의 금으로 특정한 사람이나 사물을 충분히 알아 볼 수 있도록 그린다. 소리의 스펙트럼은 "소리의 사진"이다. 여기에는 필요없는 세목이 너무 많다. 몇 개의 선만으로 소리를 묘사할 수는 없을까?

말의 소리는 발성기관에서 나온다. 그런데 다른 소리들이 발성기관의 다른 자리잡음에서 나오는 것을 쉬이 알 수 있다. 예를 들면 ㅍ[p] 소리는 두 입술로 기류(氣流 airstream)를 막는 데서 나오고, ㅌ[t] 소리는 혓날(tongue blade)로 기류를 막는 데서 나온다. 그런데 같은 혓날로 내는 소리라도 ㅌ[t]의 경우는 혓날이 잇몸에 꼭 닿아 기류를 완전히 폐쇄시키는 반면, ㅅ[s] 소리의 경우는 혓날과 잇몸 사이에 좁은 간격을 두고 이 틈으로 공기가 줄곧 새어 나오게 한다. 여기서 우리는 소리의 발성위치와 발성방식으로 말소리를 분류할 수 있음을 알게 된다. 이것이 바로 조음음성학(調音音聲學 articulatory phonetics)적인 분류방법이다. 이러한 조음적인 분류방법은 전통적인 것이기도 하지만 전문적인 물리지식이 필요 없고, 또 인종을 막론하고 발성기관의 해부학적인 구조가 거의 똑같기 때문에, 이런 식의 분류가 어느 나라 말의 말소리에도 적용할 수 있는 보편성(universality)을 띠고 있다.

또한 개인 간이나 언어 간의 사소한 차이와 환경에 의한 근소한 차이를 무시하고 몇 개의 변수(變數 parameter)만으로 말소리를 분류해서 기술할 수 있다는 장점이 있다. 그러므로 이 책에서는 주로 조음방법에 의거한 분류만을 다루기로 한다.

조음의 위치와 방식으로 말소리를 분류하려면 우선 발성기관의 구조와 성능부터 알아야 되며, 이를 위해서는 발성기관의 하부기관들의 위치와 명칭을 알아야 한다. 다음 그림 (4.1)이 이를 보여주고 있다.

(4.1) 발성기관. 조음위치를 표시하는 숫자에 대해서는 본문을 참조할 것. 아래는 기관명의 번역(alphabet 순으로)

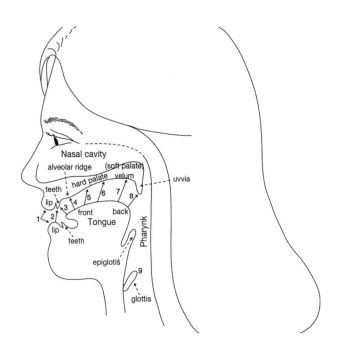

alveolar ridge (잇몸, 치경 齒莖, 그냥 alveola라고도 한다)

epiglottis (후두개 喉頭蓋)   glottis (성문 聲門)

hard palate (경구개 硬口蓋)   larynx (후두 喉頭)

lip (순 脣, 입술)   nasal cavity (비강 鼻腔)

pharynx (인두 咽頭)   teeth (치 齒, 이)

tongue (설 舌, 혀) - front (전설 前舌)

　　　　　　　　 - back (후설 後舌)

　　　　　　　　 - root (설근 舌筋)

uvula (구개수 口蓋垂, 목젖)

velum (연구개 軟口蓋, soft palate 여린입천장이라고도 한다.)

발성기관은 호흡기관과 소화기관이 언어를 위해 적응된 것이라고 이미 말했지만, 후두개(喉頭蓋 epiglottis)와 성문(聲門 glottis)만 하더라도 그 중요한 기능은 음식을 삼킬 때 음식이 후두(喉頭 larynx)를 통해 허파로 들어가지 못하도록 후두에로의 통로를 닫는 자물쇠 역할이다(물 한 방울이나 밥 한 알이라도 후두로 잘못 들어가면 자동적인 반사작용으로 기침을 해서 이를 뱉어낸다).

평상시의 발성은 호흡을 타고 나온다. 다시 말하자면, 내쉬는 숨을 입 안의 어디에선가 막아서 소리를 낸다. 이것이 바로 **조음의 위치**(place of articulation)이다. 이론적으로는 입술에서 성대까지(어른의 경우 약 17cm)의 사이에 무한한 조음점이 있을 수 있으나 두 조음 위치가 서로 너무 가까우면 화자가 정확히 발성하기도, 또 청자가 식별하기도 힘들므로 대체로 아홉 내지 열 군데쯤을 쓴다.

이를 좀 더 자세히 보면 다음과 같다. 그림 (4.1)에서 구강과 후두에 있는 숫자를 참조하라. 화살표는 조음의 방향을 표시한다.

1. 양순음(兩脣音 bilabial): 두 입술로 내는 소리이다. 예: [p, b, m]
2. 순치음(脣齒音 labiodental): 아랫입술을 윗니에 갖다 대고 내는 소리이다. 국어에는 없고 영어의 [f, v]가 그 예이다.
3. 치음(齒音 dental): 혀끝(舌尖 tongue tip)을 윗니 뒤쪽에 갖다 대고 내는 소리. 역시 국어에는 없고 영어의 *th*[θ, ð] 소리가 그 예이다.
4. 치경음(齒莖音 alveolar): 혓날(舌葉 tongue blade)을 잇몸에 대고 내는 소리. 이 위치에서 가장 많은 소리가 난다. 예: [t, d, n, s, z, l, r]
5. 치경구개음(齒莖口蓋音 alveo-palatal 혹은 palato-alveolar): 혓날을 alveola와 palate 사이에 대고 내는 소리이다 post-alveolar(후치경음)라고도 한다. 국어의 ㅈ, ㅊ 소리, 영어의 *ch*[ʧ], *sh*[ʃ] 소리들의 위치가 여기이다.
6. 구개음(口蓋音 palatal): 혓몸 가운데쯤(the middle of the tongue)을 경구개에 대고 내는 소리이다. 국어에서 **힘, 힐끗** 등 모음 'ㅣ'가 후행할 때의 'ㅎ' 발음이 이에 가깝다. 국제음성기호(International Phonetic Alphabet)로는 [ç]이며, 독일어 *ich, mich* 등에서의 *ch* 소리가 이를

대표한다.

7. **연구개음**(軟口蓋音 velar): 후설(後舌)이 연구개에 가 닿아 나는 소리이다, 국어의 ㄱ, ㅋ, 영어의 [k, g] 또 이응소리 [ŋ]가 대표적이다.

8. **구개수음**(口蓋垂音 uvular): 후설이 목젖에 가 닿아 나는 소리로, 국어·영어에 없고, 프랑스어의 [ʀ], 아랍어의 [q] 등이 여기 속한다.

9. **성문음**(聲門音 glottal): 후두(喉頭)에서 나는 소리로 ㅎ[h]이 대표적인 예이다. 강조할 때 모음 앞에 붙는 소리(약간 기침소리와 비슷하다)도 성문음으로 그 기호는 [ʔ]이다.

위에서 기술한 것 이외에 설근(舌根)과 인두(咽頭)로 인강(咽腔)을 좁혀서 내는 소리(인두음 pharyngeal이라고 하며 아랍어에 있다)와 혀끝을 잇몸 뒤에 대고 내는 소리(반전음 反轉音 retroflex라 하며 힌디어에 있다) 등의 조음위치가 있으나 이들은 국어에도 영어에도 없고(영어의 [r]이 반전음이라는 설도 있기는 하지만) 다른 나라 말에서도 그리 흔히 쓰이는 조음위치가 아니므로 여기서는 자세히 기술하지 않기로 한다.

위에서 여남은의 조음위치를 훑어 보았거니와, 이렇게 구강(口腔)에 어떤 폐쇄나 협착이 있어서 기류(氣流)가 구강에서 저지되어 나는 소리를 **자음**(子音 consonant)이라 하고, 협착이 없어 기류의 저지없이 나는 소리를 **모음**(母音 vowel)이라 한다. 한편, 구강의 폐쇄/협착과 동시에 성대가 닫혀 있어 진동하는 소리를 **유성음**(有聲音 voiced)이라 하고, 성대가 열려 있어 성대의 진동없이 나는 소리를 **무성음**(無聲音 voiceless 또는 unvoiced)이라 한다.

숨이 가쁘지 않을 때면 우리는 보통 입을 닫은 채로 호흡을 한다. 평상시는 연구개와 목젖이 후설(後舌) 위에 내려앉아 있어 비강(鼻腔)을 통해 호흡을 하기 때문이다. 발성시 연구개가 내려와 있어 공기가 비강을 통해서 나가면 이를 **비음**(鼻音 nasal)이라 하고, 연구개가 닫혀 있어 공기가 구강으로만 빠져 나가면 이를 **구강음**(口腔音 oral)이라고 하는데, 대부분의 어음(語音)이 구강음이며, ㅁ, ㄴ, ㅇ(이응) [m, n, ŋ] 등이 비음의 대표적 예이다.

구강이 폐쇄/협착되어 있는 동안 성대가 진동하며 나는 소리를 위에서 유성음이라 하였고, 그렇지 않으면 무성음이라 하였거니와, 무성자음 뒤에 모음이

올 때 성대의 진동이 폐쇄된 구강의 개방과 동시에 일어나면 이를 **무기음**(無氣
音 unaspirated)이라 하고, 폐쇄의 개방 얼마 뒤에 성대가 진동하기 시작하는
경우를 **유기음**(有氣音 aspirated)이라 한다. 이를 도시(圖示)하면 아래와 같다.

(4.2) 구강의 조음과 성대진동과의 상관적 시간차(timing)

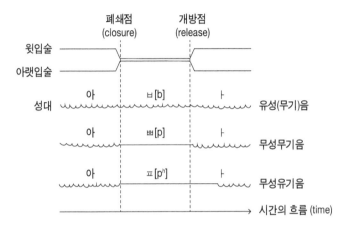

위의 그림 (4.2)에서 ㅃ[p]과 ㅍ[pʰ]이 둘 다 폐쇄기간 동안 성대 진동이
없어 유성음 ㅂ[b]과 대조대는 무성음이지만, 둘에는 기음의 차이가 있다.
즉, [p]는 후행하는 모음의 성대진동이 구강폐쇄의 개방과 동시에 일어나지
만 [pʰ]의 경우는 조금 지연되어 일어난다는 사실이다. 바로 이 성대진동의
지연기간(delay in voice onset time)을 aspiration이라 한다. 국어의 경우 어두에
서 이 길이는 거의 100msec(10분의 1초)쯤 되며 영어의 경우 이보다는 좀
짧다(약 70~80msec 정도).

위에서 우리는 ㅂ[b]을 유성음이라 하였는데, 이는 유성음 간의 경우이고,
어두에서는 무성음이면서 약간의 기음을 띤다(30~50msec 정도). 그러니까
VOT(voice onset time 성대진동시기)만을 기준으로 국어의 파열음 계열을
분류한다면 이른바 된소리(硬音 ㄲ, ㄸ, ㅃ, ㅉ)를 무기음(unaspirated), 보통소리
(平音 ㄱ, ㄷ, ㅂ, ㅈ)를 경기음(輕氣音 slightly aspirated), 거센소리(激音 ㅋ, ㅌ,
ㅍ, ㅊ)를 중기음(重氣音 heavily aspirated)이라고 할 수 있다.

조음방식(manner of articulation)은 허파에서 나오는 공기의 흐름을 입안의 어디에서 막느냐가 아니라, 얼마나 막느냐 하는 것으로, 조음간격 또는 개구도(開口度 degree of aperture)를 말한다. 여기도 이론적으로는 무한대의 개구도가 있을 수 있겠으나 실제적으로는 대여섯 가지가 쓰인다. 개구도가 가장 좁은 것으로부터 더 넓은 것으로 가면서 보면,

(1) 파열음(破裂音 stop, plosive). 구강을 완전 폐쇄시켜 막힌 기류의 압력을 높였다가 폐쇄를 개방하면 압축된 공기가 방출되며 나는 소리이다. 무성파열음으로 [p, t, k] 등이 있고 이에 대응하는 유성파열음은 [b, d, g]이다.

(2) 마찰음(摩擦音 fricative). 좁은 조음 간격 사이로 공기가 빠져 나오느라고 마찰소리를 낸다고 마찰음이라 한다. 국어엔 마찰음이 치경마찰음(alveolar fricative) ㅅ[s]과 성문마찰음(glottal fricative) ㅎ[h]밖에 없으나, 영어엔 순치음(labiodental) [f, v], 치음(dental) [θ, ð], 치경음(alveolar) [s, z], 치경구개음(palato-alveolar) [ʃ, ʒ] 및 성문음 [h] 등 다섯 위치에서 마찰음이 나고, 이밖에 양순(bilabial)마찰음 [ɸ, ß], 구개(palatal)마찰음 [ç, j], 연구개(velar)마찰음 [x, ɣ], 인두(pharyngeal)마찰음 [ħ, ʕ] 등이 있을 수 있다.

위에서 본 대로, 동위(同位)의 무성음과 유성음을 한 쌍으로 묶어 나열할 때는 무성음을 앞에, 유성음을 뒤에 쓰는 것이 상례이다. 또 철자와 구별하기 위하여 음성기호는 각괄호 [ ]안에 씀도 독자는 이미 알아 차렸으리라.

(3) 파찰음(破擦音 affricate). 이름이 시사하듯이 파열음과 마찰음의 "튀기"이다. 전반이 파열음이고 후반이 마찰음인데, 이러한 성격이 음성기호 [ts, dz](치경파찰음), [tʃ, dʒ](치경구개 파찰음)에 반영되어 있다. 국어의 ㅈ, ㅊ, ㅉ도 치경구개 파찰음이며, 영어의 *church, judge*도 치경구개 파찰음이다. 독일어엔 치경파찰음 [ts](철자는 z. 예: *Mozart, Zehn* '열'(十)도 있고, 순파찰음(labial affricate) [pf] (예: *Pferd* '말'(馬), *Apfel* '사과')도 있다.

(4) 유음(流音 liquid). 소리의 청각적 인상이 유동체(流動體)와 같다는 데서 지어진 이름으로 ㄹ계 소리가 여기 속한다. 구강의 협착이 적어 기류의 마찰이 없다. 공기가 혓몸 옆으로 빠져 나올 때 이를 설측음(舌側音 lateral)이라 하는데 국어에서 음절말의 ㄹ음이 설측음으로 기호는 [l]이다. 이와 대조되는

소리, 즉 기류가 구강 가운데로 빠져나오는 유음이 [r]음인데, 혀를 굴려서 내는 굴림소리(전동음 顫動音 trill), 혀끝으로 가볍게 잇몸을 쳐서 내는 혀침소리(경타음 輕打音 tap), 혓날을 잇몸에다 날개치듯 가볍게 스쳐서 내는 날름소리(탄설음 彈舌音 flap) 등으로 더 세분된다. 프랑스의 r음은 혀뒤(後舌)를 목젖에 대고 떨며 내는 구개수 전동음(uvular trill)인데 (기호[ʀ]), 유성 구개수 마찰음(voiced uvular fricative) [ʁ]로 내는 게 예사다. 스페인어에서는 치경전동음 [r]과 치경경타음 [ɾ]이 대조적으로 쓰이고 있다. 예: [pero] '개'(犬), [peɾo] '그러나'. 미국영어에서는 유성음간의 [t, d]가 날름소리로 나는 게 보통이다. 그래서 *latter* '후자'와 *ladder* '사닥다리', *writer* '작가'와 *rider* '기수' 등이 동음이의어가 되는 수가 많다. 국어의 모음 앞의 ㄹ은 대개 경타음(tap)으로 발음되는데, 날름소리(flap)로 내는 사람도 있다.

(5) 활음(滑音 glide). 개구도를 더 넓히면 구강의 협착이 거의 없이 소리를 낼 수 있는데 반드시 모음이 선행하거나 후행하여야 한다. 모음에서 모음에로 재빨리 미끄러져 가는 소리라 해서 활음(glide)이라 하는데 모음과 거의 비슷하기 때문에 반모음(半母音 semi-vowel)이라고도 한다. [y](=IPA [j])와 [w]가 대표적 예이다. 국어에서 야, 여, 요, 유 할 때의 첫 소리가 [y]음이고, 와, 워, 왜, 웨 할 때의 첫 소리가 [w]음이다. 약간의 협착이 경구개 쪽에 있으므로 [y]는 구개활음(palatal glide)이며, [w]를 발음할 때는 입술을 둥글게 내밀며 좁히는 동시에 혀 뒤도 연구개 쪽으로 다가가므로 [w]는 순 - 연구개 활음(labial-velar glide)이 될 것이다.

국어에선 [y]나 [w]가 모음 뒤에 오지 않는다. 중세 국어에서는 ㅐ, ㅔ, ㅚ 등이 [ay], [əy], [oy] 등의 음가를 가지고 있었던 듯하나, 현대국어에선 단모음 [æ], [e], [ø]로 발음되고 있다. 예외가 하나 있다면 ㅢ[iy]인데, 이것도 단모음화하려는 경향이 있어 ㅡ, ㅔ, ㅣ 등으로 많이 발음된다. 예: 의사 → 으사, 한국의 아들 → 한국에 아들, 토의 → 토이 등. 영어의 *wh*(예: *what, which*)는 [hw]로도 발음되지만 대개 무성의 [w](IPA 기호는 [ʍ])로 발음된다. 그리고 [h]는 마찰음으로보다는 성문활음(glottal glide)으로 볼 수도 있다.

이밖에 '쯧쯧' 하고 혀를 찰 때 나는 설타음(舌打音 click), 꼭 닫은 성대를 올려서 입안의 공기를 압축시켰다가 이를 풀어주며 내는 방출음(放出音

ejective), 그 반대로 닫은 성대를 아래로 내리면서 바깥 공기를 입안으로 끌어들이며 내는 **내파음**(內破音 implosive) 등 주로 아프리카의 언어에 있는 드문 어음도 있으나 여기서는 상론하지 않겠다.

위에서 본 자음들을 그 조음위치와 조음방식으로 분류한 도표는 다음과 같다.

(4.3) 조음위치와 방식에 의한 자음의 분류

	labial 순음		dental 치음		alveolar 치경음		palatal 구개음		velar 연구개음		glottal 성문음	
stop (파열음)	p ㅍ	b ㅂ			t ㅌ	d ㄷ			k ㅋ	g ㄱ		
nasal (비음)		m ㅁ				n ㄴ		ɲ		ŋ ㅇ		
fricative (마찰음)	f	v	θ	ð	s ㅅ	z	ʃ	ʒ				
affricate (파찰음)							ʧ ㅊ	ʤ ㅈ				
liquid (유음)					l, r ㄹ							
glide (활음)									ʍ	w	h ㅎ	

국어와 영어에 있는 소리들만 포함했는데, 양순(bilabial)과 순치(labiodental)의 두 조음위치, 치경구개(palato-alveolar)와 구개(palatal)의 두 조음위치 및 연구개(velar)와 순-연구개(labial-velar)의 두 조음위치를 하나씩으로 합했다. 점선은 무성(왼쪽)/유성(오른쪽)의 경계선을 표시한다.

음성기호에 대하여 한두 가지 유의할 게 있다. 음성기호로 국제음성기호(International Phonetic Alphabet, 생략해서 IPA)를 쓰는 것이 원칙이지만, 타자기에 없는 기호의 불편을 덜기 위해, 다음과 같은 변형도 많이 쓰이고 있다. 특히 미국언어학계에서. 어느 것이든 하나만 택해서 일관성 있게만 쓰면 될 것이다. 이 책에서는 주로 "미식"을 따르기로 하겠다.

(4.4)   IPA   미식변형

IPA	미식변형
[ʃ]	[š]
[ʒ]	[ž]
[ʧ]	[č] 또는 [c]
[ʤ]	[ĵ] 또는 [j]
[j]	[y]
[ɲ]	[ñ] 또는 [ny]
[ŋ]	[ng]
[ð]	[đ](d에 hyphen을 그은 것)
[ʍ]	[hw]

기음(氣音 aspiration) 표시는 어깨글자(superscript)로 [p^h, t^h, k^h]와 같이 표기하는게 원칙이나, 역시 타자의 편리를 위해 연자(連字)로 [ph, th, kh]와 같이 쓰기도 한다.

또 한 가지 유의할 것은 기호를 명세하거나 기호 명칭을 쓸 때 조음방식(manner)을 맨 나중에, 그 앞에 조음위치(place)를, 그 앞에 성대의 진동(voicing) 여부를, 그 앞에 기음(aspiration) 여부를 두는 식의 순서로 하는 것이 관례이다. 예:

(4.5)

		기음	성대	조음위치	조음방식
[p^h]	=	aspirated 유기	voiceless 무성	bilabial 양순	stop 파열음
[z]	=	(unaspirated) (무기)	voiced 유성	alveolar 치경	fricative 마찰음
[ŋ]	=	(unaspirated) (무기)	(voiced) (유성)	velar 연구개	nasal 비음

괄호 안에 든 것은 대개 자명하거나 거의 보편적인 것으로 반드시 명세할 필요가 없어 관습적으로 생략하는 예이다. 즉, 유성이면 대개 무기음이고, 비음이면 대개는 유성(이며, 무기음)이라는 말이다. 그러나 힌디어(Hindi)에는 유성유기음(voiced aspirate)도 있고, 버마어(Burmese)엔 무성비음(voiceless nasal)도 있으니까, 때에 따라서는 "거의" 보편적인 것도 명세해 주어야 한다.

지금까지 자음의 분류를 보았는데, 모음(vowel)의 분류도 자음과 같은 방식으로 할 수 있을까? 자음을 우리는 구강 안의 협착지점의 위치와 협착의 정도를 주로 기준으로 분류하였다. 그런데 우리는 모음을 구강 안에 아무런 협착이 없이, 즉 기류의 저해가 없이 나는 소리라고 정의하였다. 여기서 모음을 자음처럼 협착의 위치와 정도에 의해 분류할 수 없음을 알게 된다. 그러면 모음 분류의 기준은 무엇인가?

몇 개의 다른 모음, 예를 들면 [i](ㅣ), [ɑ](ㅏ), [u](ㅜ), [æ](ㅐ) 등을 천천히 발음하면서 조음기관의 움직임의 변화를 눈여겨보면 혓몸의 위치가 모음에 따라 바뀌며, 때로는 입술모양도 바뀜을 볼 수 있다. 즉, [i]나 [u] 모음을 발음할 때는 혓몸이 비교적 올라와 있는 데 비해, [æ]나 [ɑ] 모음을 발음할 때는 턱을 벌리면서 혓몸이 내려가 있음을 알 수 있다. 또 [i]와 [æ] 모음을 발음할 때는 혓몸이 비교적 앞쪽에 와 있는 데 비해 [u]와 [ɑ] 모음을 발음할 때는 혀가 뒷쪽으로 가는 것도 느낄 수 있다. 한편 [i], [æ], [ɑ] 등을 발음할 때는 입술이 펴져 있는데 [u], [o] 등을 발음할 때는 입술이 둥글게 오므라짐을 볼 수 있다. 여기서 우리는 모음을 구별하는 척도가, (1)혓몸의 높낮이(高度 tongue height), (2)혓몸의 앞뒤 위치(tongue advancement), 그리고 (3)입술의 둥글기(=원순)(圓脣性 lip rounding), 이렇게 셋이 있음을 알 수 있다[1]

그림 (4.6)은 X(뢴트겐)선 사진으로 본 영어모음 일곱 개를 발성할 때의 혀와 입술의 모양이다(Ladefoged and Johnson 2015:21).

---

[1] 실상 혀의 높낮이는 자음의 개구도, 즉 조음방식에 해당하며, 혀의 앞뒤 위치는 자음의 조음위치에 해당한다. 이런 의미에서 모음의 분류 기준도 자음의 경우처럼 조음의 위치와 방식이라고 할 수 있겠다. 입술을 둥글게 오므리는 것도 모음에만 특유한 것이 아니라, 원순자음도 있을 수 있기 때문이다.

(4.6) 영어모음의 혀와 입술의 위치

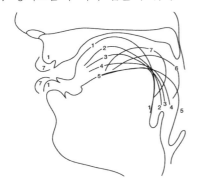

1. h<u>ee</u>d, 2. h<u>i</u>d, 3 h<u>ea</u>d, 4. h<u>a</u>d, 5. f<u>a</u>ther, 6. g<u>oo</u>d, 7. f<u>oo</u>d

모음의 위치를 더 간략하게 표시하기 위해, 혀의 위치가 가장 말초적인 모음 넷(예를 들면 그림 (4.6)에서 혀의 위치가 가장 앞에서 가장 높은 모음 1, 앞에서 가장 낮은 모음 4, 뒤에서 가장 높은 모음 7, 뒤에서 가장 낮은 모음 5)의 정점을 연결하면, 구강 후반에 아래 그림 (4.7)이 보여주는 바와 같은 사다리꼴(trapezoid)이 생기게 된다, 이것이 바로 **모음도**(母音圖 vowel chart)의 기원이다.

(4.7) 모음도(vowel chart)의 기원
　　　(숫자는 그림 (4.6)의 모음에 대응한다)

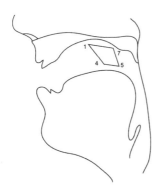

아래의 그림 (4.8)은 Ladefoged and Johnson(2015: 46)에서 따온 영어의 모음도에 국어의 모음의 위치를 추정해서 넣어본 것이다.

(4.8) 국어와 영어의 모음의 위치

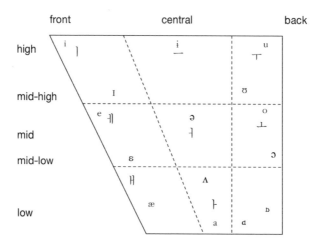

　지금까지 본 모음은 **단모음**(monophthong)이라는 것들로 아무 모음이든 조음기관의 동요 없이 지속해서 낼 수 있는 모음이다. 그런데 이러한 단모음 뒤에 반모음 [y]나 [w]가 올 때가 있다. 예를 들면 영어의 *say*의 모음은 단모음 [e]뒤에 [y]가 온 [ey]이고, *my*의 모음은 단모음 [a] 뒤에 반모음 [y]가 온 [ay]이며, *go*의 모음은 단모음 [o] 뒤에 반모음 [w]가 온 [ow]이고, *cow*의 모음은 단모음 [a]뒤에 반모음 [w]가 온 [aw]이다. 이러한 모음들은 **이중모음**(二重母音 diphthong)이라 한다. 이러한 모음은 중설이나 저설모음에서 고설모음쪽으로 움직이려는 시늉을 할 뿐, 실제로 고설모음의 위치에까지 도달하지 않는다. 여기에 이중모음 [ay]나 [aw]와 독립된 두 모음이 연접한 [ai]나 [au]와의 차이가 있다. 그래서 전자는 한 음절임에 비해 후자는 두 음절을 구성한다. 영어의 *say*[sey]와 국어의 세이다[sei-], 영어의 *sow*[saw]'암퇘지'와 국어의 싸우다[s'au-], 또 영어의 *cider*[saydə]와 국어의 싸이다(積)[s'aida], 영어의 *go*[gow]와 국어의 **고우**(故友)[kou]를 비교해 보면 이를 잘 알 수 있다.

자음에 비자음(nasal consonant)이 있었듯이, 모음의 경우도 연구개를 내려 비강을 통해서 공기가 빠져 나가게 할 수 있다. 이를 비모음(nasal vowel)이라 하는데, 프랑스어에 비모음이 있음은 잘 알려진 사실이다 예: *un bon vin blanc* [œ̃ bɔ̃ vɛ̃ blɑ̃] '좋은 흰 포도주'.

지금까지는 우리는 어음을 최소단위로 보고 주로 이들의 조음에 의한 분류 방법을 고찰해 보았는데, 분류명세에 쓰인 용어 중, 유성 대 무성, 유기 대 무기, 비음 대 구강음, 원순 대 비원순 등, 반의어처럼 서로 대립되는 것들이 있었다. 여기서 우리는 반의어를 이루는 한 쌍의 용어를 한 용어로 통일하고, 이 용어가 명시하는 음성적 자질이 있는 소리를 +, 없는 소리를 - 로 명세함으로써 음성 분류를 더 간결화할 수 있음을 착안하게 된다. 예를 들면 유성 (voiced)과 무성(voiceless)을 성(聲 voice)의 다른 구현이라고 보고 유성은 [+voice], 무성은 [-voice]로 기술하는 것이다. 마찬가지로 유기는 [+aspirate], 무기는 [-aspirate]; 비음은 [+nasal], 구강음은 [-nasal]; 원순은 [+round], 비원순은 [-round]로 명세할 수 있다. 나아가서, 마찰음을 +지속음 [+continueant], 파열음을 - 지속음 [-continuant]으로; 한편 비음과 유음과 활음을 망라한 자음군을 +공명음(共鳴音)[+sonorant]로, 파열음과 마찰음과 파찰음을 망라한 자음군인 저해음(沮害音 obstruent)을 - 공명음[-sonorant]으로 명세할 수 있다.

모든 음성자질이 이러한 **이분법**(二分法 binarism)으로 쉬이 분석될 수 있는 것은 아니지만, 체계의 일관성을 위해 이를 다른 조음방식, 조음 위치 및 모음에까지 연장해서 적용할 수 있다. 예를 들면 고, 중, 저의 세 범주를 고(高)[high]와 저(低)[low]의 두 자질만을 사용하여 고모음은 $\begin{bmatrix} +\text{high} \\ -\text{low} \end{bmatrix}$로, 저모음은 $\begin{bmatrix} -\text{high} \\ +\text{low} \end{bmatrix}$로, 그리고 중모음은 $\begin{bmatrix} -\text{high} \\ -\text{low} \end{bmatrix}$로 표기할 수 있다. 전설, 중설, 후설 모음의 구분은 중설이 비원순인데, 후설은 원순이라는 잉여적 관계를 포착하여 중설과 후설을 같은 +후설[+back]로 보고 전설은 -후설 [-back]으로 기술할 수 있다. 종래의 중설과 후설의 구분은 중설을 - 원순

[−round], 후설을 +원순[+round]으로 명시하면 될 것이다. 이를 도해하면 그림 (4.9)와 도표 (4.10)과 같다.

(4.9) 모음의 이분적 분류도

(4.10) 모음의 이분적 분류표

	i	e	ε	ɑ	ɔ	o	u	i	ə	ü	ö
high (高舌性)	+	-	-	-	-	-	+	+	-	+	-
low (低舌性)	-	-	+	+	+	-	-	-	-	-	-
back (後舌性)	-	-	-	+	+	+	+	+	+	-	-
round (圓脣性)	-	-	-	-	+	+	+	-	-	+	+

자음의 조음위치를 이분법으로 분류하는 방법에는 몇 가지 가능성이 있겠으나, 주로 다음과 같은 방법이 요즘 쓰인다. 우선 잇몸(치경) 바로 뒤를 경계로 구강을 둘로 나누고 그 앞에서 나는 자음을 전강(前腔)[+anterior] 자음이라 하고 그 뒤에서 나는 자음을 후강(後腔=非前腔)[−anterior] 자음이라 한다. 그리고 구강의 폐쇄/협착에 혀끝이나 혓날이 쓰이는 자음을 [+coronal]이라 하고 그렇지 않은 자음(예: 순음, 연구개음)을 [−coronal]이라 한다 (coronal은 corona의 형용사형으로, corona는 '관'(冠)을 의미하며, crown'왕관'과 어원이 같다. coronal을 구태여 번역하자면 '혓머리 소리' 또는 '설관성(舌冠)이라 할 수 있겠다). 즉,

(4.11) 자음의 주요 조음위치의 이분적 분류도

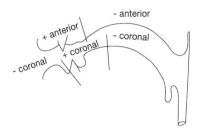

(4.12) 자음의 주요 조음위치의 이분적 분류

	순음	치음	치경구개음	연구개음
anterior	+	+	-	-
coronal	-	+	+	-

앞에서 저해음(obstruent)을 [－sonorant]라 하고 비음, 유음, 활음을 [+sonorant]라 명세한다 하였거니와 비음, 유음의 활음과의 구별은 전자가 자음임에 비하여 후자는 반모음으로 전자를 +자음성(子音性)[+consonantal], 후자를 －자음성(子音性)[－consonantal]으로 명세하여 분류할 수 있다. 비음과 유음과의 구별은 물론 [±nasal]로 된다. 활음 중 [h]만은 [－sonorant]이다. 그래서 주요 조음방식은 다음과 같이 이분법으로 분류된다.

(4.13) 자음의 주요 조음방식의 이분적 분류

	저해음	비음 · 유음	활음(y · w)	활음(h)
sonorant	-	+	+	-
consonantal	+	+	-	-

다음 (4.14)은 도표 (4.3)에 있는 자음의 이분적 분류이다.

(4.14)

	p	b	t	d	k	g	m	n	ɲ	ŋ
sonorant (共鳴性)	-	-	-	-	-	-	+	+	+	+
consonantal (子音性)	+	+	+	+	+	+	+	+	+	+
nasal (鼻音性)	-	-	-	-	-	-	+	+	+	+
continuant (持續性)	-	-	-	-	-	-	-	-	-	-
anterior (前腔性)	+	+	+	+	-	-	+	+	-	-
coronal (舌冠性)	-	-	+	+	-	-	-	+	+	-
voice (有聲性)	-	+	-	+	-	+	+	+	+	+

	f	v	θ	ð	s	z	š	ž	č	ǰ	l	r	y	ʍ	w	h
sonorant	-	-	-	-	-	-	-	-	-	-	+	+	+	-	+	-
consonantal	+	+	+	+	+	+	+	+	+	+	+	+	-	-	-	-
nasal	-	-	-	-	-	-	-	-	-	-	-	-	-	-	-	-
continuant	+	+	+	+	+	+	+	+	-	-	+	+	+	+	+	+
anterior	+	+	+	+	+	+	-	-	-	-	+	+	-	-	-	-
coronal	-	-	+	+	+	+	+	+	+	+	+	+	-	-	-	-
voice	-	+	-	+	-	+	-	+	-	+	+	+	+	-	+	-

　도표 (4.14)에 나타나는 일곱 개의 음성자질만으로 세계의 어떤 자음이든 지 충분히 기술할 수 있는 것은 아니다. 우선 국어의 ㄱ, ㅋ, ㄲ; ㄷ, ㅌ, ㄸ 등의 자음의 구별은 ㄲ, ㄸ을 단자음(單子音)으로 보지 않고 **중자음**(重子音 geminate)으로 본다하더라고 ㄱ, ㄷ을 ㅋ, ㅌ으로부터 구별하는 데는 무기 · 유기[±aspirate]의 명세가 필요할 것이며, 된소리를 단자음으로 보면 긴장(緊 張) · 이완(弛緩)[±tense]의 명세도 필요할 것이다. 즉,

(4.15)

	보통소리 ㄱ, ㄷ, ㅂ, ㅈ	거센소리 ㅋ, ㅌ, ㅍ, ㅊ	된소리 ㄲ, ㄸ, ㅃ, ㅉ	보통소리 (유성음 사이에서)
aspirate(氣音性)	+	+	-	-
tense(緊張性)	-	+	+	-

[±tense]는 영어의 모음의 세분에도 필요할 수 있다. 즉, [i]와 [ɪ], [u]와 [ʊ], [e]와 [ɛ], [o]와 [ɔ], [ɑ]와 [ʌ] 등의 동위모음을 각 짝에서 전자를 [+tense], 후자를 [−tense]로 기술할 수 있다.

위에서와 같이 이분법에 쓰이는 음성자질을 **변별적자질**(辨別的資質 Distinctive Feature)이라 하는데[2], 그 이유는 다음과 같다. 조음적으로나 음향적으로 다른 소리라 할지라도, 그러한 차이점이 아무 언어에서도 대조적으로 쓰이지 않을 때, 즉 어사의 의미를 변별하는 기능을 발휘하지 않을 때가 있다. 이러한 비변별적인 음성자질은 어음기술에서 제외해도 된다. 자음과 모음에서 한 가지씩만 예를 들어보자.

어느 자음 분류표를 보더라도 양순음(bilabial)과 순치음(labiodental)의 조음위치의 차이를 구별한다. 그러나 이 두 조음위치와 조음방식에는 거의 절대적인 잉여관계가 있다. 즉, 양순음은 언제나 파열음이며 순치음은 언제나 마찰음이라는 사실이다. 다시 말하면, 순치파열음은 발성할 수 없으며, 양순마찰음과 순치마찰음을 변별적으로 쓰는 언어도 거의 없다[3]. 그렇다면 구태여 양순 조음위치와 순치 조음위치를 구별할 필요가 있겠는가? 또 아랫입술을 윗니에 대고 내는 소리가 순치음인데, 윗입술을 아랫니에 대고 내는 소리도 순치음이다. 그런데 이 조음의 차이는 왜 구별하지 않는가? 그 이유는 두 가지 순치음이 어느 언어에서도 변별적으로 쓰이는 일이 없기 때문이다. 같은 논리를 양순·순치의 차이에도 적용할 수 있지 않을까?

모음에서 한 예를 들어보자. 전통적인 조음음성학의 모음도를 보면 중설(central)모음과 후설(back)모음을 구별한다. 그런데 앞에서도 잠깐 언급했지만, 중설모음은 비원순모음임에 비하여 후설모음은 원순모음이라는 잉여관

---

2) 위와 같이 이분법(binarism)으로 어음을 명세화하는 변별적자질 이론(Dinstinctive Feature theory)은 일찍이 Roman Jakobson과 Morris Halle가 제안한 것이다. Jakobson, R., G. Fant, and M. Halle(1951), 김진우(1988) 참조.

3) 서아프리카 가나(Ghana)에 있는 Ewe어에서는 순치마찰음과 양순마찰음이 음소적으로 대립한다고 한다. 예: /efa/ 'he was cold', /eɸa/ 'he polished,' /eve/ 'two' /ɛβe/ 'Ewe'. Ladefoged & Johnson(2015:298) 참조. 예외적인 경우이다

계가 있다. 다시 말하면 원순후설모음(예: [u, o])와 비원순후설모음(예: [ɯ, ɣ])을 변별적으로 쓰는 언어가 없으며, 또 비원순중설모음(예: [ɨ])과 원순중설모음(예: [ʉ])을 변별적으로 쓰는 언어도 없다. 그러니까 중설과 후설의 구별은 원순성의 유무로 할 수 있으므로, 중설·후설의 대립은 무시해도 된다는 말이 된다. 이렇게 변별적이 아닌 음성자질은 음성기술의 대상에서 제외하고 변별적 역할을 하는 음성자질만으로 음성기술을 하자는 데에서 **변별적자질**이라는 말이 나오게 된 것이다.

위와 같은 변별적자질에 의한 이분법적인 분류가 조음적 분류보다 기능적이고 간결하다는 사실 이외에 또 어떤 이론적인 장점이 있을까? 아니면 두 분류 방법은 표기상의 변이형(notational variants)에 지나지 않는 것일까? 만약 후자의 경우라면, 변별적자질에 의한 분류를 자세히 고찰해 볼 이유도 없고, 그러한 표기법을 채택할 필요도 없다. [p]라고 간단히 쓰면 될 것을 구태여 [−sonorant, +consonantal, −nasal, −continuant, +anterior, −coronal, −voice] 등으로 비싼 잉크와 지면과 시간을 소비해가며 거추장스럽게 쓸 필요가 없기 때문이다.

변별적자질의 이론적 타당성과 장점을 한 둘 고찰해 보자. 어느 한 집에 가족 열 명이 살고 있다고 하자. 또 어느 다방엘 들어 갔더니 열 사람이 앉아 있었다고 하자. 같은 열 사람씩의 집단이지만, 둘 사이에는 차이가 있다. 즉, 다방의 열 사람 사이에는 아무런 유기적 관계가 없는 반면, 한 집의 열 사람 사이에는 부모, 형제, 자녀 등과 같은 유기적인 인척관계가 있다. 말소리는 다방의 고객과 같지 않고 한 집안의 식구와 같다. 말소리 사이에는 유기적 관계가 있기 때문이다. 예를 들면 [t], [p], [k], [b], [d], [g] 등의 소리는 파열음이라는 한 계열을 이루는 한편, [d], [s], [z], [n], [l], [r] 등은 치경음이라는 한 계열을 이룬다. 이렇게 같은 계열에 속하는 소리들을 **자연음군**(自然音群 natural class)이라고 하는데, 다음 장에서 자세히 보겠지만, 음운규칙은 자연음군에 의하여 작동되고 자연음군에 적용된다. 예를 들어 어느 언어에서 파열음이 두 모음 사이에서 마찰음으로 바뀐다고 하자. 혹은 치경음이 전설고위모음 앞에서 구개음화된다는 규칙이 있다고 하자. 이럴 때, [p]나 [g]만 마찰음으로 바뀌고 나머지 파열음은 불변하다든가, [t]와 [l]만 구개음화되고 나머지 치경음은 구개음화되지 않는다든가 하는 등의 산재적인 현상은 찾아보기 힘들다. 대저 음운규칙은 한 자연음군에 속하는 모든 어음에 적용되는 것이 원칙이다. 그런데 변별적자질은 그 하나하나가 자연음군을 지칭한다. 예를 들면 [+sonorant]는 모든 공명음을 가리키며, [−voice]는 모든 무성음을 가리키고, [+nasal]은 모든 비음을 가리킨다. 그러므로 변별적자질로의 음운규칙기술은 그만큼 더 합리적이라는 말이 된다. 혹자는 "무성음이 유성음이 된다"는 식의 종래의 서술이 [−voice]→[+voice] 식의 변별적자질에 의한 기술과 다르게 없지 않느냐고 질문할지 모른다. 그러나 둘 사이에는 큰 차이가 하나 있다. 그것은 어음을 변별적자질로 명세할 경우, 한 자질의 +/− 를 바꿀 때 다른 자질들은 고정불변하므로 [−voice]→[+voice]라는 규칙은 [p]를 [b]로, [s]는 [z]로, [f]는 [v] 등으로 바꿀 뿐이지만, "무성음이 유성음이 된다"라는 서술에는 반드시 이러한 대응관계를 전제로 하지 않는다는 사실이다. 즉, [p]가 [z]로, [s]는 [b]로, [f]는 [n]으로 바뀌어도 "무성음이 유성음이 된" 경우이기 때문이다. 어음을 더 작은 음성자질의 구성으로 보기 전에는 바로 위의 예와 같은 부자연스럽고 불가능한 음운현상을 자연스럽고 가능한 음운현상과 체계적으로 구별할 수가 없게 된다. 어음들 자체가 최소단위로서 공기의 분자처럼 다른 어음들과 동등하고 독립된 관계를 지니고 있다면, [p]가 [b]로 되는 것이 [p]가 [n]이나 [g]나 [a]로 되는 것보다 더 자연스러운 현상이라고 주장할 수 있는 아무런 이론적 근거가 없기 때문이다. 누구하고나 남남관계인 다방 안의 사람들 사이에서, 누구누구하고 더 가깝고, 누군 누구보다 더 멀다는 식의 관계를 찾아볼 수 있을까?

언어학을 화학에 비유한다면, 어음은 사물(things)이고, 변별적자질은 화학원소(chemical elements)이다. 사물을 구성하고 있는 화학원소를 보지 않고서는 물(H_2O)과 암모니아(NH_3)와 이산화질소(NO_2)와 질산(HNO_3) 사이에 어떤 유기적인 관계가 있고 어떤 공통요소가 있는가를 알 수 없게 된다. 여기에 바로 변별적자질에 의한 어음의 분류와 기술의 이론적 타당성이 있다.

그러므로 이 책에서 음성기호가 자꾸 쓰이더라도 그것은 관습과 편리를 위한 약기법에 지나지 않음을 명심해야 한다.

"달", "봄", "dog", "cat" 등의 어휘를 발음할 때 우리는 설사 철자법을 모르더라도, 각 단어의 흐름에 소리가 셋 있다고 느껴 알 수 있다(사실상 정서법에서 세 문자로 쓰기 때문에 말소리가 셋 있다고 느낀다기보다, 이들 어휘가 세 개의 말소리로 구성되어 있다고 느껴졌기 때문에 세 문자로 표기하게 되었다고 보는 것이 옳을 것이다). 이렇게 소리의 흐름을 토막으로 나눠서 어음이 산출된다 하여, 어음을 **분절음**(分節音 segment)이라고도 한다. 그런데 분절음처럼 연속적으로 일어나지 않고, 분절음을 타고 분절음과 동시에 나타나는 음성현상들이 있다. 예를 들자면 세 분절음의 연결인 "달"을 음조(音調 pitch)가 높게 발음할 수도 있고 낮게 발음할 수도 있으며, 소리가 크게 발음할 수도 있고 작게 발음할 수도 있으며, 또 길게 발음할 수도 있고 짧게 발음할 수도 있다. 마치 가요를 작곡하려면, 주어진 가사에 음계(音階)와 음장(音長)과 음량(音量)의 옷을 입혀야 하는 것처럼, 분절음도 이 세 가지 요소를 타고 발음된다. 분절음 위에 얹혀서 나는 요소들이라고 해서 이들을 **초분절소**(超分節素 suprasegmental)라 한다. 음악에서만큼 엄격하고 광범위하게 이들이 기능을 발휘하지는 않지만, 언어에서도 중요한 역할을 하기 때문에 이들의 고찰은 개론서에서도 불가피하다.

음조(pitch)는 **어조**(語調 또는 억양 抑揚 intonation)와 **성조**(聲調 tone)의 두 형식으로 나타난다. 문장이나 구절이 음조의 고저의 변화로 문장의 의미에 변화가 초래될 때 이를 **어조**라고 하고, 한 단어나 음절이 음조의 고저의 변화로 단어의 의미에 변화가 초래될 때 이를 **성조**라고 한다. 대체로 서술문은 억양이 끝에서 내려가며, 의문문은 억양이 끝에서 올라가고, 한 문장에 절(節)이 몇 있을 경우 비최종절의 억양은 거의 수평적이다.

중국어에서 같은 음절이 네 개의 성조로 의미가 분화됨은 주지의 사실이다. 예:

(4.16) 제1성 陰平聲 　平高調[－] 　　예: ma (媽, 엄마)

제2성 陽平聲 　上昇調[／] 　　　 ma (麻, 삼베)

제3성 **上聲** 　　凹面調[∪] 　　　 ma (馬, 말)

제4성 **去聲** 　　下降調[＼] 　　　 ma (罵, 욕)

표준국어는 중국어같은 성조어가 아니지만, 경상도 방언에 성조가 있음은 잘 알려진 사실이다. 다음은 경상남도 방언의 예이다.

(4.17) 가라라 '(밭을) 갈아라' '(남자친구를) 바꿔라'
     가라라 '(칼을) 갈아라' '(창문을) 가려라'

     마리 만테이 '수다스럽다'
     마리 만테이 '말(馬)이 많다'

     뿌라가꼬 삼천궁녀지 택도 아니다
          '불려서(과장해서) 삼천궁녀이지 어림도 없다'
     다리문디 뿌라가꼬 뭉기삐라
          '다리몽뎅이 부려뜨려서 뭉개버려라'

중세국어에서도 이른바 방점(傍點)으로 표기된 성조가 셋 있었던 듯하다. 예:

(4.18) 평성(平聲) = 저조 (무점): 활
     거성(去聲) = 고조 (한점): ·칼
     상성(上聲) = 상승조 (두점): :돌

나이지리아(Nigeria)의 요루바어(Yoruba)에서는 다음 예에서 보는 바와 같이 고조(高調 high tone), 중조(中調 mid tone), 저조(低調 low tone)의 세 성조가 있다.

(4.19)

	o	wa
고조	'그이'	'왔다'
중조	'너'	'떨었다'
저조	'ㅅ'의 뜻의 접두사	'있다'

또 [ɔkɔ]는 두 음절의 성조의 차이에 따라 다음과 같이 어사의 의미도 달라진다(´는 고조표시, `는 저조표시, 중조는 아무 표시가 없다).

(4.20) ɔkɔ́   '배' (舟)

        ɔkɔ́   '호미'

        ɔkɔ   '남편'

        ɔ̀kɔ́   '창' (槍)

어떤 나라 말에서는 모음이나 자음의 장단(長短)으로 어사의 의미의 변화를 초래하는 수가 있다. 모음의 장단의 예를 국어에서 보면,

(4.21) 단모음: 굴 (貝), 말 (馬), 병 (瓶), 사지 (死地)

        장모음: 굴 (窟), 말 (言), 병 (病), 사지 (四肢)

이탈리아어에서는 자음의 장단으로 어사의 의미가 구별되기도 한다(장음의 표시는 :로 하기도 하고, 해당음을 중복해서 쓰기도 한다).

(4.22) papa '교황'   nono '아홉 째'   fato '운명'

        pap:a '죽'   non:o '할아버지'   fat:o '사실'

다음절어에서 어느 한 음절이 다른 음절보다 음량이 더 클 때, 이 음절에 강세(强勢 stress) 또는 악센트(accent)가 온다고 한다. 영어는 강세가 큰 역할을 하는 언어로 잘 알려져 있다. 강세의 위치에 따라 분절음의 구성이 같은 어휘라도 품사가 바뀌거나 아예 다른 의미의 어휘로 바뀔 때가 많다. 예:

(4.23) ⌈ pérmit '허가증'   ⌈ cónvict '죄수'
       ⌊ permít '허가하다'   ⌊ convíct '유죄선고하다'

       ⌈ cónvert '개종자'   ⌈ eunuch [yúnək] '환관'
       ⌊ convért '개심시키다'   ⌊ unique [yuník] '독특한'

       ⌈ important [impɔ́(r)tənt] '중요한'
       ⌊ impotent [ímpətənt] '무기력한'

다음절어에는 강세가 둘 있을 수도 있는데 가장 센 강세를 **주강세**(主强勢 main stress), 그 다음 것을 **부강세**(副强勢 secondary stress)라 한다. 영어에서 형용사와 명사가 명사구를 이루면 형용사에 부강세가 오고 명사에 주강세가 오지만, 두 품사가 하나의 합성명사를 이룰 때에는 형용사에 주강세가 오고 명사에 부강세가 온다. 다음 예들을 보라.

(4.24)

명사구	합성명사
whìte hoúse '흰색의 집'	Whíte Hòuse '백악관'
grèen hoúse '녹색집'	gréenhòuse '온실'
blàck boárd '검은 판자'	bláckbòard '칠판'
shòrt hánd '짧은 손'	shórthànd '속기'
rèd cóat '빨간 외투'	Rédcòat '영국군인'

다음의 예는 합성명사가 포함된 명사구다.

(4.25) líghthouse kèeper '등대지기'
　　　 lìght hóusekeeper '잔일하는 가정부'

　　　 Américan history tèacher '미국사 선생'
　　　 Amèrican hístory teacher '미국인 역사 선생'

국어에서는 이른바 "사이시옷"으로 합성어임을 공고하는 경우도 있으나, "소리없이" 하는 경우도 많다. 다음 예들을 비교해보라.

(4.26) 나무배 (나무로 만든 배)
　　　 나뭇배[빼] (나무를 나르는 배)

　　　 얼음집 (얼음으로 만든 집)
　　　 얼음집[찝] (얼음을 파는 집)

작은 집 (초가삼간)
작은집[*찝] (아우집, 첩)

건넌 방 (건너간 방)
건넌방[*빵] (안방의 맞은 편 방)

이 장에서 우리는 말소리는 어떤 것이 있으며, 어떻게 발성되고, 어떻게 분류될 수 있는가 하는 것을 보았다. 그러나 피아노 건반의 아무런 키(key)를 아무렇게 두들겨서 선율이 되지 않는 것처럼, 아무 말소리를 아무렇게나 낸다고 해서 말이 되는 것은 아니다. 노랫가락에 구조가 있는 것처럼 "말가락"에도 체계가 있다. 말소리의 체계, 이것이 다음 장에서 볼 음운론이다.

부인: "헉, 미지겠어!"
남편: "뭐하겠다구?"
부인: "미지겠어. 미지겠다구. 지실하다 이가 부러졌어."
남편: "강력본드 갖다 줄께."

[치실하다가 이가 부러져, [s]가 [š]로 (예: *piece → peesh, floss → flosh*) 발음됨을 그린 것]

참고문헌

김진우. 1988. "From features to segments". 『言語小典』 I, 189-226. 서울: 탑출판사.

박충연. 2012. 『실용영어 음성학』. 서울: 도서출판 월인.

_____. 2012. "음변화 요인에 따른 후설저모음 융합의 시동과 이행". 『인문언어』 14(1): 201-235.

이호영. 1996. 『국어음성학』. 서울: 태학사.

최한숙. 2011. "발화와 인식의 상호작용: 폐쇄음과 모음간의 길이변화를 통한 고찰." 『언어』 36(3):815-842.

Abercrombie, David. 1977. *Elements of general phonetics*. Chicago, IL: Aldine.

Ashby, M. and J. Maidment. 2005. *Introducing phonetic science*. Cambridge, UK: Cambridge University Press.

Ball, M. J. and Joan Rahilly. 1999. *Phonetics: The science of speech*. London, UK: Arnold.

Catford, J. C. 2001. *A practical introduction to phonetics*. 2nd ed. Oxford, UK: Oxford University Press.

Denes, P. B. and E. N. Pinson. 1973. *The speech chain*. New York, NY: Anchor Books.

International Phonetic Association. 1999. *Handbook of the International Phonetic Association*. Cambridge, UK: Cambridge University Press.

Jakobson, R., G. Fant, and M. Halle. 1951. *Preliminaries to speech analysis*. Cambridge, MA: The MIT Press.

Johnson, K. 2003. *Acoustic and auditory phonetics*. 2nd ed. Oxford, UK: Blackwell.

Jones, Daniel. 1956. *An outline of English phonetics.* 8th ed. Cambridge, UK: Heffer.

Kenyon, J. S. 1966. *American pronunciation*. 10th ed. Ann Arbor, MI: George Wahr.

Ladefoged, P. 2005. *Vowels and consonants*. 2nd ed. Oxford, UK: Blackwell Publishers.

Ladefoged, P. and I. Maddieson. 1995. *The sounds of the world's languages*. Oxford, UK: Blackwell Publishers.

Ladefoged, Peter and Keith Johnson. 2015. *A course in phonetics*. 7th ed. Boston, MA: Cengage Learning, Inc.

Laver, John. 1994. *Principles of phonetics*. Cambridge, UK: Cambridge University Press.

연습문제

1. 다음에 있는 발성기관의 그림에 주어진 번호에 해당하는 발성기관의 이름
   을 영어와 국어로 기입하라.

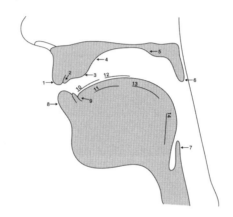

2. 다음의 단어들을 발음나는 대로 음성기호로 표기하라.

   강 아 지 [   ]
   개 나 리 [   ]
   진 달 래 [   ]
   보 름 달 [   ]
   독 립 문 [   ]
   대한민국 [   ]
   급행열차 [   ]
   어학연구 [   ]
   햇볕정책 [   ]

3. 다음의 음성기호를 명세하라.

예: [p]: 무성 양순 파열음 (voiceless bilabial stop)

[θ]:

[m]:

[w]:

[č]:

[g]:

[r]:

[ɛ]:

[u]:

4. 다음 기술에 해당하는 음성기호를 괄호 안에 써 넣고, 그 소리가 든 단어
의 예를 국어와 영어에서 하나씩 들라.

예: voiced bilabial stop (유성 양순 파열음) [b], 예: 나비, *big*

ㄱ. lateral liquid   [   ]

ㄴ. velar nasal consonant   [   ]

ㄷ. palatal glide   [   ]

ㄹ. mid back vowel   [   ]

ㅁ. low front vowel   [   ]

ㅂ. voiceless alveolar fricative [   ]

ㅅ. voiced palatoalveolar affricate [   ]

ㅇ. voiced velar stop   [   ]

5. 다음의 각 사항은 그 중 하나만 빼놓고는 모두 자연음군에 속하는 어음들이다 이 자연음군이 무엇인가 변별적 자질로 제시하고, 예외가 되는 소리를 지적해 내라.

예: [p, pʰ, b, m, k] 자연음군 $\begin{bmatrix} +ant \\ -cor \end{bmatrix}$, 예외: [k]

ㄱ. [g, p, b, d]

ㄴ. [f, p, m, θ, v, b]

ㄷ. [æ, u, i, e, ε]

ㄹ. [v, z, s, ž, g]

ㅁ. [m, n, b, ŋ]

ㅂ. [g, k, b, d, p, v, t]

ㅅ. [i, u, a, ɨ]

ㅇ. [t, z, d, n, f, s, š, ž]

6. 다음 단어를 변별적 자질로 표기하라.

	s	p	o	r	ts	ㅊ	ㅏ	ㄴ	ㅁ	ㅣ
sonorant										
consonantal										
nasal										
continuant										
anterior										
coronal										
voice										
aspirate										
high										
low										
back										
round										

제2부

이론

———

제5장 음운론

A complete description of a language must pursue one aim above all: to make precise and explicit the ability of a native speaker to produce utterances in that language. ⋯ The part of linguistics that is concerned with the relationship between segment(phoneme) and sound is called phonology.

Morris Halle (1923-   )

　음성학(phonetics)도 음운론(phonology)도 말소리(語音)에 관한 학문이다. 이것은 두 어휘에 음(音)자가 들어가 있는 것으로도 알 수 있다(*phone*의 語源은 '소리'라는 뜻의 그리스어). 그러면 둘의 차이는 무엇인가? 음성학이 어느 언어에서든지 쓰일 수 있는 말소리(그러니까 기침소리, 웃음소리 등은 제외된다)의 발성방법과 조음위치, 그리고 이의 분류방법 등을 연구대상으로 삼고 있는 것에 비해 음운론은 한편 이러한 말소리들의 어떤 특정한 언어에서의 기능과 조직을 연구하며, 더 나아가서 어떤 음운현상과 규칙들이 인간의 언어에 가능하고 자연스러운 보편성을 띠고 있는가를 연구한다. 전자는 개별언어의 음운론(예: 국어음운론, 영어음운론)이며 후자는 개별언어를 초월한 보편적인 음운이론(phonological theory)이다. 이렇게 말하면 둘의 사이가 독립적이고 무관계한 듯 보일는지 모른다. 그러나 보편적인 음운이론이 개별언어의 음운현상의 자료를 토대로 삼고 성립되는 만큼 둘의 사이에는 불가분하고 밀접한 관계가 있다.

　언어음을 벽돌에 비유한다면, 벽돌의 제조과정이나 벽돌의 규모와 색 등에 대한 언급이 음성학에 해당하고, 벽돌의 기능(벽돌로 집을 짓는다든가 안마당을 깐다든가)에 관한 언급은 음운론에 해당한다. 실례를 들어보자.

영어에서 설측음(lateral) [l]과 탄설음(flap) [r]이 어사의 의미의 변화를 초
래하는 기능을 발휘함에 비해, 국어에서의 [l]과 [r] 소리에는 그런 기능이
없음을 중학교 영어를 배운 독자라면 누구든지 잘 알고 있는 사실이다.

(5.1) a. 영어 ┌ light [layt] '빛'
            └ right [rayt] '오른, 옳은'
            ┌ glamour [glǽmər] '매력'
            └ grammar [grǽmər] '문법'
      b. 국어 ┌ 달 [tal] '月'
            └ 달이 '月'(主格) [tari] = 다리 [tari] '足, 橋'
            ┌ 솔 [sol] '松'
            └ 솔이 [sori] '松'(主格) = 소리 [sori] '聲'

한편 국어에선 유기와 무기 파열음의 차이가 어사의 의미를 구별하는데 비
해, 이와 동일한 음성적 차이가 영어에선 그런 기능을 담당하지 않는다. 예:

(5.2) a. ┌ 탈   ┌ 풀   ┌ 캐다
        └ 딸   └ 뿔   └ 깨다
      b. ┌ team [tʰiːm] '한 패'   [팀]
        └ steam [stiːm] '증기'   [스띰]
        ┌ pool [pʰuːl] '웅덩이'   [풀]
        └ spool [spuːl] '실패'   [스뿔]
        ┌ car [kʰar] '자동차'   [카]
        └ scar [skar] '상처'   [스까]

그러니까 두 나라말에 다 [l]소리와 [r]소리가 있고, 또 유기파열음과 무기
파열음이 있으나, 국어에선 [l]과 [r]음의 변별적 기능이 없는 반면, 영어에
선 유기와 무기의 차이가 변별적 기능을 담당하지 못하고 있다.
일본어에도 [r]과 [l]의 구별이 없어서 영어의 [l]을 [r]로 발음하는 사례가

많다. 이를 이용해서 누군가가 다음과 같은 농담을 지어냈다. 80년대 중반에 일본의 나까소네 전 수상이 재선을 앞둔 레이건 미 대통령과 대담 도중 미국에선 선거를 얼마나 자주 하느냐고 물었는데, *election*을 *erection*으로 잘못 발음했다. 이에 레이건이 머뭇거리며, "어- 내 나이에 자주는 못합니다"라고 대답했다나. 저자는 여러 해 전에 호놀룰루의 어느 식당에서, 중국계 웨이터로부터 부식으로 *lice*(이)와 *potato*(감자) 중 택일하라는 요청을 받은 적이 있다. 일본어와는 반대로 [r]음이 없는 중국어 화자가 *rice*를 *lice*로 잘못 발음한데서 나온 실수이다(왜 동아시아 사람들은 하나같이 l/r 구별을 못하는 것일까?).

두 언어에서의 다른 음운현상의 예를 또 하나 들어보자. 국어에는 파열음이 비자음 앞에서 비음화된다. 예:

(5.3) 십만(十萬)   발음 [심만],   비교: 십구
      닫는다(閉)   발음 [단는다]   비교: 닫아라
      국민(國民)   발음 [궁민]   비교: 국가

그런데 영어에선 파열음이 비자음 앞에서 비음화되지 않는다. 예:

(5.4) topmost [ta*p*mowst] *[ta*m*most] '맨 위의'
      catnap [kæ*t*næp] *[kæ*n*næp] '풋잠'
      back number [bæ*k*nʌmbər] *[bæ*ŋ*nʌmbər] '묵은 호'(잡지)

즉 음성적으로는 같은 어음(파열음)이 같은 환경(비자음 앞)에서인데도 어떤 나라 말(국어)에선 비음화되고 어떤 나라 말(영어)에선 비음화되지 않는다. 이렇게 어음의 기능과 어음 상호간의 영향과 작용을 고찰하는 것이 음운론이다.

음운론이 어떤 언어에서의 음운현상을 다루는 만큼, 음운론은 그 언어의 화자가 자기 나라 말소리에 대해 가지고 있는 언어지식이라고 할 수 있다. 그러니까 음운기술이란, 토박이 화자(native speaker)가 자국어의 음운현상에

대해 가지고 있는 지식의 기술이다. 이러한 "지식"이란 무엇인가? 토박이 화자가 자기 나라 말소리에 관해서 무엇을 알고 있다는 말인가?

우선 화자는 자국어에서 어떤 어음들이 변별적 기능을 가지고 있는가를 안다. 국어의 화자는 [l]음과 [r]음에 변별적 기능이 없고, 유기음과 무기음에는 변별적 기능이 있음을 "알"고 있으며, 영어의 화자는 반대로 두 유음 사이에는 변별적 기능이 있되, 기음의 유무 사이에는 변별적 기능이 없음을 "안"다. 이러한 지식이 반드시 의식적인 것은 아니다. 대부분의 언어지식이 그렇듯이, 대중의 음운지식도 무의식적인 것이고 암암리에 일어나는 것이다. 그러기에 영어화자에게는 너무도 당연한 [l]음과 [r]음의 차이가 국어화자에게는 없어 두 소리가 같게 들리며, 한편 국어화자에게는 아주 자명한 ㄱ, ㅋ, ㄲ; ㅂ, ㅍ, ㅃ; ㄷ, ㅌ, ㄸ; ㅈ, ㅊ, ㅉ의 차이가 영어화자에게는 좀처럼 구별이 안 되는 것이다. 이런 경우에는 모르는 것도 지식이다!

어떤 어음이 어느 언어에서 변별적 기능을 발휘할 때 이 어음을 **음소**(音素 phoneme)라 하고, 한 음소를 이루는 이체음(異體音)을 **이음**(異音 allophone)이라 한다. 영어에서 [l]음과 [r]음은 변별적 기능을 가지고 있기 때문에 둘 다 독립된 음소들이지만, 국어에선 변별적 기능이 없으므로 ㄹ의 이음에 지나지 않는다. 마찬가지로, 국어에서 ㅂ, ㅍ, ㅃ은 어사의 의미의 변화를 초래하는 변별적 기능을 구사하고 있기 때문에(다른 파열음 계열도 마찬가지) 이들이 각기 독자적인 음소이지만, 영어에서는 ㅂ음이 ㅍ음으로 변하거나 ㅍ음이 ㅃ음으로 변한다고 해서 그 단어의 뜻이 변하지 않기 때문에, 이들은 무성양순 파열음 p의 이음에 지나지 않는다.

이음과 음소를 표기상으로 구별하기 위하여, 이음을 각 괄호 [ ]안에 표기하는 한편, 음소는 사선(斜線) / / 안에 표기한다.

예를 한두 가지 더 들어 보자. 힌디어(Hindi)와 타이어(Thai)에는 유기음과 무기음, 그리고 유성음이 모두 음소적인 역할을 한다. 예:

(5.5)   a. 힌디어[1]

	유기	무기	유성
양순	p^{h}al '칼날'	pal '순간'	bal '척'
치경	t^{h}aal '접시'	taal '늪'	daal '콩'
연구개	k^{h}ul '열린'	kul '모든'	gul '꽃'

b. 타이어

p^{h}aa '쪼개다'	paa '숲'	baa '어깨'
t^{h}am '하다'	tam '치다'	dam '검은'
k^{h}at '방해하다'	kat '물다'	

그러니까 같은 음성 [p^h], [p], [b]가 국어, 영어 및 힌디어에서 나타나는 기능은 각기 다르다. 힌디어에서는 세 소리가 다 음소임에 비하여, 영어에선 [p^h]와 [b]가 음소이고 [p]는 이음인 반면, 국어에선 [p^h]와 [p]가 음소이지만 [b]는 평음(平音) ㅂ이 모음 사이에 올 때만 나는 소리로 이음이다. 이를 음소/음성 표기로 보면,

(5.6)   국어   힌디어   영어   프랑스어
        /p^h/   /p^h/   /p^h/   [p^h]
        /p/   /p/   [p]   /p/
        [b]   /b/   /b/   /b/

그런데 한 음소의 이음들은 같은 자리(환경)에서 나는 법이 없고 다른 자리에서 나는데 반해, 음소의 경우는 그렇지 않다. 예를 들면 영어의 /l/과 /r/은 어두에서도, 어중에서도, 또 어말에서도 난다. 예:

---

1) 힌디어에는 유기유성(aspirated voiced) 자음도 있다. 예: /b^{h}al/ '이마', /d^{h}al/ '칼'.

(5.7) 어두   어중   어말

      *l*ead '인도하다'   be*ll*y '배'(腹)   poo*l* '수영장'

      *r*ead '읽다'   bu*r*y '묻다'(埋)   poo*r* '가난한'

    국어에선 모음 뒤(음절 말, =종성)에서만 [l]음이 나고, 모음 앞(음절 초, =초성)에서는 [r]음만이 난다. 초성으로서 [l]음이 난다거나 종성으로서 [r]음이 나는 법이 없다. 마찬가지로 국어의 파열음은 같은 어두 자리에서 나지만(5.2a 참조), 영어에선 유기음은 어두에 올 수 있으나 무기음은 [s]뒤에만 올 수 있다(5.2b 참조). 또한 유성음 [b]는 국어에선 보통소리 ㅂ이 모음 사이나 두 유성음 사이에 올 때만 나는 이음이지만, 예:

(5.8) 비 [*p*i]   실비 [sil*b*i]

      달 [*t*al]   반달 [pan*d*al]

      국 [*k*uk](國)   국어 [ku*g*ə]

영어에선 같은 환경에서 무성음과 유성음이 변별적으로 나타날 수 있다. 예:

(5.9)

		어두	어중	어말
양순	무성	pad '깔개'	rapid '빠른'	cap '모자'
	유성	bad '나쁜'	rabid '과격한'	cab '택시'
치경	무성	tab '계산'	writer '작가'	sat '앉았다'
	유성	dab '소량'	rider '기마수'	sad '슬픈'
연구개	무성	cap '모자'	racket '정구채'	lock '잠그다'
	유성	gap '틈'	ragged '해진'	log '통나무'

    위의 표에서와 같이, 조음위치나 방식 중 한 가지의 음성자질의 차이로 어휘의 의미가 변함을 보여 주는 한 쌍의 단어를 **최소대립쌍**(minimal pair)이라 한다.

이렇게 이음(異音)들이 서로 다른 환경에서 일어나는 것을, 이들이 **상보적 분포**(complementary distribution) 관계에 있다고 일컫는다. 다시 말하자면, 두 개 혹은 그 이상의 이음들이 한 음소를 이루려면 이 이음들이 일어나는 환경이 상호 배타적이어야만 한다는 말이다. 이는 코난 도일(Conan Doyle, 1859-1930)의 명탐정 셜록 홈즈(Sherlock Holmes)가 A와 B 두 사람이 동시 동소에 나타나는 법이 절대로 없이 둘의 출현이 항상 단독적이라는 데서, 둘이 딴 두 사람이 아니라 일인이역(一人二役)의 경우라고 추리한 것과 비슷하다.[2] 두 사람이 동시 동소에 나타났다면 결코 일인이역의 가능성이 있을 수 없듯이, 두 소리가 같은 환경에서 나타난다면 이들이 같은 음소에 속하는 이음이라고 볼 수 없는 것이다.

어떤 이음들이 한 음소에 속한다고 단정하려면 그들 사이에 상보적 분포 관계가 있어야 하는 한편, 또 한편으론 이 이음들이 음성적으로 비슷해야만 한다. 왜냐하면 어떤 경우에는 상보적분포 관계에 있는 두 어음이 음성적으로 꽤 다른 소리일 때가 있는데, 그럼에도 불구하고 이들이 한 음소에 속한다고 볼 수 없기 때문이다. 그 좋은 예가 [h](ㅎ)과 [ŋ](ㅇ)이다. 영어에서도 그렇지만 국어에서도 이 두 소리는 그 분포가 상보적이다. 즉, [h]는 어두에만 오고 어말에 오지 않는 반면, [ŋ]는 어말에만 오고 어두에는 오지 않는다. 예:

(5.10)	어두	어말
[h] ㅎ	happy [hæpi] '행복한' 하얀 [hayan] (白)	
[ŋ] ㅇ		king [kiŋ] '왕' 강 [kaŋ] (江)

이렇게 [h]와 [ŋ]소리가 국어와 영어에서 상보적분포 관계를 가지고 있다 하더라도 두 소리가 같은 음소라고 할 수는 없을 것이다. 두 소리가 너무 달라 언중(言衆)의 의식에 다른 두 소리로 간주되고 있기 때문이다. 지금까지

---

2) "A case of identity" in *The Adventures of Sherlock Holmes*

본 이음의 예를 살펴보면 모두 다 음성적으로 거리가 가까움을 알 수 있다. 영어에서 [p]와 [pʰ]는 무기와 유기의 차이뿐이고, 국어에서 [p]와 [b]는 무성과 유성의 차이뿐이며, [l]과 [r]도 같은 유음이고 치경음이다. 이렇게 이음(異音) 사이에는 **음성적 유사성**(phonetic similarity)도 갖추어져 있어야 하는데, 앞에 든 명탐정과 "일인이역"의 비유로 다시 돌아간다면 아무리 "두 사람"이 동시 동소에 나타나지 않는다 하더라도 두 사람의 생김생김이 한군데도 비슷한 데가 없다면 이 둘을 "일인이역"이라고 단정할 수는 없는 것과 같다고 하겠다.

위에서 우리는 화자의 음운에 관한 지식이란 어떤 어음들이 자국어에 쓰이는 소리들인가 하는 것을 아는 것임을 보았다. 화자가 지니고 있는 두 번째 지식은 이러한 어음, 즉 음소들이 자국어에서 어떻게 배열되는가 하는 것이다. 즉, 화자는 자국어에서 어떤 음소의 배열이 가능하고 어떤 음소의 배열은 불가능한가 하는 것을 알고 있다. 예를 들어 보자.

ㅄ, ㄳ, ㄼ 등 음절말의 받침으로 쓰이는 자음군을 제외하면, 국어의 음절은 자음-모음-자음(이른바 초성-중성-종성. 이제부터 자음을 C, 모음을 V의 약자로 쓰겠다)의 구조를 갖는다. 즉, 국어는 자음군, 특히 어두와 어말에서의 자음군을 허용하지 않으며, 어중에서는 많아야 자음 두 개가 연접할 수 있을 뿐이다. 예:

(5.11) 반 = ㅂ ㅏ ㄴ   달= ㄷ ㅏ ㄹ
　　　　　 C V C 　　 C V C
　　 반달 = ㅂ ㅏ ㄴ ㄷ ㅏ ㄹ
　　　　　 C V C C V C

어중에 자음이 둘밖에 못 오고 어말에는 하나밖에 오지 못하므로, 자음군으로 된 받침 뒤에 또 자음으로 시작하는 접사가 오거나, 자음군이 어말에 올 때는 그 중 하나를 탈락시킨다. 예:

(5.12) 없이 = ㅓ ㅂ ㅅ ㅣ   없다 = ㅓ ㅂ (ㅅ) ㄷ ㅏ
         V C C V   V C   C V

     젊은 = ㅈ ㅓ ㄹ ㅁ ㅡ ㄴ   젊고 = ㅈ ㅓ (ㄹ) ㅁ ㄱ ㅗ
         C V C C V C   C V   C C V

     몫이 = ㅁ ㅗ ㄱ ㅅ ㅣ   내몫 = ㄴ ㅐ ㅁ ㅗ ㄱ (ㅅ)
         C V C C V   C V C V C

     닭알 = ㄷ ㅏ ㄹ ㄱ ㅏ ㄹ   닭 = ㄷ ㅏ (ㄹ) ㄱ
         C V C C V C   C V   C

위의 예에서 ○을 친 자음은 국어 음절구조의 제약 때문에 탈락된다. 그리하여 국어의 화자는 다음과 같은 어음의 배열이 국어엔 불가능함을 본능적으로 안다.

(5.13) 쨔 (비교: 영어 *st*ar)   텦 (비교: 영어 te*xt*)
     큄 (비교: *cr*eam)   곮 (비교: *gold*)
     �‌깩 (비교: *sn*ack)   �‌ᆲᆹ (비교: g*limpse*)

영어와 아프리카 동부의 스와힐리어(Swahili)의 자음목록을 하나하나 따져 보면, 마찰치음 /θ, ð/에 이르기까지 거의 같다. 그렇다고 영어 화자가 Swahili어 발음을 쉽게 하고 Swahili어 화자가 영어발음을 쉽게 할 수 있는 것은 아니다. 그 이유는 두 나라 말에서 자음의 배합이 서로 다르기 때문이다. 영어가 네 개의 자음군까지(예: texts [tɛksts], *glimpsed* [glimpst]) 허용하는 반면 Swahili어는 원칙적으로 자음군을 허용치 않으며, 두 개의 자음군이 허용되되, 첫 자음이 비음이어야 되는데, 비음으로 시작하는 자음군이 영어엔 없으며, 또 연구개비자음 [ŋ]가 영어에선 어두에 올 수 없으나 Swahili 어에는 이러한 제약이 없는 등, 배열현상이 다르다. 예:

(5.14) Swahili어

ŋombe '소'	ŋoa '캐내다'	ŋguo '옷'
mbu '모기'	mtu '사람'	msoa '군중'
ndizi '바나나'	nchi '나라'	ndege '새'(鳥)

국어화자나 영어화자가 이러한 Swahili어 단어를 발음할 수 없거나, 아니면 적어도 힘들어 함은 국어에도 영어에도 연구개비음이 어두에 올 수 없으며, 비음으로 시작하는 자음군이 없기 때문이다. 외국어의 발음이 어려움은 자국어에 없는 소리들이 있기 때문만은 아님을 알 수 있다.

외래어를 도입할 때 자국어에 불가능한 소리의 배열을 가능한 배열로 고쳐 전사하는 것을 보면 음소배열 조건이 언중의 의식 속에 살아 있는 지식임을 알 수 있다. 예를 들자면 두 음절의 영어단어 *Christmas*[krisməs]가 국어에서 크리스마스 다섯 음절로 전사된다. 원어에 가깝게 ㅋ릿멋으로 전사할 수 없음은 국어에 ㅋㄹ의 자음군이 없고, 어중의 ㅅㅁ은 ㄴㅁ으로 발음되며 (예: 옷매[온매]), 음절말의 ㅅ은 ㄷ으로 발음되어(예: 옷[옫]) ㅋ릿멋이 [크린먼]으로 "이그러져" 원음과 너무 동떨어지게 되기 때문이다.

이러한 음소배열 조건은 일련의 음소를 ① 가능하고 실제 있는 말, ② 가능하나 없는 말, ③ 불가능한 말의 세 가지로 구분할 수 있으며, 이러한 구분 역시 화자가 가지고 있는 지식 중의 하나이다. 그리하여 영어화자는 다음과 같은 지식을 갖고 있다.

(5.15) /brik/   가능하고 있는 말. (뜻: '벽돌')
       /blik/   가능하나 없는 말.
       /bnik/   불가능한 말.

영어의 어두 자음군이 파열음으로 시작할 때 둘째 자음은 유음이나 활음이어야만 되지(예: *pry, ply, try, dry, cry, cloth*) 둘째 자음이 비음일 수는 없다는 것을 영어화자는 알고 있기 때문이다. 영어에 비해서 독일어나 러시아어에는 이런 제약이 없다(예: 독: *Kn*abe '아이', 러: *dn*yom '낮에'). 그리하여 어떤 새로운 상품을 이름 지을 때는 가능하나 없는 말을 따 써야지, 불가능한 말을 쓸 수는 없다. 영어에서 *pepsi*(콜라 음료수의 한 종류), *xerox* [ziraks](복사기 회사의 이름. '복사하다'는 뜻의 동사로도 쓰인다), *Smurf*(청색 사람 모양의 인형) 등은 가능한 신어(新語)이지만, *psipe, kszira, rfums* 등은 불가능한 어형이다. 누가 불로장수하는 약을 발명했다면 이 약을 영어에서 /blik/이라고 명명할 수는 있어도 /bnik/, /kbin/ 등으로 명명할 수는 없으며, 국어에선 **봉탕, 토깔미** 등으로 명명할 수는 있어도 **㎀**이나 **롸롸**이라고 이름 지을 수는 없을 것이다.

화자가 자국어에 대하여 가지고 있는 세 번째 지식은 그 언어에 작용하는 음운규칙이다. 규칙이란 무엇인가?

앞에서 우리는 한 음소에 속하는 이음들이 배타적(=상보적) 환경에서 일어남을 보았다. 이것을 바꾸어 말하자면, 이음들이 제멋대로 어느 때는 이 이음으로 어느 때는 저 이음으로 자의적으로, 즉 불규칙하게 나타나는 것이 아니라, 각 이음마다 그 이음이 구현되는 환경이 "규칙적으로" 정해져 있다는 말이 된다. 즉, 이음은 "규칙"에 의하여 분포된다. 여기서 **규칙**(rule)이라는 말이 대두된다. "규칙"은 문법에서 아주 중요한 개념이고 문법 기술에 중요한 역할을 담당하고 있기 때문에, 여기서 이 개념을 확실히 파악해 둘 필요가 있다.

국어에서 음소 /ㄹ/의 이음 [l]과 [r]이 제멋대로 아무데서나 일어났다 안 일어났다 하는 것이 아니라, 반드시 음절말에서는 [l]로 일어나고 음절초에서는 [r]로 일어난다고 하자. 이러한 구현이 "기억"에 의한 것이 아니고 규칙에 의한 것이라고 어떻게 단정할 수 있을까? 국어에서 **먹다**라는 동사는 **먹이다**라는 사역형(causative)과 **먹히다**라는 수동형(passive)을 만들 수 있는데, **죽다**라는 동사는 **죽이다**는 되지만 **죽히다**는 안 되는 반면, **막다**라는 동사는 **막히다**는 되는데 **막이다**는 안 되고, **작다**라는 동사는 **작이다**도 **작히다**도 안 된다. 이를 도표로 보면(*은 안 쓰는 말 또는 불허형(不許形) 내지 비정형(非正形)을 가리키는 부호이다),

(5.16)	부정형(不定形)	사역형	피동형
	먹다	먹이다	먹히다
	죽다	죽이다	*죽히다
	막다	*막이다	막히다
	작다	*작이다	*작히다

이러한 사실은 국어의 화자가 각 동사마다 따로 외우지 않으면 안 된다. /ㄹ/의 이음 [l]과 [r]의 분포도 ㄹ을 가진 말마다 [l]과 [r]의 두 변형(variant) 이 있음을 국어화자가 외우고 있다고 할 수는 없을까? 즉 말에는 [mal]과 [mar]의 두 변형이 있고 달에는 [tal]과 [tar]의 두 변형이 있으나, 사람에는 [saram]의 변형만 있지 [salam]의 변형은 없는 등, [l]과 [r]의 교체 (alternation)는 사역형과 수동형의 변형처럼, 단어마다 모든 가능한 교체형(변 형)을 수록한 **목록**(list)을 화자가 외우고 있는 데서 나타나는 것이지, 어떤 규칙(rule)에 의하여 나타나는 현상이 아니라고 주장할 수는 없을까?

그러나 이음(異音 allophone)의 분포가 목록에 의한 것이 아니고 규칙에 의 한 것임은 다음 사항으로 알 수 있다. 우선 목록은 예측을 할 수가 없는 반 면, 규칙에 의한 현상은 예측을 할 수 있다. 어떤 주어진 동사에 사역형이나 수동형이 있느냐 없느냐 하는 것은 예측할 수 없다. 예를 들어 국어에 닥다 라는 동사가 있다고 하자. 닥이다나 닥히다라는 말을 부정형에서 선뜻 유도 할 수 있을까? 한편 국어에 딜이라는 명사가 있다고 하자. 그리고 이 명사에 -이, -에, -은 등의 조사를 붙여 보자. 그러면 누구나 딜은 [til]로, 딜이는 [tiri]로, 딜에는 [tire] 등으로 발음하지, 딜이를 [tili, 딜리]로 발음하는 사람 은 국어화자 중에 없을 것이다. 딜이라는 말을 아직 들어 보지도 못했고 그 뜻이 무엇인지를 아직 배우기도 전에 그 교체형을 이미 외우고 있다는 것은 비합리적이고 수긍할 수 없는 논리라고 하지 않을 수 없다. 그러나 [l]~[r]의 교체가 목록에 의한 것이 아니고 규칙에 의한 것으로 본다면, 생소한 단어 를 환경에 따라 올바르게 발음할 수 있는 것을 쉬이 설명할 수 있다.

규칙이 언중의 의식 속에 살아서 작용하는 것임을, 음운배열조건의 경우처 럼 우리는 외래어에서 또 찾아볼 수 있다. 외래어는 될 수 있는 대로 원래의 음성형을 유지하려고 한다. 국어에 들어온 외래어로 **풀**(<pool), **골**(<goal), **팁**(<tip), **코너킥**(<corner kick) 같은 말들이 있다. 그런데 이러한 외래어에 모음으로 시작하는 접사가 붙을 때 원음이 그대로 살아서 발음되지 않고, 국어의 이음분포 규칙에 따라 발음된다. 즉,

(5.17) 풀 [pʰul]　　풀에 [pʰure]　　*[pʰule]
　　　　골 [k'ol]　　골이 [k'ori]　　*[k'oli]
　　　　팁 [tʰip]　　팁을 [tʰibil]　　*[tʰipil]
　　　　킥 [kʰik]　　킥은 [kʰigin]　　*[kʰikin]

외래어가 활용형까지 넣어서 포장된 소포로 국어에 들어왔다고 억지 주장을 하지 못하는 한, 위와 같은 발음현상은 변이형을 수록한 목록을 화자가 외워서이기 때문이 아니라, 화자의 뇌리에 자국어의 문법으로 새겨져 있는 규칙에 의한 것이라고 하지 않을 수 없다.

국어에서의 [l]~[r]의 교체현상이나, 유성음 사이에서 국어의 무성자음이 유성음으로 바뀌는 현상이나, 또 영어에서 무성유기파열음이 [s] 뒤에서 무기음으로 변하는 현상 등은 음소의 환경에 따른 이음분포를 규정하는 규칙의 예들로써, 이를 **음성규칙**(phonetic rule)이라 한다. 그런데 언어의 음운현상에는 이음의 교체현상뿐만 아니라 음소의 교체현상, 즉 한 음소가 다른 음소로 바뀌는 현상도 있다. 다음 예를 살펴보라.

(5.18)　a. 국어: **국**(國) [kuk], 국민 [kuŋmin 궁민], 적국 [cəkk'uk 적꾹]
　　　　　　　　　법(法) [pəp], 법문 [pəmmun 범문], 국법 [kukpəp 국뻡]
　　　　　　　　　독(毒) [tok], 독물 [toŋmul 동물], 혹독 [hokt'ok 혹똑]

　　　　　b. 영어:　<u>단수</u>　　　　　　<u>복수</u>
　　　　　　　　　　　cab [kæb]　　　　cabs [kæbz]
　　　　　　　　　　　bed [bɛd]　　　　beds [bɛdz]
　　　　　　　　　　　leg [lɛg]　　　　legs [lɛgz]

cap [kæp]   caps [kæps]

cat [kæt]   cats [kæts]

back [bæk]   backs [bæks]

위의 국어 예를 살펴보면 ㄱ, ㅂ 등의 예사 파열음이 비음 앞에서 ㅇ, ㅁ의 비음으로 바뀌고, 다른 파열음 뒤에서 ㄲ, ㅃ 등의 된소리로 바뀜을 알 수 있다. 영어의 예는 영어에서 복수형을 만들 때 복수형 –s의 발음이 유성자음 뒤에선 유성 [z]로 나고, 무성자음 뒤에선 무성 [s]로 남을 보여준다. 그런데 이러한 교체는 이음적(allophonic) 교체가 아니라 음소적 교체이다. 즉, 국어에서 예사소리와 콧소리와 된소리는 각기 독립된 음소이며 영어에서도 /s/와 /z/는 별개의 음소이다. 예:

(5.19) a. 국어:

	양순	치경	연구개(받침)
평음	불	달	박
비음	물	날	방
경음	뿔	딸	밖

b. 영어:

	s (무성)	z (유성)
어두	sink '수채'	zink '아연'
어말	bus '버스'	buzz '윙윙소리'
어중	lacy '레이스 같은'	lazy '게으른'

이러한 음성교체 현상도 규칙에 의한 것이 아니고 목록에 의한 것이라고 한 번 주장해 볼 수 있다. 즉, 국(國)[kuk]이라는 어휘는 국민이라는 합성어에서 [kuŋ]으로 나고, 적국이라는 합성어에서는 [k'uk]으로 나고, 조국에서는 [guk]으로 나고, 국어에서는 [kug]으로 나는 등등, 국이 들어간 합성어마다 그때의 발음을 화자가 외우고 있는 것을 구현할 뿐이지, 어떤 음운규칙에 지배되는 것이 아니라고 말이다. 그러나 이 경우 역시 규칙적으로 예측할 수 있는 현상이며, 외래어에도 차별없이 적용됨을 보아 화자의 의식 속에 살아있는 규칙이라고 하지 않을 수 없다. 예를 들어 "닥"이라는 고대 문명국이

새로 발견되었다 하자. 닥국, 닥민, 닥어 등을 어떻게 발음할 것인가? 또 슛 (<shoot)이라는 외래어는 분명히 종성이 *t*에서 왔지만, –만이라는 조사가 붙을 때는 [슌만]으로 발음되며, *back mirror*(자동차 안에 있는 뒤를 보는 거울), *top man* '우두머리' 등의 외래어가 [뺑미러], [톰맨] 등으로 발음되는 것을 보더라도, 국어에서 파열음이 비음 앞에서 비음으로 변하는 현상은 "규칙"에 의한 것이라고 하지 않을 수 없다.

이렇게 음소의 교체를 지배하는 규칙을, 때로는 이음의 교체를 지배하는 음성규칙도 포함시켜 **음운규칙**(phonological rule)이라 한다.

지금까지 본 음운교체의 예들을 다시 한 번 검토해 보면 두어 가지 특징을 찾아 볼 수 있다. 하나는 음운(音韻, 음소와 이음을 통칭해서 음운이라고 하자)이 다른 음운으로 바뀐다는 사실이고, 또 하나는 이 변화의 방향이 변화를 야기하는 환경의 음운 쪽이라는 사실이다. 즉, 국어에서 비음 앞에서 파열음이 비음이 되는 것이나, 유성음 사이에서 유성화된 것이나, 영어의 복수형 형성에서 [s]~[z]의 교체양식을 보거나, 한 음운이 다른 음운으로 바뀌는데 환경의 음운과 더 가까워지는 방향으로 바뀐다. 이러한 현상을 **동화**(同化 assimilation)현상이라고 한다.

인접한 음운의 영향을 받는 것이 당연하므로 음운현상에는 동화현상이 지배적으로 많고, 그와 반대되는 **이화**(異化 dissimilation)현상은 그리 흔하지 않다.

국어에서 **거붑**→ **거북**, **붑**→ **북**, **브쉅**→ **부엌** 등 ㅂ · ㅂ의 중복을 피하기 위하여 두 번째 ㅂ이 ㄱ으로 변한 예들이 있다. 최근의 예로는 **담임**(선생) → **다님**을 들 수 있겠다.

역시 역사적인 예이지만 라틴어의 *-alis*라는 형용사화 접사는 영어에서 *-al*과 *-ar*의 두 형태로 분화되는데, 어간에 *l*이 있으면 *l*의 중복을 피하기 위해서 *-al*이 *-ar*로 바뀌었다.

(5.20) -al   -ar
        annu-al   angul-ar
        spiritu-al   simil-ar
        ven-al   vel-ar

이렇게 한 음운을 다른 음운으로 바꾸는 것 이외에 음운을 아주 탈락시키거나, 삽입시키거나, 또는 두 음운의 위치를 맞바꾸거나 하는 경우도 있는데, 흥미 있는 것은 이러한 경우의 규칙을 동화현상이라고 서슴없이 말할 수 없다는 사실이다. 그 예를 국어에서 하나씩 들어 보자.

탈락(deletion): 겹받침으로 끝나는 어휘가 고립형으로 쓰일 때나, 또는 겹받침 뒤에 자음으로 시작되는 조사가 올 때는 국어의 음절구조제약에 의하여 겹받침 중 하나를 탈락시킨다. 예:

(5.21) 값[kap]　　　　　　　　　　　비교: 값이[kapsi]
　　　 값도[kapto]　　ㅅ(s) 탈락　　　 삯이[saksi]
　　　 삯[sak]

　　　 젊다[čəmta]　　　　　　　　　 비교: 젊은, 읽어, 밟으니
　　　 읽자[ikča]　　 ㄹ 탈락
　　　 밟는[pamnin]

첨가(addition, 삽입(epenthesis)이라고도 한다): 국어의 이른바 '사이시옷' 현상이 삽입현상에 속한다고 볼 수 있다. 예:

(5.22) 콧등=코ㅅ등, 냇가, 촛불[3]

음위전환(音位轉換 metathesis. 줄여서 轉位라고 하자): 두 어음이 자리바꿈을 하는 현상인데, 그리 흔하지는 않으나, 영어에서 *brid* → *bird*, *hrose* → *horse*, *waps* → *wasp*, 국어에서 빗복→빗곱→ 배꼽, 이륵이륵→이글이글 등의 역사적 예가 있다. 또 국어의 기음계열을 ㅋ=kh, ㅌ=th, ㅍ=ph 식으로 본다면 ㅎ뒤에 평음이 올 때 기음이 나타나는 것을 전위현상이라고 할 수 있다. 예:

---

3) 역사적으로는 모음의 충돌(hiatus)을 피하기 위한 ㅇ의 삽입과(예: 송아지, 강아지, 종이, 붕어, 벙어리, 냉이), 이유 모를 ㄱ초다→감추다, 호삭→혼자 등의 첨가현상이 있었다.

(5.23) 놓다   →   노타   (noh+ta → notha)

       많다   →   만타   (manh+ta → mantha)

       숳닭   →   수탁   (suh+tak → suthak)

비교: 곧 하자 →   고타자   (kothaǰa)

       법학   →   버팍   (pəphak)

       국회   →   구쾨   (kukhö)

위와 같은 현상이 동화현상이라고 선뜻 말할 수 없음은 자명하다. 특히 사이시옷의 경우는 오히려 이화현상이라고 할 수 있다. 사이시옷이 없으면 **코등, 내가, 초불** 등의 제2음절 초성이 유성음화되어 [kʰodiŋ], [næga], [cʰobul] 등으로 발음될 텐데, 사이시옷 때문에 경음화되어 된소리로 나게 되기 때문이다. 합성어에서 구성명사의 정체를 뚜렷하게 하기 위하여 일어나는 현상이라고 보는 국어학자도 있다(예: 최현배). 다음의 예들을 비교해 보라.

(5.24) ⎰ 잠자리 (곤충)   ⎰ 방비 (防備)
        ⎱ 잠자리 [잠짜리] (잘곳)   ⎱ 방비 [방삐] (방쓰는 비)

        ⎰ 내가 (內家)   ⎰ 초대 (招待)
        ⎱ 냇가 (江邊)   ⎱ 촛대

위에서 음운규칙의 종류를 보았거니와, 이제 음운규칙의 기술을 검토해 보자.

우선 **국민**(國民)[kuŋmin]의 발음은 [k](ㄱ)가 [m](ㅁ) 앞에서 [ŋ](ㅇ)이 된 예인데, 이 변화를 다음과 같이 표기할 수 있다.

(5.25) $k → ŋ$ / ____m

음운규칙은 대체로 이러한 형식을 갖는다. 즉,

(5.26) $X → Y$ / ____Z

X는 변화를 받는 대상이고 화살표는 "로 바뀐다"는 약호이고, Y는 변화의 결과이며, 사선(斜線) /는 "이러이러한 환경에서"의 약호이고, 하선(下線) ___는 변화가 일어나는 위치를 명시한 것이고, Z는 변화를 야기시키는 어음의 약호이다. [k](ㄱ)가 다른 파열음 뒤에서 [k'](ㄲ)이 되는 적국 [čəkkʼuk]의 예처럼 Z가 하선(___) 앞에 올 수도 있고, 즉,

(5.27) X → Y / Z ___

보통 소리가 유성음 사이에서 유성음이 되는 국어[kugə]의 예처럼 _____ 양쪽에 조건의 명세가 필요할 때도 있다. 즉,

(5.28) X → Y / P ___ Q

또 음운변화가 어두나 어말에서 일어날 때는 Z가 어떤 실제의 어음이 아니고 어휘경계(그 부호로 보통 #을 쓴다)일 수도 있고, 또 어느 때는 X가 속하는 문법범주를 명세해야만 할 때도 있다. 예를 들면, 국어에서 평음이 비음 뒤에서 유성음화됨이 보통인데(예: 반달, 공기, 삼번), 비음이 동사어간의 끝소리이면 뒤에 오는 평음이 경음화된다. 예: (머리를) 감고[감꼬], (신발을) 신다[신따], 젊다[점따]

다시 (5.25)로 돌아가, [k]만이 [m] 앞에서 [ŋ]으로 바뀌는 것이 아니고 [p]는 [m]으로, [t]는 [n]으로 바뀜을 알 수 있다. 예: 법문[pəmmun], 끝만[kʼinman], 이를 (5.25)식으로 표기하면,

(5.29) p → m / ___ m
　　　 t → n / ___ m
　　　 k → ŋ / ___ m (=5.25)

그런데 이 비음화 환경은 [m]에 국한된 것이 아니다. 예: 국내(國內)[kuŋnæ], 법내(法內)[pamnæ], 끝날[kʼinnal] 등, 이를 (5.29)식으로 표기하자면,

(5.30) k → ŋ / ___ n

p → m / ___ n

t → n / ___ n

(5.29), (5.30)과 같은 식의 규칙표현에 어떤 보편성이 결여되어 있음을 우리는 느낄 수 있다. 여섯 개의 규칙으로 표현된 이 음운현상이 상호간 아무런 관계가 없는 여섯 개의 다른 음운현상이 아니고, 동일한 음운현상이기 때문이다. 즉, (5.29)와 (5.30)이 기술하고 있는 음운현상의 총화는 다음과 같은 현상의 집합과 성질이 다르다.

(5.31) k → ŋ / ___ n

k → g / V ___ V

k → k' / k___

(5.31)의 규칙들은 각기 독립된 규칙으로서 그 사이에 아무런 유기적 관계가 없는 반면 (5.29)와 (5.30)에 있는 규칙들은 동일한 음운작용을 세분한 것에 불과하다. 자국어 화자가 어떤 음운현상을 동일한 작용으로 의식하고 있다면, 그 언어의 문법은 이들을 역시 한 규칙으로 기술해야만 한다. 국어 화자가 동일한 음운작용으로 의식하고 있는 (5.29)와 (5.30)을 어떻게 한 규칙으로 통합해서 기술할 수 있는가? 여기서 우리는 [k, t, p]가 자연음군 무성파열음을 이루며, [m, n, ŋ]도 자연음군 비음을 이루고 있다는 사실에 착안하고, 이러한 자연음군을 표현하는 변별적자질로 음운규칙을 기술하면 규칙의 보편성을 자연스럽게 표기할 수 있음을 알게 된다. 즉,

(5.32) [-continuant] → [+nasal] / ___ [+nasal]

변별적자질의 이론적 장점이 여기 있음을 알 수 있다.

위의 토론에 아직 수긍이 가지 않는다면, 국어의 유성음화 규칙을 음운으

로 어떻게 기술할 것인가 한 번 생각해 보라. 이미 몇 번 언급했지만, 국어에서 예사소리(ㄱ, ㄷ, ㅂ, ㅈ)는 유성음 사이에서 유성화된다. 국어에서 유성음은 모든 모음(ㅏ, ㅑ, ㅓ, ㅕ…)과 모든 활음과 비음과 유음을 다 포함한다. 이 수가 서른(30)이라 하자. 그런데 선행하는 유성음과 후행하는 유성음이 반드시 같지 않아도 되니까, 유성음 환경의 총수는 9백(30×30)이다. 그런데 예사소리가 넷 있으니까 국어의 유성음화현상을 음운으로 일일이 표기해서 나열하자면 무려 삼천육백(900×4) 규칙에 달한다! 국어화자가 삼천육백의 유성음화 규칙을 지니고 있다고는 믿기 어렵다. 반면, 변별적자질로 음운규칙을 기술한다면 다음과 같이 간략하고 보편성 있게 표기할 수 있다.

(5.33) [-continuant] → [+voice] / [+voice] __ [+voice]

물론 자연음군이 언제나 변별적자질 하나로만 표현되는 것은 아니다. 때로는 두 자질, 때로는 세 자질로 표현될 수도 있다. 예를 들면 $\begin{bmatrix} \text{-continuant} \\ \text{+aspirated} \end{bmatrix}$ 는 유기파열음군이며, $\begin{bmatrix} \text{+continuant} \\ \text{-voice} \end{bmatrix}$ 는 무성마찰음군이고, $\begin{bmatrix} \text{-continuant} \\ \text{+aspirated} \\ \text{+anterior} \end{bmatrix}$ 는 전강유기파열음군이다. 자연음군을 표기하는 변별적 자질의 수가 많을 수록 반비례로 보편성이 적어짐을 볼 수 있다. 즉, [-continuant](파열음군)은 $\begin{bmatrix} \text{-continuant} \\ \text{+aspirated} \end{bmatrix}$ (유기파열음)보다 더 보편적(총괄적)이고, 한편 후자는 $\begin{bmatrix} \text{-continuant} \\ \text{+aspirated} \\ \text{+anterior} \end{bmatrix}$ (전강유기파열음군)보다 더 보편적이다. 이러한 보편성의 정도의 차이를 음운의 나열로는 체계적으로 표현할 수 없다. 다음에 있는 음운 그룹의 보편성을 살펴보라.

(5.34) (i) [p], [t]
     (ii) [p], [t], [k], [č]
     (iii) [p], [l], [s], [a], [ŋ], [i]

(i)과 (ii)를 비교해 보면 (ii)가 더 보편적이니까 음운군의 보편성이 음운의 수에 비례한다고 할 수 있겠지만, (ii)와 (iii)를 비교해 보면 (iii)에 (ii)에 보다 음운수가 더 많지만 (ii)보다 더 보편적인 음운군이라고는 말할 수 없다. 실상 (iii)은 아무런 자연음군도 되지 못한다. 음운규칙에서 자연음군이 단위로 활용되는 이상, 자연음군이라는 개념을 사실과 부합하게 표현할 수 있는 표기법이 그렇지 못한 표기법보다 더 나은 것이라고 할 수 있다. 변별적자질이 거추장스럽게 보이지만 재래식의 음성기호에 비해 이론적인 장점이 많다는 것은 이러한 이유에서이다.

앞에서 우리는 국(國)/kuk/이라는 국어의 형태소가 환경에 따라 [kuŋ], [kug], [k'uk], [guk], [guŋ] 등 여러 가지로 나타남을 보았고, 이러한 변형을 음운규칙으로 기술함을 보았다. 그런데 /kuk/은 표기형이고, 음소형이며, 화자의 의식 속에 보관된 고정형임에 비하여, [kuŋ] [kug] 등은 이음형이며 실제 발음형이다. 표기형을 **기저형**(基底形 underlying form, phonemic representation)이라 하며, 발음형을 **표면형**(表面形 surface form, phonetic representation)이라 한다. 그러니까 음운규칙의 기능은 기저형과 표면형을 연결하는(link, map), 다시 말하면, 기저형에서 표면형을 유도(誘導 derive)하는 것이라고 할 수 있다.

국(國)의 실제 발음이 여러 가지임에도 국어화자는 이를 하나로 의식하고 하나로 표기한다. 국민을 궁민으로 표기할 수도 있고, **적국**을 **적꾹**으로, **적국민**을 **적꿍민**으로 표기할 수 있는데도 한결같이 **국**으로 표기하는 것은 언중이 이들을 하나로 의식하고 있기 때문이다. 화자의 언어지식을 기술하는 것이 문법이라고 하였거니와, 그렇다면 문법 어느 곳에선가 이들이 하나로 표기된데가 있어야 할 것이다. 이곳이 바로 어사가 기저형으로 표기된 표기층(level of underlying representation)이며, 기저형 표기층과 표면형 표기층을 따로 설립하는 합리성이 바로 여기에 있다. 이 두 표기층을 연결하는 것이 음운규칙임은 앞에서 이미 언급했는데, 영어에서 예를 하나 들어 보자.

영어에 *magic* '마술'이라는 단어가 있는데 그 발음은 [mǽjik]이다. 그런데 여기에 *-ian*이라는 행동주(行動主 agent: -人, -者, -士의 뜻)를 나타내는 접사를 붙여서 *magician* '마술사'라는 단어를 파생하면, 그 발음이 [mǽjik] [매직]에 - *ian*[iən] [이언]이 붙은 [mǽjikiən] [매지키언]이 되는 게 아니라 [məjíšən] [머지션]이 된다. 즉, *magic*의 발음이 *magic-ian*에서는 [məjíš]로 바뀐다. 이 두 표면형 사이에는 적어도 세 가지 차이가 있다.

> **(5.35)** 1. 첫음절 모음이 [æ]에서 [ə]로 바뀐다.
> 2. 어말자음 [k]가 [š]로 바뀐다.
> 3. 강세(stress)가 첫음절에서 다음 음절로 옮는다.
> (넷째로 [iən]의 [i]가 탈락되는데, 이것은 *magic*에 속한 것은 아니다.)

영어를 조금 아는 사람이면 위의 차이는 모두 음소적인 차이임을 알 수 있다. 예를 들면 [æ]와 [ə]는 *mad : mud, bat : but* 등에서 대조적이며, [k]와 [š]도 *keep : sheep, sack : sash* 등에서 변별적이고, 강세의 상대적 위치도 *cónvert : convért, eúnuch : uníque* 등의 예(4.23의 예 참조)에서 보이듯 대조적 기능을 발휘한다. 그렇다면 *keep*과 *sheep*가 별개의 단어이고, *bat*와 *but*가 별개의 단어이듯, [mǽjik]과 [məjíš]도 별개의 단어라고 주장할 수 있을까? 영어화자의 자국어에 대한 직관(直觀 native intuition)은 이를 두 별개의 단어로 보지 않고 하나로 본다. 이때 두 음형이 같은 어휘라 함은 두 음형이 동일한 뜻을 지니고 있기 때문이 아니다. *eye doctor*와 *oculist*는 같은 '안과 의사'라는 뜻이지만 같은 단어는 아니다. 국어에서 **국가**와 **나라**가 같은 뜻이지만, 같은 단어는 아님과 같다. 본론으로 돌아가서 [mǽjik]와 [məjíš]가 같은 단어라면 같게 표기되어야 할 것이다. 그러니까 *magic*을 /mǽjik/으로 표기하고 *magician*은 /mǽjik-iən/으로 표기하면 된다. 이것이 기저형 표기이다. 그런데 *magician*은 [mǽjik-iən]으로 발음되지 않고 [məjíšən]으로 발음되니까, 일련의 음운규칙으로 [æ]을 [ə]로, [k]를 [š]로 바꾸고, [k] 다음의 [i]는 탈락시키고, 강세의 위치를 둘째 음절로 옮겨주어 표면형 [məjíšən]을 유도해야만 한다. 이를 도시하면 다음과 같다.

(5.36) 기 저 형: / m æ ǰ i k + i ən/

        ↓   ↓ ↓   ↓

음 운 규 칙: ə   í š   ø

              ①   ②③   ④

표 면 형: [m ə ǰ í š ə n]

위의 공식을 보면 *magician*의 기저형 /mǽǰik+iən/에서 그 표면형 [məǰíšən]을 유도하는데 네 개의 음운규칙이 적용됨(필요함)을 알 수 있다(이 규칙들을 왼쪽으로부터 번호를 매기자). 그런데 이 규칙들은 어떤 방식으로 기저형에 적용되는가? 네 규칙이 각자 순서 없이 기저형에 직접 적용되는가? 왼쪽에서부터 오른쪽으로, 아니면 오른쪽에서부터 왼쪽으로 적용되는가? 규칙들 사이에 어떤 순서가 정해져 있어서 이 순서대로 적용되는가? 일정한 적용순서 없이 음운규칙이 기저형에 직접 적용되는 것을 **직접유도**(direct mapping) 또는 **무순규칙가정**(unordered rule hypothesis)이라 하고, 규칙들 사이에 일정한 적용순서가 있어서 선행규칙이 적용된 파생형(derived form)에 다음 규칙이 적용되면서 표면형을 유도하는 것은 **간접유도**, 또는 **유순규칙가정**(ordered rule hypothesis)이라 한다. 어느 것이 음운규칙의 적용에 대한 타당한 가정일까?

(5.36)을 보면 언뜻 보기에 네 규칙이 아무런 순서 없이 기저형에 직접 적용되는 듯하다. 그러나 각 규칙의 환경을 고려해 보면 어느 규칙 사이에는 적용의 선후관계가 성립되어야 함을 알 수 있다. 우선 규칙 3($k \rightarrow$ š), 규칙 4($i \rightarrow$ ø)의 관계를 보자. 규칙 3은 구개음화(palatalization) 현상의 예로 연구개음이나 치경음이 전설고모음 앞에서 동화되어 (치경)구개음이 되는 현상인데 다음과 같은 예가 또 있다.

(5.37) k → š / __ i : musi*c*~musi*c*ian '음악가'
                phoneti*c*~phoneti*c*ian '음성학자'
       g → ǰ / __ i : pedago*g*~pedago*g*ical '교육적'
                le*g*al-le*g*islature '입법부'

$$t \rightarrow \check{s} \; / \; \underline{\quad} \; i \; : \; ac\textit{t}{\sim}ac\textit{t}ion \; \text{'행동'}$$

$$loca\textit{t}e{\sim}loca\textit{t}ion \; \text{'위치'}$$

$$d \rightarrow \check{z} \; / \; \underline{\quad} \; i \; : \; divi\textit{d}e{\sim}divi\textit{s}ion \; \text{'분할'}$$

$$colli\textit{d}e{\sim}colli\textit{s}ion \; \text{'충돌'}$$

위의 예들을 보면 아무데서나 *k*나 *t*가 구개음화되는 것이 아니고, 전설고 모음 *i* 앞에서만 변화가 일어남을 알 수 있다. 그런데 규칙 4는 바로 이 *i*를 탈락시키는 규칙이다(이는 *i*가 구개음화되는 선행자음과 연합되어 탈락되는 것으로, 국어에서 **묻히어** → [무쳐], **끝이어** → [끄쳐] 등의 예가 보이는 것처럼 모음 ㅣ가 선행 치경음을 구개음화시킨 뒤 탈락되는 현상과 같다). 그런 데 음운규칙에 적용순서가 없어서 *k*가 구개음화되기 전에 먼저 *i*가 탈락된 다고 하자. 그러면 구개음화를 작동시키는 것이 후행하는 *i*인 이상 *k*는 구개 음화될 수가 없을 것이다. 여기서 *i* 탈락규칙은 구개음화 규칙이 적용된 다 음에 적용되어야 함을 알 수 있다. 즉, 규칙 3과 규칙 4에는 3이 먼저라는 적용순서가 성립된다.

규칙 4는 규칙 2와도 적용의 선후관계를 가지고 있다. 규칙 2는 영어 강 세 배당규칙의 하나로, 다음절 명사에서 끝에서 두 번째 음절(penult)이 장모 음이거나 후행자음이 둘 이상일 때는 그 음절에 강세가 오지만, 이 음절이 단모음이거나 후행자음이 하나이거나 없을 때는 강세가 끝에서 세 번째 음 절(antepenult)에 오는 강세규칙의 예이다. 다음 예들을 비교해 보라.

(5.38) a. Arizóna, aróma, agénda, dialéctal

b. América, divínity, pérsonal

이 강세규칙에 따르면 /mæjik-iən/의 어느 음절에 강세가 오나 살펴보자. 기저형을 보면 /mæjik-iən/은 네 음절어이고(*mæ - jik - i - ən*)이고, penult 음절 *i*가 단모음이며 후행하는 자음이 없으므로, 강세가 표면형에 나타나듯 음절 *jik*에 오게 된다. 그런데 규칙 4가 강세규칙 전에 적용된다고 하자. 그러면 *magician*은 세 음절어가 된다(*mæ - jik - ən*). 이때 penult 음절 *jik*이 단모음

이고 후행자음이 하나밖에 없으니까, 강세는 antepenult인 *mæ*에 와야 할 것
이다. 그러나 *magician*의 표면형은 강세가 gic에 오지 ma에 오지 않음을 보
여준다. gic에 강세가 오게 하려면, gic이 아직도 antepenult 음절일 때, 즉
모음 *i*를 규칙 4로 탈락시키기 전에, 강세규칙 2를 적용해야 함을 알 수 있
다. 즉, 규칙 2와 규칙 4에도 규칙 2가 먼저라는 선후 적용순서 관계가 성립
된다.

한편 규칙 1은 강세규칙 2의 적용 후에 적용되어야 한다. 아무런 강세가
없는 음절의 모음은 schwa모음 [ə]로 이완(lax)된다는 규칙이 영어에 있기
때문이다. 다음 예들을 보라.

(5.39) Jap*a*n [jəpǽn]　　　→　Jap*a*nese [jæpəníz]
　　　 ph*o*ne [fówn]　　　 →　ph*o*nology [fənóləji]
　　　 maint*ai*n [meyntéyn]　→　maint*e*nance [méyntənəns]
　　　 rep*ea*t [ripí : t]　　　 →　rep*e*tition [rèpətíšən]
　　　 pron*ou*nce [prənáwns]　→　pron*u*nciation[prənənsiéyšən]

그러니까 *magician*에서 [æ]가 [ə]가 되는 것은(규칙 1) 규칙 2에 의하여
강세가 후행음절에 배당되면서 [æ]에 강세가 없게 되자 이완모음 [ə]로 바
뀌게 된 것이다. 즉, 규칙 1은 규칙 2를 후행해야 한다.

위에서 본 (5.36)의 네 규칙 사이의 적용순서 관계를 화살표로 표시하면
다음과 같다(화살표의 방향이 규칙의 선후관계를 표시한다).

(5.40)　　규칙 1 (ǽ → ə)
　　　　　규칙 2 (i → í)
　　　　　규칙 3 (k → š)
　　　　　규칙 4 (i → ø)

한편 규칙 1과 3, 규칙 1과 4, 규칙 2와 3 사이에는 규칙순서의 선후관계
를 규정지어야 할 아무런 이유를 찾아볼 수 없다. 결론적으로 말하자면, 어떤

음운규칙 사이에는 적용순서를 규정할 필요가 없지만 어떤 음운규칙 사이에는 적용순서의 규정이 필요하다. 이는 음운규칙 간에 아무런 적용순서가 없다는 무순가정이 지지할 수 없는 가정임을 말해준다.

음운규칙에 적용순서가 필요한 예를 국어에서 하나만 보자. 국어에 두 모음이 한 모음으로 축약되는 현상이 있다. 예:

(5.41) ㅏ + ㅣ → ㅐ   사이 → 새,   아이 → 애
       ㅓ + ㅣ → ㅔ   서이 → 세,   너이 → 네
       ㅗ + ㅣ → ㅚ   보이다 → 뵈다,   오이 → 외

이 현상을 모음축약이라고 하자. 한글의 자형은 이러한 모음축약 현상을 잘 반영해 주고 있다. 한편 국어에는 두 모음 사이에서 특정한 자음(대체로 활음같은 약음)이 탈락되는 현상이 있다. 예:

(5.42) 좋은   → 조은
       쌓이다 → 싸이다

이 현상을 자음탈락이라고 하자. 이 현상은 근세국어에서 다음과 같은 예를 낳는다.

(5.43) 가히 → 가이 (犬)
       아히 → 아이 (兒)

이 어휘들은 현대 국어에서 개, 애로 발음된다. 이 사실은 **가히, 아히**에 자음탈락규칙이 적용되어 도출된 **가이, 아이**형에 다시 모음축약이 적용되었음을 시사해 준다. 즉,

(5.44) 가히 $\xrightarrow{\text{자음탈락}}$ 가이 $\xrightarrow{\text{모음축약}}$ 개

이 예는 자음탈락과 모음축약 사이에 자음탈락이 먼저라는 적용순서가 있음을 보여준다. 순서를 바꾸어 모음축약 후에 자음탈락을 적용하면 개를 유도할 수 없게 된다. 즉,

(5.45) 가히 $\xrightarrow{\text{모음축약}}$ (적용 못함) $\xrightarrow{\text{자음탈락}}$ 가이

할 것이다에서 ㅅ이 탈락되어 할 게다가 되고 무게, 두께 등의 단어가 **무겁이, 두껍이**에서 유도되었다면(이는 **손잡이, 칸막이** 등에서의 이와 같은 명사화 접사), 자음탈락이 모음축약을 선행해야 함을 알 수 있다. 즉,

(5.46) 기 저 형: /할 것이다/   /두껍이/   /무겁이/
                    ↓   ↓   ↓

자음탈락: 할 거이다   두꺼이   무거이
                    ↓   ↓   ↓

모음축약: 할 게다   두께   무게
표 면 형: [할께다]   [두께]   [무게]

이제 이 장에서 논의된 것들을 요약해 보자. 화자가 자국어의 음운에 관해 가지고 있는 지식은 대체로 세 가지인데, 첫째는 자국어에 쓰이는 음소의 목록과 이 음소에 속하는 이음들의 분포 상태이다. 둘째로 화자는 자국어의 음소가 어떻게 배열될 수 있는가를 안다. 셋째로 화자는 자국어에 어떤 음운규칙이 있는가를 안다. 음운규칙은 기저형에서 표면형을 유도하는데, 그 적용순서가 규정되어 있다고 보아야 하겠다.

이 책은 입문서이니만큼, 언어의 음운현상을 지배하는 다른 원리들을 모두 여기서 상론할 수는 없지만, 음운규칙의 적용순의 경향과 원리에 대해 일언하고 이 장을 맺자.

음운규칙 사이에 어떤 일정한 적용순이 정해질 때, 이 적용순의 규정은 각 언어마다 예측을 불허하는 자의적인 것인가 아니면 적용순을 규정짓는 어떤 범언어적인 원리가 있는가? 이것은 현대 음운론에서 아직도 거론되고 있는데, 요점을 간단히 소개하자면 다음과 같은 범언어적인 원리에 의해 규칙순이 배열되려는 경향이 있다는 것이 정견이다.

첫째, 음운규칙은 규칙들이 최대한으로 적용될 수 있도록 적용순이 배열된다(이를 **최대적용원리** the principle of maximum application라고 한다). 즉 규칙 A와 규칙 B가 있을 때 규칙 A가 적용된 도출형이 규칙 B가 적용할 수 있는 환경을 만들어 주는 반면, 거꾸로 규칙 B를 먼저 적용하면 규칙 A의 적용범위가 줄어들게 될 때는 그 적용순이 B-A로 보다 A-B로 배열된다는 것이다. 앞에서 든 적용순의 예들은 대체로 이 원리에 부합하는 것들이다. (5.44)와 (5.45)를 비교해 보면 자음탈락 **때문에** 모음축약이 가능해지는 반면, 적용순을 바꾸면 모음축약이 적용되지 못함을 알 수 있다. 다음과 같은 현상은 "최대적용원리"를 신빙성있게 예시해 준다.

독일어에 어말의 유성자음을 무성화시키는 규칙이 약 서기 1000년에 들어오고, 그보다 4세기 후인 1400년경에 유성자음 앞에서 모음을 장음화시키는 규칙이 생겼다. 다음 예를 보자.

(5.47) 독일어

기저형:	/lob/'칭찬'	/lob+əs/(복수)
무성자음화:	lop	——
장모음화:	——	lo:bəs
표면형:	[lop]	[lo:bəs]

이렇던 표면형이 한 독일방언에서 [lo:p][lo:bəs]로 나타나면서 다른 방언 지역으로 퍼지고 있다. 이러한 현상은 역사적으로 무성자음화 — 장모음화의 순서로 독일에 들어온 규칙이 현대 독일방언에서는 장모음화 — 무성자음화로 재배열된 것으로 설명할 수 있으며, 이러한 재배열의 동기는 규칙의

최대적용원리에 인한 것이라 볼 수 있다. 즉,

(5.48) 기저형:　　　/lob/　　　　/lob+əs/

　　　　장모음화:　　lo:b　　　　lo:bəs

　　　　무성자음화:　lo:p　　　　──

　　　　표면형:　　　[lo:p]　　　[lo:bəs]

　(5.47)과 (5.48)을 비교해 보면 무성자음화 규칙은 두 곳에서 단수형 밖에 적용되지 않고, 장모음화 규칙은 (5.47)에선 복수형에만 적용되지만 두 규칙의 순서가 재배열된 (5.48)에선 단수와 복수 양형에 적용됨을 볼 수 있다. 여기에는 또 동일한 어휘의 어간 모음이 동일하게 장모음이 되었다는 보너스도 끼어 있다. 규칙의 최대적용원리는, 대저 언어규칙이 될 수 있는 대로 보편성을 띠려는 원리를 반영한 것이라고 볼 수 있다.

　규칙순 재배열의 또 하나의 원리는 의미의 구별이 음운형의 차이로 유지되게끔 한다는 것이다(이를 **의미구별원리** the principle of semantic distinctness라 한다). 즉 어사의 의미의 구별이 규칙 A-B의 순서로는 음운론적으로도 구별되는데 규칙 B-A의 순서는 음운적 구별을 없애 동음이의어(同音異義語)를 낳게 되면, 언중은 A-B의 순서를 택한다는 것이다. 다음과 같은 쇼나어(Shona, 아프리카의 Zimbabwe국에 있는 Bantu어)에 있는 현상을 살펴보자. 이 언어에는 비음의 조음 위치가 후행하는 파열음의 조음 위치에 동화되는 규칙이 있고, 또 파열음이 비음 뒤에서 h로 바뀌는 규칙이 있는데, 이들 규칙은 언급한 순서로 적용된다. 즉,

(5.49) Shona　기저형:　　　/np/　　/nt/　　/nk/

　　　　　　　비음조음
　　　　　　　위치동화 :　mp　　──　　ŋk

　　　　　　　비음뒤
　　　　　　　h화 :　　　[mh]　[nh]　[ŋh]

그리하여 기저형의 /np/는 [mh]로, /nt/는 [nh]로, /nk/는 [ŋh]로 표면에 나타남으로써 표면형에서도 음운적 차이가 유지된다. 그러나 두 규칙순이 거꾸로 적용된다고 가정해 보자. 즉,

(5.50) 기저형:　　/np/　　　/nt/　　　/nk/

비음뒤 h화:　　nh　　　nh　　　nh

비음조음 위치동화:　　[ŋh]　　　[ŋh]　　　[ŋh]

즉 기저형에서 /np/ /nt/ /nk/로 구별되던 어휘들이 표면형에서는 모두 [ŋh]로 나타나 많은 동음이의어를 산출하게 된다. 이러한 동음이의어의 산출을 가능한 한 피하려 함은 당연한 일이다.

한 예만 더 보자. Spanish에서 자음 앞에 e가 ε로 되는 규칙이 있는데, 어느 방언에서는 어말의 s를 탈락시키는 규칙이 있다.

(5.51) Spanish

	표준어		방언	
기저형:	/ klase/ 'class'(단수)	/klases/ (복수)	/klase/	/klases/
e → ε /__C:	___	klasεs	___	klasεs
s → ∅ /__#:	___	___	___	klasε
표면형:	[klase]	[klasεs]	[klase]	[klasε]

흥미 있는 것은 방언형이다. 표준 Spanish에서는 단수와 복수의 차이가 복수어미 s의 유무로도 구별되나, 방언에서는 어말 s가 탈락하여 단수 복수의 구별이 모음 [e]와 [ε]의 차이만으로 구별된다는 사실이다. 만약 규칙순이 거꾸로 된다고 가정하자. 그러면,

(5.52) Spanish 방언

기저형:	/klase/	/klases/
s → ⌀ / ___#:	___	klase
e → ε / ___C:	___	___
표면형:	[klase]	[klase]

위와 같이 단수형과 복수형이 다 [klase]로 되어 서로 구별을 할 수 없게 된다. 단수와 복수의 구별은 중요한 의미범주의 하나이다. 이 구별을 유지할 수 있는 방향으로 규칙순이 배열됨은 당연하고 수긍할 수 있는 일이라 하겠다. 의사소통을 하는 것이 언어의 목적일 바에야, 동음이의어가 많을수록 의사소통이 더 힘들어질게 아닐까.

우리는 제1장에서 언어의 체계를 신호등의 체계에 비유했다. 음운론에서 어음의 배열제약은 신호등의 배열 규정에 해당되고 음운규칙의 적용순서는 신호등의 등화 순서에 해당된다. 이러한 비유가 언어의 더 큰 단위인 어휘의 구조와 문장의 구조에도 적절함을 다음 장들에서 보게 될 것이다.

『정신과』
　　　"우선 손님의 열등의식을 「단어연상」으로 분석해봅시다. 첫 단어⋯ 「형태음소론」."

참고문헌

강용순. 2011. 『영어 강세의 이론과 실제』. 서울: 글로벌콘텐츠 출판사.

김경란 1997. 『음운론: *SPE* 이후의 이론들』. 서울: 한신문화사.

도수희. 1987. 『한국어 음운사 연구』. 서울: 탑출판사.

엄익상. 2016. 『중국어 음운론과 응용』 제2판. 서울: 한국문화사.

이기문. 1972. 『국어음운사연구』. 서울: 한국문화연구소.

이기문, 김진우, 이상억. 2000. 『국어음운론』. 증보판. 서울: 학연사.

전상범. 1981. 『생성음운론』. 서울: 탑출판사.

_____. 2004. 『음운론』. 서울: 서울대학교 출판부.

최명옥. 2008. 『국어음운론』. 제2판. 서울: 태학사.

Chomsky, Noam and Morris Halle. 1968. *The Sound pattern of English*. New York, NY: Harper and Row.

Cook, Eung-Do(국응도). 1994. "Against moraic licensing in Bella Coola". *Linguistic Inquiry* 25:309-326.

Hayes, B. 2009. *Introductory phonology*. Oxford, UK: Wiley-Blackwell.

Kenstowitz, Michael. 1994. *Phonology in generative grammar*. Oxford, UK: Blackwell.

_____ and Charles Kisseberth. 1979. *Generative phonology*. New York, NY: Academic Press.

Lass, R. 1984. *Phonology*. Cambridge, UK: Cambridge University Press.

Kim, Chin-W.(김진우). 1976. "Rule ordering in Korean phonology". 『언어』 1(1):60-83.

Kim, Gyung-Ran(김경란). 2001. "Manner assimilation in Korean". 『어학연구』 37(1): 157-175.

Odden, D. 2005. *Introducing phonology*. Cambridge, UK: Cambridge University Press.

Roca, I. and W. Johnson. 1999. *A course in phonology*. Oxford, UK: Blackwell.

Sohn, Hyang-Sook(손형숙). 2008. "Phonological contrast and coda saliency of sonorant assimilation in Korean". *Journal of East Asian Linguistics* 17:33-59.

Yoon, Tae-Jin(윤태진). 2015. "Corpus-based study of duration adjustment in Korean". *Studies in Phonetics, Phonology, and Morphology* 21(2):279-295.

1. 다음의 Swahili 자료에서 [o]와 [ɔ]는 /o/의 이음(allophone)이다. 그 상보 적분포가 무엇인가?

watoto '아이들'   ŋgɔma '북'

ndogo '조금'   ŋɔmbe '소'

shoka '도끼'   ɔna '보다'

moja '하나'   ɔmba '기도하다'

2. 다음 Spanish 자료에서 유성파열음과 유성마찰음은 음소인가 이음인가? 이음이라면 그 상보적 분포관계는 무엇인가? (β=유성 양순마찰음, γ=유성 연구개마찰음, ð=유성 치찰음)

usteð '너'   miγa '조금'

liβertað '자유'   goβernar '지배하다'

boγa '유행'   gato '고양이'

ambos '양쪽'   aγo '내가 한다'

loβo '늑대'   dormiðo '잤다'

kuβo '큐우부'   boða '결혼식'

doðo '주어진'   donde '어디'

falda '스커트'   aðonde '어디로'

3. 아래 자료는 Greenland에서 쓰이는 Eskimo어이다. 표면에는 다섯 모음이 보이지만, 기저형 모음(즉 음소)은 셋밖에 안 된다. 이들은 무엇인가? 무슨 규칙으로 기저형 모음에서 표면형 모음을 유도할 수 있는가? (아래 표기에 서 q는 무성 구개수파열음(voiceless uvular stop)이고 r은 구개수전동음 (uvular trill)이다.)

ivnaq 'bluff'	ikusik 'elbow'
imaq 'sea'	qatigak 'back'
tuluvaq 'raven'	sakiak 'rib'
sava 'sheep'	orpik 'tree'
nuna 'land'	nerdloq 'goose'
iseraq 'ankle'	iga 'pot'
isse 'eye'	igdlo 'house'
sermeq 'glacier'	sako 'tool'
qasaloq 'bark'	ine 'room'

4. 약도, 육지, 요금 등의 첫 음절의 기저형은 무엇이라고 생각하는가? 여자, 연금, 요도의 첫 음절의 기저형은? 요직, 여분, 양성의 첫 음절의 기저형은? 이 세 가지의 기저형에서 표면형으로 유도하려면 어떤 규칙(들)이 필요한가? 이 규칙들에 적용순서가 필요한가?

5. 다음의 인조어에는 13음이 있는데 음소는 8개뿐이다. 무엇인가 찾아내고 각 이음의 환경을 밝히라. (Hudson 2000:56에서 따옴. 문헌정보 15쪽.)

nan	kin	soda	piŋgo	timbi
tan	naŋga	nada	soda	tibi
nambi	saŋgo	nanda	nan	po
taŋgo	san	ani	kaŋga	kona
tambo	namba	pana	soba	nimba
tidi	koda	nani	kida	pogi

6. 영어의 *long, strong* 등의 단어는 표면형 발음이 [lɔŋ], [strɔŋ]임에도 불구하고, 기저형을 /lɔng/, /strɔng/로 잡는다. 그 타당성은 무엇인가? 주어진 기저형에서 표면형을 어떻게, 즉 어떤 규칙으로 유도할 수 있는가?

7. 다음은 아랍어의 정관사 al-의 변이형을 보여준다. 어떤 현상을 예시하고 있는가? 변이형을 어떤 음운규칙으로 유도할 수 있는가? ([q]는 무성구개 수파열음이고, [ħ]는 유성 인두마찰음이다.)

al-qamr	'달'	ar-rajal	'사람'
ar-bint	'소녀'	as-sams	'해'
al-walad	'소년'	ad-daar	'집, 조국'
al-kitaab	'책'	as-saħat	'시간'
al-fuul	'콩'	an-nahr	'강'
al-malik	'왕'	at-tiin	'무화과'

8. 다음은 일본어 단어를 로마자로 적은 것이다. ch는 [č]음 ts는 [c]음, sh는 [š]음을 나타낸 것으로 모두 단자음으로 간주하라.

tatami	'다다미'	tomodachi	'친구들'	uchi	'집'
tegami	'편지'	totemo	'아주'	otoko	'남자'
chichi	'아버지'	tsukue	'책상'	tetsudau	'돕다'
shita	'아래'	ato	'나중'	matsu	'기다리다'
natsu	'여름'	tsutsumu	'싸다'	chizu	'지도(地圖)'
kata	'사람'	tatemono	'건물'	te	'손'

1) [t], [ts], [ch]는 음소인가 이음인가? 이음이면 그 상보적분포 관계는?

2) 다음 단어들을 음소로 (기저형으로) 표기하라)

tatami	/	/	tsukue	/	/	tsutsumu	/	/
chizu	/	/	tatsu	/	/	tomodachi	/	/
uchi	/	/	shita	/	/	tegami	/	/
matsu	/	/	otoko	/	/	tatemono	/	/
chichi	/	/	deguchi	/	/	tsuri	/	/

제6장 형태론

Polonius: ···*What do you read, my lord?*
Hamlet: *Words, words, words.*

William Shakespeare (1564-1616)

Si les mots n'étaient que signes
timbre-poste sur les choses
qu'est-ce qu'il en resterait
poussières gestes
temps perdu
il n'y aurait ni joie ni peine
par ce monde farfelu

Tristan Tzara (1986-1963)

20세기 전반에 활약한 루마니아 태생의 초현실주의 프랑스 시인 Tristan Tzara는 위에 인용한 시구에서 만약 낱말(단어)이라는 것이 마치 봉투나 포장지에 붙은 우표처럼, 사물에 붙은 딱지에 불과하다면, 거기에 남는 것은 먼지와 몸짓뿐이며, 이 세상엔 기쁨도 슬픔도 없을 것이라고 읊고 있다.

시인의 상상력이 흔히 그렇듯이, Tzara의 샹송 가락은 상징적인 표현일 뿐, 객관적인 서술은 아니다. 물론 희극배우의 말재치가 웃음을 자아낼 수 있고, 슬픈 조사(弔詞)는 눈물을 솟게 할 수 있으며, 웅변술이 좋은 정치가는 군중을 흥분의 도가니로 몰아 넣을 수도 있다.

그러나 "슬픈 책"이라는 말은 책의 내용이 슬프다는 뜻이지, 책 모양 자체가 슬프다는 뜻이 아닌 것처럼, 낱말 자체가 슬프거나 기쁠 수는 없다. 사실상 낱말은 "사물에 붙은 딱지"에 불과하다. 물론 이 "딱지"는 "우표"같은 기호도 아니고 "몸짓"같은 신호도 아니며, "소리로 된 딱지"이다.

몇 가지 색의 배합으로 다채로운 딱지들을 만들어 낼 수 있듯이, 몇 개의 소리의 배합으로 다른 낱말들을 만들 수가 있다. 예를 보자.

/æ/, /k/, /s/, /t/의 네 음운을 어떻게 배합하느냐에 따라 영어에서 다음과 같은 단어를 만들 수 있다.

(6.1)

/æs/	ass	'나귀'	/kæst/	cast	'던지다; 배역'
/æt/	at	'에서(전치사)'	/kæts/	cats	'고양이들'
/æks/	ax	'도끼'	/ækts/	acts	'행위들'
/sæk/	sack	'부대; 자루에 넣다'	/tæsk/	task	'임무'
/sæt/	sat	'앉았다'	/sækt/	sacked	'자루에 넣었다'
/kæt/	cat	'고양이'	/tæk/	tack	'못; 부가하다'
/æsk/	ask	'묻다'	/æskt/	asked	'물었다'
/ækt/	act	'행위'	/skæt/	scat	'쉿, 쾅!'
/tæks/	tacks '못들'; tax '세금'		/stæk/	stack	'더미; 서고(書庫)'

국어는 자음군을 허용치 않기 때문에, 영어만큼 많은 단어를 만들진 못하지만, ㄱ, ㅁ, ㅅ, ㅗ의 네 자모로 아래와 같이 여러 개의 낱말을 만들 수 있다.

(6.2)

1음절어	2음절어	
고	고모	소곡
모	고소	곡목
소	고목	속곡
옥	고속	몸소
옴	고옥	고고
옷	소고	곳곳

곰	소모	목소
곳	소곰	속고
목	소속	속모
못	소옥	속속
속	속옷	고곡
솜	솜옷	몫몫
몫	옥고	소소

이러한 예는 음운의 순열(permutation)이 낱말을 조성하는 것을 보여준다. 그런데 여기서 우리가 얻는 숫자는 계승(factorial)이나 조합(combination)보다 더 많음을 유의할 필요가 있다. 왜냐하면 후자가 구성원의 반복이나 결여를 허용하지 않는데 비해, 순열은 이를 허용하기 때문이다. 예를 들어 (6.2)의 단음절어들은 ㄱ, ㅁ, ㅅ, ㅗ의 조합에 포함되지 않을뿐더러, 자음을 반복한 낱말들도 조합에서 제외되기 때문이다. 이러한 순열의 장치는 한정된 소수를 가지고 기하급수적으로 많은 숫자의 회원을 생성해낼 수 있게 해준다. 좀 더 실감을 내기 위해 간단한 계산을 한번 해보자.

영어의 *programs, textbook, glimpses, sprinter, conquest* 등은 모두 이음 절어로 핵모음이 둘 및 자음이 여섯이 있는 단어들이다. 그런데 계산하기 좋게 영어에 자음소가 스물, 모음소가 열 있다고 가정하자(실은 이보다 좀 더 많다). 그리고 모든 순열이 영어의 낱말이 된다고 하자. 그러면 *programs*의 음절구조인 CCVCCVCC의 형판에 맞추어 30개의 음소가 조합해서 만들어낼 수 있는 낱말 토큰의 총화는, 즉 $20 \times 20 \times 10 \times 20 \times 20 \times 10 \times 20 \times 20$은 무려 64억이다. 일년에는 31,536,000초가 있다(60초$\times 60$분$\times 24$시간$\times 365$일). 만약 10초마다 낱말의 토큰을 하나씩 하루 24시간 일 년 12달 써 나간다면 64억 개를 다 쓰는 데 소요되는 시간은 2029.4년이다! 백제의 시조 온조왕의 재위기간이 18BC-28AD 였으니까, 백제의 건국 때부터 시작했다면, 6년 전인 2011년에 끝난 셈이다.

물론 64억이라는 숫자는 어두가 *ms-*로 시작하거나, 어말이 *-pr*로 끝나는 등 영어에 불가능한 낱말의 토큰도 포함되어 있다. 그렇다손 쳐도, 이 숫자에는 단음절어도, 둘 이상의 다음절어도 또 5음소의 단어들(예: *Christ, print, prism, brand*)과 6음소의 단어들(예: *sports, sprint, notebook*) 등도 포함되어 있지 않기 때문에 그리 과장된 계산은 아니다.

이런 "팝콘튀기기"식의 소수에서 다수에로의 순열전략의 예를 우리는 다른 데서도 볼 수 있다. 우주의 만물은 화학원소 백여 개의 조합으로 이루어져 있고, 모든 유기물은 겨우 스무 개의 아미노산(amino acid)의 배열로 이루어져 있다. 또 2^8=256의 byte로 영어 알파벳의 소문자와 대문자, 모든 구두점과 숫자 및 다른 여러 기호를 포함하고도 남는 컴퓨터 키보드를 만들 수 있다. 언어가 순열의 장치를 활용해서 문장 만듦을 다음 장에서 보게 될 것이다.

물론 아무런 집합이 단어를 낳는 것은 아니다. 앞 장에서 우리는 음운의 배합조건이 나라말마다 다를 수 있음을 보았다.

다음과 같은 예들은 (6.1)과 (6.2)에 쓰인 동일한 음운으로 구성되어 있음에도 영어와 국어에 불가능한 배합이다.

(6.3) <u>영어</u>   <u>국어</u>
    *ktæs   *몺
    *tsæk   *긊
    *sktæ   *ㅍㅌ
    *ætks   *뜫

개별적인 음운에 아무런 의미가 없는 반면, 음운의 집합체인 단어(낱말)들은 의미를 갖게 된다. 그런데 모든 단어에는 의미가 있지만, 의미를 띤 모든 어형(語形)이 단어의 단위로 나타나지는 않는다. (6.1)에 나열된 것들은 모두가 영어 단어들이지만, 다음의 어휘들엔 하나 이상의 뜻이 있다.

(6.4) <u>A</u>   <u>B</u>
    acts   asked
    cats   sacked
    tacks   acted

즉 A종렬의 단어들은 -s로 끝나는데 이 -s에 "복수"의 의미가 있고, B종렬의 단어들은 -ed로 끝나는데 이에는 "과거"의 의미가 있음을 알 수 있다. 그러나 우리는 -s와 -ed에 뜻이 있다고 해서 이들을 단어라고 부를 수는 없다. 단어는 고립형(isolated form)으로 존재할 수 있어야 하는데, 이들은 고립형이 아니기 때문이다. 여기서 우리는 단어가 아니면서도 의미를 지닌 의미의 최소체를 단어와 구별할 필요가 있음을 느끼게 된다.

이 의미의 최소체(the minimal unit of meaning)를 형태소(形態素 morpheme)라 부른다. 그런데 다음과 같은 예를 보면 분명히 같은 형태소임에도 불구하고 그 소리꼴(音形)이 다름을 알 수 있다.

(6.5) <u>영어</u>(뜻 '과거')   <u>국어</u>(뜻 '과거')

asked /æskt/	먹었다
sacked /sækt/	죽었다
loved /lʌvd/	보았다
begged /begd/	막았다
lied /layd/	서썼다
acted /æktɨd/	가썼다
landed /lændɨd/	자썼다

즉, 같은 "과거"의 뜻이면서 영어에선 그 음형이 -t, -d, -id의 셋으로 나고, 국어에선 었, 았, ㅆ의 세 형태로 난다. 이렇게 같은 형태소에 속하면서 구성 음소가 다른 것을 이형태(異形態 또는 變異形 allomorph)라 한다. 음소—이음과의 비례적 관계가 자명하다.

(6.6) 음소(音素) : 이음(異音) = 형태소(形態素) : 이형태(異形態)
    phoneme : allophone = morpheme   : allomorph

이러한 비례적 관계는 이형태의 분포에 있어서까지도 같다. 즉, 이음이 상보적 분포관계에 있듯이, 이형태도 그 분포가 상보적이고 배타적이다. (6.4)를 다시 관찰해보면 우리는 다음과 같은 사실을 간파할 수 있다. 이형태 *t*는 동사 어간이 무성자음으로 끝났을 때 쓰이고, *d*는 동사어간이 유성음으로 끝났을 때 쓰이며, 다만 어간말음이 *t*나 *d*이면 삽입모음이 들어간 *id* 가 쓰인다(삽입모음 없이 *t*에 *t*를 붙이고, *d*엔 *d*만 붙이면, 현재와 과거의 구별인식이 어렵기 때문일 것이다). 국어에선 이른바 모음조화현상에 의해 어간모음이 양성모음 (ㅗ, ㅏ)이면 았이 쓰이고, 그 외의 경우 었이 쓰이되, 동사어간의 ㅓ나 ㅏ로 끝나면 ㅆ만이 쓰인다. 이른바 불규칙형을 제외하면 (예: 영어에서 *go*의 과거는 *went*라든가, *focus* '초점'의 복수는 *foci*라든가 등의) 이형태의 분포는 (6.5)가 보여주는 것같이 음성적 **동인성**(動因性 phonetic motivation)을 지니고 있는 것이 보통이다.

앞에서 우리는 *cat, act, ask*같은 단어들이 독립적으로 일어날 수 있는 형태소들임에 비해, *-ed, -s*, 었, 들 등은 고립형태소와 배합함으로써만 공존할 수 있음을 보았는데, 전자를 **자립형태소**(free morpheme)라 하고, 후자를 **의존형태소**(bound morpheme)라 한다. 자립형태소나 의존형태소나 대개는 다른 형태소와 배합이 자유스러운 것이 예사이다. 자유스럽다 함은 어떤 특정한 한두 형태소하고만 배합할 수 있는 것이 아니라, 허용되는 범주 안에서는 아무 형태소하고나 자유로이 배합할 수 있음을 말한다. 즉, 명사 복수형태소 *-s*가 동사에 붙을 수 없고, 과거형태소가 명사에 붙을 수는 없지만, *-s*는 어떤 명사와도 배합할 수 있고, *-ed*는 아무 동사와도 배합할 수 있다. 즉,

(6.7) 영어:

명사	동사
boys	loved
girls	jumped
schools	walked
desks	acted
pens	kissed
cars	kicked

한편, 자립형 명사나 동사들도 다른 형태소와 배합할 수 있다. 예를 들자면,

(6.8) 영어: boy-s   love-d

            boy-ish   love-ly

            boy-hood   love-less

            boy-friend   love-r

            un-boy-ish lov-ing

국어에서 예를 들자면, 형태소 국(國)이 다음과 같이 다른 형태소와 배합할 수 있는 한편, 이 형태소들은 또 다른 형태소들과 배합할 수 있다.

(6.9) 국경   경계, 도경, 경내

      국력   위력, 역도, 권력

      국립   공립, 독립, 입지

      국민   민족, 민심, 주민

      국어   어학, 어원, 외래어

      국사   사학, 사적, 사실

이렇게 대부분의 형태소들이, 자립형태소이건 의존형태소이건, 다른 형태소들과의 배합이 비교적 자유로운데 비해, 어떤 형태소들은 그 배합이 한두 어휘에 국한되는 수가 있다. 영어의 대표적 예가 다음과 같은 것들이다.

(6.10) *cran*berry   '덩굴월귤'

      *huckle*berry   '(북미산)월귤(의 일종)'

      un*couth*   '무례한'

      un*kempt*   '불결한'

      *ruth*less   '무자비한'

      *luke*warm   '미지근한'

위에서 이탤릭체 부분들은 위에 든 어휘 이외에서는 그 용례를 찾아볼 수 없는 것들이다. 즉, 위에 주어진 형태소하고만 결합한다. 이 후자의 부분들

(*berry, un-, -less, warm*)이 형태소인 만큼, 이탤릭체의 부분도 형태소이겠지만, 그 의미가 무엇인지는 분명치 않다. 즉, *cran-*의 의미는 *berry*와 배합했을 때만 그 전체에 주어진 의미가 있을 뿐, *cran-*에는 어떤 의미가 있다고 할 수 없기 때문이다. 마찬가지로 *uncouth*의 의미가 '무례한'이지만 그렇다고 *couth*라는 자립형이 있지도 않고, 그 의미가 '예의 바른'도 아니다. *kempt* 역시 *unkempt*라는 단어 이외에선 일어나지 않으니까, 접두사 *un-*이 '不, 非' 같은 뜻이 있는 의존형태소임이 분명하지만, 그렇다고 *kempt*가 '깨끗한'이란 뜻의 형태소라곤 선뜻 말할 수 없다. *ruthless*도 그 뜻이 '무자비한'이고, *-less*가 '없는'의 접미사라고 해서 *ruth*에는 '자비(스런)'의 뜻이 있다고 할 수 없다. *lukewarm*도 그 전체의 뜻이 '미지근한'일 뿐이다. *warm*이 '따뜻한'이란 뜻의 자립어이니까 *luke*는 '덜'이란 뜻의 의존형태소라고 생각하고 싶지만, *lukehot*('덜 뜨거운'), *lukecold*('덜 찬'), *lukepretty*('덜 이쁜=수수하게 생긴'), *lukehappy*('덜 기쁜=시원섭섭한?') 등의 말들이 영어에 없기 때문에 그렇게 꼬집어 말할 수도 없다. 이렇게 한 형태소하고만 배합해서 나타나는 형태소를 유일형태소(unique morpheme)라 한다. 국어에선 다음과 같은 예가 있다고 하겠다.

(6.11) 보슬비
　　　　감쪽같이
　　　　앙갚음
　　　　새삼스럽게
　　　　안간힘
　　　　데설궂다

보슬비의 뜻이 '바람없이 조용히 내리는 비'라면, 왜 *보슬눈, *보슬안개 같은 말이 없을까? **감쪽같이**의 뜻이 '전과 같이, 아무도 모르게'이면 **감쪽**의 뜻은 무엇인가? 또 **새삼**의 뜻은? 다음을 비교해 보라.

(6.12) 사랑스럽게   새삼스럽게
       사랑하는   *새삼하는
       사랑없는   *새삼없는
       내 사랑   *내 새삼

마찬가지로 **안간힘**은 전체의 뜻이나 동사가 **쓰다**(즉, 안간힘을 쓰다)인 것을 보아 **힘**(力)이라는 형태소와 **안간**이란 형태소로 배합된 것처럼 보이지만, 안간의 뜻이 무엇인지 분명치 않고('가지 않은'?) 안간–힘이 아니라 안–간힘으로도 분석될 수 있다. 또 **데설궂다**의 **궂다**는 **심술궂다**, **짓궂다**의 **궂다**와 같지만 데설은 무엇인가?

앙갚음의 **갚음**을 동사 **갚다**에서 파생된 명사라고 보면 **앙**은 갚음의 목적어인 듯한데, 무엇을 갚는다는 말인가? 앙은 **앙심**(怏心)의 앙일까? 그리고 다음 단어들의 앙과 같은 것인가?

(6.13) 앙칼스럽다   앙살
       앙큼하다   앙탈
       앙버티다   앙증

앙갚음의 앙과 위의 단어들의 앙이 같은 형태소로 '악의, 원한'을 의미한다고 하자. 그러면 **칼, 큼, 살, 탈, 증** 등은 무슨 뜻의 형태소인가? 이것들도 unique morpheme들인가? **앙가슴**의 앙은 무엇인가?

위와 같은 예들은 음운론과 형태론의 차이의 일면을 보여준다. 즉, 음운론에 대한 화자의 지식 중의 하나는 어느 음운이 자국어의 음운인가를 확실히 아는 것이라고 했는데, 형태소로 말하자면, 형태소의 경계가 어디 있고 형태소의 뜻이 무엇인가를 어느 때는 자국어의 화자도 분명히 알지 못하고 있다는 사실이다. 그 이유 중의 하나는, 원래는 분명했던 어원(語源 etymology)이 이제는 모호해진 경우와, 또 하나는 무더기로 오래 전에 들어온 외래어가 이젠 자국어화(nativize)되었지만 그 어휘구조(즉 형태구조)에 대해선 자국어적인 의식이 없다는 데에 있다. 프랑스어(궁극적으로 라틴어)에서 들어온 다음과 같은 영어 어휘들이 그 좋은 예이다.

(6.14)

	-mit	-fer	-sume	-ceive	-duce
re-	remit	refer	resume	receive	reduce
con-	commit	confer	consume	conceive	conduce
in-	_	infer	-	-	induce
de-	demit	defer	-	deceive	deduce
per-	permit	-	-	perceive	-
trans-	transmit	transfer	-	-	transduce

도표 (6.14)은 맨 왼쪽 종렬의 접두사들이 맨 위 횡렬의 어간처럼 보이는 형태소와 배합해서 산출된 단어들을 보여준다. 그런데 여기의 접두사와 어간 은 *un-happy, un-cover* 등의 경우와는 성격이 전혀 다르다. *un-*은 접두사이 고, *happy, cover* 등은 의미가 뚜렷한 자립형태소인 반면 *-mit, -fer, -sume, -ceive, -duce* 등은 자립형태소가 아니며, 그 뜻도 언중은 모르는 것이기 때 문이다. *-duce*가 라틴어 *dūcēre* '인도하다'에서 온 어근(語根 root)으로 위에 든 단어들뿐만 아니라, intro*duce* '소개하다', pro*duce* '생산하다', con*duct* '지휘하다', e*duc*ate '교육하다' 등의 단어에도 그 면모(형태와 의미 둘 다)가 아 직 살아 있음을 전문가가 아닌 언중이 어떻게 알겠는가? 이러한 형태소들의 처리는 현대언어학에서 아직도 가시로 남아 있는 문제로 그 해결을 이 입문 서에서는 모색하지 않겠다.

화자가 자국어의 음운배합과 음운규칙에 대한 지식을 가지고 있듯이, 자국어의 형태소배합과 **형태규칙**(morphological rule) 즉, **조어법**(造語法 word-formation rule)에 대한 지식도 가지고 있다. 다음에서 이를 관찰해 보자.

형태소의 배합에는 접사첨가(affixation)방식과 합성어형성(compounding)방식이 있다. 접사는 첨가되는 지점이 어간/어근의 앞, 한가운데, 또는 뒤이냐에 따라 **접두사**(prefix), **삽입사**(揷入辭 infix 接腰辭), **접미사**(suffix)로 나뉘고, 한편 접사의 문법적 기능에 따라 **파생**(派生 derivation)과 **굴절**(屈折 inflection)로 나뉜다.

접두사는 어간/어근 앞에 붙는 것으로 다음과 같은 예는 자명하다.

(6.15) 영어:　*un*happy　'불행한'

　　　　　　*re*print　'재판'

　　　　　　*ex*wife　'전처(前妻)'

　　　　　　*im*possible　'불가능한'

　　　　　　*sub*divison　'세분(細分)'

　　　　　　*pre*paid　'선불한'

　　　　　　*dis*satisfy　'불만족하다'

삽입사(infix)는 한 어간/어근을 쪼개서 그 사이에 접사가 삽입되는 현상으로 그 예가 일반적으로 흔하지 않다. 한 형태소를 쪼갠다는 사실 자체가 부자연스러운 현상이기 때문일 것이다. 다음 예는 美 Montana주의 American Indian어 쾨르달렌(Coeur d'Alene)어에서 든 것으로 동사어근 안에 사역/수동 접사 /ʔ/가 들어가 있음을 보여준다.

(6.16) Coeur d'Alene어

　　　　lup '마르다'　　　luʔp '말리다'

　　　　nas '젖다'　　　　naʔs '적시다'

필리핀의 Tagalog어에서는 접사 *um*이 모음으로 시작하는 어사 앞에서는 접두사로 나타나지만, 자음으로 시작하는 단어에서는 어두자음(군)과 후행하는 모음 사이에 삽입되어 접요사로 나타난다.

(6.17) Tagalog어

　　　　aral　　　　um-aral　　　　'teach'

　　　　sulat　　　　s-um-ulat　　　'write'

　　　　gradwet　　gr-um-adwet　　'graduate'

*gradwet*은 영어 *graduate*에서 온 차용어인 만큼, 한 형태소인 *gradwet*에 접사 *um*이 끼었음을 볼 수 있다.

접미사 첨가 현상은 조어법에서 가장 흔한 현상이다.

(6.18) 영어: boys, boyish, boyishness

freedom, freely, freeness

singer, singers

magician, magical, magicians

formal, formalize, formalization

historic, historical, historicity

walked, walker, walkers, walking

happier, happiest, happiness

organize, organization, organizational

위의 예들에서 우리는 두 가지 사항을 엿볼 수 있다. 하나는 기능면에서 *boys, singers* 등의 -s, *walked*의 -ed, *happiest*의 -est같은 접미사는 어휘의 굴절(단수:복수, 현재:과거, 비교급:최상급 등)을 표시하는 반면, -ish, -dom, -ian, -al 등의 접미사는 어휘의 품사범주를 바꾼다는 사실이고, 또 하나는 form-al-iz-ation, sing-er-s가 보여주듯, 접미사가 연접해서 일어날 수도 있다는 사실이다.

굴절을 표시하는 접미사를 **굴절형태소**(inflectional morpheme)라 하고, 어휘범주를 바꾸는 접미사를 새로운 품사를 파생시킨다해서 **파생형태소**(derivational morpheme)라 한다. 예:

(6.19) 굴절 : boy (명, 단수) + s = boys (명, 복수)

walk (동, 현재) + ed = walked (동, 과거)

happy (형, 원급) + er = happier (형, 비교급)

파생 : boy (명) + ish = boyish (형)

free (형) + dom = freedom (명)

sing (동) + er = singer (명)

formal (형) + ize = formalize (동)

terror (명) + ize = terrorize (동)

create (동) + ive = creative (형)

파생의 예는 명사, 형용사, 동사의 세 품사가 상호간 자유로이 파생됨을 보여주고 있다. 즉, 여섯 가지 가능성이 다 실현된다.

이러한 기능적 차이 이외에, 파생접미사는 몇 개가 연접될 수 있어도 굴절형태소는 항상 마지막 접미사로만 올 수 있어서, 파생형태소가 굴절형태소 앞에 올 수는 있어도 그 뒤에는 올 수 없다는, 즉 굴절형태소는 조어과정을 동결시킨다는 차이가 또 있다. 예:

(6.20) boy-ish, boy-ish-ness, boy-s, *boy-s-*ish*

create, create-ive, creat-ed, *creat-*ed-ive*

free, free-dom, free-r, *free-*r-dom*

굴절형태소와 파생형태소의 또 하나의 차이는 굴절어미의 첨가는 보편적이고 다산적(多産的 productive)임에 비하여, 파생형태소는 그 분포가 거의 자의적으로 제한되어 있다는 사실이다. 즉, -*s*는 불규칙복수형(예: *foci, data*)을 제외하면 아무 명사에나 붙어 복수형을 만들고, -*ed*도(역시 불규칙동사를 제외하고) 아무 동사에나 붙어서 과거형을 만드는 반면, 파생형태소에는 이러한 일반성이 없다. 예:

(6.21) boy-ish, girl-ish, *man-ish, *adult-ish

free-dom, wis-dom, *old-dom, *clean-dom

magic-ian, music-ian, *comic-ian, *trick-ian

form-al, fat(e)-al, *term-al, *lif(e)-al

그런데 품사의 전환은 반드시 파생형태소에 의해서만 이루어지는 것이 아니고 어느 때는 어간의 아무런 변화 없이(즉 아무런 접사 없이) 품사가 바뀌는 경우가 있다. 이를 **무접파생**(無接派生) 또는 **영변화**(零變化 zero derivation)라 한다. 국어에는 어원적으로 **신-신다, 따-띠다, 배**(腹)**−배다**(아이를), **물-무르다**(?) 등의 예가 있는 듯한데, 현대 국어에서는 불활성(不活性)인 현상이나, 영어에서는 자못 활발한 파생 현상이다. 예:

(6.22) 영어: 명→동: water '물주다'   fish '고기잡다'
　　　　　형→동: free '풀어주다'   clean '청소하다'
　　　　　동→명: permit '면허증'   import '수입'
　　　　　형→명: (the) rich '부자'   (the) old '노인'
　　　　　명→형: ice (cream) '아이스크림' stone (fence) '돌담'
　　　　　동→형: (the) lead (man) '인솔자' jump (shut) '점프샷' (농구)

동→형은 대개 -ing을 붙이는게 보통이고(예: sleep*ing* child, runn*ing* water), 동→명일 때 강세의 위치가 바뀜은 제4장 (4.23)에서 언급했다.

지금까지 본 조어과정은 접사에 의한 파생이었는데, 자립형태소를 두셋 (대개는 둘) 연접하여 새로운 낱말을 만들 수도 있다. 이러한 경우를 **합성어 형성**(compound formation)이라 한다. 예:

(6.23) 영어. 형 + 명: greenhouse '온실'
　　　　　　　　　　 blackboard '칠판'
　　　　　　　　　　 shorthand '속기'
　　　　　 명 + 명: lighthouse '등대'
　　　　　　　　　　 rainbow '무지개'
　　　　　　　　　　 mailman '우체부'
　　　　　 동 + 명: playboy '바람둥이'
　　　　　　　　　　 pickpocket '소매치기'
　　　　　　　　　　 turncoat '배반자'

이러한 합성어가 그 구성분자는 자립형태소/단어임에도 불구하고 구(句 phrase)로 간주되지 않고 한 낱말로 간주되기 때문에, 둘째 단어에 주세(主勢)가 오는 구의 강세모형에서 첫째 단어에 주세가 오는 일개 단어의 강세모형으로 강세현상이 바뀌는 것과, 또 합성어의 의미도, 하나에 둘을 보태면 셋이 되듯, 구성분자의 의미의 총화가 합성어의 의미가 아니고 제삼의 의미를 띠게 됨은 이미 (4.24)에서 보았다. 국어는 강세어가 아니기 때문에 강세현상의 차이로 명사구와 합성명사의 차이를 구별할 수는 없지만, 이른바 "사이시옷"이라는 된소리 현상이 국어의 합성어에 나타남도 (4.26)과 (5.24)에서 보았다.

여러 개의 단어로 구성된 구(句)이면서도 일개의 단어처럼 행세하는 것으로 합성어 이외에 숙어(熟語 idiom)라는 게 있다. 예를 들면,

(6.24) hit the sack = sleep, go to bed '잠들다'
　　　 kick the bucket = die '죽다'
　　　 put one's foot in one's mouth = err '실수하다'

숙어의 의미가 구성단어의 개별의미의 총화와는 거리가 아주 멀음을 알 수 있다. 숙어가 한 단어같이 행세함은, 숙어 안의 명사를 복수형으로 만든다든가, 수식어를 삽입한다든가, 수동문이나 관계사절로 바꾼다든가 하는 등의 변형이 불가능한 것에서 볼 수 있다.

(6.25) *I hit the *brown* sack.
　　　 *He kicked *two big* buckets.
　　　 *The sack was hit by me at 8 o'clock.
　　　 *I liked the bucket which he kicked.

물론 숙어로가 아니라 문자 그대로 직해(直解)한다면, 위의 문장들은 모두 정문(正文)이다. 이 점은 국어도 마찬가지다.

(6.26) 그림의 떡　　　　　　*그림의 시루떡
　　　 새발의 피　　　　　　*새발 한 쌍의 검붉은 피
　　　 언발에 오줌누기　　　*언발에 누런 오줌누기
　　　 눈가리고 아웅하기　　*한 눈만 가리고 아웅하기
　　　 막차 타다　　　　　　*11시반 막차를 겨우 탔다.
　　　 손이 크고　　　　　　*순자의 손이 크고
　　　 발이 넓다　　　　　　*발이 넓어서 맞는 양말이나 구두가 없다.

낮말은 새가 듣고　　?낮말은 새에게 들리고
밤말은 쥐가 듣는다.　　밤말은 쥐에게 들린다.

　지금까지 위에서 본 접사첨가, 복합어형성, 숙어 등은 어느 언어에나 있
는 조어과정이지만, 이처럼 흔하지는 않아도 개별언어에는 다음과 같은 조
어과정도 있다.

1. 중복 (重複 reduplication)

　단어 (거의) 전체를 반복하는 경우도 있고, 어두음절만 반복하는 경우도
있다. 전체 반복의 예를 보면,

(6.27)　국어: 구석구석　　　영어: hushhush　'극비의'
　　　　　사이사이　　　　　　　mishmash　'뒤범벅'
　　　　　하루하루　　　　　　　helter-skelter '허둥지둥'
　　　　　곳곳(마다)　　　　　　humpty-dumpty '땅딸막한'
　　　　　방방곡곡　　　　　　　fiddle-faddle　'법석떨다'

　국어의 거의 모든 의성·의태어가 반복의 구조를 가지고 있다고 할 수 있다. 예:

(6.28)　출렁출렁, 토닥토닥, 뭉실뭉실
　　　　반짝반짝, 토실토실, 빈둥빈둥

　(6.27)에 든 영어의 예에서 어두자음이나 어간모음에 변화가 보이는데 국
어에도 비슷한 현상이 있음은 자못 흥미롭다. 다음절을 그대로 반복하면 너
무 단조로워서 살짝 변형을 집어넣는 것일까?
　여기서 잠깐 우회로로 들자. 부분중첩은 언어의 보편성의 일면을 보여주
어 자못 재미있다. 다음의 예들을 살펴보라.

(6.29)　국어:　울긋불긋　　　싱글벙글

　　　　　　　　오손도손　　　싱숭생숭

　　　　　　　　울퉁불퉁　　　실죽샐죽

　　　　　　　　옹기종기　　　디룩대룩

　　　　　　　　요리조리　　　뒤죽박죽

　　　　　　　　왈가닥달가닥　똑딱

　　　　　　　　허둥지둥　　　빈둥번둥

　　　　영어:　ping-pong　　　'핑퐁, 탁구'

　　　　　　　　ding-dong　　　'딩똥'

　　　　　　　　zig-zag　　　　'Z자형'

　　　　　　　　mish-mash　　　'뒤범벅'

　　　　　　　　helter-skelter　'허둥지둥'

　　　　　　　　humpty-dumpty　'땅딸보'

위와 같은 부분중첩의 경우, 병렬(並列)의 순서가 뒤죽박죽 같지만, 사실은 여기에도 체계가 있다. 박죽뒤죽, 불긋울긋, 대룩디룩, 딱똑, 벙글싱글, *pong-ping, zag-zig, dumpty-humpty*라고 하지 않는 것을 보아 알 수 있다. 그 체계는 이렇다. (1) 병렬될 두 낱말 중, 어두자음이 없거나 자음의 강도가 약한 것(활음 y, w, h)이 먼저 온다. (2) 두 낱말의 어두자음이 같으면 고모음의 어사가 저모음의 어사에 선행한다. (3) "나"에게 가까운 것이 먼 것에 앞선다. (위에서 예를 안 들었는데, **이것저것, 여기저기, 이제나저제나** 등이 여기 속한다. 안암동에서는 **고연전**인데 신촌에서는 **연고전**인 이유도 이 아방(我方) 원리에 있다.)

어두음절만 반복하는 것으로 다음과 같은 예가 있다.

(6.30) Tagalog(필리핀):　isa '하나'　　　　　　*ii*sa '하나뿐'

　　　　　　　　　　　　dalawa '둘'　　　　　*da*dalawa '둘뿐'

　　　　　　　　　　　　tatlo '셋'　　　　　　*ta*tatlo '셋뿐'

　　　　　　　　　　　　piso '페소'(화폐단위)　*pi*piso '한 페소뿐'

Ewe(서아프리카): 동사부정형 동명사

　　　　　　　d^zra '팔다' 　　　　　$d^z ad^z ra$ '팔기'

　　　　　　　sya '말리다' 　　　　　$sasya$ '말리기'

　　　　　　　kpɔlɔ '인도하다' 　　$kpɔkpɔlɔ$ '인도하기'

　　　　　　　ɸo '때리다' 　　　　　$ɸoɸo$ '때리기'

2. 혼성어 (混成語 blend)

두 단어를 각기 쪼개서, 첫 단어의 한쪽과 뒤 단어의 한쪽을 붙여서 만든 단어들이다.

(6.31)　smog '매연'=*smo*ke '연기'+*fog* '안개'

　　　　motel(자동차여행자용 호텔)=*mo*torist+*hotel*

　　　　brunch(아침 겸 점심)=*br*eakfast '아침'+*lunch* '점심'

위의 예들은 어두자음(군)과 후속하는 모음 사이를 잘라 앞 단어의 앞쪽과 뒤 단어의 뒤쪽을 붙인 경우인데, 다음절어인 경우에는 가위질과 접목을 적당히 가운데쯤에서 하는 듯하다.

(6.32)　positron '陽電子' 　　　　< *posi*tive+elec*tron*

　　　　Amerindian '美인디안' 　< *Ameri*can+*Indian*

　　　　Ameslan '美手話語' 　　< *Ame*rican *si*gn *lan*guage

　　　　urinalysis '소변검사' 　　< *uri*ne+a*nalysis*

혼성어는 적어도 영어에선 생산적이 아니다. 점심(*lunch*) 겸 저녁(*supper*)을 *lupper*라고 할 수 없으며, 역 근처의 기차(*train*) 여행자 호텔을 *trotel*이라고 할 수도 없고, *university professor* '대학교수'가 너무 길다고 *unifessor*라고 할 수도 없다. 물론 어떤 작가나 기자가 경우와 환경에 따라 기발한 혼성어를 만들어 쓸 수는 있다. 저자는 다음과 같은 예를 보거나 들은 적이 있다.

(6.33) fantabulous=*fanta*stic+fa*bulous*

sexational=*sex*+sens*ational*

frizzly=*fr*eezing+dr*izzly*

transmote=*trans*fer+pro/de*mote*

Bingdom=*Bing* Crosby+king*dom*

geep=*g*oat+sh*eep* (*TIME* 誌)

다음은 비교적 최근에 나온 혼성어의 예이다.

(6.34) Brexit = British exit (from EU)

phabloid = phone+tabloid

nomophobia = no mobile phobia

pe*text*rians = pedestrians (texting하는 보행인)

당신멋져 = 당당하게 신나게 멋있게 져주며

팝페라 = pop+opera

옥떨메 = 옥상에서 떨어진 메주

치맥 = 치킨 + 맥주

페친 = 페이스북 + 친구

그런데 위와 같은 예는 다음에 속한다고 볼 수도 있겠다.

3. 두자어 (頭字語 acronym)

첫 글자나 첫 음절만 따서 만든 단어이다.

(6.35) ROK[rak] = *Republic of Korea* (대한민국)

UNESCO = *United Nations Educational, Scientific and Cultural Organization* (유네스코)

NASA = *National Aeronautics and Space Administration* (미국항공우주국)

위와 같은 예는 아직 대문자로 쓰여서 생략어임을 눈뜸 해주고 있으나, 다음과 같은 예는 일반대중이 두자어임을 모르는 것들이다.

(6.36) radar = *ra*dio *d*etecting *a*nd *r*anging '레이더'

　　　 laser = *l*ight *a*mplification by *s*timulated *e*mission of *r*adiation '레이저'

　　　 snafu = *s*ituation *n*ormal, *a*ll *f*ouled *u*p '대혼란'

　　　 scuba = *s*elf-contained *u*nderwater *b*reathing *a*pparatus '스쿠버' (휴대용 수중 호흡기)

laser, snafu 같은 명사는 무접파생(zero derivation)으로 요즘엔 동사로도 쓰이고 있다.

4. 역성법 (逆成法 back formation)

어휘의 파생은 대체로 어근/어간에 접사가 붙어서 된다. 그런데 어간 자체가 접사로 끝난 것처럼 보이거나/들리거나 접사를 포함한 어형이 역사적으로 먼저 생기고, 어간형은 아직 언어에 없을 때가 있다. 이때 언중은 접사없는 어간형이 언어에 이미 있어서 여기서 접사형이 파생되었다고 추리한다. 이렇게 역산(逆算)해서 새로운 어휘를 만드는 과정을 역성법이라 한다. 예를 들어보자.

중세영어에서만 해도 '콩'(단수)은 *pease*였다. 그런데 언중은 어말음 *s*를 복수접미사로 착각하고 새로운 단수형 *pea*를 만들어냈다. *edit* '편집하다'라는 단어도 마찬가지다. 원래는 *editor* '편집인'라는 단어밖에 없었다. 그런데 *act→actor, write→writer, sing→singer, execute→executor* 등의 예로 미루어 X→*editor*라는 공식에서 X는 *edit*라고 언중이 추리하고 *edit*라는 동사가 새로 생기게 된 것이다. (영어에는 *editor*같은 명사가 아직 많다. 예: *author* '작가', *tailor* '재단사', *barber* '이발사', *traitor* '배반자', *butcher* '도살자' 등. 시간이 지나면 이 단어들로부터도 역성법으로 *to auth* '책쓰다', *to tail* '재단하다', *to barb* '이발하다', *to trait* '배반하다' 등의 새로운 동사가 나타날까?)

다음과 같은 합성동사들도 그 전에 있던 합성명사에서 역성된 것들이다.

(6.37) to tape-record '녹음하다'   < tape-recorder '녹음기'
        to typewrite '타자 치다'   < typewriter '타자기'
        to housekeep '가정부 일을 하다' < housekeeper '가정부'
        to cross-examine '반대심문하다' < cross-examination '반대심문'
        to skyscrape '마천루를 짓다'   < skyscraper '마천루'
        to self-destruct '자폭하다'   < self-destruction '자폭'

*destruction*은 *destroy*에서 파생된 것인 만큼 *self-destruction*이 동사에서 파생되었다면 동사형은 *self-destroy*이어야 할 텐데, 그렇지 않고, *self-destruct*인 것은 이것이 *self-destruction*에서 역산법으로 조성되었음을 증명해 주고 있다.

위에서 본 바와 같이 어형변화계열(paradigm)에 빈칸(空間 hole)이 있을 때 이를 메꾸려는 경향에서 역성어가 생기게 된다. 근래에 영어 구어(口語)에 들어온 *aggress* '침략하다', *enthuse* '열광하다'와 같은 동사가 대표적인 예이다.

(6.38) 동사어간   형용사(-ive)   명사(ion)
       progress   progressive   progression   '진전'
       regress   regressive   regression   '후퇴'
       transgress   transgressive   transgression   '위반'
       digress   digressive   digression   '탈선'
       aggress   aggressive   aggression   '침략'
       enthuse   enthusiastic   enthusiasm   '열광'

5. 신조어 (新造語 neologism, coinage)

어느 작가가 만들어낸 인조어가 대중에게 유행될 때 고유명사가 보통명사로 전환되어 쓰이게 된다. 예:

(6.39) robot (체코슬로바키아의 작가 Karel Čapok(1887-1945)의 소설에 나오는 기계인의 이름)

gargantuan '거대한' (16세기 프랑스 작가 François Rabelais(c.1494-1553) 의 작품에 나오는 거인의 이름)

jumbo (미국의 서커스단 P. T. Barnum이 19세기말 수입한 큰 코끼리의 이름)

pandemonium '수라장' (Milton이 『실낙원』에서 지옥의 수도로 지은 이름)

현대영어에서 *robot*는 '기계인'을 뜻하는 보통명사이며, *gargantuan*과 *jumbo*는 '거대한'의 뜻으로 보잉 747기를 *jumbo jet*라 하고, 큰 햄버거나 사진을 *jumbo size*라고 할 정도로 일반화되었다.

새로운 회사명, 상품명이 보통명사화될 때도 있다. *nylon, Kodak, orlon, dacron, Xerox, kleenex* 등이 그 예이다. 이러한 신조어가 음운배합규칙에 순응해야만 함은 전 장에서 언급한 바 있다.

조어법, 즉 형태규칙(morphological rule)은 한편으로 접사의 연결순서를 명시해야 할 것이며, 또 한편으로는, 음운론에서 환경에 따른 이음의 분포를 명시했듯이, 환경에 따른 이형태의 분포를 명시해야 할 것이다. 예를 하나씩 들어보자. 영어의 접사 *-al*은 명사에 붙어 형용사를 낳고, 접사 *-ize*는 형용사나 명사에 붙어 동사를 만들고, 동사에 *-able*이 붙으면 형용사가 되고, 형용사에 *-ity*가 붙으면 명사가 된다. 즉,

(6.40) N + *al*= A + *ize* = V + *able* =A + *ity* =N

neuter+al+ize+able+ity (neutralizability) '中和가능성'

물론 아무 명사에나 *-al*이 붙을 수 있고, 아무 형용사에나 *-ity*가 붙을 수 있는 것은 아니다 (예: **organ+al, *grand+ity*). 그러므로 형태론은 각 품사를 형태규칙에 합당하도록 여러 부류(class)로 분류하여야 할 것이다.

(6.40)을 보면 A(형용사)에 *-ize*가 붙어 동사가 될 수도 있고, *-ity*가 붙어 명사가 될 수도 있다. 그리하여 다음과 같은 어형변화가 다 가능하다.

(6.41) neutral+ize   '중화하다'

        neutral+ity   '중립성'

        neutral+ize+able+ity   '중화가능성'

(6.40)의 공식을 다시 보면 N으로 시작해서 N으로 끝난다. 이 마지막 N에
서 처음 N으로 다시 돌아갈 수 있을까? 즉 마지막 N에도 다시 -al을 붙여
형용사를 만들 수 있을까? *neutralizabilitial이라는 단어가 불가능한 만큼 위
에 대한 대답은 부정적일 수밖에 없다. 그러나 neutralize에 -ation을 붙여서
명사 neutralization '중성화'를 파생했다 하자. 여기에는 -al이 다시 붙을 수
있는 듯하다. 즉, neutralizational. 비슷한 예로 organizational, governmental
등이 있다.

    현대의 형태론은 아직 이러한 문제들을 해결하지 못하고 있으며 앞으로
의 연구대상이 될 것이다.

    형태론에 관한 토론을 마치기 전에, 이형태(異形態)규칙의 예를 두엇 더 보자.
영어에서 -ation은 동사에 붙어 명사를 파생한다. 예:

(6.42) neutralize-ation   '중화'

        explain-ation   '설명'

        implement-ation   '수행'

        determine-ation   '결심'

그런데 -ation은 이형태로 -tion이 될 때도 있고, -ion이 될 때도 있다. 예:

(6.43) descrip-tion   '기술' (<describe+tion)

        evolu-tion   '진화' (<evolve+tion)

        repeti-tion   '반복' (<repeat+tion)

        assump-tion   '가정' (<assume+tion)

        permiss-ion   '허가' (<permit+ion)

discuss-ion   '토론'

interrupt-ion   '중단'

commun-ion   '친교'

divis-ion   '분리' (<divide+ion)

한편 동사어간이 -ate로 끝나면 이 어간의 -ate를 삭제한 뒤에 -ation을 붙인다.

(6.44) educate → educ + ation   '교육'

communicate → communic + ation   '통신'

inflate → infl + ation   '팽창'

separate → separ + ation   '분리'

appreciate → appreci + ation   '감상'

또 한편 -fy로 끝나는 동사는 -cation으로 명사화되고, -oy, -oin으로 끝나는 동사는 -ction으로 명사화된다.

(6.45) beautifi-cation   '미화'

justifi-cation   '정당화'

glorifi-cation   '찬미'

intensifi-cation   '강화'

destru-ction   '파괴'(<destroy)

jun-ction   '교차점'(<join)

위에서 영어의 명사화 접미사 -tion에 이형태 -ion과 -ation이 있음을 보았는데, 이번엔 -ity의 경우를 보자. -ity도 명사화 접미사인데 비교적 자유롭게 형용사에 붙어서 명사형을 파생한다.

(6.46) able + -ity = ability　　　'능력'

　　　　possible + -ity = possibility '가능성'

　　　　historic + -ity = historicity　'역사성'

　　　　musical + -ity = musicality　'음악성'

이때 형용사가 -ous로 끝나면 여기에서 u를 빼고 -ity를 붙여서 -osity형이 생긴다.

(6.47) curious + -ity = curiosity　　'호기심'

　　　　generous + -ity = generosity '관대'

　　　　luminous + -ty = luminosity '광명'

　　　　pompous + -ity = pomposity '거만'

그런데 -ous로 끝남에도 불구하고 -osity형 파생명사가 없는 어휘가 있다.

(6.48) furious + -ity = *furiosity　　　'격노'

　　　　gracious + -ity = *graciosity　　'우아'

　　　　various + -ity = *variosity　　'다양성'

　　　　courageous + -ity = *courageosity '용맹'

*curious*와 *furious*는 첫 자음만 빼고 형태가 같다. 그런데 왜 *curiosity*는 되고 *furiosity*는 안 되는 것일까? *c*와 *f*의 차이가 이런 현상을 불러온다고 볼 수는 없다. 이 파생현상을 자세히 관찰한 Aronoff는 (6.48)에 있는 어휘엔 이미 명사형이 있음을 보았다. 즉, *fury, grace, variety, courage* 등이다. 반면에 (6.47)에 있는 어휘엔 이와 같은 명사형이 없다 (*cury, *genery). 그러니까 한 단어의 어형계열(paradigm)에 이미 추상명사가 있으면 - ity 접미사로의 파생을 막는다는 것이다. Aronoff(1976)는 이를 blocking(봉쇄)이라고 불렀다. 꽤 생산적인 -ness로의 명사화(예: *smartness, cloudiness, happiness, fairness*)도 이미 명사가 있는 경우에는 -ness형이 없는 것으로 보아 타당한 관찰인

듯하다. *honestness, *deepness, *strongness 같은 어휘가 없는 것은 이미 honesty, depth, strength가 있기 때문이라는 사실 외에는 달리 설명할 길이 없다. 그렇지 않으면 weak - weakness는 되는데 왜 strong - *strongness는 안 되는지 무어라고 할 것인가?

다음의 국어의 현상도 '봉쇄'현상이 아닐까?

人('사람')은 꽤 다산적으로 복합어를 형성한다.

(6.49) 成人, 盲人, 賢人, 達人, 匠人, 鐵人, 일본人, 산악人, 음악人

그런데 勇人, 歌人, 使人, 讀人, 畵人, 戰人, 著人, 대식人 등의 어휘는 없다. 왜일까? 勇士, 歌手, 使者, 讀者, 畵家, 戰士, 著者, 대식家 등의 어휘가 이미 있기 때문이 아닐까?

형태규칙은 이러한 이형태의 파생과 분포를 명세해야 할 것이다.

인간은 자기의 주위세계를 카메라나 비디오로 찍듯이 보지 않고, 사물을 분류해서 칸에 집어넣는다. 그래서 우리는 **가구, 야채, 과일, 곤충, 새**(鳥類), **게임** 등등으로 딱지를 붙인 서랍에 만물을 갈라서 집어넣는다. 이렇게 세계에 가르마를 타는 빗질은 인간의 기본 사고작용의 하나라고 심리학자들은 말한다. 그래서 어린아이들은 처음 언어를 배울 때, 주위의 모든 짐승을 doggie(개)라고 부르고, 모든 굴러가는 장치를 car(車)라고 부르며, 심방 온 목사님을 "아빠"라고 불러서 주위 사람을 당혹하게 만든다. 심리학에서 cognitive compression(인지압축)이라고 부르는 이러한 **범주화**(categorization)의식이 인간의 사고작용에 깔려있는 것은, 그것이 미지의 세계를 예측하고, 보지 못한 사물의 속성을 알 수 있게 해주기 때문이라고 한다. 즉, 삶을 더 쉽게 살 수 있게 해주기 때문이라고 할 수 있다. 예를 들면, 어떤 생물이 "새"라고 할 때, 그것이 주둥이, 날개, 깃 등을 소유하고 있음을 예지하고, 그 간을 빼먹기 위한 생포작전의 헛수고를 아낄 수 있게 되는 것이다.

이러한 범주화의 본능적 사고는, 언어의 낱말도 속성에 따라 여러 개의 범주(품사)로 분류한다. 명사, 동사, 형용사, 부사, 후치사, 접속사, 감탄사 등. 여기서 "속성"이라 함은 '사물을 지칭하는 낱말이 명사'이고, '동작을 나타내는 낱말이 동사'이다라는 등의 속성을 가리키는 것이 아니라("사랑", "알다" 등, 사물이 아닌 명사나 동작이 없는 동사도 많기 때문이다) 문법적인 속성을 지칭한다. 예를 들면, 관사나 격조사를 수반할 수 있는 것이 명사이고, 시제(時制 Tense)나 상(相 Aspect)의 형태소와 융합할 수 있는 것이 동사이다 등. 우리가 문장을 만들 때, 개별적 단어를 배합해서 만드는 것이 아니라, 어휘범주를 조합해서 만듦을 다음 장에서 볼 것이다.

참고문헌

심재기. 1982. 『국어어휘론』. 서울: 집문당.

_____. 1990. "국어 어휘의 특성에 대하여". 『국어 생활』 22.

안상철. 1998. 『형태론』. 서울: 민음사.

이상억. 2017. 『조선시대어 형태 사전』. 서울대학교 출판부.

전상범. 1995. 『형태론』. 서울: 한신문화사.

Aronoff, Mark. 1976. *Word formation in generative grammar*. Cambridge, MA: MIT Press.

_____ and K. Fuderman. 2005. *What is morphology?* Malden, MA: Blackwell.

Bybee, Joan. 1985. *Morphology*. Amsterdam and Philadelphia: John Benjamins.

Kang, Seok-Keun(강석근). 1996. "Zero derivation and level-ordered morphology". 『언어』 17:77-92.

Katamba, Francis. 1993. *Morphology*. New York, NY: St. Martin's Press.

Lee, Bong-Hyung(이봉형). 2013. "Assibilation or analogy? Reconsideration of Korean noun stem endings", 『음성음운형태론연구』 19(2):317-38.

_____. 2013. "Quantification of the impact of loanwords and neutralization in Korean contrasts". 『언어』 38(3):727-49.

Matthews, P. H. 1974. *Morphology: An introduction to the theory of word structure*. Cambridge, UK: Cambridge University Press.

Pinker, Steven. 1999. *Words and rules: The ingredients of language*. New York, NY: Basic Books.

1. 다음 예에서 고딕체의 부분은 국어에서 유일형태소(unique morpheme)인가? 그 뜻은 무엇인가? 유일형태소가 아니면 다른 형태소와 배합하는 예를 들라.

   외아들, **풋**김치, **별**말씀, **엿**보다, **군**것질, **삵**쾡이

2. 다음 문장들은 재미있다. 재미의 원인이 어디 있나 설명하라. (힌트 이탤릭체 어휘의 중의성)

   Men are like bank accounts --- without a lot of money, they don't generate much *interest*.

   Family is like fudge, mostly sweet with a few *nuts*.

   How do you stop bulls from *charging*?   Take his credit card away.

   What made the Tower of Pisa *lean*?   It dieted.

   What is the Middle Stone *Age*?   About 50 years old.

   The concerto was written in four *flats* because Rachmaninoff moved four times while composing it.

   Ladies may have a *fit* upstairs. (홍콩 양복점에 있는 게시)

   카톡 대화 A: 아이 아니예요.
   　　　　　B: 애가 아니라구?
   　　　　　A: 감탄사 아이예요.
   　　　　　B: 다행이네. 의문사 아이면 시체부검 해야지.

3. 다음은 에티오피아에 있는 Sidamo어의 자료이다. 여기에는 동사어간 형태소가 하나, 접사가 아홉, 명사가 일곱, 수량사가 하나, 총 18개의 형태소가 있다. 자료를 분석하고 18개의 형태소를 가려내라.

1. basu noo?e   '내게 고양이가 있다'
2. mini noohe   '네게 집이 있다'
3. saa noosi   '그에게 소가 있다'
4. wati noose   '그녀에게 돈이 있다'
5. jiro noonke   '우리에게 재산이 있다'
6. mini noo?ne   '너희들에게 집이 있다'
7. jiro noonsa   '그들에게 재산이 있다'
8. basu dinoo?e   '내게 고양이가 없다'
9. mini nooseni   '그녀에게 집이 있어?'
10. saa noo?ne   '너희들에게 소가 있다'
11. saa dinoosini '그에게 소가 없어?'
12. was dinoose   '그녀에게 개가 없다'
13. ulla nooheni   '네게 땅이 있어?'
14. lowo ulla dinoo?e '내게 땅이 많이 없다'
15. lowo saa noohe '네게 가축이 많이 있다'

4. 다음은 터키어의 자료이다. 형태분석을 하고 물음에 답하라.

el	'손'	evimiz	'우리의 집'
eller	'손들'	evde	'집에서'
elim	'내 손'	elimde	'내 손에서'
ev	'집'	evlerimiz	'우리의 집들'
eve	'집으로'	evlerimden	'내 집들부터'
ellerimiz	'우리의 손들'	evleriniz	'너희들의 집들'
ellerimde	'내 손들에서'	evim	'내 집'
evlerde	'집들에서'	ellerimden	'내 손들부터'
evden	'집부터'	evler	'집들'
ellerim	'내 손들'	eline	'네 손으로'
ellerinize	'너희들의 손들로'	ellerin	'네 손들'
evlerim	'내 집들'	elimden	'내 손부터'
elin	'네 손'	evine	'네 집으로'

다음 낱말에 해당하는 터키어 형태소를 적어 넣으라.

손 _____   네 _____
집 _____   너희들의 _____
들(복수) _____   (으)로 _____
내 _____   에서 _____
우리의 _____   부터 _____

다음의 표현을 터키어로 번역하라.

네 집들 _____
우리의 집으로 _____
내 집에서 _____
너희들 집부터 _____

5. 다음은 폴리네시아어류에 속하는 Tuvaluan어의 용언이 주어명사의 단수/
복수 여부에 따라 활용됨을 보여준다. 복수형성 규칙을 서술하라.

단수	복수	
kai	kakai	'먹다'
mafuli	mafufuli	'돌았다'
fepaki	fepapaki	'충돌하다'
apulu	apupulu	'침몰하다'
nofo	nonofo	'머무르다'
maasei	maasesei	'나쁜'
takato	takakato	'눕다'
valea	valelea	'멍청한'

그런데 같은 언어의 다른 방언에서는 활용을 다음과 같이 한다. 위의 방언
과 어떻게 다른가?

단수	복수
kai	kkai
mafuli	maffuli

fepaki	feppaki
apulu	appulu
ʼnofo	nnofo
maasei	maassei
takato	takkato
valea	vallea

6. 미국 현대 소설가 Dan Brown의 베스트셀러인 *The Da Vinci Code* (Doubleday, 2003)에, *planets*에 있는 자모로 만들 수 있는 영어 단어의 수가 무려 92개가 된다고 쓰여 있다(p. 99). 이 단어들을 최대한 많이 찾아보라 (예: *steal, spent, staple, pastel, Nepal* 등). 이러한 현상은 언어의 어떤 특성을 말해주고 있는가?

「농업실험실」

    "새 바나나 종자를 개발했네.

    삼분의 일쯤 더 긴데, 무어라고 부를까?"

    "'바나나나'"가 어때?

제7장 통사론 I : 구조문법

Who climbs the grammar-tree distinctly knows
Where noun and verb and participle grows.

John Dryden (1631-1700)

우리가 전장에서 본 것은 음운들이 모여 형태소를 이루는데 자립형태소(free morpheme)는 그 자체가 단어(word)이되, 의존형태소(bound morpheme)는 다른 형태소(들)과 배합하여 단어를 이룬다는 것이었다. 실상 우리는 단어라는 개념을 정의하진 않았지만 일반 화자가 고립시켜서 말을 할 수 있는 최소의 의미체를 단어라고 보면 무난할 것이다. 대개의 철자법에서 이 단위들을 이른바 띄어쓰기로 구분하는 것이 보통이다. 시간상의 잠재적 휴식처(potential pause)를 지면에서 공간으로 표시해 준 것이라고 볼 수 있다. 언어에 따라서는 같은 품사의 기능을 가진 것들이라 하더라도 고립될 수 있느냐 없느냐에 따라 단어일 수도 있고 아닐 수도 있다. 예를 들면, 다음의 영어 문장에서,

(7.1) a. Did he come to or from Seoul?
b. To. (또는 From.)

*to*나 *from*은 고립되어 나타날 수 있는 전치사 또는 처격조사(locative particle)로 단어이지만, 이에 해당하는 국어 문장에서는,

(7.2) a. 그이가 서울로 왔니 서울에서 왔니?
b. 서울로. (*로, *에서)

로, 에서가 고립되어 나타날 수 없으므로 단어가 되지 못한다. 또 다음의 두 예를 비교해 보면,

(7.3) a. Will he do it?
　　 b. I think he will.

(7.4) a. 그 일을 할 것인가?
　　 b. 아마 할 것입니다.
　　　 *아마 ㄹ 것입니다.

영어에선 미래시제의 조동사 *will*이 고립되어 나타날 수 있으므로 단어이
지만, 이에 해당하는 국어의 ㄹ것이다는 자립할 수 없는 형태소이기 때문에
동사 어간 하(*do*)를 동반할 수밖에 없게 된다.
　문장은 단어의 배합으로 이루어진다. 즉, 문장을 짓는 가장 작은 벽돌은
단어라는 말이다. 벽돌 속에 흙이나 모래가 있다고 하여 벽돌집을 흙집이나
모래집이라고 할 수 없듯이, 단어가 음운과 형태소로 이루어졌다 하더라도
문장이 음운으로 혹은 형태소로 구성되어 있다고 할 수는 없다. 그리하여
한 문장에서 어느 단어나 단어군을 대치하거나 전위시킴으로써 다른 문장을
만들 수는 있어도, 단어 이하의 단위를 대치하거나 옮길 수는 없다.

(7.5) a. I love America.　　‘나는 미국을 좋아한다.’
　　 b. They love America.　‘그들은 미국을 좋아한다.’
　　 c. I hate America.　　‘나는 미국을 싫어한다.’
　　 d. I love Korea.　　　‘나는 한국을 좋아한다.’
　　 e. America I love　　　‘내가 좋아하는 미국’
　　 f. *I love Korica.
　　 g. *ica I love Amer.

위의 문장에서 (b)는 (a)의 주어 *I*를 *they*로 바꾼 것이고, (c)는 (a)의 동사
*love*를 *hate*로 바꾼 것이고, (d)는 (a)의 목적어 *America*를 *Korea*로 바꾼 것
이며, (e)는 목적어를 앞으로 옮겨 관계사절을 만든 예이다. (f)가 문장이 될
수 없는 것은 *America*란 단어를 쪼개서 그 일부분에 *Korea*를 쪼갠 일부분을

갖다 붙인 결과 때문이고, (g)가 문장이 될 수 없는 이유도 역시 *America*를 쪼개서 그 일부분만을 문장 앞으로 이동시킨 결과 때문이다.

이제 우리는 문장의 구성요소가 단어임을 보았거니와, 이러한 단어들이 어떻게 배합하여 문장을 이루는가?

무가정(無假定 null hypothesis)은 어떤 일정한 규정이 없이 단어(들)를 아무렇게나 또는 마음 내키는 대로 한 줄로 나열해서(시간적으로 두 단어를 동시에 발성할 수는 없으니까) 내면 된다는 것이다. 그러나 이러한 가정이 성립될 수 없음을 우리는 곧 알 수 있다. 다음과 같은 "문장"들은 문장이 아니기 때문이다.

(7.6) a. *Love America I.
　　　 b. *Like I linguistics study to.
　　　 c. *하다 듯 봄이 올.

단어의 임의적인 나열이 문장이 될 수 있다면, 어느 외국어를 배우려면 그 나라말의 사전만 외우면 될 것이다. 그러나 러시아어 사전을 외웠다고 해서 러시아어를 할 수 있는 것이 아님은, 영어 단어 실력이 있다고 해서 영어를 잘 할 수 있다는 것이 아닌 것과 같다. 기껏해야 극히 간소화된 전문(電文)과 같은 토막토막 잘린 말들을 몇 마디 할 수 있을 뿐이다. 그나마도 러시아인이 알아들을 수 없을 정도로 어순이 뒤범벅이 되어. 그런데 (7.6)에 있는 비문법적인 "문장"들을 다음과 같이 재편하면 문법적인 문장들이 되니까,

(7.7) a. I love America.
　　　 b. I like to study linguistics.
　　　 c. 봄이 올 듯하다.

문장의 됨·못됨(즉, 문법성 대 비문법성)에 단어의 배열 순서가 불가결한 기능을 발휘하고 있음을 알 수 있다. 이렇게 단어의 배열 순서를 규정하는 문법을 어순(語順)문법(word-order grammar)이라 하자.

어순의 중요성은 비단 비문법적 문장에서만 볼 수 있는게 아니라, 다음과

같은 문법적 문장의 의미차이에도 나타난다.

(7.8) a. The dog bit the mailcarrier. '개가 우체부를 물었다'

　　 b. The mailcarrier bit the dog. '우체부가 개를 물었다'

위의 두 쌍의 문장들은 같은 단어로 구성되어 있으나 한 경우는 가끔 있을
수 있는 일이지만, 다른 한 경우는 뉴스거리가 될 수 있을 만큼 그 의미가
서로 다르다. 그런데 이러한 의미의 차이가 다른 단어가 쓰였기 때문이 아니
라, 같은 단어의 위치가 다르기 때문임을 알 수 있다. 그러니까 어순의 규정
이 필요하다는 어순문법은 (7.6)과 같은 비문법적 문장을 해결해줄 뿐만 아
니라 (7.8)과 같은 어순에 의한 문장의 의미의 차이까지도 설명해 주는 문법
에 대한 한 가정이다. 그러면 이러한 어순문법은 문장의 구성과 그 의미의
설명에 충분할까? 다음과 같은 문장의 뜻을 살펴보자.

(7.9) a. old men and women '나이 많은 남자와 여자'

　　 b. the fat general's wife　'돼지같은 장군의 사모님'

　　 c. Charles and Susan are visiting relatives.

　　　 '철수와 순자는 친척을 방문 중이다/방문 중인 친척이다'

　　 d. Young Samson lifted the elephant with one arm.

　　　 '젊은 샘손은 한 팔로/한 팔만 있는 코끼리를 들어올렸다'

　　 e. 늙은 사또와 기생들

　　 f. 작은 시내의 조약돌

　　 g. 갑돌이와 갑순이가 일 년 전에 번팅에서 만나 사귀다가 헤어졌다.

영어화자는 위의 문장 (a-d)가, 국어화자는 문장 (e-g)가 다음과 같은 **중의
성**(重義性 ambiguity)을 띠고 있음을 안다.

(7.10)　a. i. old men and women of all ages

　　　　　 ii. old men and old women

b. i. the wife of the fat general

  ii. the fat wife of the general

c. i. Charles and Susan are paying a visit to their relatives.

  ii. Charles and Susan are (my) relatives who are on a visit.

d. i. With one arm, young Samson lifted the elephant.

  ii. Young Samson lifted the elephant which had one arm.

e. i. 늙은 사또와 그의 기생들

  ii. 늙은 사또와 늙은 기생들

f. i. 작은 시내에 있는 작은 조약돌

  ii. 시내에 있는 작은 조약돌

g. i. 일 년 전에 만났다.

  ii. 일 년 전에 헤어졌다.

언어학자의 임무의 하나가 화자가 자국어에 대해 가지고 있는 지식을 기술하는 것이라면, 그의 문법은 (7.9)의 문장들이 지니고 있는 중의성을 기술·설명해야만 할 것이다. 이러한 중의성을 화자가 인식하고 있는 이상.

그런데 어순문법은 (7.9)에 있는 문장들의 중의성을 설명할 수 없음을 쉬이 알 수 있다. 왜냐하면 (7.8)에 있는 문장의 다른 뜻이 어순의 차이(같은 단어의 다른 위치)에 기인한다고 설명한 어순문법은, (7.9)에서 단어들이 같은 어순을 가지고 있음에도 다른 뜻을 품고 있음을 설명할 수 없기 때문이다. 즉, (7.9)의 중의성은 어순에 의하지 않은 다른 요소에 기인한다고 할 수 밖에 없다. 이 다른 요소가 무엇일까? 물론 어떤 문장의 중의성은 단어 자체의 중의성에 기인할 수도 있다. 다음 문장들을 보라.

(7.11) a. They tunneled through the bank.

  b. 배에 물이 많이 들었다.

위의 문장 (a)에 '은행에 굴을 뚫고 들어갔다'라는 의미와 '강둑에 굴을 뚫었다'는 의미의 중의성이 있는 것은 *bank*라는 단어 자체에 '은행'과 '강둑'의 중의가 있기 때문이며, (b)문장의 중의성도 국어의 배에 '舟', '梨', '腹' 등의 중의가 있기 때문이다. 그러나 (7.10)이 보이는 중의성은 (7.9)의 문장에서 어느 단어가 중의성을 띠고 있기 때문이 아니며, 또 앞에서 이미 본 것처럼, 어떤 어순의 차이에 기인한 것도 아니다. 그렇다면 무엇이 (7.9)의 중의성을 낳는가?

(7.10)의 풀이(석의문 釋義文 paraphrase)를 보면, 수식어 또는 수식구가 어느 단어를 수식하느냐에 따라 다른 의미가 나타남을 알 수 있다. 즉, (7.10ai)의 뜻은 형용사 *old*가 *men*만을 수식하는데서 나오고, (7.10aii)의 뜻은 *old*가 *men*과 *women*을 둘다 수식하는 데서 나옴을 알 수 있다. 마찬가지로 (7.10ei)의 뜻은 형용사 늙은이 사또만을 수식하는 데서 나오며, (7.10eii)의 뜻은 사또와 기생들을 동시에 수식하는 데서 나온다. (b)와 (f)의 경우도 비슷하다. (bi)에선 형용사 *fat*가 *general*을 수식함에 비해 (bii)에선 *wife*를 수식한다. (fi)에선 작은이 시내를 수식하는데, (fii)에선 조약돌을 수식한다. (c)의 중의성은 분사형 *visiting*이 *relatives*를 수식하는 형용사냐(cii) 아니면 선행하는 *are*와 함께 현재진행의 시제를 이루는 동사냐(ci)에 따르고, (d)의 중의성은 *with one arm*이라는 수식구가 *the elephant*를 수식하는 형용사구냐(dii), 아니면 *lifted*를 수식하는 부사구(di)이냐에 따른다. (g)의 중의성은 일 년 전에라는 부사가 갑돌이와 갑순이가 만난 때를 가리킬 수도 있고, 사귀다가 헤어진 때를 가리킬 수도 있다는 데에 있다.

이렇게 수식어(the modifier)와 피수식어(the modified)의 관계가 중의성을 낳는다면 이 관계는 어순의 관계가 아니라 구조의 관계라고 할 수 있다. 즉, 같은 순서로 나열된 단어의 행렬이라 할지라도, 이들이 각자 1대 1의 독립된 관계를 가지고 있는 한 줄의 벽돌이나 계란 같은 것이 아니라, 어떤 단어들은 한 묶음이나 다발을 이루는 내부적 구조를 가지고 있다는 말이다. 어떤 항목이 셋 있을 때 이들 사이에 있을 수 있는 관계는 다음과 같다.

(7.12)

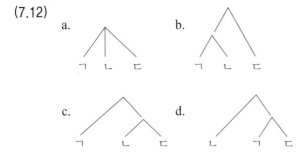

즉 (a)는 ㄱ, ㄴ, ㄷ 셋이 각자 독립적으로 대응되는 관계이고, (b)는 ㄱ과 ㄴ이 묶여 한 단위가 되어 ㄷ과 대응되는 관계이고, (c)는 ㄴ과 ㄷ이 묶인 단위가 ㄱ과 대응 되는 관계이다. 예를 들어 ㄱ을 나, ㄴ을 친구, ㄷ을 애인 이라 한다면, 앞의 세 관계는 다음과 같이 예시될 수 있다.

(7.13)

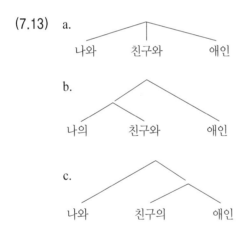

언뜻 보기에(특히 a와 b사이에) 의미의 차이가 별로 없는 듯 보일지 모르나, −이 **결혼했다**라는 술부를 첨가해 보면, 세 뜻의 차이가 현저히 나타날 것이다. (a)는 셋이서 각기 다른 배우자를 갖게 된 경우이고 (일부다처나 일처다부의 제도가 허용되지 않는 사회에선!), (b)에서 나는 아직 미혼이며, (c)에서는 나는 친구의 애인을 뺏은 기혼자이다. (7.12d)는 (7.9g)가 예시해주는 구조인데, ㄱ과 ㄷ이 한 단위로 묶여서 ㄴ과 대응되는 관계이다. (7.12c)의 변형으로 ㄱ과 ㄴ이 자리바꿈을 한 결과이다. 즉,

(7.13d) (번팅에서 만나 사귀다가)ㄱ (일 년 전에)ㄴ (헤어졌다)ㄷ →
　　　　　　(일 년 전에)ㄴ (번팅에서 만나 사귀다가)ㄱ (헤어졌다)ㄷ

이렇게 볼 때 (7.9)에 있는 문장들의 중의성은 (7.12)에서 보인 구조의 차이, 특히 (b)와 (c)의 구조 차이 때문이라고 볼 수 있다. 즉,

(7.14)

(i)			
old	men and	women	(7−10ai)
the fat	general's	wife	(7−10bi)
⋯ are	visiting	relatives	(7−10ci)
⋯ lifted	the elephant	with one arm	(7−10di)
늙은	사또와	기생들	(7−10ei)
작은	시내의	조약돌	(7−10fi)
일년 전에	만나 사귀다가	헤어졌다	(7−10gi)

(ii)			
old	men and	women	(7−10aii)
the fat	general's	wife	(7−10bii)
⋯ are	visiting	relatives	(7−10cii)
⋯ lifted	the elephant	with one arm	(7−10dii)
늙은	사또와	기생들	(7−10eii)
작은	시내의	조약돌	(7−10fii)
만나 사귀다가	일전 전에	헤어졌다	(7−10gii)

이러한 단위 사이의 관계의 차이를 구조의 차이라 하자. 그러면 (7.9)의 중의성이 (7.14)가 보이는 구조의 차이에 기인한다 할 수 있으므로, 문장의 구성에는 어순의 규정만이 중요한 것이 아니라, 구조의 명시도 중요하다는 가정을 우리는 세우지 않을 수 없게 된다. 이러한 문법을 **구조문법**(structural grammar)이라 하자.

(7.14)에서 (i)과 (ii)의 차이(=7.12와 7.13에서 b와 c의 차이)는 대수(代數)에서 a·b+c와 a(b+c)의 차이를 연상케 한다. 전자의 공식에서 변수 a는 b에만 적용되지만, 후자의 공식에선 c에도 적용된다. 즉, a(b+c)=a·b+a·c. a, b, c를 2, 3, 4의 숫자로 각기 대치해보면 a·b+c=10이고 a(b+c)=14이다. 이 대수 공식에서도 역시 같은 변수 a×b×c의 답(뜻)이 다를 수 있는 것은 배열순서가 다를 수 있기 때문이기도 하지만(예: a×c+b=11), 변수를 묶는 방법이 다르기 때문이기도 하다. 즉, (a×b)+c 대 a×(b+c)로.

이에 (7.12~14)에서와 같은 **분기도**(分岐圖 branching diagram) 대신, 대수의 공식에서와 같은 괄호로 (7.14)를 표기한다면 아래와 같이 될 것이다.

(7.15) a. (old men) and women

(the fat general)'s wife

(are visiting) relatives

(lifted the elephant) with one arm

(늙은 사또)와 기생들

(작은 시내)의 조약돌

(일 년 전에 만나) 사귀다가 헤어졌다

b. old (men and women)

the fat (general's wife)

are (visiting relatives)

lifted (the elephant with one arm)

늙은 (사또와 기생들)

작은 (시내의 조약돌)

만나 사귀다가 (일 년 전에 헤어졌다)

이렇게 하나의 묶음을 이루는 문장의 성분을 **구성요소**(constituent)라 하고, 구성요소를 이루는 성분들을 **직접구성요소**(直接構成要素 immediate constituent) 라 한다. 위의 예문에서 *old men and women*은 그 자체가 constituent이며, 이의 두 직접구성요소는 (a)에서는 *old men*과 *women*이고, (b)에서는 *old*와 *men and women*이다(더 세분해서 *old men*의 직접구성요소는 *old*와 *men*이 며, *men and women*의 직접구성요소는 *men*과 *women*이다). 그러니까 어떤 문장이나 구의 구조가 다르다는 말은 그 구를 직접구성요소로 어떻게 분석 하느냐에 따라 다르다는 말과 같다고 할 수 있다. 그리고 어떤 구절(句節)이 나 문장의 중의성은 이러한 구조의 차이에서 유래한다고 볼 수 있다. 이러 한 구조문법(structural grammar)은 화자의 자국어의 문장에 대한 지식을 설명 하는 가설 혹은 모델로서 어순문법보다 한걸음 진보한 것이라 하지 않을 수 없다.

실상 이 구조문법은 여러 가지 언어현상들을 잘 설명해 주고 있다. 우선 위에서 본 바와 같이 중의성이 있는 문장을 구조의 차이로 설명해 줄 수 있을 뿐만 아니라, 꽤 많은 문장들을 **도출**(導出 derive) 또는 **생성**(生成 generate)해 낼 수 있다. 이를 좀 더 자세히 보자.

앞에서 우리는 구절(phrase)을 구성하는 성분을 constituent라 하였으며, 또 이 constituent는 그보다 작은 단위의 constituent로 구성되어 있음을 보았다. 이렇게 볼 때 문장의 구성도 phrase 내지 constituent의 잇달은 구성으로, 즉 구성요소가 문장구성의 최대 단위인 문장에서 최소 단위인 단어에 이르기까 지 직접구성요소로의 분석(immediate constituent analysis)의 연쇄로 이루어지고 있다고 볼 수 있다. 실례를 문장 (7.9d)에서 중의성을 주는 *with one arm*을 제외한 부분인 *Young Samson lifted the elephant*로 들어 보자. 이 문장은 주 어부 *Young Samson*과 술어부 *lifted the elephant* 구성되어 있고, 술어부는 동사 *lifted*와 목적어인 명사구 *the elephant*로 구성되어 있다. 한편 주어부인 명사구 *Young Samson*과 목적어인 명사구 *the elephant*는 관사와 명사로 구 성되어 있다. 단어에까지 이르렀으므로 여기서 구성요소로서의 분석이 끝난 다. 이를 **수형분기도**(樹型分岐圖 branching tree diagram)로 도시해 보면,

(7.16)

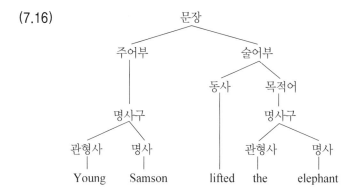

주어와 목적어가 같은 명사구인데, 이러한 기능의 차이를 분기도 안에서의 명사구의 위치로만 표시하고, 즉 **문장**의 직접구성요소로서의 명사구는 주어이며, **술어부**의 직접구성 요소로서의 명사구는 목적어라는 규약으로 기능의 명세를 대신하고, **술어부**를 동사구라고 하고, 또 학계에서의 관례에 따라 문장을 S(Sentence), 명사구를 NP(Noun Phrase), 동사구를 VP(Verb Phrase), 동사를 V(Verb), 관형사를 D(Determiner), 명사를 N(Noun)이라는 약자로 대치하면 (7.16)은 다음과 같이 다시 그릴 수 있다.

(7.17)

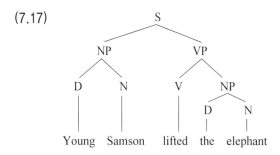

분기점의 **교점**(node)마다 constituent의 명칭이 게시되어 있어서, 위와 같은 도형을 labelled tree(실은 나뭇가지가 거꾸로 아래로 뻗고 있다)라 하는데, 이러한 도식(圖式)을 다음과 같이 규칙으로도 표현할 수 있다.

(7.18) a. S   → NP + VP

b. VP → V + NP

c. NP → D + N

d. V   → *lifted*

e. N   → *Samson, elephant*

f. D   → *Young, one*

위에서 화살표 → 에는 "왼쪽의 기호를 오른쪽의 기호로 바꿔 쓰라"는 의미가 있을 뿐이다. (7.18)의 규칙은 구절(句節 phrase)을 단위로 쓴 규칙이므로 이를 **구절구조규칙**(phrase structure rule)이라 한다.

(7.18)은 영어문장을 유도하는 지극히 간략한 구절구조규칙이지만, 많은 영어의 문장들을 생성(生成 generate)해 낼 수 있다. 다음 예들을 보라.

(7.19)

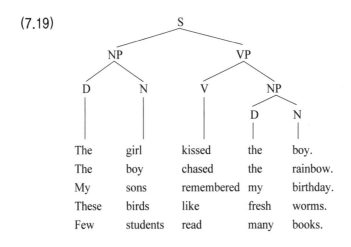

The	girl	kissed	the	boy.
The	boy	chased	the	rainbow.
My	sons	remembered	my	birthday.
These	birds	like	fresh	worms.
Few	students	read	many	books.

(위의 문장들에서 관사뿐만 아니라 지시대명사, 소유대명사 및 형용사도 관형사에 포함시켰다.)

이렇게 일련(一聯)의 규칙으로 적격형의 문장들(well-formed sentences)을 생성해내는 기능(장치 device)을 가진 문법을 **생성문법**(generative grammar)이라 하는데, 구절구조문법은 생성문법의 한 종류이다.

구절구조문법은 위에서 본 바와 같이 많은 적격문을 생성해 낼 수 있을 뿐만 아니라 구조상의 중의성도 아주 자연스럽게 설명할 수 있다는 장점이 있다. 앞에서 본 몇 예들을 도시(圖示)해 보자.

(7.20) a.

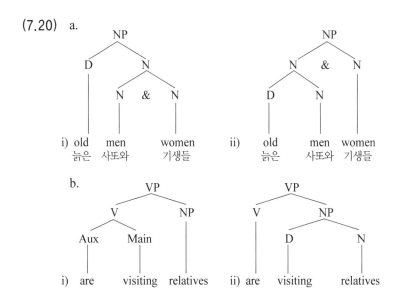

위의 예 (a)에서 (i)의 의미는 명사구(NP)가 Det과 N의 직접구성 요소로 먼저 갈리고 난 다음, N이 그 직접구성요소로 두 명사를 갖는 데서 유래됨에 비해, (ii)의 의미는 명사구(NP)가 먼저 두 명사의 접속으로 직접 구성요소를 이루고 난 다음에 첫 번 명사가 Det와 N으로 갈리는 데서 유래된다. 마찬가지로 예 (b)의 (i)에서는 동사 (V)가 조동사(Auxiliary V)와 본동사(Main V)로 갈림에 비해 (ii)에서는 NP가 D와 N으로 갈림을 볼 수 있다. 즉, 같은 순서로 나열되어 있는 단어들이라 할지라도 그 구절구조가 다른 데서 중의성이 유래된다고 할 수 있다.

(7.9d)의 문장 *Young Samson lifted the elephant with one arm*의 중의성도 그 구절구조가 아래와 같이 다른 데서 비롯한다고 볼 수 있다(아래에서 전치사구 PP(Prepositional phrase)가 전치사(Preposition)와 명사구(NP)로 전개된다는 구절구조규칙 (7.21)이 첨가 되었다).

(7.21) PP → P + NP

(7.22) a.

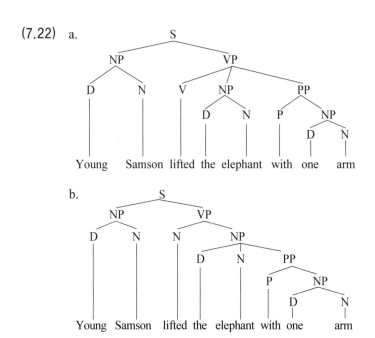

즉 (a)에서는 전치사구 pp가 동사구 VP의 지배를 받는 구성요소임에 비해, (b)에서는 PP가 VP 밑의 명사구 NP의 지배를 받는 구성요소임을 알 수 있다. 이를 바꾸어 말하면, (a)에서는 전치사구가 동사구의 직접구성요소로 동사구의 수식구이지만, (b)에서는 전치사구가 목적어로 쓰인 명사구를 수식하는 명사구의 직접구성요소라는 말이 된다. 이러한 구절구조의 차이에서 '한 손으로 코끼리를 들어올렸다'는 (a)의 의미와 '한 손만 있는 코끼리를 들어올렸다'는 (b)의 두 의미가 유래되는 것이다.

이렇게 구절구조문법(phrase structure grammar)은 많은 문장을 생성해내고 구조상의 중의성을 설명할 수 있을 뿐만 아니라, "무한한" 언어현상도 적절하게 규명해 줄 수 있다.

"언어가 무한하다"는 말은, 이 세계에 무한히 많은 언어가 존재한다는 뜻도 아니고, 또 한 언어 안에 있는 단어의 수가 무한하다는 뜻도 아니며, 문장의 수와 길이가 무한하다는 뜻이다. 이 말은 좀 음미해 볼 필요가 있다. 왜냐하면 (7.18)의 구절구조규칙으로 생성되는 (7.19)의 문장들의 예를 보면, 그 길이가 다섯 단어로 제한되어 있고, 또 어느 언어나 그 단어 수가 제한되어 있는 이상, (7.18)이 생성해낼 수 있는 문장의 수도 제한된 것이기 때문이다(영어의 경우, 그 수는 D의 수 × N의 수 × V의 수 × D의 수 × N의 수가 될 것이다. 이 답이 아무리 천문학적 숫자로 하더라도 어떤 한정된 숫자일 것임은 분명하다). 그러면 문장의 수와 길이가 무한하다는 말은 어떻게 성립이 되는가? 문장의 길이에 끝이 없다는 말은 문장의 수에 한이 없다는 말과 통하니까, 즉 아무리 긴 문장이라고 할지라도 거기에 또 하나의 구나 절을 첨가·삽입할 수 있으면, 이것은 문장의 길이에 제한이 있을 수 없다는 말이 되며, 또 이 말은 곧 문장의 수효에도 제한이 없다는 말과 연결되니까, 우리는 아래에서 문장의 길이에 끝이 있을 수 없음을 증명해 보기로 한다.

제1장의 문장 (1.10)이나 연습문제 (2)와 같은 예는 문장의 길이에 제한이 없음을 보여준다. 연습문제 (2)의 (ㄴ - d)같은 문장을 더 연장시켜 보면 다음과 같은 문장을 만들 수 있다.

(7.23) 류서방은 놈팽이라고, 갑순이가 고자질했다고,
　　　 놀부가 뇌까렸다고, 돌쇠가 대꾸했다고,
　　　 민충이가 믿었다고, 복순이가 빈정댔다고,
　　　 순자가 수근거렸다고, 예쁜이가 얘기했다…

이러한 문장은 여기서 끝나지 않고 더 이어질 수 있다.

(7.24) …예쁜이가 얘기했다고, 재동이가 재잘댔다고,
　　　 차돌이가 칭얼거렸다고, 키다리가 킹킹댔다고,
　　　 토실이가 투덜댔다고, 흥부가 흥얼거렸다…

비슷한 문장은 영어에서도 얼마든지 가능하다. 실제로 저자는 다음과 같은 문장을 최근에 읽었다(*Reader's Digest*, Nov. 2016, p. 113).

(7.25) Sierra heard that Emma said that Dan told Rebecca that Maggie was hosting a party that Henri would also attend, but it was actually Rebecca who told Dan that Molly was throwing a party and Emma was wrong, but it was so confusing that she just gave up and died.

그러면 이렇게 끝없는 문장들은 구절구조규칙으로 어떻게 생성되는가? 문장 (7.25)를 곰곰이 살펴보면, 단문(單文) *Sierra heard*에서 *heard*의 목적에 해당하는 NP 자리에 문장 *Emma said that*…이 들어 앉아 있음을 볼 수 있다. *Emma said that*…이 문장임은 그 자체 내에 주어·동사·목적어(NP V NP)가 있는 것을 보아 알 수 있다. 이를 다음과 같이 수형도(tree diagram)로 표시해 보면,

(7.26)

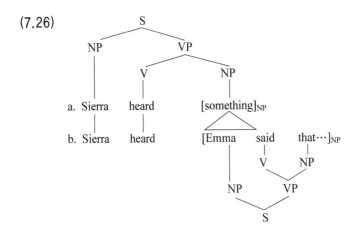

*Sierra heard*와 *Emma said*…의 NP 자리 안에 S가 들어 있음을 알 수 있다. 즉, 문장(S)이 목적어 NP의 기능을 하고 있는 것이다. 여기서 우리는 구절구조규칙 NP → D + N에서 D + N 대신 NP가 S로 다시 환원될 수 있도록 해야 됨을 깨닫게 된다. 즉,

(7.27)
$$NP \rightarrow \begin{Bmatrix} D + N \\ S \end{Bmatrix}$$

(괄호 { }은 D+N 아니면 S를 택하라는 선택의 자유를 표시한다.)

여기서 NP가 S로 다시 귀환 된다함은 NP의 팽창(expansion) 과정에서, S를 택하게 되면, 구절구조규칙의 맨 위로 올라가 이 S가 다시 NP+VP로 팽창된다는 말이다. 그러니까 팽창과정에서 NP가 나올 때 마다 이를 D + N으로 팽창을 끝내주지 않고 자꾸만 S를 택하는 이상 그 문장의 길이에는 끝이 없게 된다는 얘기가 된다.

(7.28)

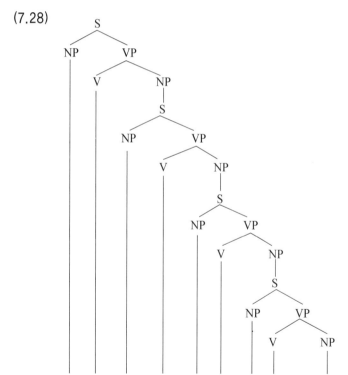

Sierra heard Emma said Dan told Rebecca that Maggie was…

왜냐하면 일단 귀환의 장치를 구절구조규칙에서 인정한 이상, 귀환의 빈도를 몇 번까지 만이라고 임의적으로 제한할 수는 없기 때문이다. 실제 회화에서나 글에서 너무 긴 문장이 나타나지 않는 것은 인간두뇌의 기억력이나 추적력의 제한에 따른 언어수행의 현상일 뿐, 언어능력의 한계는 아닌 것이다.

(7.27)과 같은 규칙을 **귀환규칙**(歸環規則 recursive rule)이라 하는데, 문장 (7.25)의 구절구조수형(phrase structure tree)은 (7.28)과 같다(간결을 위하여 접속사 *that*은 생략했다).

이렇게 귀환적인 구절구조의 성격을 가진 것은 S뿐만이 아니고, 전치사구 (PP)도 같은 자질을 가지고 있다. 다음 예를 보라.

(7.29) the house by the lake near the stream in the woods outside the village beyond the mountain across the sea⋯

  '바다 건너, 산 너머, 마을 밖, 숲 속의 시내 곁, 호숫가의 집'

이러한 구문은 어떻게 유도되는가? 이 구문은 전치사구의 나열로 되어 있는데, 각 전치사구는 선행하는 명사를 수식함을 알 수 있다. 즉,

(7.30) a. the house by the lake   '호숫가의 집'

  b. the lake near the stream   '시내 곁의 호수'

  c. the stream in the woods   '숲 속의 시내'

  d. the woods outside the village   '마을 밖의 숲'

  e. the village beyond the mountain   '산 너머 마을'

  f. the mountain across the sea   '바다 건너 산'

그런데 (7.30)의 구문 하나하나는 모두가 다 명사구(NP)이며, 이 명사구의 내부 구조는 D + N + PP임을 알 수가 있다. 여기서 우리는 구절구조규칙 (7.27)을 다음과 같이 다시 고쳐 쓴다.

(7.31)
$$NP \rightarrow \left\{ \begin{array}{c} D + N \ (+PP) \\ S \end{array} \right\}$$

PP가 ( )안에 든 것은 수의적으로 택해도 좋고 안 택해도 좋음을 표시하기 위해서다. 그런데 PP는 (7.21)에서도 보았지만 P + NP로 팽창된다.

이때 이 NP를 다시 D + N + PP로 팽창하고, 이 PP를 P+NP로 팽창하고, 이 NP를 다시 또 D + N + PP로 팽창하고… 그러면 결국 PP가 귀환적으로 나타나기 마련이다. (7.29)의 phrase structure tree는 (7.32)와 같다.

(7.32)

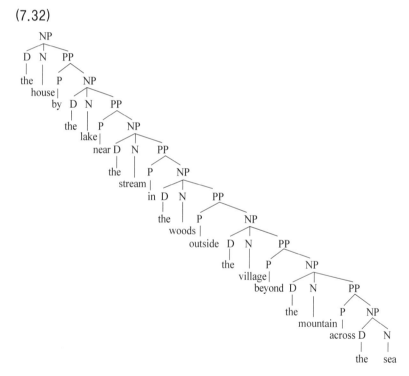

지금까지 우리는 문법의 모델로서의 구조문법의 기능을 살펴보았는데, 이 구조문법은 어순문법이 설명할 수 없었던 언어현상들, 다시 말하면 일정한 적격문의 생성, 구조상의 중의성, 귀환적 규칙의 현상들을 잘 설명해 줄 수

있음을 보았다. 그러면 구조문법은 우리의 언어능력을 기술하는데 충분하고 적절한 문법 모델인가? 구조문법에선 구조와 의미가 비례적 관계를 가지고 있는 만큼, 문장의 구조가 같으면 그 의미도 같아야 할 것이고, 구조가 다르면 따라서 의미도 달라야 할 것이다. 그러나 만일, 구조가 같음에도 불구하고 다른 의미가 나타난다든지, 반대로 구조는 다른데도 의미는 같은 경우가 있다면, 구조문법은 이러한 현상을 설명하는데 어려움을 느낄 것이나, 거꾸로 이런 형상이 전혀 없다면, 이는 구조문법이 이상적인 모델임을 말해 줄 것이다. 이 점을 염두에 두고 다음과 같은 문장들을 관찰해 보자.

(7.33) a. Flying planes can be dangerous.
　　　ㄱ. '나르는 비행기는 위험할 수 있다.'
　　　ㄴ. '비행기를 날리는(=조종하는) 것은 위험할 수 있다.'
　　 b. This dog is too hot to eat.
　　　ㄱ. '이 개가 너무 더워서 (음식을) 못 먹는다.'
　　　ㄴ. '이 개는 너무 뜨거워서 (우리가) 못 먹겠다.'
　　 c. i. Mary is eager to tease.
　　　　'메리가 (남을) 놀려주고 싶어 한다.'
　　　 ii. Mary is easy to tease.
　　　　'메리를 놀려주기는 쉽다.'
　　 d. 순자가 철수보다 복실이를 더 좋아한다.
　　　ㄱ. '순자가 철수를 좋아하는 것보다 복실이를 더 좋아한다.'
　　　ㄴ. '철수가 복실이를 좋아하는 것보다 순자가 복실이를 더 좋아한다.'
　　 e. "첫눈이 오는 날 안동역에서 만나자고 약속했던 당신"

(가요 「안동역」)

　　　ㄱ. '안동역에서 첫눈이 오는 날 약속했다'
　　　ㄴ. '안동역에서 첫눈이 오는 날 만나자'

(7.33)에 있는 문장들은 뜻풀이에서 보는 바와 같이 모두가 중의성이 있는 문장들이다. 그런데 문제는 이 중의성이 어떤 특정한 어사나 구조의 중의성에

기인하지 않는다는 데에 있다. (7.33a)의 문장을 예를 들어 말하면 *flying planes*의 중의성이 *flying* '나르는'이나 *plane* '비행기'의 단어의 중의성에 기인한 것도 아니고, *flying planes*라는 구의 구조상의 중의성에 기인한 것도 아니다. 문장 (a)의 직접 구성요소는 주어부인 *flying planes*와 술부인 *can be dangerous*이며, *flying planes*의 직접구성요소는 아무리 다르게 쪼게 보려 해도 *flying*과 *planes*이다. 다른 문장들의 중의성도 마찬가지이다. 문장 안의 어느 단어의 중의성이나, 구절구조의 구조상의 중의성 때문에 문장의 중의성이 나타나는 것이 아니다.

(7.33)에 있는 개개의 문장들이 구조가 같음에도 다른 의미가 나타나는 경우를 예시한다면, 다음에 드는 문장들은 이와 상보적인 경우, 즉 구조가 다름에도 동일한 의미가 나타나는 경우를 예시한다.

(7.34) a. i. I believed that he was an idiot.
　　　　　 ii. I believed him to be an idiot.
　　　　　　　 '나는 그가 백치인줄 알았다.'
　　　　 b. i. A unicorn is in the garden.
　　　　　　　 '외뿔말(一角獸)이 정원에 있다.'
　　　　　 ii. In the garden is a unicorn.
　　　　　 iii. There is a unicorn in the garden.
　　　　 c. i. I like persimmons best.
　　　　　　　 '나는 감을 제일 좋아한다.'
　　　　　 ii. It is persimmons that I like best.
　　　　 d. i. the man who is handsome
　　　　　 ii. the handsome man '미남'
　　　　 e. i. "나 이제 가노라 저 넓은 광야에"
　　　　　 ii. "저 넓은 광야에 나 이제 가노라"

위에 든 (7.34)의 문장들은, 문체의 차이는 조금 있을지언정 구조가 다른 문장들이 같은 의미를 나타내는 예들이다. (a)의 경우 (i)에 명사절 *that he* *was an idiot*가 (ii)에서는 부정사구(infinitival phrase) *him to be an idiot*로 되어 있으며, (b)의 경우 처격구(處格句) *in the garden*이 (i)에서는 문장 끝에, (ii)에서는 문장 처음에 오고 있으며, 한편 (iii)에는 (i)(ii)에 없는 *there*가 삽입되어 있다. (e)는 (b)의 (i)(ii)처럼 처격구의 전위(轉位)를 지니고 있다.

　앞에서도 시사한 바와 같이, 구조 문법은 이러한 언어현상들, 즉 (7.33)이 보여주는 동구이의(同構異意)의 경우와 (7.34)가 보여주는 이구동의(異構同意)의 경우를 쉽사리 설명할 수가 없다. 왜냐하면 구조문법은 문장의 구조와 그 의미 사이에 필연적이고 비례적인 관계가 있다고 전제하기 때문이다. *old men and women*의 중의성을 상기해 보라. 이에 우리는 구조문법도 문법 모델로서 어떤 결함을 내포하고 있고, 이보다 더 나은 모델을 모색해야만 되겠다는 시사를 받는다. 이것이 무엇이며, 이 모델은 구조 문법의 어려움을 어떻게 극복하고 (7.33)와 (7.34)의 언어현상을 어떻게 설명하는가?

　여기서 우리는 가던 길을 잠시 멈추고 — 길고 험한 산길에서는 중간에 한 번쯤 쉬어가는 것이 좋다 — 근대언어학사를 캡슐에 넣고 잠깐 보자.

　19세기 후반에 유럽에서 시작한 근대언어학은, 여러 언어(특히 이른바 인구어(印歐語 Indo-European languages))를 비교하여 그 사이의 친족관계를 규정하고, 어족(語族 language family)을 설정하고 역사적인 언어의 변천(그 법칙과 유행과 원인 등)을 규명하는데 전력을 기울였다고 해도 과언이 아니다. 이러한 언어학의 분야를 역사·비교언어학(Historical-Comparative linguistics)이라고 부르는 것은 자명한 일이다. 대부분의 인구어들이 "문명어"로, 비문과 고서를 비롯한 역사적인 언어자료들이 꽤 많았기 때문에, 한 언어의 옛 모습을 더듬어 보고, 다른 언어들의 옛 모습과 비교해 보는 것이 가능하였다.

　그런데 대서양을 건넌 미대륙에서의 사정은 달랐다. 그곳의 토박이인 아메리칸 인디언들의 언어에는 문자가 없었고, 따라서 역사적인 언어자료도 없었으며, 이들의 언어를 기술해 놓은 문법책도 물론 없었다. 게다가 많은 언어들이 서구문명에 압도되어 점점 사멸되어 가고 있었다. 그래서 미국 언어학자와 인류학자들은 이 美 인디언 언어들의 옛 모습을 찾아보려 하기보다는 우선

이 언어들의 현재의 모습을 그대로 기술해 놓는 것이 더 급선무라고 생각하게 되었다.

한편 미국 기독교 선교회에서는, 미 인디언들이나 그 외의 "미개인"들에게 복음을 전파하고, 그들의 언어로 성경을 번역함에 있어, 누가 이미 쓴 교과서나 문법책으로 그들의 언어를 배울 수 있는 게 아니라, 선교사 자신들이 먼저 이 언어들을 배우고, 기술하고, 문자화해야만 한다는 현실에 직면하게 되었다. 그러니까 이들은 선교사가 되기 전에 먼저 언어학자가 되어야만 했다(이들의 이러한 노력은 지금까지도 미국 Oklahoma 주의 Norman 시에 있는 Summer Institute of Linguistics 기관에서 활발히 계속되고 있다).

이러한 상황 하에서 20세기 전반 미대륙에서 발달한 구조언어학은 자연히, 아무도 손대보지 않은 언어자료를 어떻게 분석하느냐 하는 방법론에 치중하게 되었다. 즉, 언어의 숲속에서 음소나 형태소라는 나무는 어떻게 하면 찾을 수 있고, 이음이나 이형태라는 잔나무는 어떻게 하면 알아보고, 단어라는 시내의 경계선을 어떻게 하면 찾을 수 있고, 구절의 직접구성요소로의 분석은 어떻게 하면 되고 등등. 이러한 구조주의 방법론의 대표작이 Zellig Harris의 *Methods in structural linguistics*(University of Chicago, 1951)이다. 이것은 마치 화학자가 시험관에 들어 있는 재료에서 화학원소를 어떻게 하면 분리시킬 수 있는가 하는 실험지침서와 같다고 할 수 있다.

이러한 구조언어학은, 모든 과학적 분석이나 연구는 실제로 관찰할 수 있는 현상에 국한해야 한다는 당시 유행하고 있던 행동주의(行動主義 behaviorism) 심리학과 실증주의(實證主義 positivism) 철학의 영향을 입어 주관적이고 직관적인 언어분석을 배제하였다. 이 과정에서 경시된 것이 의미였고, 무시된 것이 언어의 창의성이었으며, 멸시된 것이 화자의 직관 즉, 언어능력이었다.

뉴턴(Issac Newton)의 관성의 법칙은, 대부분의 움직임이 일단 시동되면 중력이 멈추는 끝까지 계속함을 말한다(시계의 추나 그네의 스윙처럼). 규범문법의 불합리와 어순문법의 결함을 극복하려는 데서 출발한 구조문법은 언어자료를 절대시하고, 그 분석·기술을 절대적으로 객관화해야 한다는 극단론에 빠지게 되자, 앞에서 단적으로 언급한 과오들을 범하게 되었다.

음소에서 단어를 거쳐 문장에 이르기까지, 이것들은 실제 어떤 음성형으로 발음되어 이를 객관적으로 관찰하고 분석·기술할 수 있으나 의미는 포착할 수 있는 표면형이 없고 그 정체가 모호하며, 의미영역의 한계가 흐리다. 그리하여 의미는 과학적인 기술의 대상이 될 수도 없거니와 다른 언어단위들을 기술함에 있어 척도나 기준이 될 수도 없었다. 그리하여 (7.34)에서 예든 것과 같은 문장들은 그 구조의 차이만 부각되어 전혀 상호무관한 문장들로 간주되었다.

행동주의에선 — 그리고 이를 기본철학으로 삼은 구조주의에선 — 언어습득이 피아노나 셈본이나 기계체조같이 후천적 학습과 같은 원리와 과정을 밟아서 된다고 주장한다. 그리하여 어린아이가 모국어를 습득하는 것은 생쥐가 실험실의 미로(迷路)에서 먹이를 찾는 것과 마찬가지로 모방과 반복과 연습의 과정에서 이루어진다는 것이다. 이러한 주장에서 습득자의 창의성이 무시됨은 물론이다. 이 틈에서 희생되는 것이 언어의 **보편성**(universality)이다. 왜냐하면 인간의 언어습득능력이 인종과 문화의 차이를 막론하고 선천적이고 천부적인 능력(innate ability) — 예를 들자면 새가 날을 수 있고, 사람이 걸을 수 있는 능력 같은 것 — 이라고 보는 데에서만 모든 언어에 공통된 보편적인 언어자질이 예측되고 유래되지만, 언어습득능력이 시대나 환경이나 문화에 지배되는 후천적인 자질이라고 보는 이상, 언어들 사이의 어떤 필연적인 공통성을 예견할 수가 없기 때문이다. 후천적으로 소수만이 배우는 말타기나 자전거타기나 썰매타기에서 우리는 "타기"에 관한 어떤 보편성을 얘기할 수 있을 것인가?

언어의 보편성을 부인할 때, 이는 언어에 대한 언어학자의 직관(intuition)을 부인하게 된다. 그리하여 구조문법에선 철저히 객관적인 기술을 위하여 모국어에 관한 언어학자의 직관마저 모국어의 연구에서 부인된다. 그 좋은 예가 Charles Fries의 *The Structure of English*(Harcourt Brace, 1952)이다. 이것은 미국인들의 전화 통화를 녹음한 것을 유일한 자료로 삼고 미국 영어문법을 서술한 것이다. 규범문법이 고전문법을 맹목적으로 답습했음을 구조주의문법이 정당히 지탄해왔던 만큼, 자료에만 의한 선입견 없는 객관적 기술은 바람직한 일이었다. 그러나 여기에도 함정이 있었다. 언어자료에만 의존하다 보면, 자료의 불완전성과 한계성에 문법 자체가 부당히 구애를 받게 된다는 사실이다. 여기서 "부당히"라고 한 것은, 제1장에서 이미 보았듯이, 언어자료는 곧 언어수행을 말하는데, 이 언어수행이 화자의 언어능력을 항상 충실하게 반영해 주지는 않는다는 사실 때문이다. 그런데 우리는 앞에서 언어학자의 과제는 화자의 언어능력을 기술하는 것이라고 하였다. 그러나 직관에 의한 연역적 추리가 불허되고 자료에 의한 귀납적 유추 만이 용납되는 구조문법은 화자의 언어능력을 기술한 것이 아니고, 언어수행을 기술하는 데에 그치고 만다. 여기에 문제가 있다. 왜냐하면 언어능력의 일부인 어떤 문법현상은 언어수행에 많은 실수가 따르기도 하지만, 분명히 화자의 언어능력의 일부인 어떤 문법현상은 언어수행에 결코 구현되는 경우가 없기 때문이다. 예를 들면 귀환규칙에 의한 끝없는 길이의 문장은 실제로 구현될 수가 없다. 그리하여 구조문법은, 귀환규칙이 문법적 현상이 아니라는 부당한 결론에 도달하게 되며, 한걸음 더 나아가, 행동주의적 언어습득 이론의 입장에서 볼 때, 언어자료에 없는 현상을 모방·습득할 수 없다는 모순된 결론에 이르게 된다.

구조주의의 그네가 최고점에 도달한 것은 20세기 중엽. 이 그네의 고도와 속도 때문이었는지 이 그네에 탔던 언어학자는 앞에 있는 언재(言材)의 산림만 보았을 뿐, 밑에 펼쳐진 언정(言精)의 초원은 간과하였던 듯하다. 그러나 언어의 전원(田園)에는 산도 들도 다 있어야 되지 않을까? 이렇게 생각하고 이 장면에 나타나 그네의 방향을 바꾸어 준 사람이 노엄 촘스키(Noam Chomsky)이다. 그의 문법체계가 어떠한 것이고, 그의 모델이 구조주의의 난점을 어떻게 극복해주고, 그의 독창적인 언어현상의 설명은 어떤 것인가 하는 것들은 다음 장에서 살펴볼 것이다.

이제 휴식에서 일어날 때가 되었다. 내려놓았던 언어의 백팩을 다시 메고 우리의 산책을 계속하자.

(7장 통사론에 관한 참고문헌은 제8장 끝에 있음)

1. *adult language learning*(성인언어습득)의 직접구성요소는 *adult*(성인)와 *language learning*(언어습득)인 반면에 *foreign language learning*(외국어 습득)의 직접구성요소는 *foreign language*(외국어)와 *learning*(습득)이다. 다음의 영어구문의 쌍들의 직접구성요소가 어떻게 다른가 분석하라. (국어 번역을 참조하라)

   1. a. see whales from cruise ships '여객선에서 고래를 보다'
      b. see whales from Alaska '알래스카에서 온 고래를 보다'
   2. a. write a paper on the revolution '혁명에 관한 논문을 쓰다'
      b. write a paper on the weekend '주말에 논문을 쓰다'
   3. a. Chicago Welfare Department '시카고시 복지국'
      b. Child Welfare Department '아동복지국'
   4. a. garage door opener '차고문 열개'
      b. electric can opener '전기 깡통 열개'
   5. a. new or old movies '새 영화나 옛날 영화'
      b. books or old movies '책이나 옛날 영화'

2. 다음의 영어문장들은 구조적 중의성(structural ambiguity)을 내포하고 있다. 이를 풀이하라.(힌트: 이탤릭체 어휘의 귀속)

   That's just a *crazy* economist's idea.

   We watched a video of *European* automobile races.

   I will teach your dog to potty in a box *if requested*.

   The Dean wants to eliminate sex and race *bias* in students.

   We discovered that they lost election *by chance*.

3. 다음에 있는 문구와 문장들의 중의성을 밝히고 구조상의 중의성과 그 구조를 밝혀라.

a. "不可不可" (구한말 한일합방의 가부를 묻자 어느 대신이 이렇게 대답했다고 한다)

b. "슬픈 곡예사의 운명" (이청준)

c. "찬란한 슬픔의 봄" (김영랑)

d. 여우와 같이 자란 소녀

e. He fed her dog meat.

f. John can't imagine how good oysters taste.

g. They were exciting girls.

h. Visiting professors may be a nuisance.

i. 그 여자는 너무 뚱뚱해서 넘어갈 수가 없다.

j. 너무 큰 감투를 쓰더니 대머리가 되었다.

k. He closed the case.

l. He will chase anyone on a bike.

4. 다음에 있는 한 쌍의 문장들에서, 다른 단어의 뜻을 떠난 또 다른 점은 무엇인가를 밝혀라.

a. Galileo observed the stars with a telescope.

Galileo desired the observatory with a telescope.

b. Tarzan promised Jane to kill the lion.

Tarzan persuaded Jane to kill the lion.

c. China is anxious to cooperate.

China is awesome to contemplate.

d. 그 사람은 코가 크다.

코는 그 사람이 크다.

5. 다음의 외국어 문장들의 구조가 국어와 어떻게 다른가 분석하라.

국　어 :　　소년이　책을　읽고　있다.

영　어 :　　The　boy　is　reading　a　book.
　　　　　　　정관사　소년　있다.　읽고　부정관사　책

일본어 :　　shonen-ga　hon-o　yonde　iru
　　　　　　　소년 - 이　책 - 을　　읽고　있다.

스와힐리어:　m-toto　a- na- lima　ki-tabu
　　　　　　　인간(단수)-소년 그/그녀- 현재형-읽다 사물단수-책

타이어 :　　deg　nan　kamlang　ʔaan　naŋsɰɰ
　　　　　　　소년　관사　현재진행　　읽다　　책

힌디어 :　　larkaa　kitaab　parh　rahaa　hai
　　　　　　　소년　　책　　읽다　　진행　　있다

바스크어 :　 mutil-ak　liburu　bat　irakurten　dago
　　　　　　　소년-정관사　책　　한　　읽는 중　　이다

6. 국어의 기본어순은 주어-목적어-동사이고(예: **말이 소를 찼다**), 영어의 기본어순은 주어-동사-목적어이다.(예: *the horse kicked the cow*) 다음의 두 언어를 분석하고, 각 언어의 기본어순을 밝히라.

언어 #1: Navajo어(미 서남쪽에 있는 토착어)

lii' dzaaneez yiztal　　　'말이 당나귀를 찼다'

dzaaneez lii' yiztal　　　'당나귀가 말을 찼다'

ashkii at'eed yiztsos　　 '소년이 소녀를 키스했다'

at'eed ashkii yiztsos　　 '소녀가 소년을 키스했다'

ashkii lii' yo'i　　　　　'소년이 말을 보았다'

말 _____　　　　　당나귀 _____

소년 _____　　　　소녀 _____

찼다 _____　　　　키스했다 _____

보았다 _____

기본어순 _____

언어 #2: Lummi어(미 서북부쪽에 있는 토착어)

xcits ce-swey?qe? se-sleni?   '남자가 여자를 안다'

xcits se-sleni? ce-swey?qe?   '여자가 남자를 안다'

lennes ce-setxwen ce-swey?qe? '곰이 남자를 보았다'

lennes se-sleni? ce-swi?qo?   '여자가 소년을 보았다'

남자 _____   여자 _____

소년 _____   곰 _____

안다 _____   보았다 _____

기본어순 _____

7. 아래에 있는 한 쌍의 영어 문장은 각각 여덟 단어로 되어 있고, 표면구조도 같게 보이지만, 그 구절구조는 다르다. 이를 규명하라. 문장 아래에 구절구조의 명칭을 붙이지 않은 구절구조 수형도가 있는데, 어느 수형도가 어느 문장에 해당하는 구절구조를 그린 것인지를 밝히고, 구절구조의 명칭을 써넣어라.(힌트: (7.22))

a. People with money build new houses with clay.

'돈 있는 사람들이 진흙으로 새 집을 짓는다'

b. People with no money build houses with rooms.

'돈 없는 사람들이 방 많은 집을 짓는다.

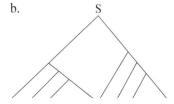

*The music for today's service was all composed by George Frideric Handel
in celebration of the 300th anniversary of his birth.*

'오늘 예배의 음악은 모두가 조지 프리데릭 헨델이
그의 제300회 생일을 축하하기 위해 작곡한 것입니다.'

("헨델(1685-1759)의 탄생 300주년을 기념하기 위해서 오늘의 음악은 모두 헨델 곡입니다"
라는 의도의 공고가, 구조의 잘못 배열로, "오늘의 음악은 모두가 헨델이 자기의 300주년
생일을 축하하기 위해 작곡한 것입니다"라고 해석이 됨. 그림은 300살 된 헨델.)

제8장　통사론 II: 변형문법

When we study human language, we are approaching what some might call the "human essence", the distinctive qualities of mind that are, so far as we know, unique to man.

Noam Chomsky (1928-)

　이 책과 같은 입문서에서 저자는 개별적인 언어학자의 언급을 일부러 삼 가했고, 한 사람의 논문이나 논저를 장황하게 직접 인용하거나 부연하는 것 을 피했다. 그러나 현대 언어학과 인접학문에 대한 Chomsky의 공헌은 실로 지대하고 혁명적인 것이기 때문에 이 장에서 그의 업적과 언어관, 주로 그 의 문법체계를 조금 자세히 살펴보기로 한다. 그의 저서가 없었더라면 이 장은 쓰이지 않았을 만큼, 이 장의 내용이 오로지 Chomsky 한 사람에게서 유인된 것임을 미리 말해 둔다.

　미국 MIT의 언어학 교수로 오래 재직하다가 2010년에 은퇴한 Chomsky는 6 · 25동란이 휴전으로 접어들 무렵, Pennsylvania 대학에서 전장에서 언급한 구조문법의 거장 Z. Harris 교수 밑에서 박사학위 논문을 쓰고 있었다. 그의 스 승이 구조문법을 대표하는 학자였는데도 그는 구조주의가 표방하는 행동주의 와 실증주의에 입각한 언어현상의 설명에 점점 큰 불만을 품게 되었다.

　언어습득부터가 그랬다. 어린아이들이 모국어를 습득하는 과정을 자세히 살펴보면, 행동주의 심리학의 학습이론대로 단순한 모방 · 연습이나 보상(補 償)을 위한 강화작용(reinforcement)에 의한 것이 아님을 곧 알 수 있다. 어린 아이가 말을 잘못하면 어른이 꾸짖거나 벌을 주고 올바르게 하면 머리를 쓰 다듬어 주거나 캔디를 주기 때문에 — 마치 서커스에 나오는 동물이 재주를 부리면 먹이를 주고 못 부리면 매를 주듯 — 어린아이가 말을 배우는 것이 아니다. 모방도 그렇다. 어린아이들이 어른의 말을 흉내내서 말을 배운다면, 어린아이들의 언어습득 과정에서 흔히 나타나는 *speaked, bringed, two foots, three mouses* 등의 어형을 설명할 길이 없다. 어른들이 이러한 비적격형(非適格形)을 보통 쓰지 않을 것이기 때문이다. 또한 어느 어형의 빈도가 모방의 가능성과 비례적인 관계를 가지고 있다고 볼 때, 어른들의 말에 가장 흔히 나타나는 관사의 용법을 아이들은 꽤 늦게야 습득한다는 사실도 설명할 길이 없다. 그뿐만 아니라, 제2장에서 본 언어의 창의성 — 지금까지 아무도 꺼내본 적도 들어본 적도 없는 문장을 언뜻 말할 수도 있고 들어서 곧 알 수도 있는 — 을 모방설은 어떻게 설명할 것인가?

이러한 일련의 사실은 언어습득이 모방과 강화를 통한 학습과정이라고 주장하는 행동주의 심리학의 언어습득 이론에 대한 반증이 되며, 반대로 언어습득이란, 인간에게 선천적으로 주어진 언어습득 능력을 어떤 언어환경이 주어졌을 때 어린아이가 발동시켜 제한된 언어자료를 스스로 분석하고 여기서 자기 나름대로의 문법을 조성해 가는 과정이라고 볼 수 없게 된다. 천부적 언어습득 능력의 시동을 위해선 어떤 언어환경과의 접촉이 필요하다는 말은 라디오의 작동을 위해선 전류의 공급이 필요하다는 말과 같다. 언어와의 접촉 없이 언어가 자동 발생하지는 않는다. 제3장에서 본 야생아나 고립아의 경우를 상기해 보라. 그러나 메주덩이에 전류를 통했다고 해서 메주가 라디오가 될 수는 없다. 씨앗을 땅에 뿌려야만 싹이 트지, 모래알을 흙에 묻었다고 거기서 죽순이 솟으랴. 그러나 구조주의자는 환경에만 초점을 둔 나머지 토질이나 수분이나 온도는 발아(發芽)의 촉매제(觸媒劑)일 뿐, 싹틈을 가능하게 하는 것은 씨앗에 내재한 생명력임을 간과하였던 것이다.

언어자료가 얼마나 단편적이고 불완전한 것인가를 고려해 볼 때, 언어습득이 단계적인 귀납방법에 의한 것이라고 볼 수는 없다. 오히려 언어습득 전략은 그 선천적인 요인 때문에 언어라는 체계의 실현 가능성의 한계를 미리 지어준다고 볼 수 있다. 마치 씨앗이 움터서 무슨 식물이 되느냐 하는 것은 그 씨앗 안의 유전자에 의해 선천적으로 정해져 있는 것처럼. 바로 여기에 언어습득 능력과 언어 보편성을 잇는 통로가 있다. 언어습득 능력이 모든 인간에게 공통된 생득적(生得的) 능력이고,

또 이 능력이 구사할 수 있는 제도의 영역이 미리 규정되어 있는 이상, 인간의 언어라면 어느 언어나 가지고 있는 공통적 특성, 즉 보편성을 예견할 수 있기 때문이다. 따라서 언어습득 능력의 규명은 언어보편성의 규명이 된다. 언어의 보편성이 언어학의 관심사의 하나라면, 이에 언어습득 능력의 연구가 언어학의 중요한 한 분야로 대두된다.

이러한 언어습득 능력은 한편 언어능력으로도 통한다. 언어자료가 단편적이고 산발적이고 또 불완전하고 때로는 부정확함에도 불구하고, 언어 습득자는 자료의 미비를 능가한 문법을 자기가 지닌 천부적인 언어습득 전략을 발휘하여 조성하고, 창의적인 발화와 이해를 함이 판명된 이상, 언어자료의 절대성이 사라진다. 그러므로 언어자료의 표면적 관찰은 그 기술이 관찰의 적절함(observational adequacy)에 그칠 뿐, 언어학자의 임무는 주어진 자료에 나타나지 않은 사항까지도 예측할 수 있는 설명의 적절함(explanatory adequacy)을 지향해야 할 것이다 — 라고 Chomsky는 주장한다. 언어학의 과제가 언어수행보다는 언어능력의 기술이라고 제1장에서 말한 것은 바로 이러한 연유에서였다.

기술과 설명의 차이 — 이것은 중요한 관찰이니까 좀 부연을 하자. 어떤 관상학자가 눈썹을 연구한다고 하자. 그래서 자료수집을 위해 수만 명의 눈썹의 길이, 농도, 곡도(曲度), 두 눈썹 사이의 상대적 각도와 간격 등등을 과학적으로 측정했다고 하자. 한걸음 더 나아가 남녀의 차이, 연령에 따른 변화, 심지어 인종에 의한 분류까지도 했다고 하자. 그러나 이러한 측정이 아무리 면밀하고 포괄적이고 과학적인 것이라 하더라도, 여기서 기술이 끝난다면 거기에 무슨 의의가 있는가? 이러한 외형적 관찰을 어떤 보편적인 사실과 연관 짓고 이로 하여금 그 현상들을 "설명"해 줄 수 있을 때 비로소 그 관찰이 어떤 의미를 갖게 되는 것이다. 가상적인 예를 들자면, 눈썹의 길이와 성품 사이에 비례관계가 있고(더 길수록 더 온후하다든가 하는 식의), 눈썹의 농도와 지능계수가 비례하고, 두 눈썹의 간격은 수명과 비례하고, 그 곡도와 각도는 "八字가 사납다"라는 표현에 나오는 "팔자"를 문자 그대로 규정함이 사실로 드러났다는 등등. 이러한 것만이 눈썹의 관찰의 의미심장한 설명력인 것이다. 여기서 외적인 관찰이 설명하려는 사항은 성격, 지능, 유전 요소 같은 내적인 자질임을 유의하자.

이러한 관점에서 볼 때, 언어자료의 관찰의 의미는 그 자료의 액면 그대로의 기술에 있는 것이 아니고, 언어를 통해서 나타나는 인간의 심리작용과 인식력을 설명하는 데에 있다. "우리가 언어를 연구한다는 것은, 인간에게 특유한 정신의 특성, 즉 인간의 정수(人間精髓 the human essence)를 연구한다는 것과 마찬가지다"라고 한, 이 장 머리에 인용한 Chomsky의 말은 이런 관점에서 더욱 뜻있게 음미될 수 있다.

이러한 Chomsky의 언어관에서의 정신세계의 역할은 실로 큰 것이다. 정신은 언어연구의 수단이며, 또 목적도 되기 때문이다. 구조주의에서 객관적이고 과학적인 기술이 불가능하다는 이유로 배제되었던 직관, 의미, 이성 같은 금기어(禁忌語 taboo words)들이 여기서 부활된다. 사실은 구조주의 문법가가 이들을 자기 자식이 아니라고 단언한 것은 아니었다. 다만 혈육임을 과학적으로 증명할 수 없다는 이유로 고아원에 넣어 버렸을 뿐이었다. 실상 그들은 무심 중 또는 방심 중 이들을 훔쳐보았다. 들켰을 땐 물론 한사코 부인했지만. 하여간 구조주의에서 고아 내지 서자로 여겨졌던 이들을 적자(嫡子)로 환원시키고, 언어의 분석에는 구조문법의 방법론뿐만 아니라, 화자의 자국어에 대한 직관, 언어의 보편성에 입각한 언어학자의 언어학 지식, 인간의 인지력, 의미 등등 무엇이든 유용하다고 생각되는 모든 것을 활용해야 한다고 Chomsky는 주장한다.

행동주의(behaviorism)의 조류를 이성주의(rationalism)로 역류시키고, 사회과학의 계자(繼子)였던 언어학을 — 인류학자와 심리학자들은 언어학이 자기들 학문의 한 분야에 불과하다고 주장했다 — 하루아침에 의붓아버지에서 어버이로 승격시키고 언어학을 모든 인문사회과학의 모형(model, 문맥에 따라 母型으로 적자)으로 만든 Chomsky의 공헌은 실로 지대하고 혁신적인 것이었다. 전장에서 일견한 바 있는 수직적인 역사·비교언어학, 일명 통시(通時) 언어학을 20세기초 스위스의 언어학자 Ferdinand de Saussure(1857-1913)가 수평적인 공시(共時) 언어학으로 바꾸어 놓은 이래 반세기만에 출현한 Chomsky는 20세기의 가장 위대한 사상가라고 해도 과언이 아니다. 그의 첫 저서는 *Syntactic structures*(1957)이고, 더욱 영향력 있고 표준이론(Standard Theory)이라 불리우는 제2저서는 *Aspects of the theory of syntax*(1965)인데, 이 저서가 현대언어학과 넓은 의미에서의 구조주의의 시작을 고한 Saussure의 획기적인 *Cours de linguistique générale*(1915)을 꼭 반세기 후행한 것은 우연이지만 흥미롭다. 지금은 그의 저서가 백여 권에 이른다. 1992년 Killian상이라는 MIT의 최우수 교수상을 Chomsky교수가 받을 때, 그 표창문에 그의 저서가 인문과학 분야에서 성경, 셰익스피어, 아리스토텔레스, 플라톤, 프로이드와 더불어 가장 많이 인용되고 있는 십대 저자의 한 사람이고, 그 열 사람 중 유일하게 살아 있는 사람이라고 했는데, 그의 위상을 알 만하다. Chomsky이론의 인접학문에의 영향은, 1984년, 의학·생리학 부문의 노벨상 수상자 Niels Kaj Jerne(덴마크)의 수상강연 제목이 "The generative grammar of the immune system"(면역체계의 생성문법)인 것으로 엿볼 수 있다.

이제 본장의 더 직접적인 과제인 통사론으로 다시 돌아가자. 우리는 전장에서 (7.33)과 (7.34)가 보여주는 것과 같은 구조와 의미의 상치를 미해결의 문제로 남겨 두었었다. Chomsky의 문법은 이 문제를 어떻게 타개하는가?

우선 Chomsky는 구조문법에서와 같은 표면형에의 집착을 버리고 구상적인 표면구조의 이면에 내재(內在 underlie)하는 관념적인 또 하나의 구조층이 있다고 가정하자고 한다. 간단한 예로 다음 두 구문을 비교해 보자.

(8.1) a. panting horses   '헐떡거리는 말'
       b. painting houses '집에 페인트 칠하기'

이 두 구문은 그 구조가 분명히 같다. 둘 다 동사에 *-ing*가 붙은 현재 분사가 명사에 선행하고 있다. 그러나 각 구문에서 두 단어 사이에 내재하는 기능 관계는 다르다. 즉, (a)에서는 *horses*가 *panting*의 주어의 기능을 가지고 있는데, (b)에서는 *houses*가 *painting*의 목적어의 기능을 가지고 있다. 이 기능관계를 상호교환 시켜보면 (a)는 '말을 헐떡거리기', (b)는 '페인트 칠하는 집'이라는 오역이 나온다. 그러면 영어 화자는 똑같은 표면구문에서 어떻게 다른 기능의 의미를 유도하는가? 이에 대한 Chomsky의 대답은, 두 구문에 내재하는 관념적 구조가 다음 (8.2)에서 보는 바와 같이 다르기 때문이라는 것이다.

(8.2) a. horses (are) panting

b. (△ is/are) painting houses

위에서 괄호 속에 든 부분은 표면형에 나타나지 않은 부분이고, △는 dummy symbol '모의기호'(模擬記號)의 d를 그리스어자모 *delta*로 쓴 것으로 여기서는 명시되지 않은 주어명사를 나타낸다. 이를 수형도로 표시하면 다음과 같다.

(8.3)   a.

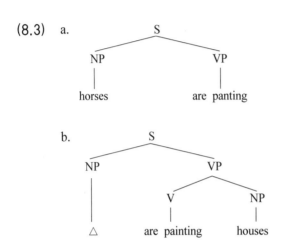

(8.1)과 같은 표면구조에 내재하는 이면구조가 (8.3)같은 것이라고 가정하면, 두 구문에서의 다른 문법적 기능의 의미가 자연스럽게 유도될 것이다. 왜냐하면, S의 **직접지배**(immediately dominate)를 받는 NP를 주어라 하고, VP의 직접지배를 받는 NP를 목적어라고 규정할 때, (8.3a)에선 *horses*가 주어의 위치에 있는 반면, (8.3b)에선 *houses*가 목적어의 위치에 있기 때문이다. (8.1)과 같은 구문을 **표면구조**(表面構造 surface structure)라 하고, (8.3)과 같은 관념적 구조를 **심층구조**(深層構造 deep structure)라 한다.

그런데 한 가지 문제가 있다. 그것은 (8.1)과 같은 표면구조에 (8.3)과 같은 심층구조를 어떻게 연결시켜 주느냐 하는 것이다. 여기서 우선 착안할 것은, (8.1-3)과 같은 예가 주어진 것에 국한된 현상이 아니라 영어에 규칙적으로 흔히 일어나는 현상이라는 사실이다. 다음 예들을 보라.

(8.4) a. children are sleeping → sleeping children '자는 애들'
       nuns are singing → singing nuns '노래하는 수녀들'
       streams are running → running streams '흐르는 시내'

   b. △ are playing games → playing games '게임하기'
      △ are watching movies → watching movies '영화보기'
      △ are cutting trees → cutting trees '나무자르기'

위의 예들을 보면, 왼쪽의 문장들이 명사화되면서 오른쪽과 같은 구조로 규칙적으로 바뀜을 알 수 있다. 이때의 변화를 좀 더 자세히 보면, (a)문에서는 조동사(Aux) *are*가 탈락되고, 명사(NP)와 분사(V-ing)가 자리바꿈을 하는데, (b)문에서는 △와 조동사 *are*가 탈락만 할 뿐 분사와 명사의 위치는 주어진 대로 남음을 알 수 있다. 이를 규칙화해 보면,

(8.5) a. [NP Aux V-ing]$_S$ → [V-ing NP]$_{NP}$
      b. [△ Aux V-ing NP]$_S$ → [V-ing NP]$_{NP}$

위에서 각괄호의 오른쪽 밑에 쓰인 부호는 각괄호 부분의 구조를 표시한다. 이러한 규칙적용의 결과는, S를 NP로 바꾸어 주고, Aux를 탈락시키고, 어느 경우는 어순을 바꾸어 주는 등, 주어진 구문의 형태를 바꾸어 주는, 즉 **변형**시키는 것이 된다. 이러한 규칙을 **변형규칙**(transformational rule)이라 한다. 그러니까 표면구조 (8.1)은 심층구조 (8.3)에 변형규칙 (8.5)가 적용되어 유도된 것이라고 볼 수 있다. 바꾸어 말하자면 변형규칙의 기능은 심층구조와 표면구조를 연결하는 것이라고 할 수 있다. Chomsky의 문법은 변형규칙이라는 장치를 고용하는 생성문법이므로 그의 문법을 **변형생성문법** (transformational generative grammar, 약자로 TGG)이라고 한다.

여기서 우리는 (7.33)과 (7.34)에서 제시한 문제의 해결의 실마리를 엿볼 수 있다. 즉, (7.33)과 같이 같은 구조의 문장이 다른 의미를 나타내는 경우는 표면구조는 같지만 심층구조가 다른 경우를 반영한 것이라 할 수 있고, (7.34)와 같이 상이한 구조의 문장들이 동일한 의미를 갖는 경우는 하나의

심층구조가 어떤 변형규칙의 적용으로 인해 둘 또는 그 이상의 표면구조를 갖게 되는 경우라고 할 수 있다. 이를 좀 더 자세히 보자.

(7.33a)의 문장 *Flying planes can be dangerous*의 중의성은 다음과 같은 두 개의 서로 다른 심층구조에서 유래된다고 볼 수 있다.

(8.6)　a.

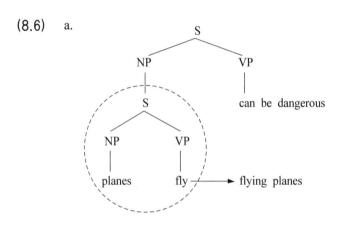

b.

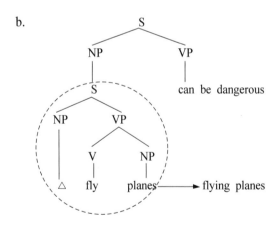

위의 구절구조수형도에서 VP의 명세를 간소화하였으며, 분사형을 부정사형(不定詞形 infinitive)으로 대치하였다. 주목할 것은 NP의 직접 지배를 받는 S 부분(점선으로 동그라미를 친 부분)이 변형규칙 (8.5)에 의해 화살표가 제시하는

바와 같이 변형된다는 사실이다. 중의성은 여기에 기인한다. 즉, *flying planes* 와 같은 표면구조가 두 다른 심층구조에서 유래될 수 있음을 청자가 간파하는 데에서 중의성이 인지되는 것이다. 이렇게 표면구조에서 사라진 심층구조의 원모습을 되찾는 것을 **복원가능성**(recoverability)이라 하며, 이는 자국어에 대한 청자(독자)의 언어능력 중 하나이다.

이러한 복원력이 화자/청자에게 있는 언어능력이라고 전제해야만 문장의 올바른 의미해석이 가능함을 우리는 이미 제3장에서 "추적력"이라는 개념 하에서 보았다(3.3–5 참조). 반복된 부분은 생략될 수도 있음을 청자가 추적하고 이를 다시 회복시켜 의미해석을 더하는 과정에서 바로 (7.33d)와 같은 문장의 중의성이 나타나는 것이다. 거기에 주어진 뜻풀이를 심층구조라고 본다면, 표면구조는 이 심층구조에서 반복된 부분을 삭제하는 삭제변형규칙(Deletion transformation)을 적용하여 유도할 수 있다. 아래의 예시에서 반복되는 부분을 고딕체로 표시하였고, 삭제되는 부분은 다시 괄호 속에 넣었다.

(8.7) a. 순자가 복실이를 좋아한다.
　　　 (순자가) 철수(를 좋아하기)보다 더 →
　　　 순자가 복실이를 좋아한다 철수보다 더
　　 b. 순자가 **복실이를 좋아한다**
　　　 철수(가 복실이를 좋아하기)보다 더 →
　　　 순자가 복실이를 좋아한다 철수보다 더

최종형 순자가 복실이를 철수보다 더 좋아한다는 국어문장에서 동사가 맨 나중에 오는 경향에 따라 **철수보다 더가 좋아한다**와 자리바꿈을 한 것이지만 (이것도 변형규칙의 하나다), (8.7)에서 유도된 문장도 그대로 가능한 표면형이다. 더 주목할 것은, 반복부분을 삭제하라는 변형규칙을 적용했을 때, 두 다른 심층구조로부터 같은 표면구조가 유도된다는 사실이다. 표면구조의 중의성은 여기에 기인한다.

이제 (7.34)의 예를 한둘 살펴보자. (7.34)의 경우는 두(혹은 그 이상의) 다른 표면구조가 한 의미만을 나타내는 경우이다. 이런 현상을 낳는 것으로 우선 조금 전에 잠시 언급한, 좋아한다 철수보다 더를 철수보다 더 좋아한다로 바꿔주는 **이동변형**(移動變形 Movement transformation)이 있다. 이 규칙의 적용으로 (7.34b)의 *A unicorn is in the garden*과 *In the garden is a unicorn*의 변형이 생기며(*There is a unicorn in the garden*의 도출에는 **there-삽입변형** (*there*-Insertion transformation)이 필요하다), (7.34e)에 있는 나 이제 가노라 저 넓은 광야에와 저 넓은 광야에 나 이제 가노라와 같은 변형이 나타난다.

(7.34a)의 문장은 *believe*의 목적절인 *that he was an idiot*이 부정사구 *him to be an idiot*으로 변형된 것이라고 볼 수 있다. 이를 도시하면 다음과 같다.

(8.8)

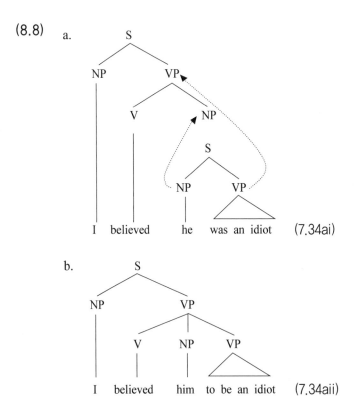

(a)에서 점선은 변형과정에서 교점의 이동방향을 가리켜 준다. 보다시피 위로 올라가므로 이를 인상변형(Raising transformation)이라 하는데, 심층구조 "나무"의 높이를 조금 납작하게 해주는 결과를 초래한다. (a)에 있던 교점 S가 (b)에서 사라지고 (a)에서 S의 직접지배를 받고 주격형으로 나타났던 *he*가 (b)에서는 VP의 직접지배를 받고 목적격형 *him*으로 나타난 사실 등은 "나뭇가지"를 치고 접을 붙인 증거라고 할 수 있다. 하여간 이 문장을 비롯한 (7.34)에 있는 모든 문장은 하나의 심층구조에 어떤 수의적(隨意的) 변형규칙(Optional transformation)이 적용되어 나타난 표면구조의 변이형(變異形)들이라고 할 수 있다. 이를 수의적 변형이라 함은, 수의적이 아니고 필수적(obligatory)이라 할 때, 변형규칙을 적용받은 형태만 표면에 나타내기 때문이다. 이 변이형들이 표면구조의 차이에도 불구하고 의미는 같은 이유는 이들이 다 하나의 심층구조에서 도출되었기 때문이라고 볼 수 있다.

이렇게 Chomsky는 심층구조라는 개념을 설정하고, 또 이 심층구조와 표면구조를 잇는 변형규칙이라는 장치를 문법에 도입하여, 구조문법이 다룰 수 없었던 구조와 의미의 상치 문제를 일관성 있고 조리있게 처리할 수 있게끔 하였다. 이 심층구조와 표면구조의 개념은 제5장의 음운론에서 본 기저형과 표면형의 개념과 평행하며, 음운규칙이 기저형에서 표면형을 유도하듯, 변형규칙이 심층구조에서 표면구조를 유도한다. 이러한 대응 관계에 다른 점이 하나 있다면 형태소(단어)의 기저형은 사전(辭典 dictionary, lexicon)에 주어지는데 반해, 문장의 심층구조는 구절구조규칙(phrase structure rules)이 생성한다는 사실이다. 여기서 한 가지 유의하고 지나갈 게 있다. 그것은 Chomsky의 변형규칙은 문자 그대로 변형(變形)만 할뿐, 변의(變意)는 하지 않는다는, 즉 심층구조의 의미변화를 일으키지는 않는다는 사실이다. 이 점은 나중에 다른 언어학자들에 의해 논쟁이 된 사항으로 Chomsky의 문법 모델의 일부 수정을 시도하기까지에 이르렀으나, 이 입문서에서는 다루지 않기로 하겠다(8.52와 연습문제 3의 예문 참조).

심층구조란 관념적이고 추상적인 가정이다. 이 가정의 설정이 중의성같은 문제를 멋있게 타개해 준다 하더라도 다른 언어현상과 부합하지 않는다면 그 설정의 동기가 희박해질 것인 반면에, 다른 언어현상이 이 가설에 순응하거나 지지한다면 그 존재이유(*raison d'être*)가 더 굳어질 것이다. 이러한 현상을 두엇 살펴보자.

다음과 같은 예를 보면,

(8.9) a. John drank the milk. '우유를 마셨다'

    b. *John drank the mink. *'족제비를 마셨다'

    c. His honesty frightened Susan.

       '그의 정직성이 순자를 공포에 떨게 했다.'

    d. *Susan frightened his honesty.

       *'순자가 그의 정직성을 공포에 떨게 했다'

*표가 붙은 문장의 비문법성의 근본은 목적어를 잘못 선택한 데에 있음을 알 수 있다. 즉, *drink*라는 동사는 액체성의 명사만을 목적어로 선택할 수 있는데 (b)문에서 *mink*는 액체성 명사가 아니며, *frighten*이라는 동사는 동물성의 명사만을 목적어로 선택할 수 있는데, (d)문에서 *his honesty*는 동물성 명사가 아니다(이런 것을 **선택제약** Selectional restriction이라고 한다). 그런데 (8.9)에 해당하는 수동형을 보면 다음과 같다.

(8.10) a. The milk was drunk by John.

    b. *The mink was drunk by John.

    c. Susan was frightened by his honesty.

    d. *His honesty was frightened by Susan.

즉 능동형이 비적격문(非適格文 ill-formed sentence)이면, 그에 해당하는 수동형도 비적격문임을 알 수가 있다. 의미의 배격으로 능동문과 수동문 사이에 아무런 유기적 관계를 시인할 수 없는 구조문법에선 위와 같은 규칙적인 대응관계를 설명할 길이 없다. 즉, 능동형이 기본형인 심층구조이고 수동형은 능동형에서 수동변형규칙(Passive transformation)의 적용에 의하여 유도된다고 보면, (8.9-10)의 현상이 자연적으로 설명된다. 즉, (8.10b · d)의 비적격형은 그 모체가 되었을 (8.9b · d) 자체가 비적격형이기 때문이다. 선택규칙을 한 군데에서만 명시하면 되는 변형규칙은, 이를 두 군데서 따로, 그것도 둘 사이 아무런 관계가 없는 것처럼, 명시해야 하는 구조문법보다 그 체계가 더 간결하고 우수하다고 하지 않을 수 없다.

심층구조의 가설이 *flying planes can be dangerous* 같은 중의성 ― 이를 **늙은 사또와 계집들** 같은 표면구조의 중의성과 구별하기 위해 **심층구조 중의성**(deep structure ambiguity)이라 하자 ― 을 설명하는데 바람직했고, 방금 위에서 본 바와 같은 선택규칙의 잉여성을 제거하는데 이점이 있었다면, 다음과 같은 현상은 심층구조의 필연성을 제시해 준다.[1]

영어에 재귀대명사규칙(Reflexivization rule)이라는 게 있다.

(8.11) 재귀대명사규칙: 한 문장 S 안에 있는 두 (대)명사가 동일인이나 동일물일 경우, 두 번째 (대)명사를 인칭 · 수 · 성에 맞는 재귀대명사(-self 形)로 바꾸어 주어야 한다.

이 규칙으로 다음과 같은 현상이 설명된다.

(8.12) a. *I* am speaking for *myself.*   '나 자신을 위해 하는 소리다'
　　　 b. *You* have only *yourself* to blame. '네 자신의 탓이다'
　　　 c. I admire *myself.*   '자찬한다'
　　　 d. *I admire *me.*
　　　 e. I want to admire *myself.*   '자찬하고 싶다'
　　　 f. *I want to admire *me.*

---

[1] "비행의 위험"에 싫증이 난 독자는, 여기서 여섯 쪽쯤 건너뛴 곳에(207쪽 위) 불시착해도 되겠다.

그런데 다음과 같은 예문들은 위에서 일차적으로 규정한 재귀대명사 규칙으로 설명되지 않는다.

(8.13) a. *I* want her to admire *me*. '그녀가 날 좋아해 주길 바란다'
        b. *I want her to admire *myself*.
        c. *She* wants me to admire *her*. '내가 자길 좋아해 주길 그녀가 바란다.'
        d. *She wants me to admire *herself*.

(8.13)의 (a, c)는 (8.11)에서 규정한 재귀대명사 규칙에 저촉이 되는데도 적격문이며, 반대로 (b, d)는 규정한 대로 규칙을 고수했음에도 불구하고 비적격문이다. 이를 어떻게 설명할 것인가?

(8.12c-f)와 (8.13)의 문장의 차이를 살펴보면, (8.13)의 문장들에는 동사 *want*와 후행하는 부정사구 사이에 (8.12)에는 없는 목적격 대명사가 있음을 알 수 있다. 이와 비슷한 문장들을 더 보면,

(8.14) a. I want you to go.   '네가 가길 바란다'
        b. I expect them to go.   '그들이 갈 것이라고 생각한다'
        c. I persuaded her to go. '그녀가 가게끔 설득시켰다'
        d. I forced him to go.   '그를 강제로 가게 했다'

이 문장들에서 부정사구 *to go*의 실질적 주어는 문장의 문법적 주어인 *I*가 아니라 동사의 목적어인 *you, them* 등임을 알 수 있다. 이러한 논리적 관계를 표시하기 위하여 이 문장들의 심층구조는 다음과 같다고 보자.

(8.15)

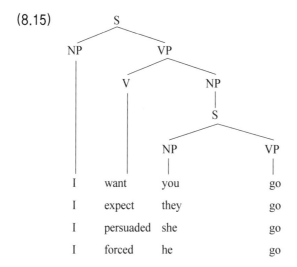

I	want	you	go
I	expect	they	go
I	persuaded	she	go
I	forced	he	go

이러한 심층구조에 (8.8)에서 본 인상변형규칙(Raising transformation) ―
I believed he was an idiot와 같은 문장을 *I believed him to be an idiot*
로 바뀌는 규칙 ― 을 적용시키면 (8.14)의 문장이 유도될 것이다. 즉,

(8.16)

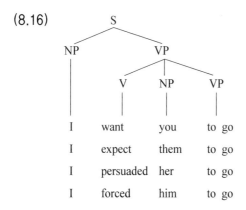

I	want	you	to go
I	expect	them	to go
I	persuaded	her	to go
I	forced	him	to go

이제 다음과 같은 문장을 보라.

(8.17) a. I want to go.　　　　　'내가 가고 싶다'

　　　 b. *I want me to go.

　　　 c. She expects to go.　　　'그녀가 갈 거라고 생각한다'

　　　 d. *She expects her to go. (she와 her가 동일인일 때)

　　　 e. He likes to go.　　　　'그가 가고 싶어한다'

　　　 f. *He likes him to go.　　(he=him일 때)

위 문장들에서 부정사구 *to go*의 실질적 주어는 문법적 주어와 같다. 그러나 (8.14)의 예들에 비추어 보아 문법적 주어는 부정사구의 실질적 주어가 될 수 없고, 동사와 부정사구 사이의 목적어가 실질적 주어이어야만 한다. 그런데 이 원칙에 따른 (8.17)의 (b, d, f)는 비적격문이다. 이 궁지에서 헤어 나올 길은 무엇일까?

(8.17)의 (a, c, e)같은 문장의 심층구조가 (8.15)처럼 다음과 같다고 하자.

(8.18)

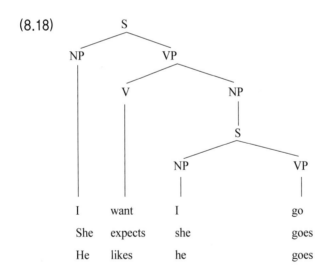

맨 위의 S를 **모체문**(母體文 matrix sentence), 그 안(밑)의 S를 **내포문**(內包文 embedded sentence)이라고 하자. 그리고 다음과 같은 규칙을 하나 세우자.

(8.19) 모체문과 내포문의 주어명사가 동일인일 때는 내포문의 주어를 삭제한다. (이를 **동일명사삭제변형규칙** Equi-NP deletion transformation이라 한다.)

이 규칙을 (8.18)에 적용하면 (8.17)의 (a, c, e)가 유도되고, (b, d, f)는 유도되지 않음을 알 수 있다.

이제 다시 (8.13)으로 돌아가, (8.13a)의 심층구조는 다음과 같다고 하자.

(8.20)

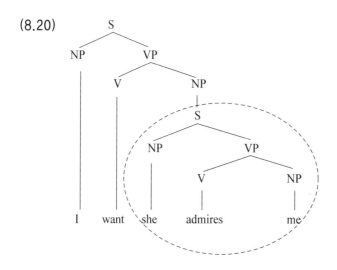

여기에 (8.8)의 상승변형규칙을 적용하면 (8.13a)가 도출될 것이다. 그런데 주목할 것은 (8.20)에서 점선으로 표시한 내포문이다. 이 문장 안에서의 두 NP는 동일인이 아닌 *she*와 *me*이다. 이때 우리가, 재귀대명사규칙이 표면구조에 나타나는 두 동일인인 NP에 적용되는 것이 아니라, 심층구조에서 하나의 S의 지배를 받는 두 동일인인 NP에만 적용되는 것으로 제한한다면, (8.20)의 내포문에서 *me*가 재귀대명사가 될 수 없을 것이다. 그러니까 비문법적인 문장인 (8.13b), 즉 *I want her to admire myself*의 도출을 막기 위해서는 재귀대명사규칙 (8.11)을 다음과 같이 조금만 수정하면 될 것이다.

(8.21) 재귀대명사 변형규칙(수정본): **심층구조**에서 한 문장 S 안에 있는 두 (대)명사가 동일인이나 동일물일 경우, 두 번째 (대)명사를 인칭·수·성에 맞는 재귀대명사로 바꾸어 주어야 한다.

(8.11)과 (8.21)을 맞비교해 보면 **심층구조**에서라는 한마디만이 (8.21)에 추가되었음을 알 수 있다. 여기서 심층구조 가설의 필연성이 나타난다. 심층구조의 존재를 가정하지 않고는 (8.13)의 현상을 설명할 수 없기 때문이다.

(8.21)은 또 (8.12)의 (e)문, *I want to admire myself*가 문법적이고, (f)문, *I want to admire me*는 비문법적임이, 처음에 가정한 대로 규칙 (8.11)에 의해 표면구조에서 *I*와 *me*가 동일인인가 아닌가를 따진 결과 때문이 아니라, 아래 (8.22)가 보여주는 바와 같이, 심층구조의 내포문에서의 두 NP의 동일인 여부 때문임을 말해 준다.

(8.22)

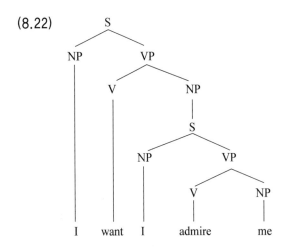

(8.22)에서의 두 번째 *I*(=내포문의 주어인 *I*)는 물론 동일명사 삭제규칙 (8.19)에 의하여 사라진다. *admire*의 목적어 *me*는 이 사라질 *I*와 일치에 의해 *myself*가 되는 것이지, 모체문(matrix S)의 주어 *I*와 일치해서 재귀대명사화되는 것이 아니다. 이 현상은 마치 깊은 시냇물 바닥의 조약돌의 참 위치가 굴절

현상 때문에 겉으로 분명히 보이는 위치와 다르듯, 언어의 내부구조도 그 심도(深度) 때문에 뚜렷이 보이는 외모와는 다를 수 있음을 보여준다.

우리는 이미 몇 쪽에 걸쳐 심층구조의 개념과 존재 이유를 보았거니와, 이 개념은 Chomsky의 문법체계에서 중추적인 기능을 하는 만큼 이의 확실한 이해는 그만큼 중요하다. 그런 의미에서 한 예만 더 보자. 이 예는 심층구조 존재의 증거를 단적으로 제시해 주기도 하지만, 통사론의 논증법(syntactic argumentation)을 예시해 준다는 데에도 의의가 있다.

다음과 같은 영어의 명령문을 살펴보면, 주어가 표면에 나타나지 않음을 쉬이 간파할 수 있다.

(8.23) a. Open the door!   '문좀 열어라'
        b. Take my heart!   '내 진정을 받아주세요'
        c. Don't move!   '꼼짝마라'

이러한 주어 없는 문장들을 구절구조규칙으로 생성하기 위해 (7.18a)의 규칙을 다음과 같이 수정해 보자.

(8.24) S → (NP)+VP

그런데 이렇게 주어명사를 수의적인 구성성분으로 보면, 다음과 같은 문장들이 비적격문임을 설명할 수 없을 뿐만 아니라, 주어가 누구, 무엇인지 알 수 없는 끝없는 모호성 문제에 봉착하게 된다.

(8.25) a. *Opened the door.
        b. *Will take the soup
        c. *Did not move an inch

이에 반해 (8.23)에서 빠졌다고 생각되는 주어는 한결같이 2인칭대명사 *you*이다. 즉,

(8.26) a. (You) open the door!　'(네가) 문좀 열어라'
　　　 b. (You) take my heart!　'(당신) 내 진정을 받으세요'
　　　 c. (You) don't move!　　'(너) 꼼짝마라'

이때 우리는 의미와 상황의 소매를 붙잡고, 명령이란 화자가 그의 앞에 있는 대화자에게만 내릴 수 있는 것이니까, 명령문에서는 2인칭대명사 *you*를 주어로 보충해 주면 되지 않느냐고 떼를 써볼 수도 있다. 그러나 다음과 같은 예는 이것이 헛된 호소임을 보여주고 있다.

(8.27) a. He will *refuse* it, and I will *decline* it also.
　　　　　 '그도 거절할 것이고 나도 사양하겠다'
　　　 b. *He will *refuse* it, and I will *not accept* it also.
　　　 c. He will *refuse* it, and I will *not accept* it either.
　　　　　 '그도 거절할 것이고 나도 받지 않겠다'
　　　 d. *He will *refuse* it, and I will *decline it* either.

refuse '거절하다', *decline* '사양하다', *not accept* '받지 않다'는 모두 뜻이 같은 동의어이다. 그럼에도 불구하고 위에서 (a, c)는 문법적인데 (b, d)는 비문법적이다. 그 이유는 위와 같은 문장에서 뒤 등위문이 긍정형이면 '…도 역시'라는 뜻의 부사로 *also*(또는 *too*)를 써야 하는 반면, 뒤 등위문이 부정형(否定形)이면 *either*를 써야 한다는 순전히 통사론적인 사실에 기인한다. 이에 우리는 (8.23)에서 생략된 주어가 의미적으로 *you*가 아니라 통사론적으로 *you*라는 증거를 찾아보아야 한다.

그 첫걸음으로 다음의 문장들을 살펴보자.

(8.28) a. Kill yourself!   '자폭해라'

      b. Blame yourself!   '자신이나 탓해라'

      c. Speak for yourself!   '자기변호나 해라'

      d. *Kill myself!

      e. *Blame themselves!

      f. *Speak for himself!

위의 문장들은 재귀대명사를 포함하고 있다. 그런데 우리는 (8.21)에서 재귀대명사는 그에 선행하는 동일인 대명사가 있어야 함을 보았다. (8.28)의 문장들에선 이런 선행사가 없다. 그러니까 (d-f)가 비문법적임은 당연하지만, 재귀대명사가 *yourself*인 (a-c)는 비문법적이 아님을 의아해하지 않을 수 없다. 비슷한 현상은 다른 데에서도 나타난다.

영어에서 부가의문문(Tag-question)을 만들 때는, 주문의 주어와 부가의문문의 주어대명사가 인칭·수·성에 있어 일치해야만 한다. 아래 (8.29)에 있는 예문을 보라.

(8.29) a. *This* is a good book. isn't *it*?

       '잘 쓴 책이지, 그렇잖아?' [자찬이 아니다!]

      b. *This* is a good book, isn't *he*?

      c. *He* is an idiot, isn't *he*?   '돌대가리야, 아냐?'

      d. *He* is an idiot, aren't *we*?

      e. *We* didn't do it, did *we*?   '우리가 안 했어, 그렇지?'

      f. *We* didn't do it, did *they*?

이런 현상은 부가의문문 작성 과정에서 그 주어대명사로 주문의 주어를 복사해야만 한다고 볼 수 있다. 이 점을 유의하고 다음 예문을 보라.

(8.30) a. Come again, won't *you*? '또 오시지 않겠어요?'

      b. Take my heart, won't *you*, please?

      '제발 내 진정을 받아주시지 않겠어요?'

c. Don't go, will *you*?　　'가지 마, 갈래?'

d. *Come again, won't *he*?

e. *Take my heart, won't *we*, please?

f. *Don't go, will *she*?

g. *Open the door, won't *they*?

주문에 주어가 없으니, 유령 주어를 제멋대로 복사한 (d-g)의 비문법성은 당연하다 해도, 문법적인 (a-c)의 부가의문문에서의 *you*는 어디서 복사해 온 것일까? 한 가지 예를 더 보자.

눈을 깜박거린다든가 기침을 하는 등의 동작은 자기만이 할 수 있는 것으로써 남의 눈을 깜박거리거나 남의 헛기침을 해줄 수는 없다. 그리하여 이러한 동작을 표현하는 문장에서 동작주와 이 동작에 참여하는 신체 부분의 소유자를 지칭하는 소유격대명사와는 인칭·성·수가 일치해야만 한다. 이 것은 그렇지 않아도 되는 예사의 경우와 대조된다. 다음 예들을 보라.

(8.31)　a. *I* craned *my* neck　　　　　'내가 (내)목을 길게 뺐다'

b. **I* craned *her* neck.　　　　'*내가 그녀의 목을 길게 뺐다'

c. *She* batted *her* eyes.　　　'그녀가 (가기)눈을 깜박거렸다'

d. **she* batted *my* eyes.　　　'*그녀가 내 눈을 깜박거렸다'

e. *He* cleared *his* throat.　　　　　'그가 헛기침했다'

f. **He* cleared *her* throat.　'그가 그녀의 (목구멍에서) 헛기침을 했다'

g. *I* put on *my/his/her* hat.　　'내가 내/그의/그녀의 모자를 썼다.'

h. *He* kissed *her* hand.　　　'그가 그녀의 손에 입을 맞추었다'

I. *Susan* kicked the *general's* ass.　'순자가 장군의 엉덩이를 찼다.'

그런데 이러한 동작을 포함하는 명령문을 보면 다음과 같다.

(8.32) a. Crane *your* neck! '목을 길게 빼라'

b. *Crane *my/his/their* neck!

c. Bat *your* eyes! '윙크해라'

d. *Bat *our/her/its* eyes!

e. Blow *your* nose! '코를 풀어라'

f. *Blow *my/his/her* nose!

위의 명령문에서도 소유격대명사가 유독 2인칭일 때만 문법적이고 다른 경우는 모두 비문법적임을 볼 수 있다. 이 사실은 재귀대명사가 2인칭일 경우에만 문법적 명령문이 나타나는 (8.28)의 현상과, 부가의문문의 주어가 역시 2인칭일 때에만 부가의문을 동반하는 명령문이 문법적인 (8.30)의 현상과 직결된다.

독자는 이미 간파했으리라. 이 일련의 현상의 간단한 해결은, 명령문의 심층구조에 주어 *you*를 가설함에 있음을. 그리하여 (8.28)의 재귀대명사는 이 *you*와 일치하여 *yourself*가 되었고, (8.30)의 부가의문문의 주어는 이 *you*를 복사한 것이고, (8.32)의 소유격대명사도 이 *you*와 일치하여 *your*가 되었음을. 그리고 (8.28, 30, 32)의 모든 비적격문은 그 안의 대명사들이 이 가정적인 you와 일치하지 않았다는 데에 그 비문법성이 오로지 기인함을.

강조(emphatic) 명령문에서는 *you*가 실제로 표면에 나타남을 이 위에 얹어 생각해 볼 때, *you*의 심층구조에서의 존재는 비단 관념적인 가설에 불과한 것이 아니라, 손에 잡히리만큼 여실함을 느낄 수가 있다. 예:

(8.33) a. *You*, come here! '너, 이리와'

b. Don't *you* do that. '너 그런 짓 하지마'

c. Come *ye* saints. '성도들이여, 오라' (찬송가의 일절, ye는 you의 고형)

위에서 본 *you*의 존재의 가정은 *you* 삭제의 가정을 수반한다. 강조 이외의 경우 모든 명령문에서 *you*가 나타나지 않기 때문이다. 이것이 *you*삭제변형규칙(*you*-Deletion transformation)임은 물론이다. 그런데 우리가 여기서 주목해야 할 것이 있다. — 이미 몇 번 나왔을 이러한 문장은 중요한 명제의 출현이 임박했음을 예고한다. 다음 문장이 "그것은"으로 시작할 것도. — 그것은(!) 이 *you*-삭제규칙과 다른 규칙들 —재귀대명사규칙, 부가의문문 형성규칙, 소유격대명사 일치규칙—과의 사이에, *you*-삭제규칙이 이 규칙들을 **후행**하도록 그 적용순서(order of application)가 정해져야만 한다는 사실이다. 왜냐하면, 그래야만 정형 명령문이 자연스럽게 유도되고, 그렇지 않으면 *you*-가정의 설립 자체가 '도로아미타불'이 되고 말기 때문이다. 이를 재귀명령문으로 한 예만 보면,

(8.34) a. 심층구조: you kill you

　　　재귀대명사화: you kill yourself

　　　you-삭제: kill yourself

　　　표면구조: kill yourself!

　　 b. 심층구조: you kill you

　　　you-삭제: kill you

　　　재귀대명사화: 적용못함

　　　표면구조: *kill you!

우리는 제5장에서 음운규칙 사이에 적용순서의 설정이 필요함을 이미 보았다. 언어체계의 한 부문에선 그 규칙들 사이에 적용순서가 있고, 다른 부문에선 그 규칙들 사이에 적용순서가 없다면 그도 이상할 것인 만큼, 변형규칙에도 적용순서가 있을 것임은 예견되지만, 변형이 변덕을 부릴 수도 있으니까, 다른 예를 하나 더 들어 적용순서의 유무 여부를 확인해 보자.

전장의 (7.34b)에서 예문이 나왔지만, *a unicorn is in the garden* '외뿔말이 정원에 있다'에서 *there is a unicorn in the garden*을 도출하는 규칙을 *there*-삽입규칙(*there*-Insertion transformation)이라 한다.

이 *there*-삽입규칙과 부가의문문 형성규칙의 상호 적용순서를 보면, 전자가 후자를 선행해야만 정형 부가의문문이 형성됨을 볼 수 있다.

(8.35) a. 심층구조: Two men are climbing the mountain.

　　　　there-삽입: There are two men climbing the mountain.

　　　　부가의문문 형성: There are two men climbing the mountain, aren't there?

　　b. 심층구조 : Two men are climbing the mountain.

　　　　부가의문문 형성: Two men are climbing the mountain, aren't they?

　　　　there-삽입: *There are two men climbing the mountain, aren't they?

　위에서 (b)의 표면구조가 비정형인 이유는 부가의문문 형성이 *there*-삽입을 선행함으로써, 주문의 주어가 된 *there*와 부가의문문의 주어 *they*가 상치하기 때문임이 명백하다. 이에 두 규칙은 *there*-삽입이 부가의문문 형성을 선행하도록 적용순서를 규정해야 함을 알 수 있다.

　그런데 *there*-삽입규칙과 수동문화규칙의 상호 적용순서를 보면 수동문화규칙이 선행해야 함을 알 수 있다. 왜냐하면, 수동문화규칙이 *there*-삽입규칙의 적용에 필요한 조건인 *be*동사를 산출해 주기 때문이다. 다음 예를 보면 이 관계가 분명해진다.

(8.36) 심층구조: The company hired 20 college students last summer.

　　　　수동문화: 20 college students were hired by the company last summer.

　　　　there-삽입: There were 20 college students hired by the company last summer.

　there-삽입을 수동문화에 선행시키면, 수동문화 과정에서 생기는 *be*의 출현 이전이므로 *there*를 삽입할 수 없고, 따라서 (8.36)의 표면구조는 도출할 길이 없게 된다. (8.35)에서 우리는 *there*-삽입규칙이 부가의문문 형성규칙을 선행해야 함을 보았다. 그런데 (8.36)은 *there*-삽입규칙이 수동문화규칙

을 후행해야 함을 보여주었으므로, 이 세 변형규칙 사이의 적용순서는 다음 과 같다고 할 수 있다.

(8.37) 수동문화규칙
there-삽입규칙
부가의문문 형성규칙

위에서 우리는 여러 변형규칙 사이에 적용순서가 규정되어야 함을 보았 거니와, 다음과 같은 현상은 또 하나의 문제를 제기해 준다. (이 문제만 다 루고 더 이상 변형규칙으로 독자를 괴롭히지 않을 것을 약속한다!) 다음에 나열된 문장들을 살펴보라.

(8.38) a. The fact that North Korea developed nuclear weapons surprised the whole world.

'북한이 핵무기를 개발했다는 사실은 전 세계를 놀라게 했다'

b. The fact that nuclear weapons were developed by NK surprised the whole world.

c. The whole world was surprised by the fact that NK developed nuclear weapons.

d. The whole world was surprised by the fact that nuclear weapons were developed by NK.

위의 문장들은 모두 수동문화 과정을 거친 (a)의 변형이다. 그런데 수동문 화규칙을 어떻게 거쳤길래 위와 같은 변형이 일어났는가? 이를 보기 위해서 수동형이 없는 (a)문을 심층구조라고 보고, 다음과 같은 구절구조의 모습을 살펴보자.

(8.39)

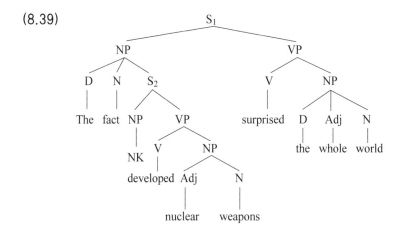

　위의 수형도(樹型圖)를 살펴보고 (8.38)의 문장들로 다시 돌아가 보면, (a)문은 아무런 수동문화규칙의 적용을 받지 않고 심층구조가 그대로 표면화된 것이고, (b)문은 내포문(embedded S) S₂(=*NK developed nuclear weapons*)만이 수동문화된 것이며, (c)문은 모체문(matrix S) S₁(=*the fact surprised the world*)만이 수동문화된 것이고, (d)문은 모체문 S₁과 내포문 S₂ 둘 다가 수동문화된 것임을 알 수 있다. 여기서 우리는 수동문화변형규칙이 일차적용으로 그 수명이 다하는 것이 아니라, 불사조처럼 거듭 화신하여, 반복적으로 적용된다고 보지 않을 수 없게 된다. 그런데 이런 화신의 능력이 모든 변형규칙에 부여된 것은 아니다. 이 사실을 부가의문문 형성규칙에서 보자.

　우선 다음 문장의 심층구조는 (8.41)의 수형도와 같다고 하자.

(8.40) They believed that she was a nymph.
　　　　'그들은 그녀가 요정이라고 생각했다'

(8.41)

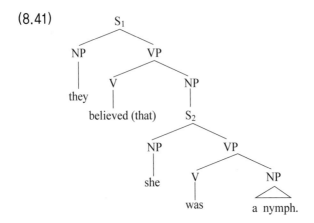

여기서 *They believed that*은 모체문 S_1이고 *she was a nymph*는 내포문 S_2이다. 부가의문문 형성규칙이 수동문화규칙처럼 반복적용 가능성이 있다고 가정하고, 내포문 S_2에 이를 적용한 다음 다시 모체문 S_1에 적용해 보자. 그러면 다음과 같은 비정형문을 낳게 될 것이다.

(8.42) 심층구조: They believed that she was a nymph.
부가의문문 형성 (1차로 S_2에):
*They believed that she was a nymph, *wasn't she?*
부가의문문 형성 (2차로 S_1에):
*They believed that she was a nymph, *was't she, didn't they?*

내포문 S_2에의 제1차의 적용이 문장의 주어(*they*)와 부가의문문의 주어(*she*)가 상치하는 비정형문을 낳을 뿐만 아니라, 모체문 S_1에의 제2차 적용은 부가의문문이 둘씩이나 형성되는 비정형을 낳게 됨을 볼 수 있다. (8.42)의 정형의 부가의문문은 *didn't they*뿐임을 고려해 볼 때, 부가의문문 형성규칙은 반복 적용을 금하고 맨 나중의 모체문에만 적용케 하면 문제의 해결을 볼 수 있음을 알 수 있다. 그러나 이러한 해결책의 모색은 변형규칙을 수동문화규칙처럼 반복적용이 가능한 규칙과, 부가의문문형성규칙처럼 반복적용이 불가능한 규칙의 두 가지 종류로 구별해야 할 필요성을 제시해 준다. 전자와 같은 규칙을 **순환규칙**(循環規則 cyclical rule)이라 하고, 후자와 같은 규칙을 **후순환규칙**(後循環規則 post-cyclical rule)이라 한다. 후순환규칙은 모든 순환규칙을 후행한다.

　이제 모든 것을 요약해서, Chomsky의 문법체계를 다음과 같은 도식으로 표현할 수 있다.

(8.43)

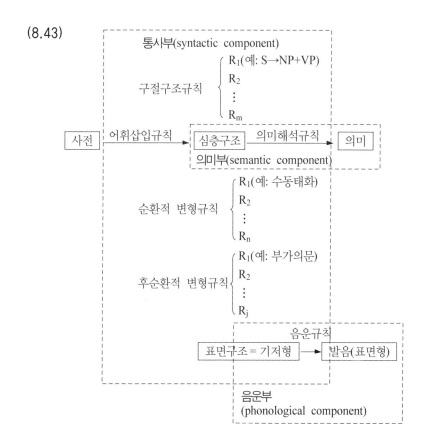

Chomsky 이후의 언어학이 많이 발전하여, 그의 최초의 문법이론이 여러 모로 수정·보완되고 경쟁적인 이론도 몇 제출되었지만, 이 책은 입문서인 만큼 상론하지 않겠고, 다만 두드러지게 변한 한두 가지만을 언급하고 지나 갈까 한다.

첫째로 들 수 있는 것이 구문구조의 **합병**(merger)이다. 종래에는 명사구 (NP), 동사구(VP), 형용사구(AP), 전치사구(PP) 등의 구조를 다음과 같이 그렸다.

(8.44)

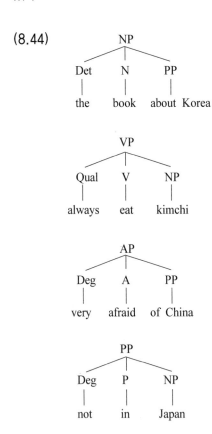

여기서 관찰할 것이 두어 가지 있다. 하나는 명사구 안에는 반드시 명사가 있으며, 동사구 안에는 반드시 동사가 있고, 형용사구 안에는 반드시 형용사가

있으며, 전치사구 안에는 반드시 전치사가 있다는 사실이다. 실상 이 품사들은 각 구의 주인이며 구장(句長)이다. 이를 Head(머리)라고 부른다. 둘째로 관찰할 수 있는 것은 각 구마다 Head를 수식하고 보완하는 어사가 있다는 사실이다. Head 앞의 것을 Specifier(지정사)라 하고, 뒤의 것을 Complement(보어구)라고 하자. 그러면 위의 네 구문(NP, VP, AP, PP)을 통합해서

(8.45) Specifier Head Complement

라고 표현할 수 있다. NP, VP, AP, PP에서 P는 상수(常數)이고 N, V, A, P는 변수이니까, 수학에서 변수를 x로 표기하듯, 이를 X로 바꾸고, 또 Specifier와 Complement는 선택적인 것이므로 이들을 괄호 속에 넣어서 일반화하면

(8.46) XP → (Specifier) Head (Complement)

로 기술할 수 있게 된다.

그런데 위의 통합공식에서 빠진 구문이 하나 있다. 그것은 S(문장) 자체이다. 그래서 어떤 언어학자들은 S도 다음과 같이 재표기하자고 주장한다.

(8.47) IP → NP Infl VP

위에서 IP는 Inflectional Phrase의 약자이고 Infl은 Inflection을 가리키며 약자로 I를 쓴다. 그러니까 이 I는 IP(=S)의 Head가 되는 셈이며 NP와 VP는 I의 Specifier와 Complement가 되는 셈이다. 이것은 단지 체계의 균일성만을 위해서 부린 곡예는 아니며, 기술상의 장점이 따르기 때문이다. 예를 들면, I에 시제(時制 Tense)의 형태소와 조동사 등이 속하는데, 문장에 시제를 할당하거나 조동사를 맨 앞으로 빼내서 의문문으로 변형하는 작업이 더 간편해진다. 다음에 간단한 문장의 전통적 구조와 최근의 구조를 대조시켰다.

(8.48a)

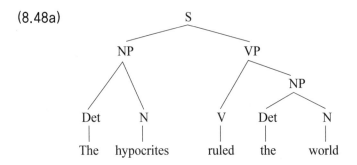

(8.48b)

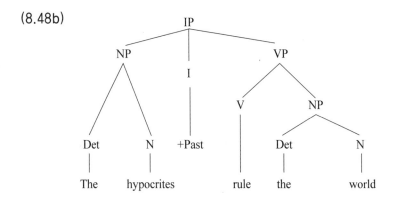

+Past가 *rule*을 *ruled*로 바꾸어주고, 또 -Past이면 *will*로 구현되며, 이것이 의문문을 만들 때, 문장 앞으로 나아가서, *will the hypocrites rule the world?* 라는 문장을 낳게 된다.

위에 본 것은 Chomsky 이후의 구문형식의 변화였는데 이에 수반한 기능적인 변화도 있었다. 그것은 Theta role 혹은 Thematic role(의미역)이라는 것으로 문장에서의 각 명사구의 기능을 명시한 것이다. 다음 문장들에서 명사의 기능을 살펴보라.

(8.49) 전령이 마패를 서울에서 강진으로 호송했다
대통령이 백담사에서 2년 수도했다.
당파싸움이 나라를 엉망으로 만들었다.

위의 문장들에서 **전령, 대통령, 당파싸움**은 행동주(Agent)이고, **마패와 나라**는 행동을 받는 주제(Theme)이며, **서울**은 행동의 발상지(Source)이고 **강진과 엉망**은 목적(Goal)이며, **백담사**는 처소(Location)이고, **2년**은 시간(Time)이다. 이 외에 원인(Cause), 도구(Instrument) 등의 의미 역할이 있을 수 있다. 다음 문장에서 **홍수**가 원인이며, **도끼**는 도구이다.

(8.50) 홍수가 수억의 재산피해를 냈다.
　　　 도둑이 도끼로 대문을 부쉈다.

상론은 삼가겠거니와, 이 의미역할 이론은 명사에 격(格 Case)을 수여하는 데 기여하며, 또 어느 경우에는 변형규칙을 배제할 수 있다는 장점이 있다. 능동-수동문의 생성에서 예를 들어보자.

전통적인 변형생성문법에서는 다음과 같이 영어의 수동문을 능동문에서 기계적으로 뽑아냈다.

(8.51) $NP_i + Vt + NP_j \Rightarrow NP_j + be + Vt\text{-}en + by + NP_i$

이것이 변형규칙인 만큼, 변형규칙은 의미를 변치 않는다는 원칙에 의해 의미의 불변이 고수되어 왔으나, 행동주와 주제가 대화의 초점을 교환하는 데서 오는 의미의 차이를 무시할 수 없음이 드러났다. 예를 들면 다음과 같은 한 쌍의 문장에서

(8.52) a. Every student in the school knows two foreign languages
　　　　　 '이 학교의 모든 학생이 두 외국어를 안다'

　　　 b. Two foreign languages are known by every student in the school.
　　　　　 '두 외국어를 이 학교의 모든 학생은 안다'

(8.52a)에서는 '아무런 두 외국어'의 뜻이 지배적임에 비해, (8.52b)에서는

'같은 두 외국어'의 뜻이 지배적이다. 그리하여 최근에는 행동주를 강등(격하)시키고, 주제나 목적을 승진(격상)시킴으로써, 능동문에서 수동문을 직접 유도한다. 예를 들어,

(8.53) The thieves sold the country. '강도들이 나라를 팔아먹었다'

의 수동문인

(8.54) The country was sold by the thieves.
'나라가 강도들에 의해 팔렸다'

는 다음과 같은 기저형에서 유도된다.

(8.55)

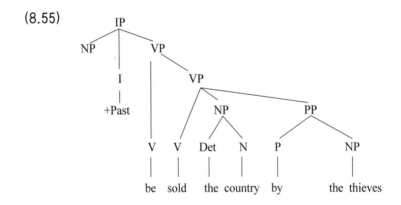

여기서 *the country*가 비어있는 NP자리로 들어간다. 즉,

(8.56)

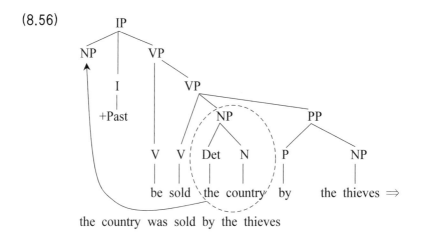

the country was sold by the thieves

비어있는 NP자리로 *the country*가 이동하게 되면 "I"에 의해서 주격을 부여받을 수 있게 된다. 결과적으로 모든 NP가 격을 가져야한다는 요구조건을 충족시키게 된다. 여기서 유의할 것은 능동문이든 수동문이든 명사들의 주제 역할은 똑같다는 사실이다. 재래식의 절제 없는 변형규칙을 마구 쓰지 않고, "이동규칙" (Move-rule) 하나만 가지고 의문문, 수동문 등을 유도해낼 수 있는 것은 NP가 지니고 있는 격, 의미역할 등에 대한 지표 때문이다.

참고문헌

박병수, 윤혜석, 홍미선. 1999. 『문법이론』. 서울: 한국문화사.

송석중. 1993. 『한국어 문법의 새조명』. 서울 지식산업사.

최현배. 1937/1959. 『우리말본』. 서울 정음사.

Bach, E. 1974. *Syntactic theory*. New York, NY: Holt, Rinehart and Winston.

Baker, C. L. 1978. *Introduction to generative transformational syntax*. Englewood Cliffs, NJL Prentice-Hall, Inc.

Carney, A. 2007. *Syntax: A generative introduction*. 2nd ed. Cambridge MA: Blackwell.

Chomsky, Noam. 1957. *Syntactic structures*. The Hague: Mouton.

_____. 1965. *Aspects of the theory of syntax*. Cambridge, MA: MIT Press.

Jo, Jung-Min(조정민). 2013. "Predicate contrastive topic constructions: Implications for morpho-syntax in Korean and copy theory of movement". *Lingua* 131:80-111.

Kim, Ji-Hye(김지혜) and James H-Y. Yoon(윤혜석). 2009. "Long-distance bound local anaphora in Korean: An empirical study of the Korean anaphoa *caki-casin*". *Lingua* 119:733-755. Elsevier.

Lyons, J. 1977. *Noam Chomsky*. Rev. ed. Penguin Books.

Napoli, Donna Jo. 1993. *Syntax*. Oxford, UK: Oxford University Press.

Park, Chongwon. 2013. "Metonymy in grammar: Korean multiple object constructions". *Functions of Language* 20(1):31-63.

Radford, A. 2004. *English syntax: An introduction*. Cambridge, UK: Cambridge University Press.

1. 영어명령문에서 표면형에 *you* 이외에 또 나타나지 않는 것은 시제(時制 tense)이다. 명령문의 심층구조의 시제는 미래형 *will*임을 통사론적으로 증명하라.

2. 다음의 문장들을 살펴보라.

   a. He has followed the instructions.   '지시에 따랐다'
   b. Has he followed the instructions?   (의문형)
   c. He has not followed the instructions.   (부정형)
   d. Has he not followed the instructions?   (부정의문형 1)
   e. He hasn't followed the instructions.   (부정사 축약)
   f. Hasn't he followed the instructions?   (부정의문형 2)
   g. *Has not he followed the instructions?   (부정의문형 3)
   h. *Has he n't followed the instructions?   (부정의문형 4)

   의문형화규칙, 부정형화규칙 및 부정사 축약규칙 셋을 어떤 적용순서로 규정하면 위의 사실을 설명할 수 있는가?

3. 변형규칙은 의미변화를 초래하지 않는다고 하였다. 다음 예문의 의미를 잘음미해 보고 그 원칙의 타당성을 논하라. (예문 (8.52)를 참조하라.)

   a. Few read many books. '독서를 많이 하는 사람의 수는 적다'
   b. Many books are read by few. '많은 책이 소수에게만 읽힌다.'

4. 영어에서 긍정문이 부정문으로 변형될 때, 소정의 변화를 수반한다. 예:

   a. I have *some* money. '돈이 조금 있다.'
   b. I do *not* have *any* money. '돈이 조금도 없다.'
   c. *I do *not* have *some* money.
   d. *I have *any* money.

영어의 부정부사 *hardly, seldom, rarely, scarcely* 등이 not와 똑같은 기능을 발휘한다는 통사론적 증거를 찾으라. (*you*가 영어 명령문의 심층구조의 주어라는 논증법을 빌려쓰라.)

5. 다음 한 쌍의 문장을 검토해보고 물음에 대답하라.

   a. Charles advised Duane to see the doctor.
      '철수가 두완이에게 의사에게 가보라고 충고했다.'

   b. Charles promised Duane to see the doctor.
      '철수가 두완이에게 의사를 보겠다고 약속했다.'

   이 두 문장의 문법적 차이는 무엇인가? 이 차이를 보여주는 심층구조를 그려라.

6. 다음의 Fiji어 문장의 수형도를 검토하고, 아래 물음에 대답하라.

   ea-biuta   na ŋone vakaloloma na tamata ðaa e na basi
   Past-abandon the child   poor   the man   bad on the bus
   'The bad man abandoned the poor child on the bus.'
   (못된 사람이 불쌍한 어린이를 버스 안에 버렸다.)

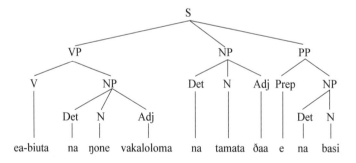

   1. 어순에 있어서, Fiji어와 영어와 국어의 차이는 무엇인가?
   2. 수형도를 기준으로 해서 볼 때, 다음 중의 어느 것이 constituent(구성요소)가 되고 어느 것이 안 되는가? 구성요소의 범주를 명시하라.

biuta na   na basi

vakaloloma na tamata ðaa e na basi

na tamata ðaa   na tamata ðaa e na basi

ea-biuta   ŋone

na ŋone vakaloloma na tamata ðaa

7. 다음 문장의 중의성을 풀이하라. 그리고 그 중의성이 표면구조적인 것인가 심층구조적인 것인가를 밝혀라.

    a. Dick finally decided on the boat.

    b. The professor's appointment was shocking.

    c. The design has big squares and circles.

    d. The sheepdog is too hairy to eat.

    e. Could this be the invisible man's hair tonic?

    f. Smoking cigars can be nauseating.

    g. I cannot recommend him too highly.

    h. Terry loves his wife and so do I.

    i. No smoking section is available.

    j. 두완이는 순자보다 금품을 더 좋아한다.

8. 다음 문장들에서 밑줄 친 명사의 의미역(thematic role)이 무엇인지 명시하라. Agent(행동주), Patient(수동주), Recipient(수혜자), Cause(원인), Goal(목적), Instrument(도구), Location(처소), Time(시간), Stimulus(자극)에서 고르라.

    a. My sister was sitting under a tree listening to music.

     예: Agt   Loc   Stm

    b. The truck was loaded with hay by the farmers.

    c. A sorcerer can change a frog into a princess.

    d. Inflation drives up prices, and gives consumers headaches.

    e. The men used shovels to fill the truck with sand.

9. 다음의 두 영어 문장은 각 괄호 옆의 구절구조 표식이 보여주는 바와 같이 그 구조가 같아 보인다. 그런데도 이 두 문장의 구조는 다르다. 이를 증명하라.

The general]NP shot]v Sergent Wesley]NP in the arm]PP

(장군이 웨슬리 병장의 팔을 쏘았다)

The doctor]NP examined]v Wesley's wound]NP in the arm]PP

(의사가 웨슬리의 팔의 상처를 검진했다)

10. 다음에 열거한 영어 문장들은 일간신문에 난 기사 제목들(Headlines)인데, Headline에 흔히 있을 수 있는 문장구조의 간소화와 관사, 전치사, 구두점 등의 생략 때문에 중의성을 띠고 있다. 시도한 원의를 괄호 안에 번역했는데, 이 외의 의미는 무엇인가 찾아보라. 이러한 중의성이 어디서 (어휘, 구절구조, 심층구조 등) 기인했는지도 밝혀라.

1. TEACHERS STRIKE IDLE KIDS (교사들 스트라이크 아동들 놀리다)
2. CLINTON WINS ON BUDGET, BUT MORE LIES AHEAD
   (클린턴 (대통령) 예산안 승리, 앞으로 또 고전)
3. ENRAGED COW INJURES FARMER WITH AX
   (성난 소 도끼 든 농부 해치다)
4. JUVENILE COURT TO TRY SHOOTING DEFENDANT
   (미성년자 법정 사격 피고인 재판)
5. KILLER SENTENCED TO DIE FOR SECOND TIME IN 10 YEARS
   (살인자 10년 만에 또 사형선고)
6. RED TAPE HOLD UP NEW BRIDGE
   (새 다리(건설) 서류절차에 얽매임)
7. CHEF GIVES HIS HEART IN HELPING FEED NEEDY
   (요리사 가난한 사람 돕기에 심혈)
8. ARSON SUSPECT HELD IN CHICAGO FIRE
   (시카고 화재의 용의자 구류)
9. MINERS REFUSE TO WORK AFTER DEATH
   (광부들 (사고)사 후 근무 거부)

“무얼 도와드릴까요, 부인?”

“남편한테 줄 선물을 고르는 게 힘들구먼요.”

“직업이 무엇이지요?”

“마술사라요.”

“그럼 「변형」에 관한 책이 어떻겠습니까?”

제9장 의미론

> We know the meaning of a word by the company it keeps
>
> J. R. Firth (1890-1960)

언어가 통화수단의 하나인 만큼 의미없는 언어는 무의미하다 그러므로 다음과 같은 "단어"나 "문장"들은 그것이 아무리 국어나 영어같이 보이더라도 언어가 아니다.

(9.1) a. 굿담빌, 소므터, 재쉬데, 픽회러
    b. brilling, toves, wabe, mimsy (Lewis Carroll(1832-98)의 "Jabber-wocky(1871)"에 나오는 "단어"들
    c. 버섯이 구름을 신고 조개껍질에서 산을 심는다.
    d. "Colorless green ideas sleep furiously." '무색의 녹색관념이 사납게 날뛰며 자고 있다' (Chomsky가 지어낸 "문법적인" 비문(非文))
    e. "The six subjunctive crumbs twitch." (미국작가 E. E. Cummings (1894-1962)의 시문) '여섯 개의 가정법 빵부스러기가 팔딱거린다'

그러니까 언어학은 의미를 당연히 한 과제로 다루어야 한다. 우선 위의 문장들이 비적격문으로 해석되는 이유와 근거를 제시해 주어야 할 것이다, 언어의 의미부문을 연구하는 것이 **의미론**(semantics)이다.

언어를 "a system of sound-meaning correspondences"(음성과 의미의 대응체계)라고 단적으로 정의할 수 있을 만큼 의미가 언어의 불가결한 요소이면서도, 의미론이 언어학의 막내로 태어난 데에는 몇 가지 이유가 있다. 이 중에서 두어 가지만 보자.

의미에는 의미의 매개체인 음성형(의미를 담은 그릇)과 이 음성형이 지시하는 사물(그릇에 담긴 것)이 있다. Saussure는 전자를 프랑스어로 *signifiant*(signifier), 후자를 *signifié*(signified)라고 했는데 여기서는 전자를 '표현'(expression), 후자를 '지시물'(designatum)이라고 하자. 제2장의 (2.2)는 "말"(馬)이라는 같은 지시물에 대해 여러 언어에서 표현이 다른 예였다. 그런데 문제는 한 나라말 안에서도 표현과 지시물 사이의 관계가 항상 일대일의 관계가 아니라는 사실이다. 극단적인 예를 먼저 보면, 지시물이 없는데도 표현이 있을 수 있고 반대로 지시물이 있는데도 표현이 없을 수도 있다. 용(龍), 귀신, 도깨비, *unicorn* '외뿔말', *pegasus* '천마'(天馬), *phoenix* '불사조' 등은 이 세상에 지시물이 없는 표현의 예들이고, 한편 네온, 라디오, 마네킹 등은 지시물은 있지만 국어에 표현이 없어 외국어에서 빌려 쓴 차용어의 예이다. 차용어가 아니더라도, 갈매기에서 할미꽃에 이르기까지 전문가가 아니면 모르는 이름이 얼마나 많으며, 미각, 색체, 후각 또는 감정들을 정확히 표현할 수 있는 단어를 찾기 위해 우리가 말숲을 헤맨 적이 얼마나 많았던가?

위와 같은 극단적인 예를 제쳐놓고라도, 표현과 지시물 사이의 관계가 일대일이 아닌 경우는 얼마든지 있다. 동음이의어(同音異義語 homonym)는 물론 한 표현에 지시물이 여럿 있는 경우도 있고, (이음)동의어(synonym)의 경우는 한 지시물에 표현이 여럿 있는 반대의 경우지만, 다음과 같은 예는 한 지시물에 대한 표현이 다를 뿐만 아니라 이 표현의 의미가 다르다는 데에 문제가 있다.

(9.2) 지시물   표현

     a. 금성(金星/Venus)   i. Morning Star   '샛별'

                         ii. Evening star   '저녁별'

                         iii. Hesperus

                         iv. 개밥바라기

     b. 이도(李祹)   i. 이조 제4대 임금

                   ii. 한글 창제자

                   iii. 세종(대왕)

                   iv. 충녕대군(忠寧大君)

c. Napoleon I   i. Jena의 승자

                     ii. Walterloo의 패자

                     iii. Elba의 유배자

                     iv. 프랑스 황제

위의 예들에서 같은 지시물에 대한 다른 표현들의 의미는 다르다. 그러니까 그것은 이음동의어의 예가 될 수 없다. 독일의 논리학자 Gottlob Frege (1848-1925)는 이 점에 착안하고, 단어가 사물을 가리킬 때의 의미를 독일어로 *Bedeutung*(reference)이라 하고, 단어 자체만이 가지고 있는 의미를 *Sinn*(sense) 이라고 불러 구별하자고 하였다. 여기서는 전자를 **지시의**(指示意), 후자를 **언어의**(言語意)로 번역해두자.

의미의 기술을 난항에 부딪치게 하는 — 그래서 구조언어학자가 젓는 의밋배를 암초에 걸리게 하는 — 두 번째의 이유는, 음소나 형태소 또는 단어의 경계선과 달리, 의미는 마치 구름처럼 의미영역의 경계선이 모호하기도 하려니와, 그 내용 즉 지시의조차도 고정되어 있지 않고 늘 변한다는 사실이다. 예를 두어 개 들어보자.

(9.3) 실개천, 개울, 시내, 내, 하천, 강, 대하(大河)

우리는 위에 열거한 단어들의 의미와 상호간의 차이를 어렴풋이 알고 있다. 땅 위로 흘러내리는 물줄기를 지시하는 일련의 어휘로써, **급류, 폭포**와 달리 흐름의 모습보다는 줄기의 크기를 나타내는 말들이다. 또 그 크기가 대체로 (9.3)에 나열된 순서대로 작은 물줄기에서 큰 물줄기로 변하는 것도 알고 있다. 그러나 우리는 어디까지가 **개울**이고 어디서부터가 **시내**이며, 어디까지가 **시내**이고 어디서부터가 **강**인지 그 경계를 정확히 말할 수 없다. "정확히"라는 것은 예를 들어 강폭 및/또는 수심이 몇 (센티)미터일 때부터 **시내**가 **강**으로 변한다고 단정할 수 있느냐는 말이다. **강어귀**(하구)란 단어도 그렇다. 강과 바다가 합류하는 지점부터(이 지점부터가 모호하지만) 몇 미터까지 거슬러 올라간 지점까지를 **강어귀**라고 지칭하는 것인지, 아니면 면적으로 계산해서 강과 바다가 맞닿는 데서부터 몇 평방미터의 강 면적을 **강어귀**라고 하는지 우리는 꼬집어서 말할 수가 없다. 예를 하나 더 보자.

(9.4)

접시   대접   사발   공기

위에 열거한 단어들의 의미를 우리는 잘 알고 있고, 또 그림이 보여주는 바와 같이 그 상호 간의 차이가 그릇의 직경과 높이가 반비례하면서 나타난 다는 사실도 알고 있다. 그러나 직경과 높이가 몇 밀리(또는 센티)미터일 때부터 **접시**가 **대접**으로, **대접**이 **사발**로 바뀐다고 우리는 선뜻 말할 수 있을까? 이들 사이의 차이가 그릇의 용량에 있다면, 입방 센티미터로 그 차이를 정확히 규정해 줄 수 있을까? "대개 **접시**에는 반찬을 담고, **대접**에는 국이나 물을 담고, **사발**에는 밥을 담고…" 하는 식의 기능적 정의는 접시에 밥을 담고, 대접에 반찬을 담고, 사발에 국을 담을 수도 있으니까, 문자 그대로 "대개"의 경우에만 들어맞는 정의이므로 이 또한 불완전하다.

의미론 연구가 어려운 세 번째 이유는, 가끔 단어나 문장이 관습, 환경 또는 화자의 의도 여하에 따라, 문장 안의 문구가 의미하는 것을 의미하지 않고 전혀 다른 것을 의미할 때가 있기 때문이다, 그 한 예인 숙어(관용어 idiom) 를 제6장에서 보았지만, 다음과 같은 종류의 예들도 많다.

(9.5) a. Good morning.
　　　b. How do you do?

위의 영문은 별로 의미가 없는 인사말에 지나지 않지, 직역적인 '좋은 아침'이나 '당신은 어떻게 합니까?'라는 의미는 전혀 없다. 폭풍우가 부는 아침에도 "*Good morning*"이라고 빈정의 뜻이 전혀 없이 할 수 있고, *do you*의 발음이 [du:yu:]가 아니라 [dyə]로 축약된다든가, (a)나 (b)의 대답으로 다시 (a)나(오전 중) (b)를 반복해도 된다는 사실을 보아서도 (9.5)에 직역의 뜻이 없다는 것을 알 수 있다. 길에서 마주친 교수와 학생이 지나치면서 주고 받는 다음과 같은 가상적인 대화도 비슷한 예이다.

(9.6) 교수: 어딜 가나, 용순군.
　　　학생: 아, 네. 안녕하셨어요? 어디 가세요?
　　　교수: 응. 왜 좀 들르지 않지?
　　　학생: 네, 그저. 안녕히 가세요

　정상적인 경우, "어디 가세요?"란 질문에 "응"으로, "왜 안 들르지?"라는 물음에 "네"로 대답할 수는 없다. 그러나 이러한 문장들이 문귀 그대로의 의미가 없는 인사말뿐임을 두 화자가 잘 알고 있기 때문에 위와 같은 대화가 가능한 것이다.
　문장의 의미는 상황에 따라 달라질 수 있다. 그래서

(9.7) 방이 좀 더운데.

라는 발언은 아래 (9.8)이 보여주는 여러 뜻을 가질 수 있다.

(9.8) a. 방 온도가 섭씨 30도이다. (과학자의 서술문)
　　　b. 창문을 열어. (바람이라도 들이자)
　　　c. 에어컨 좀 틉시다. (전기값 아끼지 말고)
　　　d. 우리 옷 벗을까? (데이트하다가 열나면)
　　　e. 밖으로 나가자. (여긴 후덥지근하니까)

　우리가 서술문, 명령문, 의문문 등으로 문장의 기능을 구분하지만, 문장의 형식과 그 기능이 꼭 일치해야 하는 것은 아니다. 위 문장은 "방이 덥다"라는 서술문이 명령문과 의문문의 기능을 하는 것을 보여주었는데, 식당에 전화를 걸어 테이블 예약을 하면서 "창가에 구석진 자리가 좋겠습니다"라고 하는 서술문은 그런 자리를 달라는 명령문이고, 다음 문장은

(9.9) Can you carry this suitcase? '이 옷가방 좀 들어줄 수 있어?'

청자의 근육력이나 의도를 실제로 타진해 보는 의문문이 아니라 '좀 들어줘'
라는 명령문이다. 위 문장의 대답으로 "왜 못 들어? 내가 약골인 줄 아나?"라
고 대꾸할 수는 없다. 위의 문장이 실질적으로 의문문이 아니라 명령문임은
명령문에만 쓰일 수 있는 *please* '제발'이라는 부사가 위의 문장과 같이 쓰일
수 있는 것을 보아서도 알 수 있다. 즉,

(9.10) a. Can you, *please*, carry this suitcase?
        b. *Please*, carry this suitcase.
        c. Are you able to lift 100kg? '백 킬로 무게를 들 수 있어?'
        d. *Are you, *please*, able to lift 100kg?
           '*백킬로 무게를 제발 들 힘이 있어?'

이런 예는 얼마든지 찾아볼 수 있다. 고속버스 안에서 옆에 앉은 승객에게
"연기가 좀 자욱한데예"라는 말은 "담배 좀 그만 피우소"라는 뜻이고, "시계
있습니까"라는 말은 "지금 몇 시인지 좀 알려주세요"라는 뜻이다. 물론 이러
한 문외(文外)의 뜻을 대화자는 알고 있다. 그러기에 이런 경우, "아, 미안합니
다. 그만 피우지요"라거나, "네, 지금 여섯 시 삼 분입니다"라고 대개 대답하지,
"그렇죠? 먼 산에 아지랑이 낀 것처럼 아름답지요?"라거나 "네, 보여드릴까요?
작년에 약혼선물로 받은 오메가지요"라고 대답하는 사람은 없을 것이다.
    화자의 태도나 의도가 담긴 예로는 다음과 같은 것들이 있다.

(9.11) a. statesman '정치가' : politician '정치꾼'
       b. famous '유명한' : notorious '악명 높은'
       c. 중국인 : 뙤국놈, 일본인 : 왜놈
       d. 기독교 신자 : 예수쟁이, 예수꾼
       e. thrifty '검소한, 알뜰한' : stingy '인색한, 째째한'
       f. 새엄마 : 계모

위의 예들은 같은 지시물이나 현상을 두고 화자의 태도에 따라 표현이 달라짐을 보여준다, 앞에 있는 단어들은 화자가 호감(적어도 중립적인 태도)을 가지고 쓰는 말들이고, 뒤에 있는 단어들은 반감을 가지고 또는 경멸조로 쓰는 말들이다.

Churchill의 *iron curtain*(철의 장막), 김대중의 **햇볕정책**(sunshine policy), 로마의 **황금시대**(golden age) 등의 문구는 "관대한" 의미해석이 필요함을 보여준다. 사실 언어의 세계에는 우리가 가끔 "문자 그대로"(literally)라는 말을 해야 될 만큼 글자의 뜻 그대로가 아닌(non-literal한) 문장들이 많다. 위에 든 비유, 수사학에서의 은유(metaphor), 풍자(sarcasm), 냉소(cynicism), 과장법(hyperbole), 겸허법(understatement) 등이 다 non-literal한 표현들이다. 다음 예들을 보라.

(9.12) a. 이 음식은 돼지도 안 먹겠쉬다.

b. 공부 참 잘한다! (아버지가 낙제 성적표를 보고 아들에게)

c. 그 미국놈 코가 다섯 자도 넘드구먼.

d. 별로 차린 것도 없고 맛도 없는 음식이지만 많이 드세요.
(주부가 성찬을 손님에게 권하며)

e. "태산같은 성은(聖恩)" (장관 임명 소감)

이런 문장들을 문귀 그대로 해석할 수 없음은 물론이다

그런데 문제는 화자의 의도·태도라는 것이 볼 수 없고, 측정할 수 없고, 예측할 수 없는 현상이라는 데에 있다. 행동주의에 입각해서 과학적인 기술을 표어(motto)로 삼았던 구조문법이 의미의 바다에로의 항해를 아예 단념한 것은 이 때문이었다. 의미는 마치 바다의 파도처럼 어디서 어디까지가 한 물결인지 그 경계를 분간할 수도 규정할 수도 없었고, 항상 변하는 파도의 모습을 예측할 수가 없었기 때문이었다.

그러나 언어학이 언제까지나 의미에 등을 돌릴 수는 없다. 의미없는 언어는 실로 무의미하기 때문이다. 파도의 비유를 더 연장해서, 물결의 행위를 예측할 수 없다고 포기만 할 것이 아니라, 해도(海圖)와 기상도를 작성하고 천체역학을 연구해 봄으로써, 이들과의 함수관계의 여부를 관찰해 보아야 할 것이다.

이러한 연구를 이 책과 같은 입문서에서 본격적으로 수행해 볼 수는 없다. 그러나 입문서에 적합한 입문 정도의 토론은 할 수 있고, 또 해야만 한다. 그러기 위해선 우선 과제의 영역을 다룰 수 있을 만큼의 범위로 좁혀야 하겠다. 이 국한을 다음과 같이 한다. 먼저 언어의(linguistic meaning, sense)만을 이 책에서 다루고, 지시의(referential meaning)는 다루지 않기로 한다. 둘째로 **어휘의미론**(lexical semantics)을 주로 다루고, 문장의 진위(眞僞)나 문장의 명제(命題 proposition)의 가능성을 다루는 이른바 **형식의미론**(formal semantics)과, 특정한 맥락과 언어 사용자에 따른 문장의 의미를 다루는 이른바 **화용론**(話用論 pragmatics)은 나중에 간단히 언급할 것이다. 이 분야에 흥미있는 독자들은 참고문헌 란에 소개된 최근에 간행된 의미론에 관한 입문서들을 읽어보길 권한다.

어휘의미론은 물론 단어의 뜻을 다룬다, 그런데 단어에는 개별적인 단어들이 독자적으로 지니고 있는 의미도 있지만, 다른 단어들과의 연합 및 관계에서 밝혀지는 의미도 있다. 예를 들면 영어의 *pregnant* '임신한'과 *horse* '말'은 서로 독자적인 의미를 가지고 있지만, 둘을 합해서 *a pregnant horse* '임신한 말'라고 했을 때의 *horse*는 *mare* '암말'의 뜻이 된다. 이것은 물론 *pregnant*라는 단어와의 연합관계 때문이다. 어휘의미론은 그 초점을 단어와 단어 사이의 관계에 둘 수도 있고, 개별 단어의 의미성분에 초점을 둘 수도 있다, 전자를 **관계규명**(relational definition)이라 하고, 후자를 **성분분석**(componential analysis)이라 한다. 전자부터 보자.

우리는 이 책에서 말(馬)의 예를 몇 번 들었었다. 말의 또 하나의 의미는 장기(將棋)판에서의 말(馬)이다. 이 말(馬)을 어떻게 정의할 것인가? "납작하고 동그랗게 깎은 나무 조각으로 양면에 馬자를 새긴 것"이라고 정의해보아야 거의 의미가 없다. 왜냐하면 말(馬)의 진의는 그 외모에 있는 것이 아니라 장기판에서의 그 기능에 있기 때문이다, 실상 장기의 말은 동그랗고 납작하지 않아도 되며, 나무 조각이 아니고 플라스틱이나, 상아나 백금이어도 되며,

심지어는 말 한 마리가 없어졌을 때 바둑알이나 동전을 갖다 놓고 "이것을 말(馬)이라고 합시다" 하고 장기를 둘 수도 있다, 이것은 말의 참뜻이 그 외모에 있는 것이 아니라, 장기판에서의 그 기능에 있음을 보여준다. 그러니까 말의 의미는 장기판을 떠나서는 규정할 수 없게 된다. 말의 움직임은 판 안에 국한되고 판에 의해 규정되기 때문이다. 운동경기의 규칙도 마찬가지다. 오프사이드(offside), 파울(foul), 홀딩(holding) 같은 반칙들은 특정한 경기장을 떠나서는 정의할 수 없다. 파울이 야구와 농구에서 각각 다른 의미를 가지고 있고, 홀딩도 배구와 권투에서 각각 다른 의미를 가지고 있는 것은 이때문이다. 이렇게 의미의 규정에 장기판이나 경기장같이 장(場 field)이 필요하다는 의미론을 장이론(場理論 field theory of meaning)이라 한다. 이러한 장이론에선 장내(場內)의 경기자들(players in the field) — 예를 들면 장기판에서의 말들이나 경기장에서의 선수들 — 간의 상호 관계를 규정하는 것이 중요하다. 장기판의 말(馬)은 상(象), 차(車), 졸(卒)같은 다른 말들과의 관계에서 그 기능과 움직임이 규정되고, 경기장의 좌익수(左翼手 left fielder), 우익수(右翼手 right fielder), 중견수(中堅手 center) 등의 위치와 임무도 선수들 간의 상호 위치와 관계에서 규정된다. 여기에 관계 규정의 개념이 성립된다.

이해를 돕기 위해 우리는 장기판과 경기장같은 비교적 윤곽이 뚜렷한 장(場)의 예를 들었지만, 의미세계에서 이렇게 장(場)이 언제나 공간적으로 선명하게 구분되어 있는 것은 아니다. 거기에는 관념의 장, 시간의 장 등 여러 가지 장이 있을 수 있다. 예를 들자면 색 스펙트럼(color spectrum)장의 일부를 국어(한자어 제외)와 영어와 Welsh에선 다음과 같이 나눈다.

(9.13)

국어	영어	*Welsh*
푸른	green	gwyrdd
	blue	glas
	grey	llwydd
	brown	

Welsh어를 한 마디도 모르고 발음도 못하더라도 위의 Welsh어 단어들의 색장(色場)에서의 상호 위치관계로 미루어 그 뜻이 무엇인지를 우리는 알 수 있고 규정할 수 있다.

또 한 예로 동기간(sibling)이라는 장(場)을 들 수 있다. 국어를 포함한 네 나라 말에서 이 장은 다음과 같이 구분된다.

(9.14)

국어	헝가리어	영어	말레이어
언니·오빠 (형)	bātya	brother	sudarā
아우 (남동생)	öcs		
언니·누나 (형)	néne	sister	
아우 (여동생)	hug		

국어의 경우 위와 같이 칸을 매긴 것은, 한자어의 남(男)·여(女)를 빌지 않으면, 성(性)을 구별하지 않고 장유(長幼)만 구별하여 자기보다 윗동기는 언니(또는 형), 아랫동기는 아우(또는 동생)이라고 하기 때문이다. 흥미 있는 것은 불리는 대상의 성(性)과, 부르는 본인의 성이 다를 경우, 그것도 "언니"일 경우에만, 오빠(여자가 먼저 난 남자 동기에게)와 누나(남자가 먼저 난 여자 동기에게)로 구별된다는 사실이다. 이 사실만을 제외하면 각 나라말에서 동기간을 지칭하는 단어의 의미의 한계를, 이 단어들의 장(場)에서의 상호위치 관계를 보여주는 (9.14)와 같은 표를 보고 알 수 있다. 헝가리어 사전과 말레이어 사전을 찾아보지 않더라도.

위와 같은 장이론(場理論)의 관계규명(relational definition)에 입각한 어휘의 미론이 동의어(同義語) 관계, 반의어(反義語) 관계 등, 어휘와 어휘 사이에 존재하는 여러 가지 관계를 규정하려 함은 당연하다. 아래에서 그 몇 가지를 살펴보자.

1. 동의관계 (同意關係 synonymy)

물론 이음동의(異音同意)의 관계이다. (문헌에서 '意'와 '義'가 차별없이 쓰이는 듯하다. 同意字의 예이다! 어근 -nymy를 '義性'으로 번역할 수도 있겠으나, 지금 '관계'를 논하고 있는 만큼 여기서는 '意關係'로 번역해 두기로 한다. 즉, '同義性', '異義性' 대신 '同意關係', '異意關係' 등등으로) 나라말마다 꽤 두툼한 동의어사전(dictionary of synonyms)이 있을 정도로 동의어는 많다. 국어와 영어에서 몇 개의 예만 보면,

(9.15) a. i. 견디다, 참다, 이겨내다
　　　　　 ii. 낯, 얼굴, 안면
　　　　　 iii. 깨끗한, 말쑥한, 청결한, 결백한
　　　 b. i. see, watch, look, stare, gaze, peek
　　　　　 ii. land, ground, earth, soil
　　　　　 iii. deep, profound, unfathomable

엄밀한 의미에서 동의어는 없다. 상호 대치가 모든 경우에 가능한 어휘는 없기 때문이다. 이런 의미에서 동의어 보다는 유의어(類義語)관계라고 부르는 것이 더 나을 것이다. 예를 들자면, '낯'과 '얼굴'이 똑같은 뜻의 단어인 듯하지만, '낯'은 표정에, '얼굴'은 모양에 더 초점을 두는 듯하다. 그리하여 '얼굴이 둥글다', '늙은 얼굴'은 되지만 '낯이 둥글다', '늙은 낯'은 어색하다. '참다'는 무생물이 그 주어가 될 수 없다. 그리하여 '이 선반이 이 책 무게를 견뎌내는군'이라고는 할 수 있어도 '*이 선반이 이 책 무게를 참아내는군'이라고는 할 수 없다. 영어에서 *profound* '심심한'은 추상명사만을 수식할 수 있어서, *deep water* '깊은 물' *deep gratitude* '깊은 감사', *profound sympathy* '심심한 조의'는 되어도 *profound water* '심심한 물'은 안 된다. 또 어떤 동의어들 사이에는 방언적인 차이나(예: *bucket, pail* '물통' ; 옥수수, 강냉이), 사회계층의 차이나(예: *policeman, cop* '경찰' ; 대변, 똥), 또는 화자의 태도의 차이를(9.11의 예를 참조) 반영해 주기도 함을 유의해야 할 것이다.

2. 이의관계 (異意關係 homonymy)

다음과 같은 것이 자명한 예들이다.

(9.16) a. i. 전기 (電氣, 前期, 傳記, 轉記, 全期, 轉期)
         ii. 배 (舟, 梨, 腹)
         iii. 갈다 (換, 鍊, 耕)
         iv. 사자 (買, lion, 四者, 死者, 使者, 寫字)
    b. i. sound '소리', '건전한', '해협', '타진하다'
         ii. grave '무덤', '엄숙한'
         iii. fair '고운', '장, 박람회', fare '운임'

그리고 중화현상(neutralization)으로 인하여 어떤 음운적인 환경에서만 동음이의어가 출현하는 경우도 있다. 다음의 어휘들은 모음이 후행하면 독자적인 음성형이 유지되나, 어말이나 자음 앞에서는 받침소리가 중화되어 동음이의어가 되는 예들이다.

(9.17) 낟(穀), 낫(鎌), 낮(晝), 낯(面), 낱(各)
       곧(卽), 곳(所), 곶(岬)

또 *sea* '바다'와 *see* '보다', 말(馬)과 말다(捲) 등을 동음이의어로 볼 수 있으나, 두 단어들의 어휘범주가 달라 같은 위치에 대치되어 문장의 중의성을 낳을 가능성이 없으므로, 구태여 동음이의 관계가 있다고 볼 필요가 없을 듯하다.

이것보다도 더 문제가 되는 것은 이의어와 **다의어**(多意語 polysemy)와의 구별이다. 그 구별의 기준을 종래에는 어원(語原 etymology)에 두었다. 즉, 어원적으로 전혀 다른 두 (또는 그 이상의) 단어가 우연적으로 발음은 같되 뜻은 다른 경우를 동음이의어라고 했고, 어원적으로 같은 한 단어가 그 의미의 영역이 팽창되면서 관계되는 여러 의미를 갖게 될 때 이를 다의어라 했다.

(9.18) chair   '의자', '과장', '의장'

change '변화,', '거스름돈'

key   '열쇠', '비결', '(사건, 문제 등의) 해결의 실마리', '(타자기, 피아

노 등의) 건반', '(음악의) 조(調)'

그러나 철자는 같아도 어원이 다른 경우와(예: *ear* '귀' < Latin *auris; ear*
'이삭' < Latin *acus*), 반대로 철자는 달라도 어원이 같은 경우(예: *shirt*와
*skirt, camera*와 *chamber, flour*와 *flower*)를 고려해볼 때, 또 대부분의 사람
들이 (언어학자를 포함해서) 어휘의 역사적 기원을 모른다는 사실을 고려해
볼 때, 어원은 이의어/다의어 구분의 기준이 될 수 없다.

어떤 언어학자는 구별 기준을 통사적 현상에 두고, 한 단어의 여러 뜻이
한 문장 안에서 동시 해석이 가능할 경우는 다의어라고 규정하고, 그렇지
못할 경우, 즉 배타적인 해석만이 가능할 경우는 동음이의어라고 규정하자
고 한다. 예를 들면 다음 문장에서,

(9.19) 이 책은 두껍지만 재미있다.

책이라는 지시물의 외모와 그 내용이 한 문장 안에서 동시에 해석될 수 있다.
그러나 다음 문장에선,

(9.20) He ran the race in Seoul.

*ran*을 경기에 참가해서 본인이 직접 '뛰었다'는 뜻과 경기를 '운영했다'의
두 해석이 가능하지만, 배타적인 해석만이 가능할 뿐, 동시적인 해석은 불가
능하다. 그러니까 *run*은 동음이의어이고, '책'은 다의어라는 주장이다. 그러
나 이러한 주장에는 좀 무리가 있고, 위와 같은 구별 기준은 너무 엄격하지
않은가 하는 느낌이 들지 않을 수 없다, 예를 들면 영어 단어 *man*에는 '인간'
이라는 보편적 의미가 있는 다의어이지만 다음과 같은 문장은 성립되지 않는
듯하다.

(9.21) ?Man is a social animal dominated by woman.

　　?'인간은 여자의 지배를 받는 사회적 동물이다'

　그렇다고 *man*이 두 뜻을 가진 다의어가 아니고 철자와 발음이 우연적으로 같을 뿐인 동음이의어라고 규정해야만 할 것인가? 한편 다음과 같은 예들은 (9.19)마저 의심스럽게 한다.

(9.22) a. ?The score is on the desk and is difficult to play.

　　　　?'악보가 책상 위에 있는데 연주하기 힘들다'

　　 b. ?그녀가 예쁜 미소와 아름다운 글과 큰 집을 짓고 있다.

　　 c. ?He killed a chance for promotion and his uncle.

　　　 ?'승진할 기회와 자기 숙부를 죽였다'

　위의 문장들은 이른바 **액어법**(軛語法 zeugma)이라는 화술의 예로, 문장 앞에 의문부로 표시한 것처럼, 일부러 말재롱을 부리는 경우가 아니면 대개는 비문법적으로 간주되는 문장들이다. 그렇다면 외형의 *score* '악보'와 내용의 *score*, 미소를 짓다와 글을 짓다와 집을 짓다의 세 뜻의 짓다, 구체적인 의미의 *kill*과 추상적인 의미의 *kill* 등이 다의어가 아니고 동음이의어라는 결론이 성립된다. 그러나 이런 결론은 너무 엄밀하고 무리한 데가 있다고 하지 않을 수 없다.

　동음이의어는 그 중의성(重義性) 때문에 의사 소통에 불편을 주는 수도 있지만('배에 물이 많이 들었다'라는 문장을 상기해 보라), **말놀이**(말재롱 pun)로 언어를 재미있게 만듦으로써, 중의성의 단점을 충분히 보상하고도 남게 한다. 일상생활의 담화에서뿐만 아니라, 문학작품에서의 해학(諧謔 humor, wit)과 농담(joke)은 동음이의어에 기초를 둔 것이 많다. 국어와 영어에서 한 가지씩 예를 들어보자.

(9.23)　양반은 상놈치고

　　　　상놈은 기집치고

　　　　기집은 개똥치고

　　　　똥개는 꼬리치고

이것은 충남 아산 지방의 구전(口傳) 민요의 한 구절이다. 이 구절이 재치 있고 재미있게 느껴지는 것은 '치다'라는 동사가 '때리다'(打), '치우다'(除) 및 '(꼬리를) 흔들다' 등의 의미를 갖는 동음이의어이기 때문이다.

다음은 Lewis Carroll(1832-1898)의 *Alice's in wonderland*(1865)에 나오는 Mouse(생쥐)가 Alice와 대화하는 한 장면이다.

(9.24) MOUSE: Mine is a long and sad tale!
　　　　ALICE: It is a long tail, certainly, but why do you call it sad?

tale '얘기'와 *tail* '꼬리'의 동음이의성에 이 대화의 '유머'가 있음은 물론 이다. 이렇게 웃음을 자아내는 동음이의어가 없다면, 언어가 얼마나 무미건 조할 것인가? 부수적인 얘기지만, 국문학 작품을 외국어로 번역할 때나, 외 국 작품을 국어로 번역할 때 가장 어려운 것의 하나가 이러한 말재롱(pun)이 다. 원어의 동음이의성을 그대로 보존한 채 번역하는 것이 거의 불가능하기 때문이다. 예를 들어 (9.24)를 다음과 같이 국어로 번역해 보아야 동문서답 격 밖에 되지 않는다.

(9.25) MOUSE: 내 얘긴 길고 슬퍼요.
　　　　ALICE: 꼬리가 긴 것은 분명하지만 왜 슬프다고 그러지?

마찬가지로 (9.23)의 동음이의어 치다를 영어의 *beat, sweep, wag* 등으로 의역할 수 있지만, 원문에 있는 묘미는 맛볼 수 없게 된다. 이럴 때는 원의 에서는 조금 벗어나더라도, 두운(頭韻 alliteration)이나 각운(脚韻 rhyme)을 이 용해서 원문의 말재치를 좀 살려주는 것이 좋을 것이다. 다음은 저자가 시 도해 본 (9.23)의 영문 번역이다.

(9.26) The master whacks the servant,
　　　　The servant wakes the maid,
　　　　The maid walks the dog,
　　　　And the dog wags his tail.

위 번역에서 각 행의 동사가 *w(h)a*로 시작하고 연구개음(velar) *k*나 *g*로 끝남으로써 어느 정도의 결속성(coherence)은 지니고 있지만, 제2행에서는 '하녀를 깨우다'로, 제3행에서는 '개를 걷기다'로 '엉뚱한' 번역이 되어 버렸다. *wakes* 대신 *whips*를, *walks* 대신 *washes*를 쓰면, 의미는 원의에 좀 더 충실해지겠지만, 모음과 끝자음이 통일성을 잃는다는 단점이 있다. 이 점에 대해서는 제12장 언어와 문학에서 한번 더 언급할 기회가 있을 것이다.

3. 반의관계 (反意關係 antonymy)

한 쌍의 단어가 서로 반대되는 의미를 지니고 있을 때, 이 어휘가 반의관계에 있다고 한다. 다음과 같은 것이 선뜻 들 수 있는 예이다.

(9.27) man : woman   boy : girl   adult : child
      hot : cold   young : old   male : female
      buy : sell   lend : borrow   teach : learn

그러나 반의관계가 위의 예들이 보여주듯 단순한 것은 아니다, 우선 "반대되는"이라는 말의 규정부터가 그렇다. 무엇이 반대된다는 말인가? 모든 면에서 최대한으로 반대되는 것을 의미하면, **사람**의 반의어는 **암초**라고 할 수도 있을 것이다. 사람이 생물임에 비하여 암초는 무생물이고, 사람은 지상에 있는데, 암초는 수중에 있고, 사람은 동적인데 암초는 부동적이고 하니까. 그러나 사람의 반의어가 암초라거나 문고리라거나 참새라고 생각하는 사람은 없을 것이다. 그 이유는 사람과 암초 사이에 비교의 근거가 없기 때문이다. 따라서 어떤 두 개념이나 개체가 비교의 대상이 되기 위해서는 둘 사이에 공통 요소가 있고, 한 매개변수(parameter)만이 달라야 한다. 위의 예에서 *man:woman*은 같은 사람이고 어른이면서 성(性)이 반대되는 경우이고, *boy:girl*은 같은 사람이고 십대의 연령이면서 역시 성이 반대되는 경우이고, *adult:child*는 성에 관계없이 연령이 반대되는 경우이다. 그러니까 성과 연령의 두 변수가 한꺼번에 다른 *man*과 *girl*, 혹은 *woman*과 *boy*는 반의어 관계에 있다고 할 수 없게 된다.

반의관계에서 또 한 가지 유의할 것은 다의어의 경우 의미에 따라 반의어가 달라질 수 있다는 사실이다. 예를 들어 *fair*라는 영어 단어의 반의어가 언제나 *unfair*라고 할 수는 없다. 물론 '공평한'이란 뜻의 *fair*의 반의어는 *unfair*이지만, '살갗이 흰'이란 뜻의 *fair*의 반의어는 *dark*이며, '하늘이 맑은'이란 뜻의 *fair*는 *cloudy*이고, '공명정대한'이란 뜻이 *fair*의 반의어는 *foul*이고, '아름다운'이란 뜻의 *fair*(예: *My fair lady*)의 반의어는 *ugly*가 될 것이다.

셋째로 다음과 같이 반의관계를 이루는 각 쌍의 어휘에서

(9.28) old : young   high : low   wide : narrow
        tall : short   thick : thin   long : short

후자는 이른바 유표적(marked)인 의미를 띠고 있는데 비해, 전자는 무표적(unmarked)인 의미를 띠고 있음을 유의해야 할 것이다, 무표적이라함은 반드시 '늙다', '높다', '넓다' 등등의 의미가 없이 중립적인 '나이', '높이', '넓이' 등등을 가리킬 뿐이라는 말이다. 그리하여 한 달밖에 안 되는 갓난아이도

(9.29) The baby is only one month old.

라고 할 수 있는 것이다.

(9.30) How tall is he?

라는 문장에선 그의 키가 크다는 전제가 전혀 없지만,

(9.31) How short is she?

라는 문장에선 그녀의 키가 작다는 것이 전제된다. 영어의 *height, width, thickness, length*처럼, 국어의 높이, 넓이, 키(<크이), 두께(<두껍이), 길이 등의 어휘도 중립적인 즉 무표적인 의미만 가지고 있다. *낮이, *얕이, *짧이

등의 어휘가 없는 것을 보아서도 알 수 있다. 흥미로운 것은 두 언어에서 (또 한문의 高度, 廣度…도 참조) 정도가 더 큰 것을 무표적인 의미로 쓰고 있다는 사실이다. 여기에 어떤 범언어적인 설명이 있지 않을까?

마지막으로 반의 관계를 **등급적**(gradable) 반의관계와 **비등급적**(nongradable) 혹은 **상보적**(complementary) 반의관계로 구분할 수 있다. 다음 예들을 보라.

(9.32) a. hot : cold   beautiful : ugly   high : low
       b. male : female   alive : dead   single : married

(9.32b)에선 'ㄱ아니면 ㄴ'이라는 공식이 가능하다. 즉, 남자 아니면 여자이고, 죽지 않았으면 살아있고, 미혼 아니면 기혼으로 그 중간상태란 있을 수 없다. 그러나 (9.32a)에선 이런 공식이 성립되지 않는다. 즉, 뜨겁지 않다고 해서 반드시 차지 않으며, 예쁘지 않다고 해서 반드시 못생긴 것은 아니다. "양귀비"에서 "옥떨메"에 이르기까지 그 중간 형태가 얼마든지 있을 수 있기 때문이다. 예를 들자면,

(9.33) hot - warm - lukewarm - cool - chilly - cold - freezing
       gorgeous - beautiful - pretty - cute - fair - plain - ugly

반의관계를 이렇게 등급적인 것과 비등급적인 것으로 구분하는 타당성을 다음과 같은 문법 현상에서 찾아볼 수 있다. 즉, 전자만이 비교급·최상급으로 쓰일 수 있고, 후자의 경우는, 비유적인 경우를 제외하면, 비교급·최상급으로 활용할 수가 없다는 사실이다. 예를 들면,

(9.34) a. The weather is hotter in Busan than in Seoul.
          '서울보다 부산이 더 덥다'
       b. She is the most beautiful woman I have met.
          '만나 본 여자 중 가장 아름답다'
       c. *He is more single than I.
          '나보다 더 미혼이다.'

d. *She is the most dead person.

    *'그녀는 가장 죽은 사람이다.'

4. 하의관계 (下意關係 hyponymy)

이는 포함(inclusion)의 관계로, 어떤 어휘와 그 어휘의 의미영역의 장(場 field)을 세분한 부분장의 관계이다. 예를 들면 미덕(美德 virtue)이라는 장은 겸손(modesty), 정직(honesty), 용기(courage), 충성(loyalty) 등의 부분 장으로 구성되어 있으며, 꽃(flower)의 장은 장미, 백합, 국화, 진달래, 개나리, 목련 등 등의 부분 장으로 구성되어 있다. 이를 도식해 보면 아래와 같다.

(9.35)

이때 '미덕'을 **상위어**(上位語 superordinate)라 하고, '겸손', '정직' 등을 **하위어**(下位語 hyponym **또는** subordinate)라 하며, '겸손'은 '미덕'과 하의관계에 있다고 하고, '정직', '용기' 등과 '겸손'은 **동위**(同位 coordinate)관계에 있다고 한다.

어떤 때는 상위어나 하위어 자리가 빌 때가 있다. 예를 들면 *father*와 *mother*의 상위어는 *parent*이고, *husband*와 *wife*의 상위어는 *spouse*이지만, *teacher*와 *student*의 상위어는 영어에 없다. 또 *dog* '개'가 *puppy* '강아지', *bitch* '암캐' 등의 상위어지만, '수캐'에 해당하는 하위어는 따로 없다. 대개는 상위어 *dog*를 그대로 하위어 '수캐'의 뜻으로도 쓰고 강조할 때만 *male dog*라고 한다. 이렇게 비어있는 어휘의 장을 **어휘공백**(lexical gap)이라고 한다.

dog와 같이 다의어는 하의관계 계층에서 여러 자리를 차지할 수 있다. 다음 (9.36)을 보라.

(9.36)

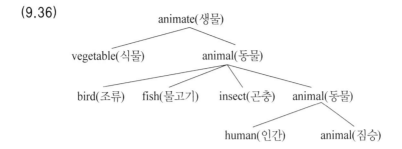

즉, *animal*이 식물과 대조될 때에는 *vegetable*의 동위어인 동시에 *bird*, *fish*, *insect* 등의 상위어이며 한편, '포유동물'(哺乳動物 mammal)이라는 뜻으로는 *bird*, *fish*…와 동위어인 동시에, *human*과 '짐승'이라는 뜻의 *animal*의 상위어이다.

하위관계의 통사적 의의는 의미장의 계층적 조직에서 유래되는 **함축관계**(含蓄關係 implicational relation)이다. 즉, 특수한 의미의 하위어는 보다 일반적인 의미의 상위어를 함축하지만 그 역(逆)은 성립되지 않는다. 그리하여 *this is a rose*가 참이면 *this is a flower*도 참이지만, 후자가 참이라고 전자도 반드시 참이 되지는 않는다. 마찬가지로 *A rose is a (kind of) flower* '장미는 일종의 꽃이다'는 성립되나, **A flower is a (kind of) rose* '꽃은 일종의 장미이다'는 성립되지 않는다. 전체 장을 부분 장의 일부/일종이라고 하는 것은 모순이기 때문이다. 거꾸로 상위어를 *all* '모든'으로 수식했을 때 '모든' 하위어도 이에 포함되나, 하위어를 *all*로 수식해도 '모든' 상위어를 함축하지는 않는다. 즉, *all flowers are lovely* '모든 꽃은 아름답다'는 *all roses are lovely* '모든 장미는 아름답다'를 함축하지만, 그 역은 성립되지 않는다.

지금까지 우리는 장이론(場理論 field theory of meaning)에 입각하여 어휘 사이에 존재하는 여러 관계를 보았다. 특히, 그 중에서 하의관계(hyponymy)에는 함축의 계층(implicational hierarchy)이 있으므로 이를 (9.36)에서 보듯 수형도(樹型圖 tree diagram)로 표시할 수 있음도 보았다. (9.36)을 *human* '인간'에 한해서 조금 더 연장하면 다음 (9.37)과 같이 될 것이다.

(9.37)

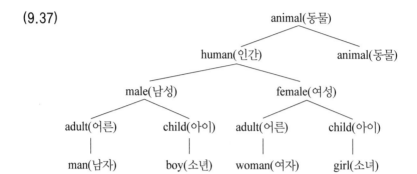

여기서 우리가 볼 수 있는 것은, 하위어가 상위어의 의미를 함축하고 있기 때문에, 최하위에 있는 단어들의 의미는 상위어들을 함의(含意)하고 있다는 것이다. 실상 *woman*을 'human female adult'로, *boy*는 'human male child' 등으로 정의해도 무난할 정도이다. 여기서 만약 우리가 'human', 'male', 'adult' 등을 하나의 의미성분(semantic component)으로 본다면 한 어휘의 정의는 그 어휘를 구성하고 있는 의미성분의 총화라고 할 수 있다. 장(場)에 의존하지 않고, 의미성분만으로 어휘의 의미를 규정하는 방법론을 **성분분석**(componential analysis)이라고 한다.

의미성분에 의한 어휘 분석은 원래 친척명(親戚名 kinship terms)의 연구에서 비롯되었다. 다음의 스페인어의 예를 보라.

(9.38) tio '아저씨'   tia '아주머니'
        hijo '아들'   hija '딸'
        abuelo '할아버지'   abuela '할머니'

위에서 우리는 스페인어에서 친척의 성(性)을 남자는 -*o*, 여자는 -*a*로 표기함을 알 수 있다. 그리하여 *hermano*가 'brother'의 뜻이라면 'sister'의 뜻을 가진 단어는 *hermana*라고 예측할 수가 있다. 실상 어떠한 친척 관계도 몇 개의 범주만으로, 즉 성(sex), 세대(generation), 직계(lineal), 동계(co-lineal) 및 종계(從係 ablineal)의 명세만으로 친척명이 없는 친척관계까지도 정확히 규정할 수 있다.

일반 어휘의 의미성분은 비례적 관계를 가지고 있는 단어들의 나열에서 쉽게 엿볼 수 있다. 다음 예를 보라.

(9.39) (ㄱ)　　　　　　　　　(ㄴ)　　　　　　　　　(ㄷ)

    (a) man '남자'　　　woman '여자'　　　child '어린이'

    (b) bull '황소'　　　cow '암소'　　　calf '송아지'

    (c) dog '수캐'　　　bitch '암캐'　　　puppy '강아지'

    (d) stallion '숫말'　　　mare '암말'　　　colt '망아지'

    (e) rooster '수탉'　　　hen '암탉'　　　chicken '병아리'

    (f) drake '숫오리'　　　duck '암오리'　　　duckling '오리새끼'

위 도표에서 우리는 종렬(column)로 횡렬(row)로 같은 비례 관계가 있음을 볼 수 있으며, 이러한 비례 관계에서 의미성분을 추출(抽出)해 낼 수 있다. 즉, (ㄱ)줄은 남성(숫), (ㄴ)줄은 여성(암), (a)줄은 사람, (b)에서 (f)까지의 나머지는 동물, 그 중에서 (b)-(d)는 포유동물, (e)와 (f)는 조류(鳥類), 등등. 여기서 우리는 어휘의 의미를 이렇게 해서 추출된 의미성분으로 분석할 수 있음을 암시 받는다. 예를 들면,

(9.40) *man* = HUMAN, ADULT, MALE
     mare = ANIMAL, ADULT, FEMALE …
     chicken = BIRD, YOUNG, — …

위에서 대문자로 쓴 것은 영어의 어휘가 아니라, 추상적인 의미성분이다. …는 다른 의미성분에 의한 세분(細分)이 필요하다는 뜻이고 (예를 들면 *mare* 와 *cow*를 구별하기 위해서), —는 해당하는 성분의 명세가 필요없다는 뜻이다. (예를 들어 *chicken*은 MALE/FEMALE(숫/암)의 명세가 필요 없다.) (9.40)에서 하나 착안할 수 있는 것은 의미성분을 이분법(二分法 binarism)으로 표시할 수 있다는 사실이다. 즉, HUMAN은 [+HUMAN], ANIMAL은 [-HUMAN]으로, YOUNG은 [-ADULT]로 FEMALE은 [-MALE] 등으로, 그러면 (9.40)을 (9.41)과 같이 고쳐 쓸 수 있다.

(9.41)

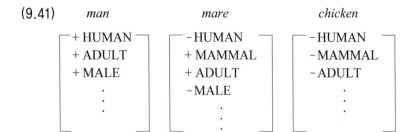

이와 같은 표기방법은, 제4장에서 분절음을 변별적자질(Distinctive Features)의 총화로 표기한 것과 정비례함을 상기시켜준다. 실상 의미성분 분석은 의미의 변별적자질에 의한 규정에 불과하다고 할 수 있다. 그리하여 의미성분을 **의미자질**(semantic feature) 또는 **의미원소**(semantic prime)라고 부르기도 한다.

분절음을 변별적자질로 표시했을 때의 기술적 장점이, 어휘를 의미자질로 규정할 때도 비슷하게 나타남을 볼 수 있다.

예를 들면 두 분절음의 변별적자질의 ±명세가 모두 다 같으면 두 소리가 동음(同音)이라고 규정할 수 있었듯이, 두 어휘의 의미자질의 ±명세가 모두 다 같으면 두 어휘가 동의어라고 규정할 수 있다. 그러나 반의어는 모든 의미자질의 명세가 반대되는 경우가 아니고, 모든 것이 같고 한 자질의 명세만이 다른 경우임을 유의해야 할 것이다. 예를 들면 *man*=[+HUMAN], [+ADULT], [+MALE]…의 반의어는 [-HUMAN], [-ADULT], [-MALE], …의 결합체인 '암병아리'가 아니다! *man*의 반의어는 [-HUMAN]일 때는 *animal*이고, [-MALE]일 때는 *woman*이며, [-ADULT]일 때는 *child*이다. William Wordsworth(1710-1850)의 "*My heart leaps up when I see a rainbow*"(무지개를 보면 내 가슴이 뛴다)라는 시에 나오는 '*The Child is father of the Man*'(아이는 어른의 아버지)이란 시행이 *man*과 *child*와의 반의관계를 보여준다. 여기서 man은 '사람'도 아니고 '남자'도 아닌 '어른'이다.

의미성분은 이렇게 동의어, 반의어의 규정을 보다 조리 있게 할 수 있도록 해줄뿐더러, 문법에서 **일치**(一致 agreement), **모순**(矛盾 contradiction), **변칙**(變則 anomaly) 등을 자연스럽게 설명해 줄 수가 있다. 예를 들면 영어의 관계대명사는 그 선행사가 "사람"이면 *who*, 그렇지 않으면 *which*라는 것을 중학교 영어를 거친 사람이면 누구나 알고 있는 규칙이다. 이때 "사람이면" 은 "[+HUMAN]이라는 의미성분이 있으면"이라는 말과 마찬가지이다. *who*에 "[+HUMAN]이라는 어휘자질이 있고, *which*에는 [-HUMAN]이라는 어휘자질이 있다고 가정한다면, 그리고 선행사와 관계대명사 사이에 [±HUMAN]의 자질명세가 일치해야 한다고 규정한다면, *the man who*…, *the chicken which*…, *the car which*… 등은 정칙이되, **the man which*…, **the chicken who*…, **the car who*… 등은 변칙임을 자연스럽게 설명할 수 있게 된다.

또 한 예를 들어보자. [TIME](시간)이라는 의미자질이 있어서, 시간을 지칭하는 명사와 부사는 [+TIME]을 한 의미성분으로 갖고 있다고 하자. 예: *week, hour, day, month, year*: *ago, during, before*… 그러면 왜 *a week ago* '일주일 전'은 되는데, **a sky ago* '하늘 전'은 안 되는지를 설명할 수가 있다. 한걸음 더 나아가서 Dylan Thomas(1914-1953)의 *a grief ago* '한 슬픔 전'이란 시구(詩句)가 왜 변칙적 내지 시적으로 느껴지며, 또 이 시구의 가능한 해석이란 '과거에 있었던 어떤 슬픈 사건 전에' 뿐임도 선뜻 설명을 할 수가 있다. *sky, grief*는 [TIME] 명사가 아니며, '사건'은 시간명사이기 때문이다. 또 **a pregnant man* '임신한 남자', 또는 **a pregnant desk* '임신한 책상', **my brother is the only child*, '내 동생은 독자다' 및 Chomsky가 지어낸 **colorless green ideas* '무색의 초록빛 사상' 등이 모순성을 띠고 있는 것도 성분분석의 의미론에서는 어떤 의미성분의 상치 때문이라고 간단히 설명할 수가 있다.

그렇다고 의미성분에 입각한 어휘의미론이 의미관계에 초점을 두는 어휘의미론보다 이론적으로 모든 면에서 우세하다고 말할 수는 없다.

우선 "의미성분"이라는 것의 성격 내지 정체부터가 그렇다. 의미성분이란 자연적 자질인가 아니면 문법적 자질인가? 의미성분이 될 수 있는 자격은 무엇인가? 범언어적인 의미성분 이외에 개별언어 특유의 의미성분이 있을 수 있는가? 범언어적인 의미성분은 무엇이며 몇 개가 되는가? 하는 등등의 질문에 뚜렷한 대답을 해줄 수 있는 언어학자는 아직 없다. (9.39~41)의 예는 들기 쉽고 이해하기 쉽다. 그러나 이러한 자명한 경우를 떠나서 서는 땅은 얇은 얼음장처럼 꺼지기 쉽다. 예를 두엇 들어보자.

독일어에서 *Madchen* '처녀', *Weib* '아내'는 문법적으로 중성명사이다(그 어원적인 이유야 여하튼 간에). 그리하여 관사, 관형사, 대명사 등과 일치할 때는 중성으로 일치한다(예: *das Weib*, **die Weib*). 그러나 '처녀'와 '아내'만큼 여성적인 것도 없다. 이들 명사의 의미성분은 FEMALE인가 NEUTER인가? FEMALE이라면 문법에서의 일치를 어떻게 설명하는가? NEUTER라면 이들이 "여자"라는 자연의미를 어떻게 유도할 것인가?

(9.39)를 다시 검토해 보자. '소'와 '개'와 '말'이 '닭'과 '오리'로부턴 [±MAMMAL] 또는 [±BIRD]라는 의미성분으로 구별된다고 하더라도, 세 동물 다 [-HUMAN] [+ANIMAL] [+MAMMAL]로 성분분석이 된다. 그러면 이 셋을 다시 어떻게 세분할 것인가? '소'는 [+BOVINE] (牛性). '개'와 '말'은 [-BOVINE], '개'는 [+CANINE] (犬性), '소'와 '말'은 [-CANINE], '말'은 [+EQUINE] (馬性), '소'와 '개'는 [-EQUINE]이라고 하면 될 것이다. 그러나 이것과, "소는 +소, 개는 +개, 말은 +말" 하는 것과 무엇이 다른가? 다를 게 없다면, 이는 "의미성분"이라는 옷을 입혔을 뿐, 그 정체는 같다고 하지 않을 수 없다.

의미성분의 이분법에도 문제가 있다. 예를 들면, *child* '어린이', *horse* '말', *dog* '개', *duck* '오리' 모두가 다 성(性 sex)을 [±MALE]로 명세할 필요가 없는 명사들이다. 그러나 *child, horse*와 *dog, duck*사이에는 차이가 있다. 후자 *dog*는 '개'라는 의미의 통칭어이면서도 좁은 의미로는 '수캐'라는 하위어이며, *duck*은 '오리'라는 상위어의 의미와 '암오리'라는 하위어의 의미를 겸하고 있다. 그러나 *child*와 *horse*에는 이런 하의가 없다. 즉, 좁은 의미의 *child*와 *horse*도 역시 '남성'도 아니고 '여성'도 아니다.

또 하나의 문제는 여러 의미성분의 조합순서이다. 예를 들어, *brother-in-law*를 [+MALE](남성) [+SPOUSE](배우자) [+SIBLING](동기간) 등의 성분으로 규정짓자. 그런데 이 세 의미성분의 조합을 [MALE] [SPOUSE] *of* [SIBLING]으로 읽으면 '동기간의 남성배우자'가 되니까 '매부' 또는 '형부'가 되고, [MALE] [SIBLING] *of* [SPOUSE]로 읽으면 '배우자의 남자 동기'가 되어 '처남', '시동생' 혹은 '아주버니'가 되며, [SPOUSE] *of* [MALE] [SIBLING]으로 읽으면 '남자 동기의 배우자'니까 '형수, 계수' 혹은 '올케'이고

[SIBLING] *of* [MALE][SPOUSE]로 읽으면 '남편의 동기간'이 되니까 '아주버니'와 '시누이'가 된다!

분절음의 변별적자질과 어휘의 의미성분 사이에는 비례적 관계가 있으면서도 이런 데에 큰 차이가 있다. 변별적자질은 보편적 자질의 수와 각 자질의 정의가 명시되어 있고, 자질에 따라 ±명세의 의미가 다른 경우가 없으며, 자질의 조합 순서에 따라 다른 소리가 생성되지도 않는다.

어휘의 의미의 연구에서, 그 연구방법이 논리적이라고 해서 어휘의 의미와 의미 사이의 관계 자체가 논리적으로 되진 않는다. 성분분석이나 이분법 같은 것은 어휘의 의미를 보다 공식적으로, 또 보다 조리있고 정확하게 기술하려는 노력이긴 하지만, 조리정연함이 꼭 미덕이라고 할 수는 없다. 언어 자체의 복잡성이 그런 미덕을 갖추고 있지 못하기 때문이다.

위에서 우리는 어휘의 의미를 잠시 — 실은 필자가 처음 의도했던 것보다 더 길게 — 보았다. 그러나 마치 형태소나 단어의 아무런 나열이 문장을 만들 수 없는 것처럼, 구절과 문장의 의미가 개별적인 어휘의 의미의 총합에서만 유도되지는 않는다.

제6장에서 본 숙어(idiom)나 다음 예와 같은

(9.42) a. My lover is a rose '나의 애인은 장미꽃'

b. 개밥에 도토리

c. "slings and arrows of outrageous fortune" (Shakespeare: *Hamlet*)
'가혹한 운명의 돌팔매와 화살'

d. "너희는 이 땅의 소금이요... 세상의 빛이니" (마태복음 5:13.14)

e. 절병부인(切餠夫人) ('인절미떡 부인'으로 본처를 가리키는 말)

은유(隱喩 metaphor)는 특수한 경우라 하고 제쳐놓는다 하더라도, 제7, 8장에서 본 것처럼, 똑같은 단어가 같은 순서로 배열되어 있음에도 불구하고 하나 이상의 의미가 도출되는 중의문(重義文)이나, 어순이 다름에도 불구하고 의미는 같은 경우를 상기해 보면, 문장의 의미가 개별단위의 총화에서만 유도되는 것은 아니며, 따라서 의미론은 문장의 의미가 어떻게 도출되는가 하는 것도 다루어야 함을 알 수가 있다.

이제 문장의 의미를 잠시 보자.

어휘에 유의어, 중의어, 반의어 등이 있었던 것처럼, 문장에도 유의문, 중의문, 반의문 등이 있다. 이런 예들을 우리는 이미 보았다. 능동문과 수동문은 유의관계이며, 제7장의 (7.9)에 있는 것들은 중의문이고, 긍정문과 부정문은 반의관계이다. 또 문장에도 언어의(sense)가 있고 지시의(reference)가 있다.

예를 들면 영국의 철학자 Bertrand Russell(1872~1970)이 만든

(9.43) The present king of France is bald. '프랑스의 현재 왕은 대머리다'

라는 문장의 의미(언어의)는 빤하지만, 그 지시물(referent)은 없다. 그러나 지시의를 모르거나, 또는 지시의가 없거나 틀렸어도, 언어의는 얼마든지 있을 수 있다. 예를 들면,

(9.44) a. 고구려 15대 왕
　　　 b. 일본의 대통령
　　　 c. 3.1운동은 1991년에 일어났다

에서 (a)문은 저자가 아직 역사책을 뒤져보지 않아 그 지시의를 모르고, (b)문의 지시의는 없으며, (c)문은 틀린 사실이다. 그럼에도 이 문구들의 언어의는 초등학교 학생도 정확히 파악할 수 있다. 그런데 문장의 지시의는 상황에 따라 진리(true)일 수도 있고 허위(false)일 수도 있다. 위의 (c)문은 허위이지만, 다음 문장은 진실일 수도 있고 허위일 수도 있다.

(9.45) 두완이는 3.1운동이 1991년에 일어났다고 생각한다.

이 문장의 진위 여부는 "3.1운동이 1991년에 일어났다"는 명제(proposition)의 진위 여부에 달린게 아니라, "두완이가 그렇게 생각한다"라는 명제의 진위여부에 달려있다. 문장의 의미의 진위를 가리는 상황을 진리조건(truth condition)이라고 부른다. 이 조건이 구문의 진위를 어떻게 구별하는지 한 예를 들어보자.

이제 이 조건으로 **석의문**(釋意文 paraphrase), **수반문**(隨伴文 entailment), **모순문**(矛盾文 contradiction) 등의 정의를 좀 더 정확하게 할 수 있다. 즉, 석의문은 두 문장의 진리조건이 같은 경우이고, 수반문은 그 문장의 진리조건이 어떤 다른 문장의 진리조건을 보증하는 경우이며, 모순문은 진리조건이 상반되는 경우이다. 예를 들어 능동문과 수동문은 그 진위가 같고, **김재규가 박정희를 총살했다**라는 문장에서 **박정희는 죽었다**라는 수반문이 나온다. 한편 *Young Sam is a bachelor* '영삼이는 총각이다'라는 문장과 *Young Sam is a married man* '영삼이는 기혼자이다'라는 문장은 서로 모순관계에 있다. 두 문장이 동시에 진실일 수도 동시에 허위일 수도 없기 때문이다(동시에 진실일 수는 없어도 동시에 허위일 수 있는 관계는 있다(장단(長短), 고저(高低), 희비(喜悲), 노소(老少), 청홍(靑紅) 등의 관계이다).

다음에 좀 더 자세히 볼 숙어(idiom)나 은유(metaphor)같은 것은 특수한 경우라고 제쳐놓는다 하더라도, 문장의 의미가 개별 어휘의 의미의 보태기에서만 유도되는 것은 아니다. 음운규칙, 조어법, 통사규칙처럼, 의미의 유도에도 의미규칙이 필요하다. 한둘의 예를 들어보자. 우선 다음 문장을 살펴보라.

(9.46) He hit the colorful ball.

이 문장에는 *hit* '때리다; 마주치다'(이 후자의 의미는 *hit the books* '공부하다<책과 마주치다', *hit the sack* '취침하다<이부자리와 마주치다' 등의 숙어에서 그 면모를 엿볼 수 있다)와, *colorful* '울긋불긋한; 화려한<다채로운'과 *ball* '공(球); 무도회'의 중의성 때문에 다음과 같은 두 가지 뜻이 있다.

(9.47) a. 울긋불긋한 공을 쳤다.

      b. 화려한 무도회에 닥쳤다.

그런데 문제는 세 어휘가 두 가지씩의 의미를 가지고 있을 때, 그 조합의 가능성은 여덟(2^3=8)이나 되는데, 왜 (9.47)에 보이는 두 뜻만이 도출되느냐 하는 것이다. *colorful*은 제쳐놓더라도, 왜 '공에 닥쳤다'라는 해석과 '무도회를 때렸다'는 해석은 불가능한가? 이렇게 부분의 의미를 어떻게 병합하여 전체의 의미를 얻게 되는가를 설명해 주는 것을 **투사규칙**(投射規則 projection rule)이라 한다.

또 한 예로 영어의 대명사의 해석을 들 수 있다. 다음 문장들을 보라.

(9.48) a. Duane thinks that he is a genius.

        '두완이는 그가/자기가 천재라고 생각한다'

      b. He thinks that Duane is a genius.

        '그는 두완이가 천재라고 생각한다'

        *'두완이는 자기가 천재라고 생각한다'

즉 (a)문에서 대명사 he는 제3자를 가리킬 수도 있고, 선행사로 Duane을 받을 수도 있는데, (b)문에서의 *he*는 *Duane*을 절대로 지칭할 수가 없다. 이런 제약을 "대명사의 선행사(先行詞 antecedent)는 문자 그대로 대명사를 선행해야만 하며 후행할 수는 없다"는 식으로 규칙화 할 수 있다. 그러나 이 가정은 성립되지 않는다. 왜냐하면 다음 (9.49)문에서는 *he*가 *Duane*을 미리받을 수 있기 때문이다.

(9.49) The fact that he is considered a genius bothers Duane.

        '그가/자기가 천재라고 사람들이 생각하는 것이 두완이는 못마땅하다'

영어 대명사의 해석 규칙은 너무 복잡하여, 이 입문서에서는 상론을 피하겠거니와, 비슷한 현상이 국어에도 있음을 볼 수 있다.

(9.50) a. 자기가 천재라고 두완이는 생각한다. (자기=두완)

　　 b. 그가 천재라고 두완이는 생각한다. (그=제3자, ?그=두완)

　　 c. 두완이는 자기가 천재라고 생각한다. (자기=두완)

　　 d. 두완이는 그가 천재라고 생각한다. (그=제3자, *그=두완)

문장의 의미가 반드시 문법에만 구애되는 것은 아니다. 다음 문장을 보라.

(9.51) a. The judge denied the prisoner's bail because he was dangerous.

　　　 '판사가 죄수의 보석을 부결했다. 그는 위험인물이므로'

　　 b. The judge denied the prisoner's bail because he was dignified.

　　　 '판사가 죄수의 보석을 부결했다. 그는 위엄있는 인물이므로'

윗 문장에서 영어의 *he*나 국어의 그나 문법적으로는 그 선행사가 *judge*(판사)
일 수도 있고 *prisoner*(죄수)일 수도 있다. 그러나 문맥으로 보아 상식적인 해석
은 '위험한 죄수'이고 '위엄있는 판사'이지, '위험한 판사'와 '위엄있는 죄수'는
아니다. 이론적으로 가능한 해석이지만 상식의 세계에서 벗어난다.

언어의 의미가 우리의 실세계에 대한 지식과 얼마나 관련되어 있는가 하
는 것은 다음에 잘 나타나 있다.

(9.52) a. He took the bus to the zoo. '버스를 타고 동물원에 갔다'

　　 b. He took the boy to the zoo. '소년을 동물원에 데리고 갔다'

　　 c. He took the bear to the zoo. '곰을 동물원에 갖다 줬다'

Lyons(1977)에서 따온 위의 세 문장은 *take*의 목적어만 다를 뿐 나머지는
다 같다. 그러나 세 문장의 의미의 차이는 목적어의 차이에만 있지는 않다.
(a)문엔 (b)와 (c)문에서처럼 '버스를 데리고 갔다'는 해석이 안 된다. 한편,
(b)와 (c)는 둘 다 '데리고 갔다'로 해석할 수 있지만, 여기 함축된 의미는
(b)가 '동물원을 구경시켜주려고'인 반면 (c)는 '동물원에 가두어 구경거리가

될 짐승으로'이다. 이러한 의미의 차이를 *take*라는 동사의 다의성으로 설명하려 한다면 무리스런 일이라고 하지 않을 수 없다. 보다 자연스런 설명은 이 지구상의 '동물원', '버스', '소년', '곰' 등에 대해 우리가 가지고 있는 지식에 비추어 볼 때, 주어진 해석이 가장 타당한 것이라고 보는 것일 것이다. 실상 '버스를 데리고 갔다'는 해석이 이론적으론 가능하나 억지 해석이라고 느껴지는 이유나, "오늘은 곰을 동물원에 데리고 갔었지만, 내일은 OB 베어스와 타이거즈의 야구시합에 데려가야겠다"는 문장이 익살스러운 농담으로 느껴지는 이유도, 예상 밖의 해석이 강요되기 때문이다.

이렇게 문장의 의미는 문장 밖의 요소들, 즉 문장이 쓰이는 맥락 내지 현실 세계에 대한 화자/청자의 지식에 좌우되기도 한다. 이 때의 문장의 의미 연구를 **화용론**(話用論 pragmatics)이라 한다. 많은 언어학책에서 독립된 장(章)을 이루지만, 이 입문서에서는 몇 가지 예만 좀 구체적으로 든다.

화자와 청자가 오해없는 원만한 교신을 하기 위해서는 둘 사이에 협력이 필요하다. Grice(1975)가 대화의 **격률**(conversational maxims)이라고 지칭하고 내세운 대화의 예법에는 다음 네 가지가 있는데, 예를 하나씩 들어보겠다.

Maxim 1. Quantity 양의 격률: 더도 덜고 말고 적당한 양의 정보를 줘라.

(9.53) "어디 사세요?"라고 물었을 때
    a. 시골에 삽니다.
    b. 충북 보은군 장내리 226번지에 사는데요, 속리산 기슭이고, 보은 시내에서 4킬로 정도 떨어져 있습니다. 서울에서 오래 살다가 작년에 은퇴하면서 조용히 살고 싶어 내려갔는데, 산세와 물과 공기가 참 좋습니다. 구글맵에서 한 번 찾아 보여드릴까요?

(a)의 대답은 너무 짧고 무성의하며, (b)의 대답은 너무 길고 장황하다.

Maxim 2. Quality 질의 격률: 진실하라.

전철 안에서 누가 '지금 몇 시이지요?'라고 물어보았을 때, 일부러 그릇된 시간을 알려주진 않으며, 누가 어떤 부탁을 했을 때, 해줄 수 있는 능력이 없음에도 하겠다고 약속을 하지 않는다.

Maxim 3. Relevance 관련의 격률: 관련된 얘기만 하라.
다음 문장들을 살펴보자.

(9.54) a. 철수와 순자가 요즘도 데이트하니?
       b. 보름달이 동쪽 하늘에 환하게 떴어.
       c. 노란 소나타가 여학생 기숙사 주차장에 가끔 서 있던데.

(b)와 (c) 둘 다 (a)의 대한 엉뚱한 대답이다. 그러나 이 대답이 현재 진행 중인 화제와 관련이 있다는 대화의 예법을 적용하면 (c)는 해석 가능한 적절한 대답일 수 있다. 즉, 철수가 노란 소나타를 모는데, 순자의 기숙사 주차장에 그 차가 가끔 서있는 것을 보아 둘이 아직도 데이트를 하고 있는 듯하다는 의미를 화자 (a)가 추출해 낼 수 있는 것이다.

Maxim 4. Manner 태도의 격률: 발화의 내용은 명료하고, 간결하고, 순서적이고, 모호하지 않아야 한다.
햄버거숍에서 웨이터가, "무엇을 드릴까요?" 했을 때, "맥주 한 잔하고 비프샌드위치 하나 갖다 주세요" 하면 되지, 다음과 같이 말한다면 이는 화법의 격률 4를 위반한 것이다.

(9.55) 한라산 백록담의 물과 전라도 완도군의 햇보리로 만든 맥주와, 횡성 한우의 허벅지 실을 살짝 구운 것으로 하되, 명 수의사라면 소를 되살릴 수 있을 정도의 레어(rare)로 주세요.

그러나 대화의 격률에도 문화적 요소가 개재되어 있음을 고려해야 한다고 일부 학자들은 주장한다. 예를 들면, 남자의 프러포즈에 대한 여자의 침묵은 어느 문화권에서는 수줍음 yes의 대답일 수도 있고, 다른 문화권에서는 좀 무례한 no의 대답일 수도 있다. Keenan(1974)에 의하면, Malagasy(Madagascar 국어)에선 "질문을 받았을 때 답이 되는 정보를 엄연히 알고 있으면서도 어중 간한 대답을 한다고 한다. 예를 들어 '당신의 어머니가 지금 어디 계시지요?' 라고 물으면 '어머니가 지금 집에 있거나 밭에 있으세요'라는 대답을 듣기 일쑤이다. 실제로는 어머니가 밭에 나가 일하는 중이라는 사실을 뻔히 알면서 도."(김종현 2009:288에서 따옴). 한국어에서도 직설법보다 간접발화나 축소발화 가 공손이나 겸양의 표현이라고 여겨지기도 한다. 그래서 비가 많이 오고 있 는 줄을 알면서도, 상관이 "지금 날씨 어때?" 하고 물었을 때 "비가 조금 오고 있는 것 같습니다"라고 대답하며, 주부가 상다리가 부러지도록 음식을 차려놓 고도, 손님들에겐 "아무 것도 차린 것 없이 오시라고 해서 매우 죄송해요" 하고 사과한다. 또 정치인들(특히 한국의 정치인들?)의 발화에는 대화의 격률을 조금도 지키지 않는 특징이 있는 듯하다. 그들의 거의 모든 발언이 진실되지 않고 거짓이거나 황당하며, 간결하고 명료하지 않고 장황하고 모호하며, 이행 할 수 없음을 뻔히 알면서도 실행하겠다고 선거공약을 하기 때문이다.

다음과 같은 예는 전혀 단어 밖의 뜻이 문장에 나타남을 보여준다.

(9.56) a. Even Duane passed the examination.
            '두완이까지도 시험에 합격했다'
        b. Susan stopped beating her husband.
            '순자가 남편 구타를 그쳤다'

(a)문에는 '두완이가 바보거나 시험이 쉬웠거나 둘 다였다'라는 뜻이 도 출되어 있고, (b)문에는 '순자가 남편을 구타했었다'라는 뜻이 함축되어 있 다. 그런데 이러한 함의는 문장 중의 어느 단어에 명시되어 있는 것이 아니 다. 이러한 함의를 **전제**(前提 presupposition)라 하는데, (b)문을 다음 문장들 과 비교해 보면 문장에 따라 전제가 달리 나타남을 알 수 있다.

(9.57) a. She let him kiss her. '입 맞추게 했다'

          b. She didn't let him kiss her. '입 맞추지 못하게 했다'

          c. She didn't stop beating her husband. '남편 구타를 그치지 않았다'

(9.57b)는 (9.57a)의 부정문이고 (9.57c)는 (9.56b)의 부정문이다. (9.57a)에서 'he kissed her'라는 사실이 전제되어 있다. 그러나 그 부정문인 (9.57b)에선 이 전제가 사라진다. 그런데 'She used to beat her husband'(그녀는 남편을 때렸었다)라는 (9.56b)문의 전제는 그 부정문인 (9.57c)에서도 사라지지 않고 남아있다. 이러한 현상을 어떻게 설명해야 할 것인가? 이러한 물음에 대한 대답은 이 책이 입문서인 만큼, 그 상론을 삼가기로 한다.

한편, 문장의 적절성과 의미는 문장을 떠나 문장이 쓰이는 맥락 내지 화자의 현실 세계에 대한 지식에 의해 좌우되기도 한다. 다음 예들을 살펴보라.

(9.58) a. Do you mind if I place you under arrest?

            (경찰이 도둑을 잡으면서) '체포해드려도 괜찮겠습니까?'

          b. "만장하옵시고 존경하옵는 도둑님들!" (金芝河『五賊』)

          c. I promise you to pick the moon. '달을 따다 줄 것을 약속한다'

          d. I warn you that you were promoted last month.

          '지난 달 승진한 것을 경고한다'

위와 같은 문장들이 문법적으론 전혀 그릇된 데가 없다 할지라도 하나같이 이상하고 부당하게 느껴지는 것은, 문장이 쓰인 환경에서 화자와 청자가 공유하고 있는 상식적인 화법을 범했기 때문이다. 경찰이 도둑을 체포하는 마당에서 "You are under arrest!"라고 하지 주객이 전도되어 도둑에게 경어를 쓰고 양해를 구한다는 것은 비현실적이며 (한낱 대령이 사성장군을 체포하러 갔을 때는 그럴 수도 있으리라만), 따라서 (b)문은 극히 풍자적으로 비꼬는 것으로 밖엔 해석이 되지 않는다. (c)문이 부적절한 이유는 화자가 청자에게 무엇을 약속할 때는 화자의 능력 범위 내에 있는 것을 진지한 의도로 하는 것이 원칙인데, 전혀 능력 밖의 것을 약속하면 약속의 진지성을 잃기 때문이다. (d)문 역시 '경고'라는 것은 청자에게 불리하게 될 것을 경고하는 것이 원칙이지, 청자에게 유익한 것을 또 미래의 사건이 아니라 이미 일어난 과거의 일을 경고한다는 것은 대화의 격률을 어기고 상식적인 화법에서 벗어나기 때문에 부적절한 것이다.

결론적으로 언어의 의미는 어휘건 문장이건 그것이 쓰이는 문맥과 화자/청자가 가지고 있는 세상에 대한 지식을 떠나서는 기술할 수 없다고 할 수 있다. 이런 뜻에서 장 머리에 인용한 영국 언어학자 Firth의 말은 타당한 발언이라고 하지 않을 수 없다. 물론 무한한 문맥과 세상의 지식을 포함해야 하는 의미론이 거의 불가능하기 때문에 연구의 영역을 좁히자고 할 수는 있다. 그러나 여기에서 문맥과 세계의 지식은 의미와 무관하다는 결론은 나오지 않는다.

헬가: 당신을 보면 큰 강이 생각나요.
하갈: 그래? 큰 강처럼 내가 시고 빠르단 말이제?
헬가: 그게 아니고, 당신 술독이나 큰 강이나 밑바닥이 마를 때가 없다요.

참고문헌

김종현. 2009. 『언어의 이해』. 서울: 태학사.

문금현. 2009. "한국어의 고정적인 화용표현 연구". 『국어국문학』 152,181-217.

송창섭. 2001. "영어에서의 언어행위의 재현, 기술, 및 대행과 화법". 『영어영문학연구』 45(2).153-174. 한국현대영어영문학회.

이기동. 1994. "인지문법". 장석진(편): 『현대언어학 지금 어디로』 325-367. 서울: 한신문화사.

이기용. 1977. "의미론". 『현대언어학』 제6장. 서울: 한신문화사.

_____. 1994. "상황의미론". 장석진(편): 『현대언어학 지금 어디로』 427-459. 서울: 한신문화사.

_____. 1998. 『언어와 세계』. 서울: 태학사.

이익환. 1985. 『의미론개론』. 서울: 한신문화사.

이장송. 1999. 『담화표상이론』. 서울: 한국문화사.

장석진. 1993. 『화용과 문법』. 서울: 탑출판사.

최재웅. 1994. 『담화구조의 연구』 서울: 민음사.

Austin, J. L. 1962. *How to do things with words*. Cambridge, MA: Harvard University Press.

Cruse, Alan. 2000. *Meaning in language*. Oxford, UK: Oxford University Press.

Grice, Paul. 1975. "Logic and conversation". In P. Cole and J. Morgan eds. *Syntax and semantics 3*, pp. 41-58. New York, NY: Academic Press.

_____. 1989. *Studies in the way of words*. Cambridge, MA: Harvard University Press.

Katz, J. J. and J. A. Fodor. 1963. "The structure of a semantic theory". *Language* 39:170-210.

Lakoff, George and Mark Johnson. 1980. *Metaphors we live by*. Chicago, IL: University of Chicago Press. [노양진·나영수 역. 『삶으로서의 은유』. 서울: 도서출판 박이정. 2006.]

Lyons, John. 1977. *Semantic theory*. Cambridge, UK: Cambridge University Press.

_____. 1995. *Linguistic semantics: An introduction*. Cambridge, UK: Cambridge University Press.

Saeed, J. 2009. *Semantics*. 3rd ed. Oxford, UK: Wiley-Blackwell.

Searle, J. R. 1969. *Speech acts: An essay in the philosophy of language*. Cambridge, UK: Cambridge University Press.

1. (9.43)의 문장 *The present king of France is bald*(프랑스의 현재의 왕은 대머리이다)의 진위가 허위라면 왜 허위라고 생각하나? 프랑스의 현재 국왕이 대머리가 아니기 때문인가 아니면 프랑스에는 현재 국왕이 없기 때문인가? (이 문장에 대한 진위가의 토론에 대해서는 Lyons 1977:182-4 참조)

2. 영어에 다음과 같은 '죽이다'는 뜻의 동의어가 있다. *kill, murder, butcher, slaughter, assassinate, slay, execute, hang, exterminate.* 이들의 의미의 차이와 용법의 차이는 무엇인가? 국어에서의 '죽이다'의 유의어에는 무엇이 있는가? (한자어 포함)

3. 국어의 친척어휘와 영어의 친척어휘를 비교해 보라. 그 차이는 무엇인가?

4. 다음에 열거한 반의어를 등급적(gradable)인 것과 비등급적(nongradable)인 것으로 분류하라.

   good : bad   poor : rich
   beautiful : ugly   light : dark
   false : true   fast : slow
   legal : illegal   asleep : awake
   large : small   rude : polite

5. 다음 문장들에서 어떤 수사법이 쓰였는지 밝혀라. 다음 여섯 가지 중에서 고르라. 과장법(hyperbole), 비유법(metaphor), 환유법(metonymy - *crown*으로 *king*을, '십자가'로 '기독교'를 상징하는 등의 연상 표현법), 반어법(irony), 제유법(synecdoche), 의인법(personification) 등.

   a. Can I borrow your wheels? (바퀴 좀 빌릴까?)

b. I just love having cat hair all over my lap.

c. 삼성이 기아의 희망을 완전히 뭉개버렸네.

d. I paid a fortune for this book.

e. 가스가 떨어졌다구? 참 잘 되는 집안이다.

f. 너무 배가 고파서 헌 타이어라도 먹겠다.

g. The pen is mightier than the sword. (붓이 칼보다 강하다)

h. 코빼기도 얼씬거리지 마라.

i. 백지장도 맞들면 낫다.

j. 내가 산 중고차가 레몬이야.

6. 다음 문장들은 변칙적인가? 그 이유는?

a. 너의 불합격을 축하한다.

b. 나와 결혼하면 천국을 약속하지요.

c. 움직이기만 해라. 죽어버릴테다.

7. 다음 문장들을 살펴보라. 각 그룹마다 비유의 특징이 있음을 볼 수 있을 것이다.

a. She gave him an icy stare.

   He gave her the cold shoulder.

   They got into a heated argument.

b. He drops a lot of hints.

   The committee picked up on the issue.

   She dumps all her problems on her friends.

c. the eye of a needle.

   the foot of the bed.

   the hands of the clock.

d. The lecture is easy to digest.

   He just eats up the lecture's words.

   Chew on this thought for a while.

e. His opponents tore his arguments to pieces.

My reply left them with no ammunition.

They will never be able to destroy our theory.

각 그룹에서 공통적으로 쓰인 단어에 밑줄을 그어라. 그리고 어떤 것을 무엇으로 비유하고 있는지를 밝혀라.

8. 다음의 Fiji어의 대명사 체계를 살펴보고 물음에 대답하라.

au	일인칭 단수 (나)
iko	이인칭 단수 (너)
koya	삼인칭 단수 (그이/그녀)
kedaru	일인칭 양수 (너와 나)
keirau	일인칭 양수 (그와 나)
kemudrau	이인칭 양수 (너희 둘)
rau	삼인칭 양수 (그들 둘)
kedatou	일인칭 삼수 (너희 둘과 나)
keitou	일인칭 삼수 (그들 둘과 나)
kemudou	이인칭 삼수 (너희들 셋)
iratou	삼인칭 삼수 (그들 셋)
keda	일인칭 복수 (너를 포함한 셋 이상의 우리)
keimami	일인칭 복수 (너를 제외한 셋 이상의 우리)
kemunii	이인칭 복수 (셋 이상의 너희들)
ira	삼인칭 복수 (셋 이상의 그들)

영어나 국어와 비교해서 다른 점이 무엇인가? Fiji어에는 없으나 영어에만 있는 인칭대명사가 있는가? 국어에만 있는 인칭대명사는 무엇인가? 이 현상은 무엇을 의미하는가?

9. Malagasy어에서는 지칭사 *ety*(여기), *aty*(저기)의 용법은 어떤 물건이 보이느냐 안 보이느냐에 달려있다. 예를 들면,

ety ny tranony (여기 집이 있다 - 화자에게 보이는 집)

aty ny tranony (저기 집이 있다 - 화자에게 안 보이는 집)

이러한 용법이 영어의 *here/there*와 어떻게 다른가? 또 국어의 **여기/저기/거기**와는 어떻게 다른가?

10. 다음 문장들은 함축적 의미를 내포하고 있다. 무엇인가?

1. A: Have you washed the floor and done the dishes?
   (마루 청소하고 접시 닦았어요?)

   B: I've washed the floor.
   (마루 청소 했어.)

2. A: Did you get hold of Carl yet?
   (카알과 연락 됐어?)

   B: I tried to call him yesterday.
   (어제 전화 해봤지.)

3. A: What did you think of the movie?
   (영화 어땠어?)

   B: I thought the supporting actress was pretty.
   (조연 여배우가 예쁘더군.)

11. Charles Dickens와 동시대인인 Wilkie Collins의 *The Moonstone* (1868, Barnes and Nobles 2005)은 세계 최초의 탐정소설로 알려져 있는데, 이 책에서 보면 Seegrave라는 대머리 탐정이 한 용의자와 긴 대화를 하면서 그의 대머리 색이 단계적으로 변한다. 처음엔 자연 피부색인 beige(밝은 갈색)에서 blush(홍조) → pink(분홍) → rosy(장미빛) → cardinal(주홍색) → crimson(심홍색)으로. 이것은 무엇을 의미하는가?

12. 다음은 제1장의 연습문제 9에서 소개한 Michael Faber의 소설 *The Crimson Petal and the White*에서, Sugar라는 여주인공이 자기가 쓰는 소설에서 창녀가 한 남자를 칼로 목을 베어 막 죽였는데, "출혈(出血/피흐름)"을 어떤 동사로 묘사할까 고심하는 장면이다.

"The heroine of her novel has just slashed the throat of a man. The problem is how, precisely, the blood will flow. *Flow* is too gentle a word; *spill* implies carelessness; *spurt* is out of the question because she has used the word already, in another context, a few lines earlier. *Pour out* implies that the man has some control over the matter, which he most emphatically dosen't; *leak* is too feeble for the savagery of the injury she has inflicted upon him. Sugar closed her eyes and watches, in the lurid theatre of her mind, the blood issue from the slit neck. ⋯ *Spew*, she writes, having finally been given, by tardy Providence, the needful word."(p. 197)

(그녀의 소설의 여주인공이 남자의 목을 막 베었다. 문제는 정확히 피가 어떻게 흐를 것이냐는 것이다. "flow"(흐르다)는 너무 부드러운 단어이고 "spill"(엎질러지다)은 부주의의 뜻을 함유한다. "spurt"(품어나오다)는 이미 몇 줄 앞에서 다른 문맥에서 썼기 때문에 불가능하고, "pour out"(쏟아져 나오다)는 본인이 그 상황을 어느 정도 통제하고 있다는 의미가 있는데, 전혀 그렇지가 않다. "leak"(새나오다)는 여자가 자행한 잔혹한 상처에 비추어 볼 때 너무 연약하다. 슈가는 눈을 감고, 베인 목에서 피가 흘러나오는 소름끼치는 장면을 마음속의 무대에서 본다. ⋯ 드디어 필요한 단어를 하늘에서 늦게 계시 받고, "spew"(게워내다)라고 쓴다.)

이 글에 나오는 영어 동사들의 어감에 대한 작가의 기술이 타당하다고 생각하는가? 이 유의어들 사이의 세분적 의미의 차이는 무엇인가? 마지막으로 선정한 *spew*가 이 장면을 묘사하는 최적한 단어라고 생각하는가? 국어에는 이 장면에 쓸 수 있는 유의어가 무엇이 있는가? 의성어나 의태어를 이용한다면 어떤 것들이 있는가?

제3부

응용

제10장   언어와 사회

> Language has a setting. The people that speak it belong
> to a group which is set off by physical characteristics
> from other groups. Language does not exist apart from
> the socially inherited assemblage of practices and beliefs
> that determines the texture of our lives.
>
> Edward Sapir (1884-1939)

The Collector(1963), *The French lieutenant's woman*(1969)의 저자인 영
국의 현대작가 John Fowles(1926-2005)의 *Daniel Martin*(1977)이라는 소설에
다음과 같은 삽화(揷話)가 나온다.

(10.1) An Englishman in French Africa goes swimming towards a place
where there are crocodiles. A native on the bank who speaks
English cries to him. "Turn back! Danger! Turn back at once!"
The Englishman hears, he looks round, the black man cries again.
But the Englishman takes no notice at all. He goes on swimming.
And he is killed. The French authorities hold an inquiry – no one
can understand why the victim ignored the warning. But another
Englishman stands up to explain. The warning had been given in
incorrect language, it would not have been understood. Ah. Then
would monsieur please tell the court the correct call, in case such
an unhappy event occurred again? The Englishman thinks,
considers very deeply, then he says, "Would you mind awfully
turning back, sir, please?" (pp. 558-559)

(아프리카의 어느 프랑스 식민국에서 한 영국인이 악어가 많은 곳에 수영을 하러 간다. 이를 강독에서 본 영어를 할 줄 아는 원주민이 소리를 지른다. "나 와여 나와! 위험혀! 제꺽 나와여!" 영국인이 듣고 둘러본다. 흑인이 또 소리친 다. 그래도 영국인은 들은 체를 않고 헤엄치다가 죽는다. 이에 프랑스 당국이 청문회를 연다. 그 영국인이 왜 경고를 무시했는지 아무도 이해를 못 한다. 이 때 딴 영국인이 일어나 해명한다. 틀린 말로 경고를 주어서 못 알아들었을 겁 니다. 아, 그러면 옳은 말로 하는 경고는 무엇인지 이 법정에 말해줄 수 없소? 또 그런 사고가 생길 경우를 위해서 말이오. 영국인이 골똘히 생각하더니 대답 한다. "나리 양반, 죄송하지만 제발 나와 주시지 않겠습니까?")[1]

의식과 예절을 엄격히 차리기로 유명한 영국인을 비아냥거린 일화인데, 언어가 환경과 상황에 따라 달라질 수 있음을 예시하고 있다.

인간이 사회적 동물이고 언어는 인간 특유의 현상이라면, 언어와 사회 사 이에 밀접한 관계가 있을 것임은 당연하다. 실상 언어만을 살펴봄으로써 그 사회와 민족의 역사를 어느 정도 짐작할 수 있다고 말할 수 있을 정도로 언 어는 그 언어가 쓰이는 사회현상과 체제를 잘 반영해 주고 있다. 예를 들어, 국어에 압도적으로 많은 한자어는 우리나라가 중국 문화의 영향을 오랫동안 받아왔음을 말해 주며, 최근에 가속적으로 증가하는 외래어에서 우리나라가 이제는 서구문명의 영향권에 들어갔음을 알 수 있고, 국어의 엄격한 경어법 에서 우리 사회가 계급의식이 투철한 봉건사회였음도 짐작할 수 있다. 또 친척어(親戚語 kinship terms)나 금기어(禁忌語 taboo words)를 살펴봄으로써 그 사회의 가족제도와 민속문화의 일면까지도 엿볼 수 있다.

미니스커트를 입고 등산을 한다거나, 양복을 입고 수영을 한다거나, 반대 로 수영복을 입고 강의실이나 설교단에 서는 사람은 없다. 언어도 마찬가지 이다. 시장바닥에서 쓰이는 언어로 설교나 강의를 하지 않으며, 가족이 둘러

---

1) 이 책에서의 모든 번역은 저자가 한 것이므로, 오역은 저자의 탓이거니와 정역은 저 자의 탓세이다.

앉은 저녁 식탁에서 정견 발표나 조사(弔辭)의 문체로 대화를 하지도 않는다. 사장과 사원의 말이 같지 않으며, 남녀의 말이 다르고, 노소의 말이 다르다. 이것은 언어도 "누울 자리를 보고 다리를 뻗어야" 됨을(들을 사람을 보고 말을 뱉어야 됨을) 단적으로 말해 주고 있다. 이 장에서는 사회 체제에 따라 나타나는 여러 언어 현상을 몇 가지로 나누어 관찰해 보기로 한다. 사회구조의 변화에 따라, 또 사고방식의 변화에 따라 말투도 변하고 있고, 또 변해야 됨을 보게 될 것이다.

저자가 미국에서 고학하던 어느 해 여름의 일이었다. 억센 비가 몹시도 쏟아지던 어느날, 이웃 마을로 심부름을 가게 되었는데 어떤 승용차가 나를 태워주었다. 저자가 타자, 피서 나온 교수라면서 자기 가족을 소개해 주더니, 폭우를 가리키며 "It's a little wet out there, isn't it?"(바깥 날씨가 조금 궂지?)라고 했다. 볼일을 마치고 돌아오는 길엔 어떤 트럭운전사가 저자를 태워주었는데, 그의 옆자리로 기어오르자마자 다음과 같이 소리치는 것이었다. "Look at that goddamn rain!"(저놈의 옘병할 비좀 봐!) 그때도 느낀 일이지만, 이것은 두 사회 계급(social class), 교수와 노무자의 언어의 차이를 단적으로 보여주고 있다. 이러한 차이는 지방색이나 방언보다는 교육 경력과 경제력의 차이를 반영하여, 상류계급이 표준어와 규범적인 문법과 "점잖은" 말에 가까운 반면, 하류계급은 사투리와 비문법적인 문장과 "상스런" 말을 더 자주 쓰게 된다. 영어에서 예를 들어보면,

(10.2)   비표준   표준
    a. He can't do nothing. = He can't do anything.
    b. She like him. = She likes him.
    c. He ain't going. = He is not going.
    d. We done it yesterday. = We did it yesterday.

즉 하류층의 언어에서는 이중부정(double negation), 3인칭 단수현재동사에서 -s 탈락, *am not, is not* 등 대신 *ain't, ing*를 [iŋ] 대신 [in]으로 발음하기

(소위 "*g*-drop"), 과거시제로 과거분사를 쓰기 등등의 어법이 보인다. 언어학자들에 의한 현지 조사는 여러 가지 통계 자료를 제공했는데, 미국과 영국의 영어에서 예를 하나씩만 들어 보겠다.

미국 Detroit시의 주민을 상대로, 3인칭 단수현재동사어미 -*s*의 탈락과 이중부정을 조사해 본 결과는 다음과 같았다(Wolfram 1969).

(10.3)

	-*s* 탈락	이중부정
상위 중산계급	1%	2%
하위 중산계급	10%	11%
상위 노무자급	57%	38%
하위 노무자급	71%	70%

한편 영국 Norwich 지역민들의 *g*탈락(-*ing*에서), *t*의 성문파열음화(예: *butter*[bʌʔə], *bet*[beʔ]), 및 *h*탈락(예: *hat*[æt], *hammer*[æmə] 등) 현상을 조사해 본 결과는 다음과 같았다(Trudgill 1974).

(10.4)

	*g*탈락	*t* → ?	*h*탈락
상위 중산계급	31%	41%	6%
하위 중산계급	42%	62%	14%
상위 노무자급	40%	89%	87%
하위 노무자급	100%	94%	61%

위의 두 도표는 상층 사회계급에서 하층으로 내려갈수록 비표준으로 간주되는 어떤 언어현상이 더 빈번하게 나타남을 보여주고 있다. 위의 도표들이 보여주는 보다 더 중요한 사실은, 언어의 규칙(rule)이라는 것이 반석(盤石)처럼 확고부동한 것이 아니고, 경우와 환경에 따라 그 적용도(適用度)가 달라질 수 있다는 사실이다. 제5장에서 본 음운규칙은 한 언어에서, 적어도 한 방언에서 절대적으로 적용된다는 인상을 우리에게 주었다. 그러나 위에서 본 -*s* 탈락, -*g* 탈락 등의 현상은 이와 같은 음운규칙이 같은 방언권 내에서 사회

계급에 따라 적용의 확률이 다름을 보여주고 있다. 한 예를 더 들어보자.

미국의 흑인영어에 어말자음군의 끝자음을 탈락시키는 규칙이 있다. 그리하여 *old, fast, dense* 등이 [ol], [fæs], [den] 등으로 발음된다. 그런데 흥미로운 것은 자음군의 끝자음이 과거형의 [t]이거나 복수형의 [s]일 때는 탈락의 확률이 줄어든다는 사실이다. 예를 들어, *past*가 [pæs]로 될 가능성이 *passed*가 [pæs]로 될 가능성보다 크며, *old*가 [ol]로 될 확률이 *rolled*가 [rol]로 될 확률보다 많고, *lens*가 [len]으로 될 가능성이 *hens*가 [hen]으로 될 가능성보다 크다. 이것은 어말자음 탈락규칙이 같은 방언, 같은 사회계급, 심지어 같은 화자에서도, 어말자음의 문법범주에 따라 규칙적용의 확률이 다름을 보여주고 있다. 이러한 규칙을 **변이규칙**(變異規則 variable rule)이라 한다.

변이규칙의 개념을 확립한 언어학자는 Pennsylvania대학의 William Labov (1927-)교수이다. 1960년대 초반, Chomsky의 추상적인 이론언어학의 위세가 한창일 무렵, 그는 고립된 언어는 물 밖의 물고기와 같으며, 실제로 사회 안에서 헤엄치고 있는 언어는 이론언어학자들이 규칙으로 기술하듯 그렇게 단정하고 정연한 것이 아니고, 사회의 여러 요인과 화자의 태도에 따라 그 모습이 변화하는, 보다 얼크러지고 흐트러진 현상임을 확신하고 이를 증명하기에 나섰다. 우선 그는 모음 뒤에 오는 *r*의 발음여부를 연구 대상으로 삼았다. *car, party, York* 등의 단어를 New York 시민들은 *r*을 발음하기도 하고 하지 않기도 하는데, 하층계급으로 내려갈수록 *r*음이 사라진다는 가정을 세웠다. 그리고 뉴욕시의 세 사회층을 대표하는 것으로 고급 백화점 Saks Fifth Avenue(상층), 중간급 백화점 Macy's(중층) 및 서민 백화점 S. Klein(하층)을 골랐다. 그리곤 이들 백화점 4층에 무엇이 있나를 미리 알아본 다음, 점원들에게 (예를 들어 신발부가 4층에 있다면) "Where's the shoe department?"(신발부가 몇 층에 있지요?)라고 물었다. 물론 휴대용 녹음기를 가방인 듯 어깨에 메고. 그래서 대답으로 얻은 "(the) fou*r*th floo*r*"에서 *r*발음의 여부를 세어 보았다. 거의 300이 되는 대답을 분석해 본 결과 *r* 없는 발음은 다음과 같이 나타났다(Labov 1972:53에서 인용함).

(10.5) Saks 5th Ave. : 30%

　　　 Macy's 　　 : 41%

　　　 S. Klein 　　 : 82%

　　백화점의 점원들도 고객들을 상대해야 하기 때문에 고객들과 같은 사회
층에 대체로 속한다고 가정한다면 위의 결과는 모음 뒤의 *r*의 발음 여부가
사회계층과 비례적인 관계를 가지고 있음을 보여준다.

　　국어에서처럼 사회계급, 지위, 연령의 차이에 따라 화법이 엄격히 구분된
언어도 드물다. 겸양법의 정도에 따라 동사 어미가 해, 하네, 해요, 합니다,
하옵나이다 등으로 바뀌며, 이것이 존대법과 결부되어 위에 든 어미들 앞에
시가 삽입되어 하시네, 하세요, 하십니다, 하시옵니다 등을 낳는다. 뿐만 아니
라 상당수의 어휘가 밥:진지, 먹다:잡수시다, 주다:드리다, 나:저, 집:댁 등으로
분화되어 있다. 그리하여 아들이 아버님께 진지를 드릴 수도 있고, 아버님께
서 아들에게 밥을 주실 수는 있으나, 아들께서 아버님에게 밥을 주실 수도 없
고, 아버지가 아드님께 진지를 드릴 수도 없다.

　　아버지가 아들에게 "아드님 진지 잡수세요"라고 한다거나, 아들이 아버지
에게 "경환아 밥먹어라"라고 한다면 이는 익살이나 조롱밖에 될 수 없다. 이
예는 국어의 경어법에 통사적인 기능도 있음을 보여준다. 즉, 국어에서는 어
른을 2인칭으로 부를 수 없고 3인칭으로 해야 한다. 예를 들면,

(10.6) a. 교수님께서 해 주세요. 　　*네가(당신이) 해 주세요.

　　　 b. 선생님을 좋아해요. 　　　*너를(당신을) 좋아해요.

　　　 c. 아버님께 드립니다. 　　　*너(당신)에게 드립니다.

이를 영어와 비교해 보면, 반대현상이 나타남을 볼 수 있다.

(10.7) a. You do it, please. 　　*Professor do it, please.

　　　 b. I like you. 　　　　　*I like the teacher. (선생님한테)

　　　 c. We present to you. 　　*We present to father (아버지에게)

어른의 이름에 대한 공경(?)은 다음과 같은 한 토막 대화에도 나타난다.

(10.8) 문: 춘부장(春府丈) 성함(姓銜)이 어떻게 되지?
　　　 답: 김자(字), 형자, 기자입니다.

이 대화를 "아버지 이름이 뭐야?" "김형기입니다"로 주고받으면, 묻는 사람이나 대답하는 사람이나 "배우지 못한 놈"으로 간주되기가 쉽다.

여기서 우리는 국어의 경어법에 대해 잠시 생각해 볼 필요가 있다. 이것을 우리는 어떤 마음의 자세로 받아들여야 할 것인가? 동방예의지국의 특산품이라고 자랑하며 길이 보전해야 할 것인가? 가끔 신문이나 잡지에서 읽어 볼 수 있듯이, 요즘 젊은이들에게서 경어법이 점차로 사라져가고 있는 현상을 통탄해야 할 것인가? 저자는 그렇게 생각하지 않는다. 언어가 사회구조를 반영하는 이상, 국어의 경어법은 계급의식이 철두철미했던 봉건사회의 산물 및 유물이라고 생각할 수밖에 없다. 이러한 사실에 비추어 볼 때, 경어법은 그리 자랑할 만한 것도 못 되고, 교육을 철저히 시켜 보존해야 할 만큼 바람직한 현상도 아니다. 바람직한 것은 오히려 경어법이 점차로 없어지는 것이다. 왜냐하면 이는 평등사회와 민주사회의 구현을 시사해 주기 때문이다. 실상 요즘 젊은 세대에서 경어법이 점점 줄어가고 있다는 사실은, 이제는 귀족(양반)과 서민(상놈)의 사회계급이 없어지고 정치체제가 민주화된(?) 오늘 자연스럽고 당연한 현상이라고 하지 않을 수 없다. 저자는 전에 가끔 학생들이 쓰는 "버릇없는" 말에 불쾌감을 느낀 적도 있었고, 또 최근에는 젊은 부부끼리 서로 "너·나" 하며 반말을 쓰는 것을 보고 놀라기까지도 했지만, 이것이 자연스럽고 바람직한 현상임을 깨닫게 되었다. 동급생이었을 시절 "너·나" 하고 지내다가 이제 부부가 되었다고 갑자기 한 쪽이 경어를 써야한다는 것은 우습지 않은가? 세계의 거의 모든 언어에서 부모와 자식끼리, 교수와 학생끼리, 또 부부끼리, "너·나"로 주고받으며 대화할 수 있는데, 이것이 오로지 한국만이 문명국이고, 다른 나라들은 모두 야만국(오랑캐)이기 때문은 아닐 것이다.

그런데 국어의 언어평등화의 속도를 늦추고 있는 한두 요소가 있다. 그 하나는 다음에 볼 남녀평등의 문제이고, 또 하나는 사회의 신분과 지위 및 계급이 아직도 "양반 행세"를 하고 있다는 사실이다.

특히 윗사람에 대한 지나친 아첨은 경어법을 엉뚱한 데까지 연장시켜 다음과 같은 예를 낳고 있다.

(10.9) 국장님 기차가 연착하셨습니다.
국장님 따님이(여섯 살짜리) 이쁘십니다.
국장님, 커피 나오셨습니다.
국장님댁 전화번호가 좋으십니다.

이것은 공손을 지난 과장된 경어법이라고 하지 않을 수 없다. 그러나 부모자식지간, 형제자매지간, 동급생의 남녀 사이 등, 아첨이 필요 없는 경우들에서는 경어법이 점점 없어져 가고 있는 것이 사실인 듯하다(예를 들면 자식이 부모에게 경어를 쓰게 되는 나이가 점점 더 늦어지는 듯하다). 여러 면에서 이러한 언어의 평등화는 바람직한 현상이다.

언어는 위에서 본 바와 같이 계급의 차이를 반영할 뿐만 아니라, 남녀가 사회에서 부담하는 기능의 차이도 반영한다. 다음 수수께끼를 풀어보라.

(10.10) 어느 소년이 자기 아버지와 길을 가다가 자동차에 치어 큰 부상을 입었다. 병원에 가서 응급수술을 받게 되었는데, 수술실로 들어온 훤칠한 외과의가 피투성이의 소년을 보는 순간, "이런, 내 아들 용식이 아냐?" 하고 소리쳤다. 이 의사와 소년의 관계는 무엇인가?

이 일화를 듣고 의사가 소년의 계부니 대부(代父)니 하는 대답이 많고 소년의 어머니라는 대답을 선뜻 하는 사람이 적은 것은, 우리 사회에서 **의사**는 대개 남자라는 우리의 고정관념 때문이다. **의사**뿐만 아니라 **변호사, 조종사**(pilot), **교수, 사장** 등도 모두 우리는 남성명사로 생각한다. 그리하여 "예외적"인 경우는 여(女)자를 앞에 붙여, **여변호사, 여교수, 여의사, 여사장** 등이라 한다. 성자(saint)도 남자는 무표인데, 여자는 유표이다(예: **성 베드로 : 성녀 테레사**). 반대로 **간호원, 모델**(model), **유치원 선생, 산파** 등은 대게 여성명사로 해석되고, 예외적인 경우에는 남(男)자를 앞에 붙인다. 그리하여 *male nurse*라고는 해도 *female nurse*라고는 하지 않는다. 이러한 사실은 물론 위의 직업들이 전통적으로 한쪽 성(性)이 전담해 왔던 것이라는 데에 기인한다.

남성 지배하의 사회는 어휘에도 반영되어 있다. 영어의 *man*은 '남자' 이외에 '인간'이라는 뜻도 있지만, *woman*에는 '여자'라는 뜻밖에 없다. *mankind* '인류', *chairman* '과장, 의장', *freshman* '일학년생' 등에서도 *man*이 양성을 대표하고 있다. Shakespeare의 *Hamlet* 2막 2장에서 친구 Rosencrantz와 담화하던 Hamlet이 "Man delights not me; no, nor woman neither"(난 사람이 싫어, 물론 여자도)라고 *woman*을 덧붙인 것은 처음의 *man*을 자기는 '사람'이라는 뜻으로 썼지만 자기 친구는 '남자'라는 뜻으로 해석할까 봐서 였다. 또 *he*가 남녀를 대표할 수는 있어도 *she*에게는 그런 특권이 없다. 예:

(10.11) Every student must bring *his* own lunch.
  '학생은 각기 자기 점심을 가져올 것'

프랑스어에서 성(gender)과 수(number)의 일치를 보면, 모두가 남성일 때는 남성복수형을 쓰고, 모두가 여성일 때는 여성복수형을 쓰지만, 여자가 백 명에 남자는 한 명이라도 남성복수형을 쓴다. 예:

(10.12) nos petits amis '우리 꼬마 친구들' (남성 또는 혼성)
  nos petites amies (여성)

국어에서도 "자식이 많다", "기독교인의 형제애" 등에서 **자식, 형제**는 남녀를 다 포함하지만, **여식**(女息), **자매**(姉妹)는 여자만을 가리킨다.

스페인어에서도 *padre* '아버지'의 복수형 *padres*는 상위어 '부모'를 가리키며, *hijo* '아들'의 복수형 *hijos*도 '자녀' 또는 '아들들'을 의미한다. 그러나

madre '어머니'의 복수형과 *hija* '딸'의 복수형은 상위어가 될 수 없다.

또 남존여비(男尊女卑)의 사회는 남존여비의 어휘와 용법을 낳는다. 미국에선 얼마 전까지만 해도 태풍에 여자 이름을 붙였고(*Diana, Beth, Ann* 등), 한국에서도 좋은 귀신(예: 산신령)은 남성이지만, 나쁜 귀신들은 거의 모두가 여성인 듯하다. 또 경멸적으로 또는 모욕적으로 여자를 지칭하는 어휘는 많지만, 모욕적으로 남자를 지칭하는 말은 그리 많지 않다. 예를 들면,

(10.13) 국어: 갈보, 깔치, 걸레, 말괄량이, 메주, 암캐, 왈가닥, 절구통, 할미꽃, 호박, 화냥년

영어: bunny, dish, chick, bitch, piece of ass, broad, pussycat, slut, tramp

또 바가지는 여자만이 긁고, 히스테리는 여자만이 부린다(*hysteria*의 어원은 *uterus* '자궁'을 의미하는 희랍어 *hysteros*이다). 여자는 미혼(*Miss*)과 기혼(*Mrs.*)을 구별해 부르면서 남자는 그런 구별을 하지 않는다(*Mr.*).

이러한 차별적인 언어를 개선하려는 노력이 최근 영어에서 이루어지고 있다. 예를 들면 *Miss*와 *Mrs.* 대신 *Ms.*[miz]가 많이 통용되고 있으며, 태풍의 이름은 여자와 남자 이름으로 번갈아 짓고, *chairman* '과장, 의장', *freshman* '일학년생', *mailman* '우체부' 등을 *chairperson, freshperson, mailcarrier* 등으로 쓰려는 노력이 나타나고 있다. 또한 (10.11)과 같은 문장에서는 다음과 같이 *his or her*를, 또 전에는 비문법적으로 간주되었던 *their*를 쓰는 경향도 나타나고 있다.

(10.14) a. Every student must bring *his or her* own lunch.[2]

b. Every student must bring *their* own lunch.

---

2) 엄격히 따지자면 (a)문도 남존여비식이라고 할 수 있다. *his*가 *her*를 선행했으니까. 그렇다고 어순을 바꾸어 *her or his*라고 해도 남녀평등은 이루어지지 않는다.

또 미국의 어느 교파에서는 신(神)이 반드시 남성일 이유가 없다면서 성경에 나오는 "하나님", "예수" 등을 중성으로 번역하고 있다. 예를 들면 주기도문의 첫 구절 *Our father who is in heaven* '하늘에 계신 우리 아버지'를 *Our parent* '우리 어버이', 또는 *Our Creator* '우리의 창조주' 등으로 개칭하고 있다. 보는 이의 태도에 따라 이러한 노력은 환영을 받기도 하고, 비방을 받기도 할 것이다.

한편 몇 년 전에 널리 유행했던 "간 큰 남자 시리즈"는 현대 한국 사회에 여존남비/공처가 시대가 왔음을 고시해 주는 듯하며, 마치 이런 추세를 반박이라도 하듯, "공주병 시리즈"는 여성의 허영과 자만을 고소하고 있다. 경희대학교의 서정범 교수는 그의 『빼빼별곡』(1997:279)에서

> **(10.15)** 96년도의 속어의 특징은 귀신이 등장하는 만득이 시리즈의 출현이라 하겠다. 이는 신세대들이 현실에 대한 외면으로 저승에 있는 귀신을 현실로 불러들였다고 하겠으며 신비적인데 관심을 가지고 있음을 보여주고 있다. 이는 현실과 기존 세대에 대한 철저한 부정일 수도 있다.

라고 하면서 1996년에 등장한 "시리즈"들의 의미를 분석하고 있다. 사회학자에 따라 해석이 분분하겠지만, 이러한 언어 현상이 그 사회의 구조와 양상을 비춰주는 거울이 되고 있는 것만큼은 사실이라고 하지 않을 수 없다.

일상용어로 다시 돌아가 *chairman*을 *chair* 또는 *chairperson*으로 바꿔 쓰는 것은 바로 수긍할 수 있는 것이라 하더라도, *gunman, snowman* 등을 *gunperson, snowperson* 등으로 꼭 써야 될 이유는 무엇일까? *man*이 어말에 오지 않고 어두나 어중에 올 때, 이를 *person*으로 바꾸면 더 어색해진다. 예, *mankind→personkind, manhole→personhole, sportsmanship→sportspersonship* 등. 특히 *he*와 *she*를 통칭하는 3인칭 단수 대명사로 *te*를 쓰자는 어느 여성잡지 편집자의 제안에는 좀 무리가 있다고 하지 않을 수 없다. 언어는 자연적인 진화현상인 만큼, 하루아침에 인위적으로 언어를 바꾸려는 무리는 삼가야 할

것이다. 남녀평등의 사회가 구현되면 언어도 자연히 이를 반영하게 될 것이기 때문이다.

남성과 여성의 언어가 체계적으로 다른 예는 그리 많지 않다. Thai어에서 남자는 자기(나 'I')를 *phom*이라 부르고, 여자는 *dichan*이라 부르는데, 이는 국어에서의 **누나**와 **오빠** 같은 단편적인 예에 불과하다. 또 국어에서 남자는 **예**, 여자는 **네**를 많이 쓰고, 남자는 **-습니다**를 여자는 **-어요**형을 더 많이 쓰며, 또 여자의 억양(intonation)은 남자보다 기복(起伏)이 더 심한 듯한 인상을 주지만, 체계적인 연구는 아직 없는 듯하다.

다만 여성언어가 남성언어보다 보수적이며 표준어에 더 민감하다는 관찰은 있다. 예를 들면 Detroit 흑인시민의 이중부정에서 남녀의 차이가 있음이 다음과 같이 나타났다(Wolfram 1969:162).

(10.16)

	상위중산계급	하위중산계급	상위노무자급	하위노무자급
남성	6.3%	32.4%	40.0%	90.1%
여성	0%	1.4%	35.6%	58.9%

같은 사회계급 안에서 여성의 언어가 남성의 언어보다 표준어에 더 가까움을 볼 수 있다. 남자는 거칠고 남성적인 말을 쓰는 것을 자랑으로, 혹은 남자의 위신이 서는 것으로 생각하는 반면, 여자는 온순하고 보다 표준에 가까운 언어를 쓰기를 바란다. 그리하여 남성은 언어 변화의 선구자나 전위가 되는 반면, 보수적인 여성은 언어 변화의 후위가 된다. 여기에서 남녀 언어의 차이가 유래된다고 볼 수 있다. 이 예는 국어의 방언조사에서 여성이 남성보다 자기들의 지방방언에 대해 더 부정적인 태도를 보인다는 관찰과도 결부된다(289-290쪽 참고).

제1부에서 우리는 음성과 의미 사이에는 임의적인 관계 밖에 없음을 보았다. 그럼에도 불구하고, 언어 사용자는 어휘에 가치판단(value judgment)을 부과하여, 어떤 어휘나 어법은 "더럽고", "모욕적"이고 등등의 낙인을 찍는다. 논리적으로

어떤 음성이 더럽거나 추잡하거나 모욕적일 수는 없다. 이러한 가치판단은 순전히 언어 사용자가 내리게 된다. 그리하여 "점잖게" 말을 하려면 그 사회가 규정하는 금기어(禁忌語 taboo)를 피해야 되고, **완곡어법**(婉曲語法 euphemism)을 써야 한다. 특정한 경우는 다르지만, 대부분의 사회에서 성(性 sex), 죽음, 배변(排便), 하급 직업 등에 관한 어휘는 금기어가 되어 있다. 예를 들면,

(10.17) a. 남자 생식기, 몸가락(ㅈ지), 여자 생식기, 몸틈새(ㅂ지), 성교, 몸섞이(씨ㅂ)

　　　　 b. 돌아가다, 하직하다, 타계(他界)로 떠나다(죽다, 뒈지다)

　　　　 c. 소변(오줌), 대변(똥), 변소, 화장실, 뒷간(똥뚜간)

　　　　 d. 환경미화원(청소부), 위생기사(쓰레기 수거인), 신체장애인(병신)

　다음은 이문열(李文烈)씨의 **젊은 날의 초상**(肖像)(서울: 民音社, 1981)의 제1부 「河口」(하구)에서 인용한 대화이다. 이 장면은 낙동강 하구에서 모래장사를 하는 박용칠과 최광탁이라는 두 사람이 술에 취해 농담이 언쟁으로 바뀌는 대목이다.

(10.18) 박:「행임(형님), 거참 이상타 말이라예」

　　　　최:「뭐가, 일마(이놈아).」

　　　　박:「우리 큰놈아가 와(왜) 행임을 닮았을꼬예?」

　　　　최:「야, 이 쎄(혀)빠진 놈아, 또 그 소리가? 그래 그라몬 니는 우리
　　　　　　둘째 년이 왜 니맨쿠로(=너처럼) 짜리몽땅한지 안 이상하나?」

　　　　박:「그라문 이 씨발놈아, 내가 냄새나는 느그 마누라**호박**에 절
　　　　　　구질이라도 했단말가?」

　　　　최:「요 뽁쟁이(=복어) 같은 놈이 뭐라카노? 일마, 그라몬 난 먼
　　　　　　(=무슨) 재미로 니가 떠먹다 나뚠 쉰 **죽사발**에 은 **숟가락** 집
　　　　　　어넣겠노? 바람먹은 맹꽁이 맨치로 배만 뽈록해 가지고…」

　　　　박:「니는 만판 하고도 남을 놈이라. 이 대가리가 뻔질뻔질 까
　　　　　　진 X대가리 같은 새끼야.」

대화자들이 모래장사꾼으로 학력이 없고 막역한 친구 사이임에도 불구하고, '성교(性交)'가 금기어이기 때문에 취중에 모욕적인 욕설을 받으면서도 '성교'의 표현을 비유를 들어 완곡어법으로 나타내고 있음을 보여준다. 또 철자대신에 X를 쓰고 있는 것도 여실한 표현으로 이를 활자화하기에는 금기어가 되어 있기 때문이다.

성경에서는 '성교하다'를 *King James Version*(1611)에서 모두 *know*(알다)로 표현했는데, 국역 성경에 이 표현이 두어군데 남아있고

(10.19) every woman that hath known man (민수기 31:17)

　　　'사내를 아는 여자' (개역개정, 1998)

　　　'남자를 안 일이 있는 여자' (공동 번역 성경, 1977)

　　　two daughters which have not known men (창세기 19:8)

　　　'남자를 가까이 하지 아니한 두 딸' (개역개정, 1998)

　　　'남자를 모르는 딸 둘' (공동 번역 성경, 1977)

다른 곳에서는 **동침하다**(창 4:1, 마 1:5), **상관**(相關)**하다**(창 19:5), **행음**(行淫)**하다** (사사기 19:25) 등으로 번역되어 있다.

한편 노총각(old bachelor)이라는 단어에는 아무런 부정적인 뜻이 없는데, 노처녀(old maid, spinster)라는 단어에는 부정적인 가치판단이 붙는 것은 "태도" 때문이다. 이러한 태도 때문에 똑같은 기질이 성(性)에 따라 다르게 표현된다. 그리하여 남자는 진취적인데 여자는 윤리관이 허술하고, 그는 웅변술이 좋으나 그녀는 주둥이를 너무 놀리고, 그는 용의주도하나 그녀는 쩨쩨하고 소견이 좁으며, 그는 과감하나 그녀는 간뎅이가 부었고, 남자는 우물 안의 개구리를 벗어나 세계인이 되어야 하지만, 암탉이 울면 집안이 망한다.

또 어떤 어휘는 모욕적이거나 경멸적인 뜻이 있어서 이러한 어휘를 쓰면 상대방이 싸움을 걸어올 수 있다. 예를 들면 *black, Japanese, Russian, sister* 일본인, 중국인, 장애인, 북한 등이 중립적인 단어들임에 비해, *negro, Jap, Russkie, sissy*, 왜놈, 뙤국놈, 병신, 북괴 등은 경멸적인 어휘이다.

화자의 태도에 따라 말씨도 달라질 수 있는 것은 다음과 같은 사실로 알 수 있다. (10.5)에서 우리는 Labov 교수가 New York 시의 세 백화점 점원들을 상대로 모음 다음의 *r*발음의 여부를 조사했음을 보았는데, "XX부가 몇 층에 있나요?"라는 물음에 "(on) the fourth floor"라는 대답을 듣고도 Labov 교수는 잘 못들은 척하고, "Beg your pardon?"(뭐라고요?)하고 반문하였다. 물론 점원은 "(on) the fourth floor"라고 반복한다. Labov 교수는 첫 번 대답을 "예삿말"(casual speech)로, 반복한 대답을 "조심말"(careful speech)로 간주하고, 두 화법(style of speech)에서의 차이를 살펴보았다. 그 결과 *floor*에서의 *r*발음은 다음과 같이 나타났다.

(10.20)

	첫 번(예삿말)	반복(조심말)
Saks 5th Ave.	63%	64%
Macy's	44%	61%
S. Klein	8%	18%

첫 번 대답을 상대방이 못 알아들었기 때문에, 반복한 대답을 보다 조심스럽게 강조해서 한 발음이라고 가정한다면, 이 "조심성"이라는 태도도 언어변이(language variation)의 한 변수임을 알 수가 있다.

사회적 방언의 다른 하나로, 속어(slang) 또는 은어(隱語 argot, jargon)라는 게 있다. 이것은 한 집단 안에서만 통용되는 어휘를 지칭한다. 조폭, 언어학자, 중고생들, 법조계, 애어머니 등이 자기들 사이에서만 쓰는 단어들을 일컫는다. 여기선 인터넷, 문자(texting), 카톡 등의 흥행과 더불어 나타난 신조어들을 엿보고자 한다. 요즘 유행하는 다음 어휘들을 보라.

(10.22) 홈피(홈페이지), 번팅(번개같은 미팅), 솔까말(솔직이 까놓고 말해서), 지못미(지켜주지 못해 미안), 안습(안구에 습기), 깜놀(깜짝 놀랐다), 넘사벽(넘을 수 없는 사차원의 벽), 볼매(볼수록 매력), 열폭(열등감 폭발), 냉무(내용 무), 강추(강력 추천), 몰카(몰래 카메라), 듣보잡(듣고 보도 못한 잡놈), 근자감(근거없는 자신감), 멘붕(멘탈 붕괴), 김떡순(김밥 떡볶이 순대)

MHz로 속도를 재는 디지털 시대에 이 어휘들이 모두 축약의 형태를 지닌 것은 당연하다. 문제는 급속도로 불어나가는 이런 은어들이 언어에 어떤 영향을 미칠 것이냐 하는 것이다. **홈피, 멘붕, 당근이다** 등의 어휘가 통용된 지 오래되었다. 그러나 아직도 이들이 사전에 올림말로 나와 있지는 않다. 그러나 언어란 대중이 쓰게 될 때 표준화되기 마련이다. 그리하여 언젠가는 이 은어 중의 상당수가 표준어로 등장할 것이다. 이러한 언어 사용의 선구자인 청소년들이 성인이 되어서도 계속 쓴다면, 은어의 표준화는 당근이지 않을까. 사실 언어 변화는 이렇게 해서 오기 마련인 것이다. 즉, 언어습득자 세대의 돌발적인 또는 임시적인 언어현상이 기성세대에서 고정화될 때 언어 변화가 이루어지는 것이다.

언어에 대한 태도 중에서 가장 큰 역할을 하는 것이 표준어와 방언의 차이이다. 일국의 표준어는 대체로 그 나라의 수도가 위치한 지역의 언어를 토대로 다듬어진 언어로서, 교육이 표준어로 시행되며, 정부의 고위관리들을 비롯한 유식인들이 쓰는 언어이기 때문에(현재 우리나라의 경우는 예외인 듯하지만), 그 나라말의 모든 방언 중에서 가장 위세가 높은 정예어(精銳語 elite dialect, prestige dialect)로 군림하게 된다. 그리하여 모든 사람들이 표준어를 바람직한 것으로 생각하고 모방하게 된다. 그 좋은 예가 프랑스어의 목젖떨림소리(구개수전동음 口蓋垂顫動音 uvular trill) *r*[R]이다. 16세기까지만 하더라도 모든 인구어의 *r*는 현대의 이탈리아어나 스페인어에서처럼 치경음(alveolar)이었다. 그러던 것이 17세기에 들어와 무슨 이유로인지3) 프랑스 파리의 상류귀족계급에서 이 치경음 *r*을 목젖소리로 내기 시작하였다. 이것이 "고귀한" 발음으로 착각되면서, 점점 프랑스 전국에 퍼지게 되었고, 나중엔 국경을 넘어 독일어와 덴마크어 및 남부 스웨덴어에까지 미치게 되었다. 아직 영국, 스페인, 오스트리아, 스위스, 이탈리아 등지에까진 미치지 않았지만, 이 목젖의 *r*의 전파는 아직도 진행 중인 듯하다. 이미 일부 네덜란드인(Dutch)과 노르웨이(Norway)인이 이 *r*음을 쓰고 있다.

범위를 좁혀 영국의 표준 발음인 이른바 Received Pronunciation(용인된 표준영

---

3) 일설에 의하면 언어장애증이 있는 왕이 [*r*]을 목구멍에서 발음한 데서 비롯되었다 한다.

어발음이라는 뜻으로 보통 RP로 생략된다)을 모든 영국인이 표방하고, 국어의 표준어인 서울말, 경기어를 모든 국민이 모방하고 있음은 물론이다. 신문, 잡지, 방송, 교육, 공문서, 고시 등등이 모두 표준어로 쓰여 있기 때문이며, 입학시험, 입사시험 등에서 표준어가 요구되지 않더라도 기대되기 때문이다.

그런데 여기에서 문제가 하나 있다. 그것은 일반인들이 한 개인의 표준어/사투리와 그의 교육정도, 더 나아가서는 심지어 그의 지능계수와도 비례적인 관계가 있는 것처럼 생각한다는 사실이다. 즉, 표준어를 더 정확히 쓸수록 교육수준 및 사회적 지위가 높다고 생각하며, 반대로 사투리를 많이 쓸수록 무식하고 저능하다고 일반인들이 생각한다는 말이다.

다음 (10.22)의 도표는 이정민(1981)의 표준어와 방언 사이의 상호태도 논문에서 인용한 것인데 한 번 음미해 볼 만하다(숫자는 실험 대상자의 백분율).

빈 칸은 수치가 10% 미만으로 무시할 만한 것이거나, 이 교수의 논문에서 찾아볼 수 없는 것들이다. 이 도표에서 세 가지 사실을 살펴볼 수 있다. 첫째는 모두가 자기 방언에 대해서는 타도(他道) 사람들보다는 훨씬 큰 호감을 가지고 있다는 사실이다. 둘째로, 표준어에 대해서만은 지방인이나 서울 사람이나 똑같이 다 긍정적인 태도를 지니고 있다는 사실이다. 거의 반이 "상냥하다"고 평가하고 있다. 셋째로는 남녀의 태도가 꽤 다르게 나타나는데(이 교수의 논문에선 지방민의 자기 방언에 대한 태도에만 남녀를 구별하여 통계자료를 제시하고 있다), 여성들이 남성들보다 자기의 지방방언에 대해 상당히 부정적인 태도를 가지고 있다는 사실이다. 예를 들면 경상도 남자들이 경상도 방언이 "씩씩하고" "듣기 좋다"고 대다수가 생각하는데(각각 75%, 60%) 경상도 여자들은 소수만이 그렇게 생각하며(29%, 19%), 전라도 남성의 반(47%)이 전라도 방언이 "듣기 좋다"고 판단하는데, 전라도 여성은 3분의 1도 안 되는 29%가 동의할 뿐이다. 충청도 남자의 30%만이 충청도 방언이 "촌스럽다"고 생각하는데, 무려 70%의 여성이 자기 방언이 촌스럽다고 생각한다. 제주도에서도 55%의 제주도 남자들이 자기 방언이 "듣기 좋다"고 판단함에 비해, 제주도 여성은 20%만이 이에 동의한다. 이러한 현상은 앞에서 언어와 성(性)의 관계를 논하면서 여성의 언어가 남성의 언어에 비해 보수적이고, 표준어에 더 민감하다고 한 것을 뒷받침해 주는 흥미있는 자료이다.

방언	태도	자기방언		타도사람	서울사람
		남	여		
경상	믿음직하다	70	52		
	씩씩하다	75	29	20	19
	무뚝뚝하다	70	81	18	35
	듣기좋다	60	19	20	25
전라	믿음직하다	65	41		
	듣기좋다	47	29		
	씩씩하다	41	23		
	간사하다			33	38
	듣기싫다			35	43
충청	점잖다	50	65	22	18
	촌스럽다	30	70	25	33
	듣기싫다			17	10
제주	무뚝뚝하다	55	65		
	듣기좋다	55	20		
	듣기싫다			24	13
	촌스럽다			17	11
표준	듣기좋다			75	73
	상냥하다			47	46
	간사하다			11	19

이정민 교수는 표준어와 방언 간의 상호 태도 조사에서 "무식하다", "똑똑하다" 등 교육정도와 지능지수에 대한 태도를 보여주는 질문은 하지 않았다. 그렇다 하더라도 위의 조사는 표준어와 방언에 대한 일반인의 태도가 다르며, 대체로 방언에 대해선, 특히 타지방의 방언에 대해서(여성의 경우에는 자타를 막론하고) 부정적인 태도를 지니고 있고, 표준어에 대해선 긍정적인 태도를 가지고 있음을 통계자료로 잘 보여주고 있다고 하겠다.

흥미 있는 것은 강범모(2005)에 의하면, 20여 년 전과 비교해서 방언에 대한 태도가 조금 달라졌다는 사실이다. 첫째로 자기 방언에 대한 태도가 남성에 비해 여성이 더 부정적이었는데, 이것이 "많이 약화"되었으며, 둘째로 타 방언에 대한 태도가 한 특정 방언(호남 방언)에 대해서만 부정적이었는데, 이것이 "모두 비슷한 정도"로 나타났다는 사실이다.

영국의 Essex와 Reading 대학에서 봉직하다가 스위스(Switzerland)로 건너가 Fribourg 대학에서 2005년 은퇴한 사회언어학자 Peter Trudgill(1943-)은 한 대학 교수와 광부에게 서로 대화를 시키면서, 교수에게는 Manchester 광부의 악센트를 흉내 내게 하고, 광부에게는 교수의 표준발음(Received Pronunciation)을 쓰도록 가르쳤다. 이 대화를 녹음한 테이프를 나중에 학생들에게 들려주면서 어느 쪽이 교육경력과 경제력이 더 많고, 사회적 지위가 더 높은가를 판단해 보라고 했더니, 대부분이 광부를 지적하더라는 것이었다. 이것은 물론 표준어와 사투리에 대한 일반인의 태도 때문이다. 미국의 초등학교에서 우직한 교사들이 사투리를 쓰는 아동들을 저능아라는 선입관으로 대하는 태도 때문에 한동안 문제가 되었다.

이러한 교사들을 계몽시켰다 하자. 그러나 사투리를 쓰는 아동들의 교육방침은 어떻게 세워야 할 것인가? 규범주의(prescriptivism)를 택하여, 아동의 사투리를 없애고 표준어만 쓰도록 가르칠 것인가? 아니면 두 방언제(bidialectism)를 택하여 아동의 사투리를 한편으론 살리고, 한편으론 표준어를 가르치면서 방언 혹은 표준어를 쓰는 적시적소를 아동이 즉시 판단할 수 있는 능력을 키워주어야 할 것인가? 이것도 아니면 방언과 지능 사이에는 아무런 함수 관계도 없음을 일반인에게 계몽시키는 이상주의(idealism)를 택해야 할 것인가?

6·25 동란으로 저자가 부산으로 피난 가 있을 때, 다음과 같은 일화를 들은 적이 있다.

함경도 내륙 지방에서 피난해 온 아줌마가 어시장에 나갔다가 해삼을 난생 처음으로 보고 어물전 주인에게 물었다.

(10.23) "이거 무시?"

이에 **무시**가 무슨 뜻인지 모르는 해삼장수가 반문했다.

(10.24) "무시 머꼬?"

머꼬가 무언지 모르는 함경도 아줌마가 다시 물었다.

(10.25) "머꼬 무시?"

그래서 또 해삼장수가 묻기를

(10.26) "무시 머꼬?"

뜬소문에 의하면, 지금도 부산 영도다리 밑 자갈치시장에 가면, 백발의 두 할머니가 "무시 머꼬"—"머꼬 무시"를 계속 주고받고 있는 것을 볼 수 있다고 한다!?

1950년 여름, 다른 지방에서 부산으로 온 난민들은 생소한 해삼을 보고 "이거 무시?" 대신 다음과 같이 물었을 것이다.

(10.27) 평안도 아지미 : "이게 무스거?"
      서울 아가씨   : "이게 뭐예요?"
      충청도 아줌마 : "이거 뭐유?"
      전라도 가시나 : "이게 머랑가?"

한 낱말에서 지역적 방언의 차이를 잘 볼 수 있다. 그러나 지역적 방언의 차이보다는, "정치적 방언"(political dialect)의 차이가 오늘의 우리의 더 큰 관심사가 아닐 수 없다. 대중 매체(mass media), 대중 교육, 일일권 교통수단, 유동성 사회, 인터넷망 등은 지역적 방언의 차이를 점차적으로 줄이고 있다. 이와 반대로, 남한과 북한은 60년이 넘는 동안 격리된 정치체제와 독자적인 언어정책으로 말미암아, 남북의 언어가 점점 더 분화되어 갔다.

북한은 남한의 표준 한국어와 대조하기 위해, 자기들의 표준어를 "문화어"라고 이르고 1960년대 후반부터 말다듬기운동을 해왔는데, 한편으론 한자를 폐지하고 또 한편으론 한자어를 포함한 외래어를 될 수 있는 대로 토박이말로 대치하도록 하였다. 사회주의 국가에서 언어도 사회화(socialize)하려는 노력이라고 볼 수 있다. 이것을 대중이 얼마나 받아들이고 있는지 가늠할 길이 없으나, 문서상으로는 공식화되어 한국어와 다음과 같은 대조를 이루고 있다.

(10.28) (a) <u>남한 표준어</u>   <u>북한 문화어</u>

양잠(養蠶)   누에치기
소화물(小貨物)   잔짐
음절(音節)   소리마디
대화(對話)   서로말
추수(秋收)   가을걷이

(b) 파마(<perm)   볶음머리
헬리콥터(helicopter)   직승비행기
롱패스(long pass)   긴연락
후크(hook)   똑딱단추
템포(tempo)   속도

(a)는 한자어를 고유어로 바꾼 예들이고, (b)는 영어에서 온 외래어를 국어로 바꾼 예들이다. (a)는 한국에서도 일찍이 시도한 바 있어서, 오늘 우리는 세모꼴, 앞줄, 뼈마디, 덮밥, 도시락 등을 쓰고, 삼각형, 전열, 관절, 오므라이스(<omelet), 벤또 등은 잘 쓰지 않는다. (b)의 예들은 아직 우리에게 낯익지 않아서 그런지 좀 어색하다. 코너킥(corner kick)을 구석차기라고 하는 것은 이해할 수 있지만, 라이트 해프백(right half-back)을 오른쪽중간방어수라고 하는 것에는 거부감이 생긴다. 이 밖에 아이스크림을 어름보숭이로 고쳐 쓰자고 했다는 말도 들었지만, 과장이거나 억지인 듯하다. 『현대조선말사전』(북조선 사회과학원, 1981)에는 어름보숭이라는 단어가 올라와 있지 않고, 아이스크림이라는 올림말을 "어름보숭이"라고만 뜻풀이를 하고 있다. 중요한 것은 남북의 두 언어가 더 이질화되기 전에, 통일이 와야 할 것이며, 정부나 언론기관의 언어정책 담당자들은 이질화를 최소한으로 하는 언어정책을 세워야 할 것이다.

표준어란 역사의 우연한 산물에 지나지 않으며, 표준어에 어떤 선천적인 장점이나 특전이 부여된 것이 아님을 우리는 이제 잘 안다. 국어에서 서울말이 표준어가 된 것은 조선왕조의 오백년 도읍이 한성(漢城=서울)이었다는 우연한 사실에 기인할 뿐이다. 만약 고구려가 삼국을 통일하고 평양을 지금까지 수도로 삼아 왔다면 평안방언이 지금 표준어일 것이고, 통일신라가 오늘까지 수도를 경주에 두고 존속했다면 지금 너나 나나 경상도말을 쓰고 있을 것이다. 영국영어에선 모음 뒤의 *r*을 발음하지 않는 게 표준발음인데 미국영어에선 *r*을 발음하는 것이 표준발음임을 볼 때, 표준이라는 것이 얼마나 임의적인 것인가를 알 수 있다. 그러니까 미국 대통령이 남부 방언을 쓰건 한국의 대통령이 경상도 방언을 쓰건 그것은 전혀 상관없는 일이다.

다방에서나 기차 안에서 처음 만난 사람과 대화를 시작할 때, 우리는 대개 "고향이 어디시죠?", "학교는 어딜 나오셨습니까?", "어디서 근무하세요?" 등의 질문으로 시작한다. 이러한 의식(儀式)의 저의(底意)는 상대방의 전기(傳記)를 쓰려는 데에 있는 것이 아니라, 상대방의 배경(출신, 교육 경력, 사회적 지위 등)을 타진해 봄으로써 내가 어떤 언어체(style)로 말을 해야 할 것인가를 결정하려는 데에 있다. 이것은 싸움터에서 상대의 위력을 가늠하기 위해 헛신호를 보내보는 동물이나 장군 같아서, 이때 신호의 내용보다는 송신방법의 탐지가 더 중요하다. 예를 들어 "날씨가 참 덥지유?"라는 빈말에서 청자는 화자의 어법(語法)으로부터 그의 고향, 교양, 신분 등을 잽싸게 간파하고, 자기가 쓸 말의 격(格)을 정한다. 그리하여 상대방이 후배로 판명되었을 때에는 금시 경어가 반말로 바뀌기도 하고, 반대로 "청와대에 근무한다"는 상대방의 대답에는 "아이구, 몰라 뵈어 죄송합니다" 하고 말을 조아릴 수도 있으며, 상대방이 충청도 방언을 하면 "속도"에 대한 언급을 일체 삼가게 된다. 이러한 현상은 언어와 사회 사이에 얼마만큼 밀접한 관계가 있는가 하는 것을 단적으로 말해 주고 있다.

참고문헌

강범모. 2005. 『언어-풀어쓴 언어학개론』 2판. 서울: 한국문화사.

고영근 (편). 1989. 『북한의 말과 글』. 서울: 을유문화사.

문금현. 2001. "현대국어 신어의 유형 분류 및 형성 원리". 『국어학』 33:295-325.

이장송. 2007. "종교의 언어관: 종교언어연구의 기본전제". 『인문언어』 9:31-54.

이정민. 1981. "한국어의 표준어 및 방언들 사이의 상호접촉과 태도". 『한글』 173/174: 559-584.

Cameron, Deborah and Don Kulick. 2003. *Language and sexuality*. Cambridge University Press.

Eckert, Penelope and Sally McConnell-Ginet. 2003. *Language and gender*. Cambridge University Press.

Jung, Kyutae(정규태) and Min Sujung(민수정). 1999. "Some lexico-grammatical features of Korean English newspapers". *World Englishes* 18(1):23-37.

Labov, William. 1972. *Sociolinguistic patterns*. Philadelphia, PA: University of Pennsylvania Press.

Lee, Jamie(이신희). 2006 "Linguistic constructions of modernity: Korean-English mixing in TV commercials". *Language in Society* 35(1):59-91.

Park, Choong-Yon(박충연). 2006. "Discourse in *ceysa*: From a worship to a commemorative ceremony". 『언어』 31(2):277-299.

Seo, Miseon(서미선), E. Kong, and S. Kang. 2014. "Gender difference in the affricate productions of young Seoul Korean speakers." *Journal of Acoustical Society of America* 136(4):329-335.

Trudgill, P. 1974. *The social differentiation of English in Norwich*. Cambridge, UK: Cambridge University Press.

_____. 2001. *Sociolinguistics: An introduction to language and society*. 4th ed. London, UK: Penguin Books.

Wardhaugh, R. 2006. *An introduction to sociolinguistics*. 5th ed. Oxford, UK: Blackwell.

Wolfram, Walter A. 1969. *A sociolinguistic description of Detroit negro speech*. Center for Applied Linguistics. Washington, D. C.

1. 여증동(呂增東)저의 『한국가정언어』(서울: 삼일당, 1984)를 보면, "시아버지를 며느리가 '저의 아버님' 대신 '철이 할아버지'(는 대구에 가셨습니다)로 부르는 것은 흉한 말이다"(98쪽)라고 단정하고 있는데, 이를 비판하라.

2. 서강대의 김열규 교수는 "모로 가나 세로 가나 서울만 가면 된다", "외상이면 소도 잡아 먹는다" 등의 속담을 예로 들면서, 이것은 한국인이 수단이나 과정(線)보다는 목적이나 결과(點)에 중점을 두는 "점의 사고방식"을 예시한다고 하였다. 이를 평가하라. 국어의 속담에서 한국인의 어떤 (비슷한, 다른) 사고방식이나 태도를 또 엿볼 수 있는가? 예를 들어 설명하라.

3. 현대 한국사회에서 이루어지고 있는 남녀평등 현상, 더 나아가 여성우위 현상이 국어에 어떻게 반영되고 있는지 살펴보라.

4. Television 뉴스나 신문, 잡지 기사에서 금기어를 어떻게 피해서 쓰고 있는가 살펴보라.

5. 현대는 정보의 시대임을 고해주는 단어, 특히 외래어들이 지금 많이 쓰이고 있다. 예를 들어보라.

6. 다음은 "문화어"의 예들이다. 이에 해당하는 표준어는 무엇이라고 생각하나? 어떤 조어법의 특징이나 구조상의 특징이 있다고 생각하는가?

   명사: 에미나이, 방칫돌, 소래, 여가리, 껴울림, 맞때림, 일본새, 눈석임
   동/형용사: 아사지다, 가찹다, 아츠럽다, 생풍같다, 애젊다, 일떠세우다
   부사: 인차, 되우, 세관게, 망탕, 점도록
   합성명사: 국화무늬박이조롱박모양푸른사기주전자

7. 다음의 A칼럼에 있는 완곡어법에 해당하는 속어들이 B칼럼에 임의적 순서로 수록되어 있다. A와 B의 짝을 맞추어 보라. (Fromkin, Rodman, & Hyams, 2014:333에서 따옴.)

A	B
diddle yourself (만지작거리다)	condom (콘돔)
ethnic cleansing (민족 세탁)	fucking (성교)
frigging (상하운동)	garbage collector (쓰레기 수거인)
holy of holies (극성소)	genocide (종족살상)
joy stick (기쁨봉)	kill (죽이다)
knock off (때려치우다)	masturbate (자위행위를 하다)
ladies' cloak room (부인용 예치소)	penis (남자성기)
French letter (프랑스말 편지)	vagina (질강)
peace keeping (평화 유지)	waging war (전쟁시행)
sanitation engineer (위생 엔지니어)	women's toilet (여성화장실)
spend a penny (동전 한푼 쓰다)	short (키작은)
vertically challenged (수직 도전)	fire (해고)
downsize (규모 삭감)	urinate (소변보다 (유료화장실에서))

8. 한자어의 도입은 **사람-인간, 사내-남자, 목숨-생명, 이바지-공헌** 같은 이중어(doublet)를 국어에 주었고, 영어에서도 11세기 이후 프랑스말 도입으로 인해 *cow-beef, lamb-mutton, pig-pork* 등의 이중어가 생겼다. 영어에선 의미가 분화되어 토착어는 산 짐승을, 외래어는 요리된 고기를 지칭하게 되었으며, 국어에서는 한자어가 좀 더 문어(文語)적으로 쓰이는 듯하다. 그런데 최근 서구어에서 들어온 외래어로 인한 이중어가 생기는 듯하다. 예: 예술-아트 *(art)*, 상-테이블(*table*), 수저-스푼(*spoon*), 음식점-레스토랑(*restaurant*), 수건-타올(*towel*)등, 이런 예들을 더 찾아보라. 그리고 이들에도 의미분화가 (나타나고) 있는지 살펴보라.

남편 : "이 시상에 언어가 오천 개나 된단디, 우리 둘서 소통할 수 있는 언어는
　　　　하나도 없구망."

아내 : "도대체 당신 뭔 말을 하고 있능기요?"

제11장 언어와 심리

Language is the flesh-garment, the body, of thought.
Thomas Carlyle (1795-1881)

　전장에서 우리는 언어가 사회라는 환경 속에서 자라면서 사회의 여러 요인과 밀접한 상호 관계를 맺고 사회 환경의 지배를 받음을 보았다. 그러나 언어는 두뇌의 산물인 만큼 어떤 선천적인 요인이나 생리적인 자질의 지배와 영향을 또한 받지 않을 수 없다. 이런 뜻에서 언어는 생물체와 같다고 할 수 있다. 마치 한 개체의 성장이 후천적인 환경의 지배도 받지만, 선천적인 유전인자의 지배도 받는 것처럼, 언어의 습득과 발달도 선천적이고 후천적인 두 요인의 지배를 받기 때문이다.

　언어의 습득에서 이 두 요인은 극적으로, 또 단적으로 각자의 모습을 드러낸다. 언어습득과정을 살펴보면 두 가지 특징이 즉각 드러남을 알 수 있다. 하나는 습득자의 국적이나 인종 또는 그 부모의 언어와 관계없이 습득자가 처해 있는 환경의 언어를 습득한다는 사실이고, 또 하나는, 극단적인 저능아의 경우를 제외하면, 누구나 할 것 없이 모두다 모국어를 쉽사리 배운다는 사실이다. 전자는 언어가 세습적으로나 유전적으로 전승되지 않고, 순전히 환경에 의해 습득 대상의 언어가 결정된다는 사실을 보여주고 있고, 후자는 모국어 습득이 수학이나 피아노나 체조기술의 습득과는 달리 또 지능지수와도 관계없이, 선천적으로 타고난 어떤 생리적 요인에 의해 이루어진다는 사실을 여실히 보여주고 있다.

　후천적인 것과 선천적인 것, 경험과 선험(先驗), 자양(滋養 nurture)과 자연(自然 nature), 이러한 두 자질이 언어에서처럼 서로 의존하면서도 독립적이고, 구별되면서도 융합된 하나로 보이는 현상도 이 세상에는 드물다. 두 요인이 독립적이면서도 상호 의존한다 함은 환경의 촉매(觸媒)가 없이는 언어습득이 불가능하며, 동시에 Chomsky가 언어습득장치(Language Acquisition Device)라고 부른 천부적인 능력이 없이는 아무런 환경도 무용하다는 말이다. 야생아(feral children)나 고립아(isolated children)들에게 발견 당시 언어가 없었음을, 또 침팬지나 고릴라 같은 동물들에게 아무리 인간사회다운 환경을 마련해 주었어도 언어습득이 불가능했음을 우리는 이미 제2장과 제3장에서 보았다. 그러나 인간의 의식은 외모에 좌우되기 쉬워서 같은 것이라도 두 가지로 나타나면 두 다른 현상으로 보기 쉽고, 두 다른 현상이 하나로 나타날 때는 같은 현상으로 인식하기 쉽다. 예를 들면 「비」와 「눈」은 같은 자연현상이지만, 다른 두 모습으로 나타나기 때문에 다른 두 현상으로 우리는 인식하며, 사람의 외모와 내성은 서로 독립된 것이지만 한 개체에서 공존하기 때문에 같은 것으로 인식하기가 쉽다.

언어의 선천성과 후천성도 마찬가지로, 두 가지가 서로 독립된 요소임에도 불구하고 언어라는 한 현상에 융합되어 나타나기 때문에, 한때는 그 구별이 분명치 않았다. 그리하여 행동주의 심리학자들은 언어습득도 피아노 교습이나 체조기술의 습득처럼, 순전히 모방과 연습과 반복에 의한 과정이라고 보았다. 즉, 어린아이가 언어를 습득하는 과정은 서커스단의 동물이 재주를 배우는 과정과 대동소이해서, 주위의 부모와 형제의 말을 모방하고, 목이 마를 때는 "엄마, 물" 해야지 "엄마, 쉬" 하면 물을 얻는 게 아니라 뺏기게 되고(이른바 자극(stimulus)과 반응(response)의 관계), 틀린 말을 하면 야단을 맞지만, 바른 말을 하면 "과자"를 상으로 받거나 칭찬을 받는 등등의 경험에서(이른바 강화(强化 reinforcement)) 언어를 습득한다는 것이다. 그러나 생전 들어보지도 못한 문장을 어린아이가 말하고 이해한다는 사실은 모방설이 그릇된 것임을 말해주며, 부모가 어린아이의 문장의 문법성의 여부보다는 문장 내용의 진위(眞僞)나 품행의 방정(方正)에 대해 상벌을 대개 준다는 사실은 강화설도 그릇된 것임을 말해준다. 어른이 혹 어린아이의 문법적으로 틀린 말을 고쳐준다 하더라도, 어린아이는 어른의 말을 흉내 내지 않고 자기의 화법(話法)을 고집하기가 일쑤이다. 다음과 같은 대화는 이것을 잘 보여주고 있다 (Braine 1971:161에서 따옴).

(11.1) a. CHILD: Want other one spoon, Daddy.

   FATHER: You mean, you want "the other spoon."

   CHILD: Yes, I want other one spoon, please, Daddy.

   FATHER: Can you say "the other spoon?"

   CHILD: Other…one…spoon

   FATHER: Say…"Other"

   CHILD: Other

   FATHER: "Spoon."

   CHILD: Spoon.

   FATHER: "Other…spoon."

   CHILD: Other…spoon. Now, give me other one spoon!

   b. CHILD: Draw a boot paper.

   MOTHER: That's right. Draw a boot on paper.

   CHILD: Mama isn't boy; he a girl.

   MOTHER: That's right.

   c. CHILD: There's the animal farmhouse.

   MOTHER: No, that's a lighthouse.

(11.1a)는 어른이 어린아이의 그릇된 문법을 아무리 고쳐주어도 어린 아이가 자기의 화법(話法)을 고집한 예이고, (11.1b)는 어린아이의 문장이 문법적으로 틀렸어도 내용이 사실이라 어른이 묵인한 예이고, (11.1c)는 어린아이의 문법이 정확했으나 문장의 내용이 사실이 아니므로 어른이 문장을 고쳐준 예이다.

통칭 wug-test로 알려진 실험이 있다. 1958년 심리언어학자 Jean Berko Gleason이 네 살에서 일곱 살의 아이들에게, 아래의 (11.2)와 같은 요상하게 생긴 새의 그림을 보여주고, "This is a wug. Now there are two of them. These are two ____." ('이것을 wug라고 하는데, 이게 둘 있으면 ____라고 하나요') 라고 했더니 99%의 아이들이 "two wugs"라고 대답했다고 한다. 또 "이 사람이 오늘 "gling"하는데, 어저께 같은 일을 했으면 _____ 했나요"라고 물어보았더니 모두들 서슴없이 "glinged"라고 대답했다. *wug*도 *gling*도 영어에 없는 낱말이매, 어떤 형태로든 아이들도 어른들도 들어본 적이 없는 단어들이다. 그럼에도 불구하고 복수형 *wugs*와 과거형 *glinged*를 아이들이 선뜻 만든 것은, 언어습득에 있어서 어린이들은 새장의 앵무새도 아니고 실험실의 생쥐도 아님을 증언해준다.

(11.2) "wug" 실험

또한 어린아이들이 *foots, mouses, childs* 등과 같은 복수형이나 *bringed, catched, speaked* 같은 과거형을 습득 과정에서 한동안 유지한다는 사실은 언어습득이 모방적이 아니고 창의적임을 말해주고 있다. 어른들이 쓰지 않는 이러한 그릇된 형태들을 아이들이 모방할 수가 없기 때문이다. 이러한 형태들은 어린아이들이 제한된 언어자료를 토대로 자기 나름대로 구성한 복수형 형성규칙과 과거형 형성규칙을 적용한 결과의 소산이라고밖에는 볼 수 없다. 재미있는 것은 이러한 오형(誤形)들이 나타나는 시기가 마치 샌드위치마냥 정형(正形)이 나타나는 두 시기의 틈에 끼어있다는 사실이다. 즉, 제1단계에서 *feet, mice, children; brought, caught, spoke* 등 정형으로 나타났던 것이, 제2단계에서 비정형인 *foots, mouses, childs; bringed, catched, speaked*로 바뀌었다가, 제3단계에서 다시 정형으로 바뀐다는 사실이다. 아직 단어형성규칙(word-formation rules)을 습득하지 않은 제1단계에서 *feet, mice, caught, spoke* 등을 *foot, mouse, catch, speak* 등과 형태론적으로 무관한 단독형태소(single morphemes)로 보고 배웠다가, 제2단계에서 복수형 형성과 과거형 형성에 관한 규칙을 터득해서 이를 적용하여 *foots, mouses, catched, speaked* 등을 형성했었으나, 이들이 결국 불규칙활용을 하는 예외들임을 제3단계에서 깨닫고, 다시 *feet, mice, caught, spoke* 등으로 바꾸게 되었다고 볼 수 있다. 이것이 이러한 현상의 올바른 해석이라면, 이는 언어습득이 모방이나 연습으로만 이루어지는 것이 아니고, 선천적으로 타고난 언어습득장치를 작동시켜 제한된 자료에서 일반적인 규칙을 형성해내는 독창성에 의해 이루어지는 것임을 말해주고 있다. 언어를 전기 기계에 비유했을 때, 기계의 작동에 필요한 전류가 환경에 해당한다고 할 수 있고, 언어습득장치는 기계 자체에 해당한다고 할 수 있다. 즉, radio나 TV가 소리와 그림을 방영하기 위해서는 전류가 필요하지만, 한편 메주덩이나 맷돌에 아무리 전류를 공급해 주어도 이들이 radio나 TV가 될 수는 없는 것이다.

기계와의 비유를 더 연장하자면, 모든 기계의 성능은 그 기계 내부의 설계에 의존한다. radio가 TV처럼 그림을 보여줄 수는 없고, 휴대용 계산기가 대형 컴퓨터의 성능을 감당할 수도 없다. 언어가 언어습득장치의 소산이라면, 이 언어습득장치가 인간의 두뇌인 만큼, 언어가 두뇌의 심리 및 사고 작용에 영향을 입을 것임은 당연하다. 이에 다음에서 우리는 언어와 심리의 상호작용 현상을 관찰해 보기로 한다. 여러 가지 보편적 언어현상이나 언어의 제한성이 인간의 심리 구조와 작용에 기인된 것임을 엿볼 수 있을 것이다.

첫째로, 인간은 본능적으로 이기적인 동물이어서 자기 중심의 세계를 만든다.[1] 이런 이기적인 심리구조는 언어 표현에도 반영되어, 시간이나 공간에

---

1) 인간이 이기적임을 믿기 어렵다면, 자기가 끼어있는 단체 사진을 처음 찾았을 때, 눈이 누구를 맨 먼저 찾아가는지 상기해 보라. 목숨을 바쳐 사랑한다는 애인과 같이 찍은 사진도 포함해서.

관한 한쌍의 단어를 열거할 때, Cooper & Ross(1975)가 "나먼저" 원리("me first" principle)라고 부른 원칙에 의해, 화자에게 더 가까운 것을 먼저 들고 더 먼 것을 나중에 든다. 다음 예들을 보라.

(11.3) <u>영어</u>   <u>국어 / 한자어</u>
        here and there   여기저기
        this and that   이것저것
        sooner or later   조만간(早晩間)
        home and abroad   국내외(國內外)

이러한 표현들에서 어순이 바뀌어 나타나는 법은 없다. 즉,

(11.4) *there and here   *저기여기
        *later or sooner   *만조간
        *that and this   *저것이것
        *abroad and home   *국외내

이밖에도 *now and then* '가끔', *to and fro* '이리저리', 이만저만, 차일피일 (此日彼日), 금석(今昔), 금명간(今明間) 등의 예가 있다.[2]

이와 같은 표현법은 영어나 국어(및 한자어)에만 국한된 현상이 아니고, 이것저것을 프랑스에서는 *ceci et cela*, 독일에선 *dies und dass*라고 하는 것 으로 보아 우연적으로 유사한 현상이 아니라 어떤 보편성에 기인한 것이라 고 보지 않을 수 없다. 자기에게서 자기 마음에서 보다 더 가까운 것을 먼저 표현하려 하기 때문이라는 것이 가장 자연스럽고 수긍이 가는 설명일 것이 다. 문어체(文語體)에선 *father and mother*, 아버님 어머님하면서도 구어체(口

---

2) 예외적인 것으로는 *you and I*, 고금(古今), 예나 지금이나 등이 있다. 그러나 *you and I*의 경우는 상대방을 앞세우려는 경어법 또는 공손어법에서 기인한 것이라 할 수 있 다. 언어습득 과정 중의 어린아이들이 늘 *me and you*라고 하는 것은 이를 뒷받침해 준다.

語體)에선 *mom and dad*, 엄마 아빠(*dad and mom, ?아빠 엄마)라고 하는 것이나, *father and grandfather, son and grandson* 등등으로 어순이 고정된 것도 같은 관점에서 설명할 수 있을 것이다.[3]

둘째로 – 이는 첫째와 관련되는 것인데 – 이른바 사유(死喩 dead metaphor)의 대부분이 신체 일부의 이름을 빌려 쓰고 있다는 현상도 화자의 심리를 반영하는 언어표현의 일례라고 볼 수 있다. 사유는 비유(比喩 metaphor)의 하나로, 비교의 대상이 매우 평범하고 또 구어(口語)에 자주 쓰여서 비유의 참신성을 잃은 것을 말한다. 그런데 주목할 것은 이러한 사유들이 신체의 일부를 비교 대상으로 삼고 있다는 것이다. 다음 예들을 보라.

(11.5) a. head of a department   '과장(科長)'
        head of a table   '상머리'
        head of a nail   '못대가리'
      b. face of a clock   '문자판'(시계의)
        face of a cliff   '절벽면(面)'
      c. eye of a needle   '바늘귀'
        eye of a storm   '태풍의 눈'
      d. ear of a kettle   '솥의 손잡이'
      e. teeth of a comb   '빗니'
      f. lip of a crater   '분화구'(噴火口)
      g. tongue of shoes   '신창'
        tongue of fire   '불길'
      h. arm of a chair   '팔걸이'(의자의)
        arm of a company   '지사(支社)'
      i. legs of a table   '상다리'
        legs of a trip   '여행 구간'
      j. mouth of a river   '하구(河口)'

---

3) 한 가지 흥미있는 것은 그럭저럭, *저럭그럭, 그나저나, *저나그나 등의 표현이다. 그가 저보다 어떤 의미에서 공간적으로나 심리적으로 더 가깝게 여겨지기 때문일까?

이러한 예들은 사유(死喩)라는 명칭이 시사하듯이, 전혀 비유로 인식되지 않을 만큼 통속화된 것들이다. 그런데 이 예들이 보이는 두 가지 특징, 즉 비교의 대상이 신체의 일부라는 사실과, 많은 경우 문자 그대로의 직역이 안성맞춤일만큼 영어와 국어 및 한자어에 범언어적인 똑같은 사유가 있다는 사실은 신체 부분이 화자에 가장 가깝고 친숙한 것이므로, 이를 빌어서 사물이나 자연현상을 비유함이 가장 자연스럽기 때문이며, 또 그렇기 때문에 이러한 비유법이 범언어적일 수밖에 없다고 설명할 수 있다.

다음과 같은 예는 친숙한 생리적 현상을 빌은 비유가 자연스러움을 그렇지 않은 것과 대조적으로 보여주고 있다.

(11.6) a. 화산이 재채기를 했다.
　　　　 b. 재채기를 화산이 폭발하듯 했다.

위 두 문장은 재채기와 화산의 폭발을 서로 상대방을 빌어 비유하고 있다. 즉, (11.6a)문은 화산의 폭발을 재채기에 비유한 것이고, (11.6b)문은 재채기를 화산의 폭발에 비유한 것이다. 그러나 두 비유에는 이 이상의 차이가 있다. 그것은 (11.6a)문이 화산의 폭발을 중립적으로 서술하고 있음에 비해서, (11.6b)문은 재채기의 강도(強度)가 매우 컸음을 과장해서 서술하고 있다는 사실이다. (11.6a)문에는 화산의 폭발의 강도가 매우 미약했다는 의미가 전혀 없다. 이러한 차이의 근거는, 멀고 낯선 것을 가까운 것으로 비교하는 비유가, 가깝고 낯익은 것을 먼 것으로 비교하는 비유보다 훨씬 더 자연스런 심리현상이라는 사실에 있다고 볼 수 있다. 사유(死喩)와 시적(詩的) 비유(poetic metaphor)의 차이가 바로 여기에 있다고 볼 수 있다. 사유가 범언어적임에 비해, 시적 비유는 작가가 속한 문화권이나 그의 상상력에 따라 매우 다를 수도 있는 것이다. 예를 들면 시인 김광균(金光均 1914-1993)은 「雪夜」(설야 1938)라는 시에서 눈(雪)이 내리는 것을

(11.7) "머언 곳에 여인의 옷 벗는 소리"

라고 비유하고 있는데, 스코틀랜드 시인 Robert Burns(1759-1796)는 Tam o' Shanter(1790)라는 서사시에서

(11.8) Pleasures are···like the snow falls in the river.
A moment white − then melts for ever.
'쾌락이란 강물 위에 떨어지는 눈 같아서
한번 희끗했다가 영원히 녹아 버리는 것'

이라고 비유하고 있다.

셋째로, 사물에 대한 인간의 인식과 그 언어표현에는 비례적인 관계가 있다. 그리하여 간단한 개념은 그 표현도 간단하고, 복잡한 개념은 그 표현도 복잡하게 나타나게 되기 마련이다. 예를 들면, 어느 언어를 막론하고 단수명사에 접사를 가하거나 단수명사를 중복(reduplicate)시킴으로써 복수명사를 형성하지만, 복수형이 단일형태소인데 여기에다 단수를 가리키는 형태소를 첨가해서 단수명사를 형성하는 언어는 없다(Slobin 1979 참조). 몇 개 언어에서 예를 들어보면,

(11.9)

	단수명사	복수명사
국어:	사람	사람들
영어:	tree '나무'	tree*s*
Swahili:	chungwa '귤'	*ma*chungwa
Yoruba:	oko '남편'	*awon* oko
Czech:	strom '나무'	strom*y*
Turkish:	ev '집'	ev*ler*
Malay:	akar '뿌리'	akar-*akar*
Russian:	dom '집'	dom*a*
Mongolian:	gal '불'	gal*nuud*

긍정과 부정의 관계도 마찬가지이다. 즉, 어느 언어를 막론하고 긍정형이

기본형이며 여기에 부정접사를 더해서 부정형을 만들지, 부정형을 기본형으로 삼고 여기에 "긍정접사"를 붙여서 긍정형을 만드는 언어는 없다. 다음 예들이 이를 보여주고 있다. 예시한 것은 모두 '하다/do'의 뜻을 가진 동사들이다.

(11.10)

	긍정형	부정형
국어:	하다	안하다, 하지 않다
영어:	do	*not* do
Swahili:	fona	*ha*···fona
Yoruba:	se	*ko* se
Turkish:	etmek	et *me* mek
Malay:	buat	*tidak* buat
Russian:	delat'	*ne* delat'
Mongolian:	xii '불'	xii*gäi*

또 하나의 예는 상태(state)와 과정(process) 내지 변화(change)와의 관계이다. 정적(靜的)인 상태를 나타내는 어사(주로 형용사)는 동적(動的)인 과정이나 변화를 나타내는 어사(주로 동사)보다 개념적으로 더 기본적이고 원시적인 것이기 때문에, 상태형용사에 접사를 첨가하여 과정동사를 파생하는 것이 범언어적인 현상이다. 다음 예들을 보라.

(11.11)

	상태	과정
국어:	붉다	붉어지다, 붉게 하다
영어:	red	redd*en*
漢文:	赤	赤化
Italian:	rósso	*ar*rossáre
Swahili:	ekundu	*geuka* ekundu

여기서 유의할 것은, 어떤 현상의 개념에 대한 간단성/복잡성은 그 현상의 자연성이나 빈번성과 무관하다는 사실이다. 언어 습득과정에 있는 어린아이가

눈을 뜨고 자연 세계를 내다보게 될 때, 단수로만 나타나는 현상이나, 항상 고정되어 있는 정적인 현상은 그리 많지 않다. 주위의 부모형제들을 비롯한 사람들이라든가, 나무, 짐승, 장난감 등, 대개 모든 사물들이 복수로 존재하며, 이런 사물들이 대개는 항상 움직이는 동적인 것들이다. 또 어떻게 보면 어린아이가 자라는 과정에서 "하라"는 것보다는 "하지 말라"는 어른의 말이 더 빈번하게 들릴지도 모른다. 그렇다면 복수현상이나 부정형 및 동적인 현상이 더 빈번하고, 그래서 더 자연스러운 현상이라고 할 수가 있다. 따라서 이 더 자연스러운 것이 보다 원시적인 기본개념으로 인식될 수도 있을 것이다. 그리하여 보다 기본적인 단일형태소로 된 복수형과 부정형과 가동형에다 어떤 접사를 첨가함으로써 단수형과 긍정형과 부동형을 각기 유도하는 가능성도 상상해 볼 수 있을 것이다. 그러나 지상에 이러한 언어가 없음은, 복수형과 가동현상이 더 빈번하고 자연스러운 것이라 할지라도 개념적으로 볼 때, 단수의 개념과 부동의 개념이 더 근본적인 것이어서, 언어의 표현이 이러한 개념을 비례적으로 반영해주고 있기 때문이라고 볼 수 있다.

언어표현이 심리구조를 반영해주는 네 번째 예는 어순(語順 word order)에서 볼 수 있다. 세계의 대부분의 언어들은, 국어에서와 같이 주어—목적어—동사의 어순을 갖거나, 영어에서와 같이 주어—동사—목적어의 어순을 갖는다. 그런데 이러한 어순에 따르는 흥미로운 사실이 있다. 그것은 주어—목적어—동사의 어순을 가진 언어에서는 관계사절 같은 수식구가 명사 앞에 오고, 조동사는 본동사 뒤에 오는 반면에, 주어—동사—목적어의 어순을 가진 언어에서는 수식구가 명사 뒤에 오고, 조동사는 본동사 앞에 온다는 사실이다. 다음 예들을 관찰해 보면 대조적인 어순 관계를 알 수 있다.

(11.12) a. 국어: 그는 산위에 뜬 달을 바라보고 있었다.
　　　　　　 └─┘ └ 수식구 ┘ 명사, └ 본동사 ┘ 조동사
　　　　　　 　주어　　　　목적어　　　　　동사

　　　b. 영어: He was looking at the moon risen over the mountain.
　　　　　　 └─┘ 조동사　본동사　 명사　　 수식구
　　　　　　 　주어　　　 동사　　　　　　목적어

세계의 여러 언어를 살펴보면 이러한 어순 관계가 우연적이 아니라 보편적인 것임을 알 수 있다. 그러면 왜 이러한 어순 관계가 필연적으로 성립되어야만 하는가? 목적어가 동사를 선행하는 언어에서 수식구가 명사에 후행하거나 조동사가 본동사에 선행할 수는 왜 없을까? 또 목적어가 동사를 후행하는 언어에서 조동사가 본동사를 후행하거나 수식구가 명사를 선행할 수는 왜 없을까?

이에 대한 대답은, 어떤 두 단위가 심리적으로 가까우면 그의 언어표현인 문장 안에서의 위치도 인접해서 나타나려는 일반적 경향, 즉 심리와 언어는 비례한다는 원리에서 찾아볼 수 있다. 만약 동사와 그 동작을 받는 목적어가 심리적으로 가까운 두 단위이고, 조동사와 본동사 또 명사와 그 수식구도 심리적으로 가까운 한 쌍의 단위들이라고 가정한다면(이러한 가정은 합리적이고 타당한 가정이라고 할 수 밖에 없는데), 그리고 이 때문에 이들의 언어 표현도 두 단위들이 인접해서 문장에 나타나야만 된다고 한다면, 동사와 그 목적어, 조동사와 본동사 및 명사와 그 수식구의 세 쌍 모두가 어느 한 쌍도 갈림이 없이 각 쌍 안의 두 단위가 인접해서 나타날 수 있는 가능성은 다음의 두 경우뿐이다!

(11.13) a. (주어): 수식구 목적어명사 본동사 조동사

　　　　b. (주어): 조동사 본동사 목적어명사 수식구

(11.13a)가 국어의 어순이고, (11.3b)가 영어의 어순이다. 그런데 만약 목적어가 동사를 선행하는 언어에서, 수식구가 명사에 후행한다든지 조동사가 본동사에 선행한다든지 하면, 목적어와 동사가 직접 인접할 수 없게 되며, 마찬가지로 목적어가 동사를 후행하는 언어에서 조동사가 본동사에 후행한다든지 수식구가 명사에 선행하게 되면, 역시 이때도 동사와 목적어가 직접 인접할 수 없게 된다. 그 가능성을 모두 나열해보면 다음과 같다(비인접 관계를 점선으로 표시하였다).

(11.14) a. 목적어명사 수식구 본동사 조동사

b. 수식구 목적어명사 조동사 본동사

c. 목적어명사 수식구 조동사 본동사

d. 본동사 조동사 목적어명사 수식구

e. 조동사 본동사 수식구 목적어명사

f. 본동사 조동사 수식구 목적어명사

(11.14)에 열거한 것들은 목적어명사와 그 수식구 및 조동사와 본동사는 인접관계를 유지하고 있고, 본동사와 목적어만이 이접된 경우들뿐이다. 세 쌍 중에서 두 쌍이 이접 관계에 있는 것과(예: 아래의 11.15a,b), 세 쌍이 다 이접관계에 있는 것(예: 아래의 11.15c,d)들은 포함하지 않았다.

(11.15) a. 목적어명사 본동사 수식구 조동사

b. 수식구 조동사 목적어명사 본동사

c. 목적어명사 조동사 수식구 본동사

d. 본동사 수식구 조동사 목적어명사

네 단위의 조합기능성은 24이다. 이 많은 기능성 중에서 (11.13)에 주어진 두 어순만이 대부분의 자연언어에 쓰인다는 것은 결코 우연적인 현상이 아 닐 것이다.

(11.14)와 (11.15)와 같은 어순에서는 동사와 그 목적어 사이에 개재하는 조 동사나 수식구가 길면 길수록 동사와 그 목적어와의 거리가 멀어질 것이며,

이러한 문장은 화자에게뿐만 아니라 청자에게도 문장의 구성과 이해에 부담을 줄 것이다. 그리하여 어순의 유형에서 동사와 목적어의 순서가 일단 정해지면 조동사와 수식구의 위치가 (11.13)에서처럼 자연적으로 정해지게 되는 것이다.

다섯 번째로, 언어와 심리와의 밀접한 관계는 언어가 기억력의 지배를 받는데서 나타난다.

기억력에는 장기기억(長期記憶 long-term memory)과 단기기억(短期記憶 short-term memory)의 두 가지가 있다. 반복이나 깊은 인상으로 인하여 머릿속에 영구히 새겨진 기억이 전자에 속하고, "한 귀로 듣고 한 귀로 흘려버리는" 일상생활에서 겪는 대부분의 일들이 후자에 속한다. 부모형제의 이름, 자식들의 얼굴, 구사일생으로 살아났던 자동차 사고의 현장, 자기 생일, 첫사랑, 모국어 등등은 우리의 뇌리에 일생동안 간직하고 있는 기억들이지만, 방금 소개받은 사람의 이름, 오 분 전에 걸었으나 통화중이었던 여행사의 전화번호, 처음(때로는 몇 번!) 사전에서 찾아본 외국어 단어의 뜻, 지금 독자가 읽고 있는 바로 이 문장의 첫 단어 등등은 사진기나 녹음기와 같은 기억력을 가진 사람이 아니고서는 외우고 있지 못한다. 이러한 단기기억은 문장의 구성과 이해에 큰 역할을 한다.

전항에서 우리는 동사와 목적어의 어순이 주어지면 조동사와 수식구의 상대적 위치도 보편적으로 정해지는데, 그 이유는 동사와 목적어와의 간격을 될 수 있는 대로 좁히려는 데에 있음을 보았거니와, 주어와 동사와의 간격도 같은 원리의 지배를 받음을 아래에서 볼 수 있다.

제7장에서 우리는 귀환규칙(歸還規則 recursive rule)이라는 장치에 의해 문장이 끝없이 뻗어나갈 수 있음을 보았는데, 그 한 예는 목적어의 명사구(NP)가 다시 문장(S)으로 되돌아가는 것이었다. 즉,

(11.16)

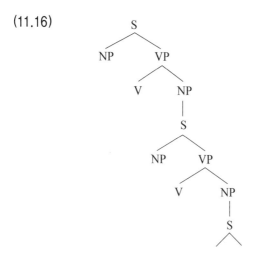

이러한 구절구조가 다음과 같은 문장을 낳는다.

(11.17) I know that John said that Mary believed that Tom claimed that…

      'Tom이 …라고 우겼다고, Mary가 믿었다고 John이 말했다는 것을 나는 안다.'

위 문장은 목적어가 다시 문장이 되는 예인데, 목적문 안에서 주어와 동사가 인접해 있음을 볼 수 있다. 그런데 주어인 명사에 관계사절이 붙게 되면 이 관계사절이 주어와 동사를 격리시키게 될 것이다. 즉,

(11.18)

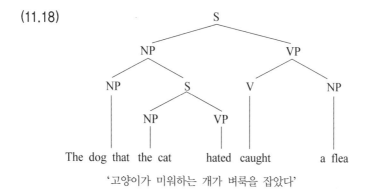

'고양이가 미워하는 개가 벼룩을 잡았다'

위 문장을 살펴보면, 모체문(母體文) *The dog caught a flea*의 주어인 *the dog*와 그 동사인 *caught*가 (*that*) *the cat hated* (*the dog*)라는 관계사절의 삽입으로 인해 분리되어 있음을 볼 수 있다. 한 문장 가운데에 또 한 문장이 삽입되어 있으므로 이러한 현상을 **자체내포**(自體內包 self-embedding)라고 한다. 이것은 문장의 오른쪽에 또 한 문장이 첨가되는 (11.16, 17)과 같은 **우향분기**(右向分岐 right-branching)와 대조된다. 그런데 우향분기에서는 목적어명사가 몇 번이고 거듭해서 문장으로 바뀌어도 괜찮은데, 자체내포에서는 내포문이 하나 이상 있을 때에는 그 문장의 이해가 급속도로 어려워진다는 사실이 주목된다. 예를 들어 위에 든 문장 (11.18)에 *the mouse feared the cat* '쥐가 고양이를 무서워했다'라는 문장을 관계사절로 *cat* 뒤에 넣어 보자. 그러면 다음과 같은 문장을 얻게 된다.

(11.19) ?The dog (that) the cat (that) the mouse feared hated caught a flea.
　　　?'쥐가 무서워하는 고양이가 미워하는 개가 벼룩을 잡았다.'

내포문이 둘 들어가 있는 (11.19)와 같은 문장이 내포문이 하나뿐인 (11.18)에 비해 난해도(難解度)가 갑자기 뛰어오르며, 내포문이 세 개인 다음과 같은 문장은 이해 불가능한(거의 비문법적인) 문장이 되어 버린다.

(11.20) ??The dog that the cat that the mouse the snake loved to eat feared hated caught a flea.
　　　??뱀이 잡아먹기 좋아하는 쥐가 무서워하는 고양이가 미워하는 개가 벼룩을 잡았다.

문장 (11.17)에는 종속문이 몇 개 잇달아 있어도 이해가 별로 힘들지 않은데 (11.19, 20)는 종속문이 두셋 밖에 안 되어도 매우 힘든 것은 무슨 이유인가? 다시 말해서 우향분기도 자체내포도 명사구(NP)를 다시 문장(S)으로 환원시키는 귀환규칙 현상인데, 둘 사이에 이러한 극적인 차이가 있는 이유는 무엇일까? 이에 대한 대답은 (11.21)이 보여주듯 우향분기는 한 문장이 다른 문장을 후행하면서 각 문장 안에서의 주어와 동사가 인접되어 있는데,

(11.21)

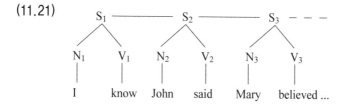

자체내포는 맨 마지막 (가장 가운데) 내포문을 제외하면 주어 명사와 그 동사가 분리되어 있기 때문이라고 할 수 있다.

(11.22)

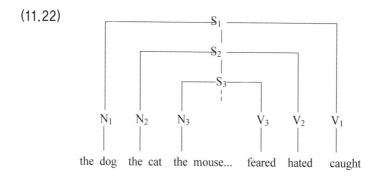

즉 (11.20)의 문장이 (11.17)의 문장보다 훨씬 더 난해한 이유는 우리의 단기기억력으로 (11.20)과 같은 문장에서 어느 동사가 어느 명사의 술부인가를 추적하기가 힘들기 때문이다.

지금까지 우리는 심리구조가 언어구조와 그 이해에 미치는 영향의 예를 몇 가지 보았다. 이제 방향을 바꾸어 언어구조가 심리작용에 미치는 영향의 예를 한 둘 보자.

하나의 단위를 이루는 구성요소는 그것이 지각의 단위이건 구절의 단위이건, 어떤 외부적인 요소가 그 단위를 분리시키거나 중단시키는 것을 거부하려는 경향이 있다. 여러 사람들이 대화를 할 때, 자기가 "끼어들고" 싶을 때는 화자의 문장 중간 아무데나 끼어들지 않고, 화자가 말을 마쳤거나 아니면 적어도 한 문장이 끝났을 때를 기다려 발화하는 현상이나, 문장을 발언할 때,

문장 중간에서 휴식을 취한다든지, "어-, 어-" 하는 주저음을 삽입한다든지 기침을 한다든지 할 때, 단어 중간 아무데서나 하지 않고 주어와 술어의 경계에서나 단어와 단어의 경계에서 하는 경향이 있음도 한 단위를 중단 혹은 분리시키지 않으려는 심리작용에서 일어나는 현상이라고 볼 수 있다. 즉, 다음과 같은 예에서 (a)는 가능하나 (b)는 불가능하다.

> (11.23) a. yes, eh···, my friend eh···, caught a big fish eh··· on Tuesday.
> 　　　　그래 어··· 내 친구가 　어··· 　　　큰 고기를 　　어···화요일에 잡았지.
> 　　　　b. *Yes, my fr···eh···iend caught a big fi···eh···sh on Tues···eh···day.
> 　　　　*그···어···래, 내 친···어···구가 큰 고···어···기를 화···어···요일에 잡았지.

위와 같은 현상을 바꾸어 말한다면, 어떤 문장에 외부적 요소가 개입되었을 때, 이 요소가 하나의 지각 단위를 이루는 구절구조의 경계선에 올 때는 그렇지 않을 때보다 포착이 더 잘될 것이며, 또 지각단위의 중간에 오는 외부 요소는 단위의 경계선 쪽으로 이동되어 지각되는 경향이 있다고 할 수 있다. 이러한 가정을 실험해 본 것이 잘 알려진 **딱소리실험**(click experiment)이다.

1960년 중반에 주로 Fodor와 Bever라는 심리언어학자가 실시한 이 실험은(참고 문헌란 참조) 다음 (11.24)와 같은 문장 중간에 「딱」소리를 아홉 군데에 삽입하고(한 문장에 하나만), 청취자들이 이 「딱」소리의 위치가 어디라고 인식하는가 하는 것을 살펴보는데 목적이 있었다. 아래 문장에서 [ ]는 주어구와 술어구를 묶은 것이고, 「딱」소리의 위치는 ┃로 표시하였다.

> (11.24) [That he was happy] [was evident from the way he smiled.]
> 　　　　　　┃ ┃ ┃ ┃ 　┃ ┃ ┃ ┃ 　┃
> 　　　　'그가 행복했음은 그의 미소로 보아 분명했다'

위 문장에서 가장 두드러진 구절구조의 경계는 주어부와 술어부의 경계인 *happy*와 *was* 사이이다. 그러니까 바로 여기 개입한 「딱」소리는 다른 위치의 「딱」소리들보다 청자들이 그 위치를 더 정확히 인식할 수 있으며, 한편 다른 위치의 「딱」소리들은 구절경계로 이동되어 청취되려는 경향이 있을 것임을 예측할 수 있다. 이러한 예측은 실험 결과 그대로 맞았다. 즉, *happy*와 *was* 의 중간에 있는 「딱」소리를 청취자들이 가장 정확하게 회상했으며, 이 경계 앞쪽의 「딱」소리는 경계가 있는 뒤쪽으로, 반대로 경계 뒤쪽의 「딱」소리는 앞쪽으로 위치를 이전시켜 인식하였다. 같은 결과가 다음과 같은 문장에서도 나타났다.

(11.25) a. In her hope of marrying Anna was surely impractical.
　　　　　　'결혼하고픈 희망에 앤너는 정말 비현실적이었다'

　　　　 b. Your hope of marrying Anna was surely impractical.
　　　　　　'앤너와 결혼하려는 네 희망은 정말 비현실적이었다'

위의 두 문장은 *hope*부터 똑같다. 그러나 (11.25a)문에서는 구절구조 경계 가 *marrying*과 *Anna* 사이에 있고, (11.25b)문에서는 *Anna*와 *was* 사이에 있 다. 그런데 두 문장 다 *Anna*의 중간에 「딱」소리를 넣고 청취자들에게 그 위 치를 보고하라고 한 결과, (11.25a)에서는 *Anna* 앞에서 「딱」소리가 났다고 청취자들이 인식하고, (11.25b)에서는 *Anna* 뒤에서 「딱」소리가 났다고 인식 하더라는 것이다.

위와 같은 「딱」소리 실험 이외에 **탐색실험**(probe study)이라는 실험은 구 성요소의 인식단위가 표면구조에 의할 뿐만 아니라 심층구조에 의함도 보여 준다. 탐색실험이란 어떤 문장을 들은 직후, 한 단어나 한 쌍의 단어를 따로 들려주고, 그러한 단어가 방금 들은 문장에 있었나의 여부를 묻는 실험으로, 이 단어를 되찾는 데 걸리는 시간을 재어본다. 어떤 사항이 기억에 생생하 고 뚜렷할수록 재생하는 시간이 짧을 것이다. 이제 다음 문장을 보라.

(11.26) The scouts the Indians saw killed a buffalo.
　　　　　'인디언들이 본 정찰원들이 들소를 죽였다'

위와 같은 문장을 들려준 다음에 어느 청취자들에겐 *scouts-killed*라는 두 단어를, 어느 청취자들에겐 *Indians-killed*라는 두 단어를 따로 들려주고, 이들 두 단어가 방금 들은 문장에 있었는지 없었는지 되찾아보라고 한 결과, *scouts-killed*를 되찾는 시간이 *Indians-killed*를 되찾는 시간보다 더 짧았음이 나타났다. *Indians-killed*가 *scouts-killed*의 경우보다 상호간격이 더 좁고, *Indians*가 *scouts*보다 문장 끝에서 더 가까운 만큼, *Indians-killed*를 되찾는 시간이 *scouts-killed*를 되찾는 시간보다 더 짧게 나타날 것이 기대됨직하다. 그런데도 그 반대현상이 실험결과로 나타나는 것은 심층구조에서 *scouts-killed*는 같은 문장 안에서 주어와 동사를 이루는 단어들로써 하나의 구절구조를 형성하는 반면, *Indians-killed*는 심층구조에서 각각 다른 문장(*Indians saw*와 *scouts killed*)에 속하는 단어들로써 하나의 구절을 형성하지 못하기 때문이라고 설명할 수 있다.

위에서 본 현상들은 결론적으로 말해서,
(1) 언어구조가 인식작용에 영향을 미침을 보여주고,
(2) 구성성분이라는 개념이 심리적으로 실재("psychologically real")한다는 증거가 되어주며, 또
(3) 문장의 이해과정에서 청자가 문장의 심층구조를 재구성함을 암시해주고 있다고 할 수 있다.

언어가 인간의 사고방식, 나아가서 세계관을 지배한다는 가설은 Benjamin Lee Whorf(1897-1941)라는 언어학자(겸 소방 엔지니어)가 주장하여 많은 주목을 끌었었다. 그는 "We dissect nature along lines laid down by our native language."(우리는 우리의 모국어가 규정하는 대로 자연세계를 해부한다)라고 말하고, 그 이유는 어린아이의 언어습득과정에서 그의 인식세계가 그의 언어구조로부터 결정적인 영향을 받기 때문이라고 하였다.
간단한 예를 들어 Eskimo인은 그 언어에 다른 종류의 '눈'(雪)을 지칭하는 단어들이 여럿 있기 때문에 '눈'이라는 단어가 하나밖에 없는 언어를 사용하는 사람이 보지 못하는 다른 종류의 눈을 식별할 수 있으며, 마찬가지로 무

지개에 있는 색(色)의 수는 색을 지칭하는 단어의 수에 따라 각 언어별로 다를 수 있다는 것이었다. 처음 듣기에 이러한 주장과 예는 그럴듯하다. 또 실상 표기법이 이해력에 영향을 주는 수긍할 만한 예도 있다. 즉, 로마 숫자로 XIV 곱하기 XLIII을 계산하려고 해보면 아라비아 숫자로 14×43을 계산하는 것보다 훨씬 어려움을 알 수 있다. 이는 아라비아 숫자가 십(10)단위로 나열되어 있는 반면, 로마 숫자는 그렇지 못하기 때문이다. 또 사물에 이름을 붙이느냐 안 붙이느냐에 따라 문제해결이 영향을 받기도 한다. 잘 알려진 예로 다음과 같은 것이 있다. 초 한 자루와 성냥 한두 개피와 압정(押釘)곽을 그냥 주고 촛불을 켜서 촛농이 흐르지 않게 벽에다 꽂아 보라고 하면 평균 9분이 걸렸는데, "초", "성냥", "압정", "곽"이라는 이름표를 각각 붙여서 해 보라고 하면 1분 정도밖에 걸리지 않았다는 것이다. 즉, 압정곽을 그냥 주면 곽을 "보지 못" 하지만, "곽"이라는 이름표를 붙여주면 금방 곽을 촛대로 삼아 이를 압정으로 벽에다 붙이고 그 위에 초를 녹여 세운다는 것이다.

그러나 이러한 예들이 아무리 그럴듯한 것이라 하더라도 언어가 그 언어 사용자의 인식작용을 지배한다는 결정적인 증거는 되지 못한다. 국어의 "푸르다"라는 단어가 영어의 *blue*(靑) *green*(綠)을 구별하지 않는다고 해서, 한국인들은 풀색과 하늘색의 구별을 인식하지 못한다고 할 수 있을까? 국어에서는 후치사 '앞(前)'과 '뒤(後)'가 시간에도 쓰이고 공간에도 쓰임에 비해, 영어에서는 시간일 경우는 *before*와 *after*를, 공간일 경우는 *in front of*와 *behind*를 쓴다고 해서, 예:

(11.27) 국어: 한 달 전에, 한 달 뒤/후에
　　　　　(웬일인지 '한 달 앞에'는 안 되나 '그에 앞서', '한 달 앞서서'는 된다.)
　　　　　그 건물 앞에, 그 건물 뒤에
　　　영어: before a month, *in front of a month
　　　　　after a month, *behind a month
　　　　　(그러나 '한 달 늦은'의 뜻으로 'a month behind'는 된다.)
　　　　　in front of the building, *before the building
　　　　　behind the building, *after the building

한국인에게는 시간과 공간의 개념이 똑같은 것으로 보이지만, 영어 화자에게는 두 개념이 다른 것으로 보인다고 할 수 있을까? 또 어떤 언어에는 현재, 과거, 미래의 시제(tense)가 형태적으로 엄격히 구별되어 있지만, 어느 언어에서는 이 구별이 분명치 않다고 해서, 이 언어화자에게는 시간관념이 없다고 할 수 있을까? 구체적인 예를 하나 들어 보자.

미국의 흑인영어(Black English)는 현재진행과 관습적인 시제를 다음과 같이 엄격히 구별한다.

(11.28) a. He workin' right now. '바로 지금 일하고 있어'
　　　　 b. He be workin' every night. '매일 밤 일해'
　　　　 c. *He be workin' right now.
　　　　 d. *He workin' every night.

즉, 현재진행은 be동사 없이 -ing로만 표현하고, 습관은 be -ing로 표현한다. 그런데 이러한 구별이 표준영어에는 없다. 즉,

(11.29) a. He is working right now.
　　　　 b. He is working every night.
　　　　 c. He works right now. (?)
　　　　 d. He works every night.

(11.29c)문은 잘 안 쓰이지만 비문법적은 아니다. (11.29c)문을 제외한다 하더라도, (11.29)의 예는 표준영어에 현재진행과 습관의 시제가 엄격히 구별되어 있지 않음을 보여준다. 또 한 예를 보면, 흑인영어에서는 *He sick*(지금 아프다)와 *He be sick*(늘 아프다)를 구별하고, 또 스페인어에도 be동사가 둘 있어서 (반) 영구적인 것엔 *ser*동사를 쓰고, 잠시적인 것엔 *estar*동사를 쓴다. 그래서 *Yo soy Pedro*(*I'm Pedro*)이지만 *Yo estoy cansado*(*I'm tired*)이다. 그러나 이러한 예들을 근거로 미국의 흑인과 스페인어 화자는 단기와 장기의 시간개념을 뚜렷이 구별하지만, 백인 영어화자는 두 시간 개념의 차이를

인식하지 못한다고 할 수 있을까?

　색(色)의 명칭의 단어 수에 따라 색에 대한 감각도 다르다는 경우도 더 깊이 조사해본 결과 사실은 그렇지 않음이 드러났다. 예를 들면, 아직도 석기시대의 문화밖에 없는 뉴기니(New Guinea)의 원시인인 Dani의 언어에는 색을 지칭하는 단어가 *mola* '밝다'와 *mili* '어둡다'의 둘 밖에 없지만, 색을 알아맞추는 실험에선 영어 화자와 별로 다름이 없음이 밝혀졌다. 즉, 한 색을 5초간 보여준 뒤 30초 후에 마흔 가지 색이 있는 도표를 내 놓고 30초 전에 본 색을 찾아내라고 해 본 결과, 색채어가 둘 밖에 없는(그것도 명암만을 구별하는) Dani어 화자나 색채어가 풍부한 영어 화자나 성적이 비슷했다는 것이다. 특히 흥미로운 것은 실험 대상의 색이 빨강(red), 노랑(yellow), 파랑(blue) 같이 원색(原色 basic color)이었을 경우는 실험 대상의 색이 원색이 아닌 혼색(混色)이었던 경우보다 두 언어의 화자가 똑같이 알아맞히는 성적이 좋았다는 것이다. Dani어에서는 명암만을 구별할 뿐 원색에 대한 단어도 없음을 상기해 볼 때, 이러한 실험 결과는 색채감각이 색채어휘의 다소와 비례 관계를 갖고 있지 않으며, 오히려 반대로 근본적인 지각의 범주(perceptual category)와 인식작용은 언어의 구조와 관계없이 어떤 보편성을 띠고 있음을 보여주고 있다(Berlin and Kay 1969 참조).

　이 장을 맺기 전에 언급할 것이 하나 있다. 그것은 언어습득이 Chomsky가 주장하고 거의 모든 언어학자들이 믿는 바와 같이 천부적으로 타고난 언어습득장치(Language Acquisition Device, 300쪽 참조)에 의한 것이 아니라, 언어화자의 사회와 문화의 산물에 불과하다는 가설이 근래에 제기되었다는 사실이다.[4]
　1983년에 Brazil의 University of Campinas에서 학위를 받고, 지금은 미국 Massachusetts주에 있는 University of Bentley의 문리대학장으로 근무하고 있는 Daniel Everett라는 언어학자가, 1970년 후반부터 선교 목적으로 Brazil

---

4) 이 부분을 씀에 Tom Wolfe의 *The Kingdom of Speech*(Little, Brown and Co., 2016, 특히 제5장, 108-130쪽)을 참고하였고, 일리노이대학 언어학과의 윤혜석 교수의 유익한 조언을 받았다. 윤 교수에게 감사한다.

의 아마존 정글에 있는 Maici강 어귀에 들어가서 20여 년간 살면서 그 부족의 Pirahã어(포르투갈어 식으로 [피다항]이라고 발음한다)를 배웠는데, 그 언어가 지금까지 어떤 다른 언어에서도 볼 수 없는 자질을 가지고 있음을 발견하였다.

우선 음운조직이 간단하였다. 음소(phoneme)의 수가 열 개밖에 없었다. 모음이 셋(/i, a, o/), 자음은 일곱 (/p, b, t, s. g, h, x/)뿐이었다(세계 최소 음소 언어라고 한다. /x/는 성문파열음 [ʔ]. [k]가 있지만 /h/의 이음소(allophone)이고, [m, n]도 /b, g/의 어두에서의 이음소라고 한다. 문두(文頭)에서 연구개(velum)를 올려 비강(nasal cavity)을 닫는게 늦어져서일까?).

더욱 주목할 것은 간소한 음운체계에 맞먹는 간소한 문법이었다. Pirahã어에는 종속절(subordinate clause), 관계사절(relative clause), 내포문(embedded sentence) 등이 전혀 없었다. 그러니까 'The man who caught fish in the river returned to the village'(강에서 물고기를 잡은 남자가 마을로 돌아갔다)라고 말하지 못하고, 'The man caught fish in the river. He returned to the village.'(남자가 강에서 물고기를 잡았다. 그는 마을로 돌아갔다)라고 밖엔 말할 수 없다는 것이었다.[5]

이러한 사실은 Chomsky가 어떤 '원시적'인 언어에도 내재한다고 주장한 귀환성(recursion. 176 및 312쪽 참조)이 Pirahã어에는 없음을 증명하며, 이것이 사실이라면 Chomsky의 학설, 즉 언어습득은 인간만이 타고난 언어습득장치에 의한 본능적인 것이라는 학설(이 학설은 Pinker의 1994년 인기저서 *The Language Instinct*(언어본능)의 책명에 단적으로 잘 나타나 있다)은 더 이상 지탱될 수 없다고 Everett는 주장하였다. 즉, 그는 간소한 문화에서 간소한 언어가 출현했으며 ("language is a cultural tool") 언어는 유전적 산물이 아니라 전장에서 언급했듯, Whorf의 가설대로 사회의 산물이며 인공품(artifact)일 뿐이라는 것이라고 하면서 Chomsky의 universal grammar(보편문법. 182쪽 참조)을 부정하였다.[6] 그러나 이것은 속단 내지 과장이라고 할 수 있다. Pirahã어에

---

5) 이 언어에는 또 숫자(number)도 없으며, 색을 지칭하는 단어(color words)도 없다고 한다. '어둡다', '밝다'라고만 할 수 있을 뿐이란다. Pirahã어에 대한 기술은 Everett의 Pirahã 생활기인 *Don't Sleep, There are Snakes*(2008, Vintage)의 제2부 참조. 국역본: 윤영삼 역:『잠들지 마, 거기 뱀이 있어』(2009, 꾸리에).

6) 1984년에 MIT에 방문교수로 한 해 가있으면서 Chomsky교수에게 배운 적도 있는

내포문이나 관계사절이 없고 단순문만 있다 하더라도, 이 단순문이 아무런 어휘의 나열로만 이루어진 것이 아니고, 그 안에 구절구조(phrase structure)가 있으며, 또 Pirahã인이 귀환성이 있는 포르투갈어를 습득할 수 있다는 사실은 Chomsky의 언어습득설을 전면적으로 부인하지는 못한다. 이 논쟁은 아직도 계속되고 있다.

결론적으로 언어가 인간의 기본적인 지각의 범주와 인식작용을 반영은 할지언정, 이를 규정하는 원인은 될 수 없다고 할 수 있다. 이는 물론 Whorf 의 가정과 상치되는 결론이다.

참고문헌

공영일. 1992. 문법제약과 심리적 실제. 조숙환·이현호(편):『언어학과 인지』, 532-547. 서울: 한국문화사.

박병수. 1977. "심리언어학".『현대언어학』302-341. 서울: 한신문화사.

Berlin, B. and P. Kay. 1969. *Basic color terms: Their universality and evolution*. Berkeley, CA; University of California Press.

Braine, M. D. S. 1971. "The acquisition of language in infant and child". In C. E. Reed ed.: *The learning of language*. New York, NY: Appleton Century-Crofts.

Byun, J.(변진석) 2009. "Skill-specificity in the acquisition of automaticity in L2."『언어학』17(3):57-78.

Carroll, D. W. 2007. *Psychology of language*. 5th ed. Belmont, CA: Wadsworth.

Chomsky, N. 1972. *Language and mind*. New York, NY: Harcourt Brace Jovanovich.

Clark, Eve V. 2009. *First language acquisition*. 2nd ed. New York, NY: Cambridge University Press.

Clark, Herbert H. and Eve V. Clark. 1977. *Psychology and language*. New York,

---

Everett가 스승의 학설을 뒤엎으려 한 것은 '스승은 그림자도 밟지 않는다'라는 유교 사상과 대조되어 자못 흥미롭다.

NY: Harcourt Brace Jovanovich.

Cooper, W. E. and John Ross. 1975. "World order". *Papers from the parasession on functionalism*, pp. 63-111. Chicago, IL: Chicago Linguistic Society.

Fodor, Janet A. and Thomas G. Bever. 1965. "The psychological reality of linguistic segments". *Journal of Verbal Learning and Verbal Behavior* 4:414-420.

Garret, M., T. G. Beber, and J. A. Fodor. 1966. "The active use of grammar in speech perception". *Perception and psychophysics* 1:30-32.

Gass, S and L. Selinker. 2008. *Second language acquisition: An introductory course.* 3rd ed. NJ: Lawrence Erlbaum.

Gleason, Jean Berko. 1958. "The child's learning of English morphology". *Word* 14:150-177.

Heider, E. R. 1972. Universals in color naming and memory. *Journal of experimental psychology* 93:10-20.

_____ and D. C. Oliver. 1972. The structure of the color space in naming and memory for two languages. *Cognitive psychology* 3:337-354.

Lee, E.-K.(이은경), Lu, D. H., & Garnsey, S. M. 2013. "L1 word order and sensitivity to verb bias in L2 processing". *Bilingualism: Language and Cognition* 16(4):761-775.

Pinker, Steven. 2008. *The stuff of thought: Language as a window into human nature.* New York, NY: Penguin Books.

Slobin, Dan I. 1979. *Psycholinguistics.* 2nd ed. Glenview, IL: Scott, Foresman and Co.

Whorf, Benjamin Lee. 1956. *Language, thought, and reality.* Cambridge, MA: MIT Press.

Wolfe, T. 2016. *The kingdom of speech.* New York, NY: Little, Brown and Co.

1. 국어나 한문 또는 다른 외국어에서 "나먼저" 원리("me-first" principle)에 해당하는 예를 더 찾아보라. 또 예외적인 것도 찾아보고 예외의 이유를 모색해보라.

2. (11.5)에서 든 것과 같은 사유(死喩)의 예를 국어나 다른 아는 언어에서 더 찾아보라.

3. 국어의 후치사(postposition)에 해당하는 것이 영어에선 전치사(preposition)로 나타난다. 예:

   국어 : 산속의 호수가에 있는 집
   영어 : the house *by* the lake *in* the mountain

   국어와 영어의 어순에 비추어 볼 때, 왜 국어에선 후치사로, 영어에선 전치사로 필연적으로 나타나야만 하는가를 설명하라.

4. 다음의 국어 문장 셋은 갈수록 난해하다. 그 이유는?

   a. 복자가 산 시계를 순자가 주었는데 영자가 팔았다.
   b. 순자가 복자가 산 시계를 주었는데 영자가 팔았다.
   c. 영자가 순자가 복자가 산 시계를 주었는데 팔았다.

5. 다음 두 문장으로 「탐색실험」을 한다고 가정하자.

   a. Whenever one telephones at night, rates are lower.
      '밤에 전화를 쓰면 요금이 싸다'
   b. Make your calls after six, because night rates are lower.
      '밤 요금이 싸니까 여섯시 후에 전화해라.'

   그리고 되찾을 어휘로 *night-rates*를 주었다고 하자. 어느 문장에서 이 어휘를 더 빨리 찾았겠는가? 그 이유는?

6. 다음의 영어 의문문에 대답을 해 보라.

   a. If Joe is worse than Lee, then who is best?
   b. If Lee is better than Joe, then who is best?
   c. If Lee isn't as bad as Joe, then who is best?

   실험 결과에 의하면 대답하는데 걸리는 시간이(질문 끝에서 대답 시작까지의 시간이), (b)가 제일 짧고, (c)가 가장 길었다고 한다. 이 난해도 차이의 이유는 무엇인가?

7. 다음은 두 살 된 미국 어린아이의 발음을 어느 심리언어학자가 기록한 것이다. 어른의 표준발음과 비교해서 어떻게 다른가? 이 차이는 임의적인 것인가 아니면 체계적인 것인가? 후자라면 그 체계는 무엇인가? 어떤 경향의 체계일까?

egg	[ek]	truck	[tək]
tub	[təp]	snake	[nek]
bed	[bet]	stop	[tap]
crack	[kak]	broken	[brokən]
laugh	[læp]	brownie	[bawni]
spoon	[pun]	beautiful	[butəpəl]
sky	[kay]	off	[op]
buzz	[bəs]	puzzle	[pəzu]
plane	[pen]	fish	[fis]
twig	[tik]	blue	[bəlu]

8. 저자의 맏아들이 두 살쯤 되었을 때에 다음과 같은 동음이의어가 있었다.

nose [nowz]	tops [taps]	peaks [piks]
snow [nowz]	stop [taps]	speak [piks]

school [kulz]	ski [kiz]	small [molz]
cools [kulz]	keys [kiz]	malls [molz]

여기에 나타나는 현상은 무엇인가? 그 이유는 무엇이라고 생각하는가? 한편, *spaghetti*는 [sketi]로 발음했다. 이 현상을 어떻게 설명할 수 있는가? 또 창밖의 눈(雪)을 가리키며, "*Is that* [nowz]?" 하고 물으면, "*No, that's* [nowz]." 라고 대답하고, "*Is that snow?*" 하고 물으면 "*Yes, That's* [nowz]."라고 대답하는 것이었다. 마찬가지로 저자의 학교 건물을 가리키며, "*That's daddy's* [kulz], *isn't it?*" 하면 "*No, that's* [kulz]."라고 대답하고, "*Is it daddy's school?*" 하고 물으면 "*Yes, it's daddy's* [kulz]"라고 대답했다. 이 현상을 어떻게 설명할 수 있는가?

"엄마, 엄마 줄려구 이 그림 그렸지."
"그렸지."
"응?"
"엄마 줄려구 네가 이 그림을 그렸다구."
"그거 알아. 내가 그렸으니까."

(어린애가 *draw*의 불규칙 과거형 *drew*대신 규칙화한 *drawed*를 고집하고 있음)

제12장 언어와 문학

Poetics deals with problems of verbal structure, just as the analysis of painting is concerned with pictorial structure. Since linguistics is the global science of verbal structure, poetics may be regarded as an integral part of linguistics.

Roman Jakobson (1896-1982)

The violation of the norm of the standard is what makes possible the poetic utilization of language.

Jan Mukařovský (1891-1975)

문학은 언어 없이 존재할 수 없다. 음악 또는 미술같은 예술형식과 비교해 볼 때, 문학이라는 예술의 매개체(혹은 재료)는 언어이기 때문이다. 이것은 벽돌집은 벽돌로 짓는다는 것만큼이나 자명한 사실이다. 그런데 문학 언어와 일반 언어와의 다른 점은 무엇인가? 언어의 어떤 국면을 문학은 계발하고 확대시키는가? 무엇이 평범한 문장을 문학적인 또 시적(詩的)인 문장으로 만드는가?

우리는 가끔 "말로 표현할 수 없으리만큼"이라는 말을 쓴다. 처음 먹어보는 과일의 맛, 방금 들은 교향곡에 대한 감상, 첫사랑의 기쁨(또는 슬픔) 등 우리의 감정을 정확히 또 충분히 표현하지 못하는 경우가 많다. 대개의 경우 "맛있었다", "참 좋았다"라고 하거나, 고작해야 비유를 들어 "가슴이 터질 듯 기뻤다", "살이 에이는 듯 아팠다"라고 할 뿐이다. 이것은 일상언어의 제한성을 보여준다. 즉, 한정된 단어로 무한한 감정의 세계를 여실히 표현할 수는 없다. 일상언어의 주요한 기능이 대인간(對人間 interpersonal)의 통화에 있음에 비해, 문학이라는 예술의 기능은 개인의 내적인(*intra*personal) 감정을 보다 충실하게 표현하는 데에 있다고 볼 수 있다. 감정의 세계뿐만 아니라, 자연세계의 정확하고 간결한 표현에도 일상언어는 능력이 미치지 못한다. 그리하여 수학이나 화학의 기호 및 학문마다 있는 전문학술용어는 일상언어의 제한성을 배제하려는 노력의 결과라고 볼 수 있다. 자연 현상을 외인적(外人的 *extra*personal)인 현상이라고 본다면, 언어의 세 기능과 그 성격을 다음과 같이 도표로 제시할 수 있다.

(12.1)	문학언어	일상언어	학술용어
	내인적(內人的)	대인적(對人的)	외인적(外人的)
	*intra*personal	*inter*personal	*extra*personal
	주관적(내심적)	외관적	객관적(과학적)
	상상의 세계	육안의 세계	물리적 세계

엄격한 의미에서 문학 언어에도 대인적 기능이 있고, 자연현상의 묘사가 있다. 그러나 문학작품의 독자(reader)는 일상언어에서의 청자(hearer)와 그 성격이 다르다. 작가의 독자는 시간과 장소에 구애되지 않는 추상적인 대상이며, 또 경우에 따라서는 독백, 일기문, 자서전 등 전혀 독자를 의식하지 않고 쓰여지는 작품들도 있다. 뿐만 아니라 독자는 작가와 대화를 주고받을 수가 없다. "독후감"은 소수의 문학평론가에 의해 인쇄화될 뿐이다. 한편 자연세계의 묘사는 어디까지나 작가 자신의 상상력과 창의성에 의한 주관적인 묘사일 뿐이지, 객관적이고 과학적인 묘사가 아니다. 예를 들면 어떤 시인이나 소설가의 금강산에 대한 묘사는 지리학자나 지질학자의 묘사와 전혀 다를 것이다.

언어와 문학의 관계를 여러 국면에서 관찰해 볼 수 있겠지만, 여기서는 다음 세 가지 점만을 고찰해 보기로 한다. 첫째는, 언어가 그 언어의 문학형식에 주는 제한 내지 속박(constraint)이고, 둘째는, 언어분석이 작품의 이해와 해석(interpretation)에 줄 수 있는 설명이고, 세 번째는, 언어학이 원문분석(textual analysis)에 주는 공헌이다.

1. 문학형식의 한계

문학은 언어의 예술이기 때문에 그 형식은 언어의 구조에 제한을 받지 않을 수 없다. 그 예를 리듬에서 보자. 리듬=운율(韻律 rhythm)이란, 제4장에서 본 소리의 초분절소(超分節素 suprasegmental)의 기복(起伏)이 음절단위로 주기적으로 반복되는 현상으로, 특히 시(詩)에서 규정하는 리듬을 미터=율격(律格 metre)이라 한다. 그러니까 한 언어의 시의 운율은 그 언어의 초분절소 현상에 좌우될 수밖에 없을 것이다. 즉, 강세(强勢 stress, accent)를 지닌 언어는 그 리듬이 강세의 기복으로 규정될 것이며, 강세가 없고 음장(音長 length)의 구별이 있는 언어는 그 리듬이 음장으로 규정될 것이고, 강세도 음장도 없고 성조(聲調)만을 지닌 언어는 그 리듬이 성조의 주기성으로 규정될 수밖에 없을 것이다. 강세의 리듬의 대표적인 예가 영시(英詩)이고, 음장에 의한 리듬의 대표적인 예는 고대 라틴어의 새터니언(Saturnian)이라고 불리는 운율이며, 성조에 의한 리듬의 대표적인 예가 중국어의 율시(律詩)이다. 예를 들어보자, 다음은 영시의 예이다.

(12.2) Thĕ cúr|fĕw tólls| thĕ knéll| ŏf párt|ĭng dáy,
Thĕ lów|ĭng hérd| wind slów|lў ó'er| thĕ léa,
Thĕ plóugh|măn hóme|wărd plóds| hĭs wéar|ў wáy.
Ănd leáves| thĕ wórld| tŏ dárk|nĕss ànd| tŏ mé.

Thomas Gray (1716-1771)

'저녁종이 저무는 날의 고별을 울리고,
음매에 우는 소떼가 풀밭을 기어간다.
농부는 누리를 어둠과 내게 맡기고,
지친 발걸음을 뚜벅이며 집으로 간다.'

Elegy written in a country churchyard(1751) '시골 교회 묘지에서 쓴 애가(哀歌)'라는 시의 첫 연(聯 stanza)이다. 강세 유무의 주기적인 반복으로 시의 리듬이 구성되어 있음을 볼 수 있다. 위에서 ′는 주강세(主强勢)를, ˘는 무강세(無强勢)

를, ˋ는 부강세(副强勢)를 나타내며, ┃는 리듬의 한 기복(주기)의 경계를 표시한 것인데, 이를 음보(音步 foot) 또는 운각(韻脚)이라 한다. 위의 시에서 한 음보는 약강격(˘ ´)으로 구성되어 있으며, 한 시행(詩行 line)은 다섯 음보로 구성되어 있음을 볼 수 있다. 이를 약강격 5음보(弱强格五音步 iambic pentameter)라 하는데, 영시에서 가장 많이 즐겨쓰는 운율이다. 이 외에 다음과 같은 율격과 음보가 있다.

(12.3)　율격(metre)　　　　　　　음보(foot)
　　　　trochee ´˘(강약격)　　　dimeter(2음보)
　　　　dactyl ´˘˘(강약약격)　　trimeter(3음보)
　　　　anapest ˘˘´(약약강격)　　tetrameter(4음보)
　　　　paeon ´˘˘˘(강약약약격)　hexameter(6음보)

다음은 음장(音長 length)으로 리듬이 규정되는 고대 라틴시의 예이다. ¯는 장모음을 표시한다.

(12.4)　Spārgēns│ūmida│mēlla so│pōrife│rūmque pa│pāvēr
　　　　　　　　　　　　　　　Vergil (70-19 B.C.): *Aeneid IV*, 486.
　　'눅눅히 흐르는 꿀과 졸음을 주는 양귀비꽃'

장단단(長短短, ¯˘˘)의 리듬인데, 처음과 마지막 음보에서 장장(長長, ¯¯)이 장단단을 대신하고 있음을 볼 수 있다.

중국의 율시(律詩 Regulated Verse)는 팔행(8行)으로 구성되며, 이것이 전 4행과 후 4행으로 나뉘는데, 한 행이 5음절짜리인 것과 7음절짜리의 두 가지가 있다. 그런데 율시의 리듬은 다음과 같이 성조로 규정된다.

제4장 (4.16)에서 중국어에 네 성조가 있음을 보았는데, 고대 중국어에선 제1성=平聲[¯], 제2성=上聲[´], 제3성=去聲[˘], 제4성=入聲[ˋ]이 운율을 위해선, 제1, 2성과 제3, 4성의 두 성조형으로 나뉘어, 전자(제1성과 제2

성)를 평성(平聲 even tone), 후자(제3성과 제4성)를 측성(仄聲 oblique tone)이라 한다. 율시의 리듬은 평성과 측성의 다음과 같은 교체에서 유래된다. 후 4행 (5행에서 8행까지)은 전 4행의 반복이므로 전 4행의 성조형만을 표시하는데, ─가 평성을 ×가 측성을 가리킨다.

(12.5)

행 \ 음절위치	1	2	3	4	5	6	7
제1행	×	×	─	─	─	×	×
제2행	─	─	×	×	×	─	─
제3행	─	─	×	×	─	─	×
제4행	×	×	─	─	×	×	─

(위의 도표에서 모든 ×와 ─를 맞바꾸어도 된다.) 이러한 운율은 다음과 같이 분석할 수 있다. (i) 한 행은 두 음절 단위의 4음보로 구성되는데, 제1, 2(5, 6)행에서는 제5음절이 단음절로 독립된 음보를 이룬다. 제3, 4(7, 8)행에서는 제7음절이 단음절로 독립된 음보를 이루고, (ii) 한 음보에 속하는 음절들은 같은 성조형(평성 혹은 측성)을 띠어야만 한다. (iii) 전반행인 제1음보와 제2음보는 반대의 성조형을 띠어야 하며, 마찬가지로 후반행인 제3음보와 제4음보도 상반되는 성조형을 띠어야 한다.

다음 예는 당대(唐代)의 시인 Li Shangyin(李商隱, 813-858)의 「無題」(무제)라는 율시에서의 전반 4행이다.

(12.6)

相	見	時	難	別	亦	難
xiǎng	jian	shí	nán	bíe	yì	nán
東	風	無	力	百	花	殘
dōng	fēng	wù	lì	bǎi	huā	cán
春	蠶	到	死	絲	方	盡
chūn	cán	dào	sǐ	sī	fāng	jin
蠟	炬	成	灰	淚	始	乾
là	jù	chéng	huī	lèi	shǐ	gān

'서로 만나기도 어렵고, 헤어지기도 어려워라.

동풍은 힘이 없고, 온갖 꽃은 시드는구나.

봄철의 누에가 죽음에 이르러서야 방사(放絲)를 마치듯

내 촛불도 재가 될 때까지 눈물을 흘리리라.'

국어시에서 운율은 그 근원이 어디 있는가? 국어에는 강세도 성조도 없고, 음장의 변별적 기능도 뚜렷하지 않다. 그리하여 이것도 저것도 그것도 아닌 국어와 같은 경우는(프랑스어, 일본어도 여기 속한다) 음보를 이루는 음절수의 규칙적인 반복과 행과 행 사이의 대조에서 운율을 창조하고 모색하는 듯하다. 이것이 이른바 **자수율**(字數律)이다. 예를 들면 가사(歌辭)는 일 행이 4음절씩 두 음보로 구성되며, 평시조(平時調)의 정형(定形)은 다음과 같은 형식을 갖는다(숫자는 음절수를 나타내며, 국문학에서의 전통을 따라 행, 음보 대신 장(章), 구(句)로 썼다).

(12.7) 시조의 구조

구 분	제1구	제2구	제3구	제4구
제1장	3	4	4	4
제2장	3	4	4	4
제3장	3	5	4	3

음절수의 변화가 약간 있을 수는 있으나, 위에서와 같이 각 장(행)이 4구(음보), 15음절로 구성되며, 단조로움을 깨뜨리는 변형이 제3장 제2구에 옴을 볼 수 있다. 다음의 예는 위의 틀에 꼭 들어맞는 것으로 우리 모두가 잘 아는 시조이다.[1]

---

[1] 평시조의 리듬이 강약약(약)격 (dactyl 또는 paeon)의 4음보 운율(tetrameter)이고, 제3장 제2구가 두음보로 구성되어 있다는 주장에 대해선 저자의 1981년 논문 참조. 한국 시가의 운율은 정광(1975) 참조.

(12.8) 동창이(3)   밝았느냐(4)   노고지리(4)   우지진다(4)
       소치는(3)   아희들은(4)   상기아니(4)   일었느냐(4)
       재너머(3)   사래긴밭을(5)   언제갈려(4)   하느니(3)
                                        남구만(南九萬, 1629-1711)

다음은 저자가 좋아하는 시조 중의 하나이다.

(12.9) 매암이 맵다울고 쓰르라미 쓰다우니
       산채(山菜)를 맵다는가 박주(薄酒)를 쓰다는가
       우리는 초야(草野)에 묻혔으니 맵고쓴줄 몰라라
                              이정신(李廷藎) 『歌曲源流』(1876)

가사(歌辭), 민요, 무가(巫歌), 판소리의 율문(律文)들에도 3·4조, 4·4조
가 압도적으로 많다. 다음에 가사와 판소리의 예를 하나씩 든다.

(12.10) 하룻밤 서리김의 기러기 우러녤제
        危樓에 혼자올나 水晶簾 거든말이
        東山의 돌이자고 南極의 별이뵈니
        님이신가 반기니 눈물이 절로난다
                         정철(鄭澈) (1536-1593) 「思美人曲」(1588)

(12.11) 赤城의 아침날에 늦인안개 띠여잇고
        線欄에 저문봄에 花柳東風 들럿난듸
        …
        廣寒樓도 좋커니와 烏鵲橋가 더욱좋다
        오작교가 분명허면 牽牛織女 업슬소냐
        견우성은 내가되려니와 즉녀성은 뉘가될꼬
                            「춘향가」(春香歌) (金世宗 판)

언어의 구조에 의하여 문학의 형식이 통제를 받는 또 하나의 예는, 영시의 지배적인 운율형식의 변화에서도 찾아볼 수 있다. 언어 계보상으로 독일어와 가까운 영어는 고대영어 시대에 Anglo-Saxon의 어휘에서 어두음절강세가 전형적이었기 때문에 고대영시에선 자연히 강약격(trochee)의 운율이 지배적이었다. 독일어도 마찬가지로 다음은 Friedrich von Schiller(1759-1805)의 유명한 *An die Freude*(Ode to Joy 환희의 찬가, 1785)의 첫 연(stanza)이다.

(12.12) Fréudĕ| schồner| Gồttĕr| fúnkĕn,
　　　　Tóchtĕr| áus Ĕ|lýsĭ|um,
　　　Wír bĕ|trétĕn| féuĕr| trúnkĕn,
　　　Hímmlĭ| sche, dein| Héilĭg|túm.
　　Déinĕ| Záubĕr| bíndĕn| wíedĕr,
　　　Wás dĭe| Módĕ| stréng gĕ|théilt,
　　Állĕ| Ménschĕn| wérdĕn| Brűdĕr,
　　　Wó dĕin| sánftĕr |Flűgĕl| wéilt.

(영역) Joy, the beautiful spark devine,
　　　Daughter of Elysium,
　　We enter, drunk with fire,
　　Goddess, thy sanctuary.
　Thy magic unites again
　　What the custom sternly divided.
　All men become brothers
　　Where thy gentle wing hovers.

(국역) 환희, 신의 아름다운 불꽃
　　　천국의 딸,
　　불에 취해 우리는, 여신이여,
　　　그대의 신전으로 들어가노라.
　세속이 엄격히 갈라놓은 것을
　　그대의 마술이 결합시키나니,
　그대의 부드러운 날개 아래
　　모든 인간은 형제가 될진저.

강약격 4음보(trochaic tetrameter)의 운율임을 볼 수 있다. 어두 강세는 또한 한 행의 여러 단어의 어두자음(군)이 일치하는 이른바 **두운**(頭韻 alliteration)을 편애하게 한다. 그리하여 고대영시에서는 두운이 꽤 빈번히 쓰였다. 다음에는 9세기의 서사시 *Beowulf*의 한 구절이다.

(12.13) se āglǣca ⋯

　　　　slǣpendne rinc, slāt unwearnum,

　　　　bāt bānlocan, blōd ēdurm dranc,

　　　　synsnǣdum swealh; sōn hæfde

　　　　fēt ond folma, eal gefeormod.

　　　(현대영어) the monster ⋯

　　　　slit the sleeping warrior greedily,

　　　　bit the body, drank blood from its veins,

　　　　swallowed in big sizes and soon had

　　　　feasted, feet and fingers and all.

　　　(국역)　괴물은 ⋯

　　　　자고있는 무사를 무참하게 자르고

　　　　몸을 물어뜯고, 그 핏물을 마시고

　　　　엄청난 덩어리를 억척스레 먹고, 어느덧

　　　　손발까지 송두리째 삼켜버렸다.

　　그러던 것이 11세기 중엽의 Norman정복 이후 프랑스어 어휘가 대량으로 영어에 들어오면서 어두음절의 영어의 강세가 적어도 로망스 계통의 어휘에서는 어말음절이 더 지배적인 강세현상으로 변하게 되었다. 이에 따라 시의 운율도 강약격에서 약강격(iambus)으로, 그리고 두운에서 어말의 모음과 자음(군)을 일치시키는 **각운**(脚韻 rhyme, rime; 압운(押韻)이라고도 함)을 더 편애하는 시형으로 바뀌게 되었다. 약강격의 예는 이미 (12.2)에서 보았는데, 제1행과 제3행 말이 [ey]의 각운(*day, way*)으로, 제2행과 제4행이 [iː]의 각운(*lea, me*)으로 일치하고 있음을 더 볼 수 있다.[2]

위에서 우리는 문학의 형식이 언어의 구조에 의해 제한을 받으며 여러 언어에서 진화해 온 모습을 주로 시의 운율에서 보았다. 이것은 일상언어를 보통걸음과 뛰기에 비교하고 문학을 무용(ballet)에 비교해 볼 때, 발레의 형식과 연출(choreography)이 걷기, 뛰기, 돌기 등 인간의 동작의 가능성의 한계에 제한을 받는 것과 같다고 볼 수 있다. 아무리 상상력이 많은 발레 연출가라도 발레리나로 하여금 십 척을 뛰게 한다든가, 공중에 십 초간 떠있게 한다든가, 일초에 열 번을 돌게 하지는 못할 것이다. 물론 아무렇게나 걷고 뛰고 돈다고 해서 그것이 무용이 되지는 않는다. 무용이라는 예술은 이와 같은 동작들에 어떤 체재(pattern)를 가할 때 비롯된다. 문학도 마찬가지다. 아무런 어휘와 문장의 나열이 문학작품을 낳지는 않는다. 거기에는 어떤 체제가 있어야 한다. 문학을 만드는 언어의 체제를 살펴보는 것이 다음 항의 목적이다.

2. 해석(interpretation)과 이해(understanding)

문학에서 언어의 체제를 관찰해보기 전에 한 가지 생각해볼 것이 있다. 그것은 "분석은 작품을 망쳐버린다"("Analysis kills the poem")라는 가끔 듣는 말이다. 이 말은 문학이나 예술작품을 있는 그대로 순수하게 음미하고 감상

---

2) 실상 (12.2)에서 든 Gray의 *Elegy*에는 두운도 있다고 볼 수 있을 듯하다. 제2행의 [l] (*lowing, slowly, lea*), 제3행의 [pl] (*ploughman, plod*), 제4행의 [t] (*to, to*)가 그 예라고 하겠다. 하여간 국역에서도 두운과 각운을 살려보려고 노력하였다. 또 원문이 5음보임도 유의하고 1행을 다섯 어휘로 제한해서 옮겼다. 번역을 아래에 되풀이한다.

　　　　저녁종이 저무는 날의 고별을 고하고
　　　　음매에 우는 소떼가 풀밭을 기어간다.
　　　　농부는 누리를 어둠과 내게 맡기고,
　　　　지친 발걸음을 뚜벅이며 집으로 간다.

　(12.6)의 율시에서도 제1,2,4행이 각운 [an] (*nan, can, gan*)으로 맺어지고 있음이 번역에 반영되도록 하였다. *Beowulf*의 예 (12.13)의 국역과 현대영역에서도 원문의 두운을 살려보았다. 맨 끝줄의 *folma*가 'hands'(손 手)이라는 뜻의 단어인데도 [f]의 두운을 위해 *fingers* '손가락'으로 "오역"해 가면서까지 외국문학의 번역에서 의역에 충실했다고 만족해서는 안 될 것이다.

해야지, 이를 쪼개고 캐다보면 그 진미를 잃게 된다는 경고이다. 저자는 이에 동의하지 않는다. 문학의 분석은 나비를 잡아서 마분지 위에 핀으로 꽂아 놓고 세밀히 관찰해 보는 것에 비유할 수 없다. 문학의 분석은 나는 나비를 사진으로 찍어서 나는 동작을 순간적으로 고정화시켜 이를 살펴보는 것과 같다고 할 수 있다. 이러한 분석은 나비를 죽이지 않는다. 오히려 나비의 날음을 새로운 의식과 기쁨으로 볼 수 있게 된다. 문학작품도 마찬가지다. 오페라나 운동경기를 관람할 때, 줄거리, 배역, 아리아의 가사, 선수의 배경, 기록돌파 가능성 등 여러 가지를 알고 있을 때 보다 즐겁고 의미 있게 관람할 수 있듯이, 작품의 분석은 그 작품에 생동성을 부여하고 그 작품을 새롭게 인식할 수 있게 해준다고 할 수 있다.

재미있는 예를 하나 들어보자. Cambridge와 Harvard 대학에서 영문학 교수를 지낸바 있는 시인/평론가 I. A. Richards(1893-1979)가 *Harvard Yard in April / April in Harvard Yard*라는 제목의 자기 시의 창작과정을, 1960년 Indiana대학에서 열린 Style(문체) 주제의 학회에서 발표한 적이 있었다. 발표가 끝나자 Columbia대학의 John Lotz교수가 Richards의 시 제목이, 두 문구의 순서를 바꾸어 *April in Harvard Yard / Harvard Yard in April*이라고 한 경우보다 훨씬 더 듣기 좋은 이유가 무엇인가 하고 질문했다. 저자 자신이 대답을 못하고 주저하고 있자, 이때 방청석에 앉아 있던 Roman Jakobson교수가 일어나서 전자는 강약 강약의 리듬을 지키는데, 순서가 바뀐 후자는 가운데에서 두 강세의 충돌이 있고(...*Yárd/Hárvard*...), 또 전자에서는 *Harvard Yard*가 제목의 앞뒤로 떨어지게 되지만, 후자에서는 가운데에서 잇달아 붙어 일어나 [ar]의 발음이 여섯 번 반복되는 현상 때문이라고 설명했다(Sebeok 1960:24). 즉,

(12.14) 실제: Hárvărd Yárd ĭn Áprĭl/Áprĭl ĭn Hárvărd Yárd
　　　　가제: Áprĭl ĭn Hárvărd Yárd/Hárvărd Yárd ĭn Áprĭl

이 일화는 작품의 언어학적 분석이 작품의 감성과 인식에 얼마만큼 도움을 줄 수 있는가 하는 것을 보여준다. 이 일화는 또 작가는 그의 창작과정에서

어떤 "문학적인 것"을 반드시 의식하지 않고 무의식적으로 창작할 수도 있음도 보여준다. 문예비평가나 언어학자의 작품 분석에 어떤 사람은 작가가 그런 것을 의식하고 썼을는지 의문이며, 따라서 그러한 분석은 비평가의 억지 조작이라고 말한다. 이러한 태도가 수긍할 만한 것이 아님을 우리는 유의해야 할 것이다.

주제로 돌아가서, 일반언어에 없는 어떤 언어의 요소가 문학작품에 있는가? 어떤 체재(pattern)를 작품은 가지고 있는가? 이에 대한 대답은 우리가 문학작품을 이해하고 해석하는 데에 큰 도움을 줄 것이다. 이것을 우리는 세 가지로 나누어 살펴볼 수 있다.

첫째로, 한 문학작품 특히 시(詩)에는 그 작품을 한 묶음 한 다발로 묶어주는 언어적 요소들이 있다. 이것은 마치 음악에서 어떤 주제(主題 theme, 주선율)와 그 변주가 음악작품을 하나로 묶어주는 것과 같다고 할 수 있다. 주의할 것은 우리가 여기서 논하고 있는 것은 언어적 요소의 주제이지, 줄거리의 "테마"가 아니라는 것이다.

「청산별곡」(靑山別曲)에 나오는 후렴(refrain)인 얄리 얄리 얄라셩 얄라리 얄라는 언어적 주제의 좋은 예이다. 이 후렴에는 아무런 의미도 없고, 줄거리(가사의 내용)와도 관계가 없다. 그러나 각 연(聯 stanza) 끝에 이 후렴이 되풀이됨으로써, 이 후렴이 따르는 모든 연들이 한 작품에 속함을 알려준다. 즉, 이 후렴은 여러 연을 한 덩이로 묶어준다.3) 국어에 산문(散文 prose)이라는 단어가 있다. 이를 "흩어진 글"이라고 풀이한다면, 문학작품 특히 시는 이와 반대인 "묶어진 글"이라고 할 수 있다. 이를 구태여 한자로 옮기면 결문(結文) 혹은 속문(束文)이라고 할 수 있겠지만, "결문"은 결론적인 문장, "속문"은 '속된 문장'으로 들리기 쉬우니까, 그냥 관례를 따라 시문(詩文 poetic language) 또는 운문(韻文 verse)이라고 부르자.

---

3) 정지용(1902-1950)의 시 「향수」(1927)의 매 연에 나오는 후렴구 그곳이 차마 꿈엔들 잊힐리야도 결속의 또 좋은 예이다. 권영민교수는 "이 후렴구가 없다면 시의 묘미를 살리기 어려울 것 같다"라고 말하고 있다. 권영민(2000:179)

시문을 묶는 밧줄(이를 **결속**(結束 cohesion)이라고 한다)은 후렴 이외에 행
(行) 수가 고정된 연(聯 stanza)의 형식이라든가, 음절이나 음보의 수가 일정
한 행의 구조라든가, 동일한 율격(律格 metre), 두운, 각운, 행간(行間)의 대조
등 여러 가지가 있을 수 있다.

결속(cohesion)의 효과를 극적으로 보여주는 것이 기원전 47년, Gaius Julius
Caesar(100-44 B.C.)가 Bosporus의 Pharnaces 왕과 싸운 전기(戰記)에 나오는
유명한 구절이다.

(12.15) Veni, vidi, vici.

　　　　(영역) 'I came, I saw, I conquered.'

　　　　(국역) '나는 왔다, 보았다, 정복하였다'

위의 문장이 독자에게 주는 효과가 큰 이유는 문장의 결속성이 크기 때문
이다. 즉, 세 어휘가 모두 두 음절로 되어 있고, 두운과 각운이 똑같기 때문
이다. 이에 비해 영역과 국역에서 원문이 주는 효과(문학성)를 느낄 수 없는
이유를 알 수 있을 것이다(vici의 의미를 조금 바꾸더라도 각운을 살려 '나는 왔다,
봤다, 싸웠다'로 번역해봄직도 하다).

다음에 든 예는 계명대학교 국어국문학과 학생들이 1975년에 경북 청도(淸
道)군에서 수집한 민요 「시집살이」이다(韓國口碑文學會 編 『韓國口碑文學選集』,
一潮閣, 1977. 102-103쪽에서 옮김).

(12.16) 앞밭에 꼬치를숨가 맵고짭고 맏동서야　　　(숨가 = 심어서)

　　　　뒷밭에 수끼를숨가 끝들랑갓들랑 시숙양반　(수끼 = 수수?)

　　　　정랑웃뜰에 호콩을숨가 울퉁불퉁 시동생아　(정랑 = 정낭 = 뒷간?)

　　　　전화줄에 제비가앉아 제제불제제불 시누부야(시누부 = 시누이)

　　　　사랑방에 부이가앉아 부엉부엉 시아버님　　(부이 = 부엉이)

　　　　큰방에 쪼바리가앉아 쪼불쪼불 시어머니　　(쪼바리 = 쪽발이?)

　　　　사랑앞에 국화를숨가 울울우불 우리낭군　　(사랑 = 사랑방)

제2구와 제3구 사이의 인과관계를 식물의 맛이나 모양에 비유하거나(맏동서의 성미는 **고추**를 심어 **맵고짜고**, 시동생은 **호콩**처럼 **울퉁불퉁**하고), 두운(頭韻)으로 가족의 입심을 묘사하고 있다(시누이는 제비같이 **제제불제제불**, 시아버지는 부(엉)이처럼 **부엉부엉**, 시어머니는 **쪼바리**(?)같이 **쪼불쪼불** -- **쪼불쪼불**은 **조불조불**의 된소리형인 듯한데 **조불조불**은 '마음씀이 좁고 하는 짓이 자잘함'을 뜻하는 부사이다). 이 밖에도 이 민요를 결속해주는 것이 있다. 매행에서 첫 구는 장소, 둘째 구는 행위, 셋째 구는 둘째 구를 받는 의성의태어, 넷째 구는 가족의 이름이다.

결속적인 요소가 시문(詩文)에만 국한되는 것이 아니다. 다음에는 러시아 태생 미국작가 Vladmir Nabokov(1899-1977)의 소설 *Lolita*(1955)의 첫 문장이다.

(12.17) Lolita, light of my life, fire of my loins. My sin, my soul. Lo-Lee-Ta: the tip of the tongue taking a trip of three steps down the palate to tap, at three on the teeth. Lo. Lee. Ta.

'로리타, 내 생명의 빛, 내 요부(腰部)의 불꽃. 나의 죄, 나의 혼. 로-리-타: 혓날이 세 번 입천장으로 올라가면서 윗니를 세 박자로 가볍게 친다. 로. 리. 타.'

이 문장의 여주인공의 이름 *Lolita*에 있는 두 자음인 *l*과 *t*를 받아서, 이것을 위에서 굵은 글자로 표시한 것처럼 두운으로 부각시키고 있다. Nabokov의 어휘 선택이 우연적인 것이라고는 절대 볼 수 없을 것이다(*l*과 *t*의 두운이 *s*의 두운(*my sin, my soul*)으로 분리되어 있는 것도 흥미롭다).

이제 국어의 현대시에서 예를 하나 들어 보자. 다음의 시는 「17人新作詩集」(서울: 創作과 批評史, 1984), 180-181쪽에서 인용한 것인데 토론의 편의상 연 수를 매겼다.

(12.18) 「新 農 夫 歌」

金 喜 洙

I. 허리께 미끈한 년
   도시로 가고
   장딴지 알밴 년
   논두렁에 살고

II. 팔린 땅은
    트랙터가 갈고
    빌린 땅은
    누렁소가 갈고

III. 농약 안뿌린 과일은
     느그 먹고
     두엄가 개똥참외는
     우리가 먹고

IV. 남으네 자식 놈은
    아파트 뒤파트
    집을 짓고 사는데
    우리네 못난 자식
    불온책만 읽는구나

V. 느그는 하늘 보며
   으시대며 살고
   우리는 땅을 치며
   굽신굽신 살고

우선 제IV연을 토론에서 제외하면, 이 시에는 다음과 같은 결속적인 요소들이 있음을 볼 수 있다.

(12.19) 1. 각 연은 4행으로 구성되어 있다.
2. 각 행은 두 어휘(=두 음보?)로 구성되어 있는데, 1행과 3행, 2행과 4행의 음절수가 같다(제4연은 예외이지만, 전반과 후반의 음절수는 각 연에서 같다).
3. 각 연에서 전반(1,2행)은 피소자에 관한 것이고, 후반(3,4행)은 고소자에 관한 것이다.
4. 각 연에서 1행과 3행, 2행과 4행이 같은 음절로 끝난다. 즉, 각운(rhyme)이 들어맞는다.
5. 1행과 3행 및 2행과 4행에서 같은 위치의 어휘는 같거나 대조적 또는 반의적이다. 예를 들면, 허리께:장딴지, 미끈한 년:알밴 년, 도시:논두렁, 팔린:빌린, 트랙터:누렁소, 느그:우리, 하늘:땅, 으스대며:굽신굽신

이러한 결속성에 비추어 볼 때 제IV연은 분명 파격적이다. 우선 연이 5행으로 구성되어 있고, 각운이 전혀 없으며, 행과 행 사이의 대조도 없다(아파트/집과 불온책, 사는데와 읽는구나가 대조된다고 볼 수 없다). 또 다른 연들은 모두 고로 끝나는 미완결문임에 비해 제IV연은 구나로 끝나는 완결문이다. 이렇게 파격적인 제IV연은, 시조의 제3장 제2구처럼 단조로움을 깨기위한 기능을 지니고 있다고 볼 수 있다. 따라서 이것은 의도적인 파격이지, 시인이 본의 아니게 궤도에서 벗어난 것이라고는 볼 수 없다.[4]

결속의 예를 하나 더 들어보자. 다음은 영국의 시인 Perch Bysshe Shelley(1792-1822)가 동료 시인 John Keats(1795-1821)의 죽음을 애도한 *Adonais*(1821)라는

---

[4] 중국 율시의 4행은 그 기능이 기승전결(起承轉結)이라는 원칙에 의해 규정된다. 즉, 첫 행이 어떤 주제(theme)를 제기하고(起), 다음 행이 이것을 이어 받아 전개시키고(承), 세째 행에서 어떤 변질적인 요소가 도입되었다가(轉), 제4행에서 결론을 맺는다(結). 「新農夫歌」의 제IV연은 전(轉)에 해당하는 것이라고 볼 수 있겠다.

애가(哀歌)의 초연(初聯)과 제38연이다(Austin 1984에서 발췌함). 이 시를 고딕체로 쓰인 부분을 유의하면서 음미해보라(여기서 Adonais는 물론 Keats이다. 고딕체는 저자가 친 것이다).

(12.20) I weep for Adonais -- he is dead!
　　　　Lost Echo sits amid the voiceless mountains, …
　　　　And will no more reply to winds or fountains,
　　　　Or amorous birds perched on the young green spray.
　　　　He will awake no more, oh, never more!
　　　　　　…
　　　　Mourn not for Adonais.
　　　　He is made one with Nature: there is heard
　　　　His voice in all her music, from the moan
　　　　Of thunder, to the song of night's sweet bird
　　　　He hath awakened …

　　　　　　아도니스를 위해 우노라 -- 그가 죽었노라!
　　　　　　길잃은 메아리가 소리없는 산에 앉아서
　　　　　　바람소리에도 샘물소리에도
　　　　　　파란 잔 가지에 앉은 새의 연가(戀歌)에도 대답을 않네
　　　　　　그는 이제 깨어나지 않으리, 아 다시는 않으리!
　　　　　　　　…
　　　　　　아도니스를 위해 애통하지 말라
　　　　　　그는 자연과 하나되었고, 천둥의 신음에서
　　　　　　귀여운 밤새의 노래에까지
　　　　　　그의 모든 음악의 소리가 들리네
　　　　　　그는 깨어났노라 …

첫 연에서 Shelley는 다시 소생할 수 없는 Keats의 죽음을 벙어리가 된 메아리에 비유해서 읊다가, 그의 천재적인 창작성은 영원히 살아있는 것임을 38연에서 외친다. 이를 위해 Shelley는 초연에서 썼던 단어들을 38연에서 다시 받아 친다. 그리하여 두 연 사이에 반의적(反意的)인 대칭이 쌍을 이룬다. 즉, *Weep*(울어라)를 *Mourn not*(애통하지 말라)로, *voiceless*(소리없는)을 *is heard His voice*(소리가 들리네)로, *will wake no more*(깨어나지 않으리)를 *hath awakened*(깨어났노라)로 부정한다. 여기에 *amorous bird: sweet bird*만이 동의어(同義語) 관계를 지키고 있다. 이 시에서의 이러한 결속관계를 공식화하면 다음과 같다.

(12.21) A B C D : Ā B C D̄ (Ā는 not-A(非A)를 가리킨다)

둘째, 우리가 시문(詩文)에서 찾아볼 수 있는 문학성은 음성과 의미의 가까운 연상이다. 음성과 의미 사이에는 임의적인 관계밖에 없음을 제2장에서 이미 보았거니와, 시인은 음성적 상징(phonetic symbolism)을 이용하여 소리에서 뜻을 연상시키게 한다. 다음 예를 보라.

(12.22) The moan of doves in immemorial elms
         And murmuring of innumerable bees.
                    Alfred Tennyson(1809-1892): *The Princess*(1847)
         '늙은 느릅나무에서 비둘기들이 우는 소리와
         셀 수 없이 많은 벌들이 살랑거리는 소리'

위의 시행에는 무성자음이 하나도 없고 공명음(sonorant)인 [m, n, r, l]이 압도적으로 쓰이고 있는데, 이것은 비둘기와 벌의 소리를 이 시행이 반향하도록 시인이 의도적으로 쓴 것이라고 밖에 볼 수 없다. 영국 시인 Alexander Pope(1688-1744)는 *An Essay on Criticism*(1711)이라는 시집에서 음성상징의 원칙을 "The sound must seem an echo to the sense"(소리는 뜻을 메아리쳐야 한다)라고 말하고, 이어서 다음과 같은 시를 지어 본보기로 들었다.

(12.23) Soft is the strain when zephyr gently blows.
And the smooth stream in smoother numbers flows;
But when loud surges lash the sounding shore,
The hoarse, rough verse should like the torrent roar.

'서풍이 고요히 불적에는 그 가락도 부드러워야 하고,
잔잔한 냇물은 더 잔잔한 선율로 흘러야 한다.
그러나 거센 파도가 소리치며 해안에 부딪칠 때에는
그 목쉬고 거친 시가(詩歌)도 격류처럼 짖어야 한다.'

이 시를 곰곰이 살펴보면 전반 두 줄에는 비음(鼻音) [m, n] (strain, when, numbers, smooth)과 유음(流音) [l, r] (gently, stream, blows, flows) 및 유성자음들([ð, z, b])이 많아서 잔잔한 바람과 냇물이 흐르는 소리를 상징해 주고 있는 반면, 후반 두 줄에는 무성치찰음 [s, š] (surges, lash , sounding, shore, should)과 무성마찰음 [h, f], (hoarse, rough) 및 무성파열음 (but, torrent)이 지배적으로 많아서 거센 파도가 해안에 부딪치는 소리를 흉내내고 있다.

국어에서 예를 한둘 들어보자. 다음은 김소월(1902-1935)의 유명한 「진달래꽃」(1925)의 첫 두 줄이다.

(12.24) 나보기가 역겨워 가실 때에는
말없이 고이 보내드리우리다.

이 시행의 음운조직을 잠시 분석해 보자. 두 줄에 걸친 24음절 중에는 받침이 있는 음절(즉 CVC)은 셋 뿐이고(역겨워, 가실, 말없이[마럽시]), 나머지는 모두 모음으로 끝나는 CV형이다.(역겨워를 [여겨워]로 발음한다면 둘에 불과하다.) 이 중에서 된소리(硬音)가 둘(역겨워, 가실때), 마찰음이 또 둘(가실때, 말업시) 뿐이며, 나머지는 모두 예사소리(平音)이거나 공명음(비음, 유음)이다. 주목할 것은 거센소리(激音)가 하나도 없다는 사실이다. 실상 거의 백 음절이 되는 전시를 통해서 거센소리의 발음은 제3절 제2행에서 단 한번(놓인 그 꽃을) 나올 뿐이다.(제2연 제2행의 영변에 약산 진달래 꽃은 ㄷ받침으로 발음되어 거센소리로 간주되지 않는다.)

「진달래꽃」의 이와 같은 음운조직은 우연적인 것인가? 아니면 시인이 소리의 영상을 염두에 두고 의도적으로 쓴 것인가? 이에 대한 대답을 다음과 같은 대조적인 예에서 찾아볼 수 있을 것이다.

(12.25) a. 큰 칼 옆에 차고 깊은 시름 하는 차에　(이순신)
　　　　 b. 백설이 만건곤 할 제 독야청청하리라.　(성삼문)

한시(漢詩)에서의 이은상의 국역이긴 하지만 (12.25a)에는 거센소리가 여섯(ㅋ과 ㅍ과 ㅊ이 각각 둘씩)이나 있다. 이 기음(氣音 aspiration)에서 "시름" 소리를 들을 수 있지 않은가? (12.25b)에는 CVC형의 음절이 아홉이다. CV를 경(輕 light)음절이라 하고, CVC를 중(重 heavy)음절이라 할 때, (b)행이 연상시키는 삭막하고 엄숙한 장면은 이러한 중음절의 연속에서 온다고 볼 수 있지 않을까? (12.24)는 서정시(敍情詩 lyric)이고, (12.25)은 서사시(敍事詩 epic)의 예라고 할 수 있다면, 전자가 공명음(sonorants)과 경음절을 즐겨 쓰고, 후자는 저해음(obstruents)과 중음절을 더 쓰는 경향이 있는 것은 당연한 일이라 하겠다.

셋째, 문학을 논하면서 비유(metaphor)를 빠뜨릴 수 없다. 비유에서 시인은 그의 상상력과 독창성을 발휘하고, 독자로 하여금 일상언어에서 느낄 수 없는 의미를 인식할 수 있게 하기 때문이다. 비유란 이질적인 두 현상이나 사물을 비교하는 것인데, A를 B에 비유한다 할 때, B의 일반적인 속성으로 A의 어떤 특성을 부각시키는(이를 문학에서 foregrounding 또는 telescoping이라 한다) 기교이다. 지금은 거의 사유(死喩)가 되었지만, 제2차 세계대전 직후 영국의 Churchill 수상이 유럽과 소련의 국경을 가리켜 "iron curtain(철의 장막)"이라고 한 것은 소련의 고립주의와 쇄국정책을 비유한 것이다. 다음 예들을 보라.

(12.26) a. 시간은 화살이다.
　　　　 b. 시간은 돈이다.
　　　　 c. 시간은 안개다.

비유 대상 (B)의 일반적 속성에 따라, 비유되는 현상 (A)의 한 면이 부각됨을 볼 수 있다. 즉, (a)는 시간이 빨리 흐름을, (b)는 시간이 낭비할 수 없이 귀중함을, (c)는 시간이 지나면 기억을 흐리게 하는 시간의 속성들을 어느 물체의 한 부분만을 망원경으로 확대시켜 보듯 부각시키고 있다.

(12.26)의 예에서 시간은 추상명사이고, 화살, 돈, 안개 등은 구상(具象)명사이다. 이렇게 대개 비유는 추상적인 것을 구상적인 것으로 비교한다. 무형의 현상을 구체적인 사물로 비유하는 것은 자연스런 일이라 하겠다. T. S. Eliot(1888-1965)은 이러한 비유를 즐겨 썼는데, 예를 두엇 들어보자.

(12.27) a. Whispering lunar incantations
             Dissolve the floors of memory.

                                  Rhapsody on a Windy Night (1917)

          '속삭이는 달의 주문(呪文)은
          기억의 마루를 사그러지게 하고'

       b. His soul stretched tight across the sky

                                  Preludes (1963)

          '그의 영혼은 하늘을 팽팽하게 가로 뻗었다'

(a)에선 기억을 바닥이 있는 상자나 건물같은 것에 비유하고 있고, (b)에서는 영혼을 잡아당길 수 있는 줄(끈)이나 담요 같은 것에 비유하고 있음을 볼 수 있다.

(12.27)에 있는 비유에서 또 볼 수 있는 것은 함축적인 의미이다. (a)에서 기억의 마루는 '기억의 밑바닥' 즉, '희미한 모든 기억'을 뜻하며, 바람 소리를 달의 주문에 비유한 데서 우리는 시인이 종교적인 엄숙한 감정에 사로잡혀 있음을 느낄 수 있다. (b)에서는 그의 영혼이 하늘을 가로지를 만큼 '큰' 것과 팽팽하게라는 부사에서 '긴장된 신경' 또는 '절박한 감정'에 주인공이 처해 있음을 읽을 수 있다. 실상 이러한 함축된 의미는 비유의 생명이며, 독자가 이를 포착하지 못할 때는 그 시나 구절을 헛되게 읽고 만다. 한두 예를 더 들어보자.

(12.28) a. 아스피린 분말(粉末)같이 도시 위로 내리는 눈

     b. Glory is like a circle in the water,

       Which never ceaseth to enlarge itself

       Till by broad spreading it disperses to nought.

                     Shakespeare: *Henry VI* (Part 1, I:ii)

       (영화(榮華)란 연못의 물결 같아서

       끊임없이 자신을 확대시키다가

       널리 흩어지면서 없어지고 만다)

(a)는 저자가 오래 전에 읽어서, 지금은 그 근원을 찾지 못하고 있는 국문시의 한 줄이고, (b)는 Shakespeare의 *Henry VI*에 나오는 구절이다. (a)에서 시인이 왜 눈을 흰 꽃잎이나 솜송이에 비유하지 않고 하필이면 **아스피린 분말**(가루)에 비유했을까? 이것은 시인이 보기에 도시가 '병든 도시'(범죄, 부패, 매연 등으로)임을 말해주고도 남음이 있다. (b)에 함축된 의미는 연못 가운데에 돌을 던져 일으키는 잔물결이 수면을 타고 퍼져나가 못가에 닿을 때 사라져 버리고 마는 것처럼, 권력이나 영화도 너무 팽창하면 없어지게 마련이라는 것이다. Shakespeare의 멋진 비유의 또 한 예로, 저자가 좋아하는 것을 다음에 든다.

(12.29) Life's but a walking shadow, a poor player

       That struts and frets his hour upon the stage

       And then is heard no more. It is a tale

       Told by an idiot, full of sound and fury

       Signifying nothing. (*Macbeth*, Act 5, Scene 5)

         (삶이란 걷는 그림자일 뿐, 이류 배우가

         자기 단역을 무대 위에서 으쓱대고 안달하고 나면

         곧 영원히 잊혀지고 마는 것과 같은 것.

         이것은 백치가 한 이야기, 시끌벅적 하지만

         아무런 의미도 없다)

비유에 함축된 의미가 꽤 섬세할 수 있음을 다음 두 예의 차이의 분석에서 보고 이 대목을 맺자.

(12.30) a. But ye loveres, that bathen in gladnesse

Chaucer: *Trolius and Criseyde* (c.1380)

'허나 기쁨에 목욕하는 그대 연인들이여'

b. Steep'd me in poverty to the very lips

Shakespeare: *Othello* (c.1605)

'입술에까지 나를 가난에 빠뜨리고'

여기서 초점으로 삼으려는 것은 두 동사, (a)의 *bathen*(*bathed*의 고형)과 (b)의 *steeped*이다. 둘 다 '물에 잠기다, 담그다'의 뜻을 가진 동의어(synonyms)이다. 그러나 두 동사를 다음과 같이 맞바꾸어 놓아보면, 원문의 뜻이 바뀜을 느낄 수 있다.

(12.31) a. But ye lovers, that *are steeped* in gladness.

'허나 기쁨에 빠진 그대 연인들이여'

b. Bathed me in poverty to the very lips.

'입술에까지 나를 가난에 목욕시키고'

그 이유는 무엇인가? 이는 *bathe*와 *steep*가 지니고 있는 함축된 의미의 차이에 있는 듯하다. 그 차이를 도표로 보자.

(12.32)

	bathe	*steep*
1.	주로 '목욕하다', '멱감다'의 뜻의 자동사로 쓰인다.	'담그다', '적시다'의 타동사적 의미가 지배적이다.
2.	'목욕탕'이나 '시냇물'이 잠기는 대상이다.	크고 깊은 '물통' 또는 '바닷물'이 잠기는 대상이다.
3.	목욕은 심신을 씻어주고 맑게 해준다.	이러한 바람직한 의미가 없다.

여기서 우리는 두 비유가 나타내고 있는 섬세한 함의(含意)의 차이를 이해할 수 있게 된다. 즉, *bathe*도 *steep*도 물에 잠기는 것이지만, 전자는 비교적 얕은 물에 자의적으로 잠기고 그 결과는 심신을 개운하게 해주는 바람직한 잠수(潛水)이지만, 후자는 타의에 의해 깊은 물에 빠지는 것으로서 까딱하면 익사하거나 질식사할 수 있는 위험한 잠수이다. (12.29b)에 있는 *to the very lips* '입술에까지'라는 구는 이러한 해석을 뒷받침해 준다.

3. 원문 분석 (textual analysis)

언어학은 문학 작품의 원본의 분석과 연구에도 공헌을 할 수 있다. 산문과 시에서 예를 하나씩만 들어보자.

다음 (12.33)은 Daniel Defoe(1659-1731)의 *Moll Flanders*(1722)라는 소설에서 인용한 것이다. 이 소설은 London 감옥에서 태어난 주인공이 하녀에서 숙녀로 되는 파란 많은 일생을 회고록 형식으로 쓴 것인데, 1722년 초의 초판과 연말의 교정판이 있다. 그런데 교정본을 초판과 대조해서 분석해 보면, 초본의 분량을 좀 줄이려는 의도로 원저자가 아닌 다른 사람이 가위질을 한 것임을 의심케 하는 부분이 많다. 다음의 인용에서 초본에는 있으나 교정본에서 삭제된 부분을 각괄호 안에 넣어 표시하였다. 이 장면은 Mrs. Betty가 되어 있는 주인공이 자기 오라버니에게 유혹을 받기 시작하는 대목이다.

(12.33) He kiss'd me again … and away he went [leaving me] infinitely please'd [tho' surpris'd], and had there not been one Misfortune in it, I had been in the Right but the Mistake lay here, that Mrs. Betty was in Earnest, and the Gentleman was not.

'그는 내 입을 또 한 번 맞추곤 … 떠났다. [나는 좀 놀라긴 했지만] 한없이 흐뭇해 가지고서 [있었다]. 만약 한 불운만 없었더라면 내가 옳았었다. 그러나 과오는 이미 여기 있었다. 즉, Betty여사는 진지하였는데, 남자는 진지하지 않았다는 사실이다.

원본과 교정문의 문맥을 비교·검토해보면, 원본에서는 *infinitely pleas'd* '한없이 흐뭇해서'가 *me*(자기)를 수식하는데, 교정본에서는 *leaving me*의 삭제로 인하여 *he*(그)를 수식하게 됨을 볼 수 있다. 나아가서 '흐뭇해서'가 *he*를 수식한다면, 후행하는 *I had been in the right (in being pleased)* '내가 (흐뭇해 한 것이) 옳았었다'와 앞뒤가 연결이 되지 않게 됨도 알 수 있다. 여기서 우리는 제2판의 교정이 원저자 Defoe의 자신에 의해 이루어진 것이 아니라는 결정적인 단서를 잡게 된다(위의 예는 Traugott & Pratt 1980에서 발췌한 것이다).

다음 예는 구약의 시편(詩篇 Psalm) 제20편의 마지막 절인 9절을 인용한 것이다. 설명을 위해, 먼저 히브리어 원문을 로마자로 전사한 것에 강세 표시를 하고, 바로 밑에는 영어로 어휘 주석을 달았다. 그 다음이 1611년의 이른바 *The King James Authorized Version*에 의한 영역, 마지막이 1964년 판 『貫珠聖經』에 의한 국역이다.

(12.34) a. 'Yahwéh hošíah hamélekh
          Jehovah save king
      Va 'anénu beyóm kor'énu.
          and hear-us when we call
   b. Save, Lord! Let the king
      hear us when we call
   c. '여호와여 구원하소서,
      우리가 부를 때에 왕은 응락하소서.'

그런데 영역도 국역도 오역임이 드러났다. 내용인즉, King(왕)이 *hear*(듣다, 응하다)의 주어가 아니라, *save*(구원하다)의 목적어로써 '왕이여 들으소서'가 아니라, '왕을 구원하소서'로 번역했어야 했던 것이다. 이러한 오역의 원인은 초기의 성경 번역자들이 이 시편의 운율을 잘못 분석한 데 있었다. 시편 20편은 제8절까지 한 행에 두 강세(박자)가 있는 운율로 이어진다. 오역의 원인은 이 두 강세의 운율을 제9절에까지 적용하여 이 절의 여섯 강세를 두 강세씩의 세 행으로 나누고, 문장의 경계도 운율구조의 경계에 둔 데에 있었다. 초기 번역자들이 간과한 것은, 고대 히브리시에서 시의 종행(終行)에서 운율 구조를 바꾸는 작시법이 있었다는 사실이다(단조로움을 피하기 위해?). 문제의 시편 20장 9절의 운율구조와 이에 따른 통사구조는 2:2:2가 아니라 3:3인 것이다. 현대 번역에서는 이 오역이 교정되어 있다.

(12.35) a. God save the king, and
            respond to us on the day we call.

                                        Revised Standard Version (1957)

    b. O lord, save the king!
       Answer us when we call.

                                New International Verstion (1973)

    c. 여호와여 왕을 구원하소서.
       우리가 부를 때에 우리에게 응답하소서

                         대한성서공회 개역개정판 (1998)

문학이 언어로 구성되어 있지만, 언어와 문학의 관계는 화학원소와 그 원소들로 구성되어 있는 물체와는 그 성격이 다르다. 언어는 문학의 입력(input)이기도 하고, 또 그 출력(output)이기도 하기 때문이다. 언어는 조각가의 대리석이고, 요리사의 자료이고, 화가의 페인트이다. 이러한 매개체의 특성과 제한성을 충분히 이해하지 않고는 극치의 예술품을 창조할 수도 없고 이해할 수도 없다. 언어학자는 요리사보다는 영양사이고, 조각가보다는 석공이며, 화가보다는 도안가이지만, 매개체는 같다. 실상 이 공통된 매개체 때문에 국문학과 국어학, 영문학과 영어학 등이 어느 대학에서나 같은 과에 속해 있는 것이다. 그럼에도 불구하고 문학과 어학이 요즘 마치 화해를 할 수 없는 부부처럼 떨어져 살고 있는 것은 탄식할 현상이라고 하지 않을 수 없다.

문학은 말의 춤, 언어의 무용이다. 같이 돌고 뛰자.

참고문헌

권영민. 2000. "정지용의 향수". 『새국어생활』 10(1):177-183.

김완진. 1972. 『언어와 문학』. 서울: 탑출판사.

김진우. 1981. "시조의 운율구조의 새고찰". 『한글』 173/174:298-325.

김태옥. 1976. "시의 언어학적 소고". 『언어』 1(1):218-236.

박주현. 1997. "한국어의 운율 유형". 『조항근 선생 화갑기념논문집』 245-274. 청주: 충북대학교

유종호. 2002a. "시인의 언어구사 - 정지용의 경우". 『새국어생활』 12(2):117-123.

_____. 2002b. "시인의 언어구사 - 김소월의 개작". 『새국어생활』 12(3):00-105.

이상섭. 1980. 『언어와 상상』. 서울: 문학과 지성사.

전규태 1992. 『언어와 문학』. 서울: 백문사.

정광. 1975. "한국시가의 운율 연구 시론". 『응용언어학』 7(2):151-166.

Austin, Timothy R. 1984. *Language crafted: A linguistic theory of poetic syntax*. Bloomington, IN: Indiana University Press.

Cummings, Michael and Robert Simmons. 1983. *The language of literature*. Oxford, UK: Pergamon Press.

Jakobson, Roman. 1961. "Linguistics and poetics". In Thomas Sebeok, ed. : *Style in language*, pp. 350-377. Cambridge, MA: MIT Press.

_____. *Language in literature*. 1990. Cambridge, MA: Harvard University Belknap Press.

Levin, Samuel R. 1964. *Linguistic structures in poetry*. The Hague: Mouton.

Schauber, Ellen and Ellen Spolsky. 1986. *The bounds of interpretation: Linguistic theory and literary text*. Stanford, CA: Stanford University Press.

Sebeok, Thomas, ed. : 1960. *Style in language*. Cambridge, MA: The MIT Press.

Thorne, James P. 1965. "Stylistics and generative grammar". *Journal of Linguistics* 1: 49-59.

Traugott, Elisabeth C. and Mary Louse Pratt. 1980. *Linguistics for students of literature*. New York, NY: Harcourt Brace Jovanovich.

1. 다음 시의 율격(metre), 음보(foot), 각운(rhyme)이 무엇인가 지적하라. 음보에서 한 음절이 탈락하는 것을 catalexis라 하는데, 이 시에서 탈락된 음절은 어느 위치에 몇 개 있는가?

A psalm of Life

Tell me not in mournful numbers,
Life is but an empty dream!
For the soul is dead that slumbers,
And things are not what they seem.

Life is real! Life is earnest!
And the grave is not its goal;
Dust thou art, to dust returnest,
Was not spoken of the soul.

Henry Wadsworth Longfellow (1807-1882)

생의 찬가

슬픈 가락으로 내게 말하지 말라
인생은 허무한 꿈에 불과하다고,
잠자는 영혼만이 죽은 것이고
사물은 보기와 다르기 때문이다

인생은 진실하다! 인생은 진지하다!
무덤이 인생의 목적지가 아니리
그대는 먼지이니 먼지로 돌아가리라
는 말은 영혼을 두고 한 것이 아니리.

위의 번역을 비평하라. 운율과 각운은 어느 정도 충실한가? 제2연의 제1,2행을 바꾸면 어떤가?? 마지막 행의 '는 말은'은 통사적으로 전 행에 붙어야되는 것이다.(이러한 운율과 통사와의 불일치를 enjambment라고 한다.) 이번역을 정당화 할 수 있는가?

2. 다음에 인용한 문덕수(文德守)씨의 시를 분석하라. (특히 뒤이은 물음에 답하라.)

숲속의 호수

떨어진 천사의 비취반지가
숲속에 박혀
자랐다.

산토끼 한 마리
깊어가는 물가를 돌면서
자랐다.

바람으로
몇겹의 허울을 벗고
구름으로 속살을 닦았다.
여신의 비취빛
눈이다.

  a. 이 시에서 호수는 무엇 무엇으로 비유되어 있는가?
  b. 첫 행의 **떨어진** 천사의 비취반지에서 **떨어진**은 천사를 수식하는가 비
    취반지를 수식하는가? 아니면 시인이 의식적으로 중의성(ambiguity)을
    의도한 것인가? 그 이유는?
  c. 제1연의 동사 **자랐다**와 제2연의 동사 **자랐다**를 비교해 보라. 제2연의
    자랐다의 주어는 무엇인가? **산토끼**인가 **호수**인가? 아니면 일부러 모호
    한 것인가?
  d. 이 시의 결속성(cohesion)은 무엇인가? 각운, 대조, 반복, 음절 구조 등
    을 고려해 보라.
  e. 이 시의 네 연은 起承轉結의 원리에 얼마나 들어맞는가?
  f. 제3연의 의미는 무엇인가? **허울**과 **속살**은 무엇을 비유하는가? 이 절을
    산문으로 바꾸어 말해보라.
  g. 제2연에는 비음(nasal)이 많고, 제3연에는 유음(liquid)이 많다. 이는 무
    엇을 상징한다고 생각하는가?
  h. **반지**와 **호수**와 (여신의)**눈**이 어떤 공통된 속성으로 이어지는가?[5]

---

5) 이 시의 멋진 분석을 김태옥 교수의 논문(1976)에서 볼 수 있다. 독자가 위의 물음들
   에 먼저 대답한 다음에 참조하라.

3. 다음은 이동원과 박인수의 이중창으로 대중화된 정지용의 시 「향수」이다.

「**향수**」

정지용

넓은 벌 동쪽 끝으로
옛이야기 지줄대는 실개천이 휘돌아 나가고,
얼룩배기 황소가
해설피 금빛 게으른 울음을 우는 곳,
-- 그곳이 차마 꿈엔들 잊힐 리야.

질화로에 재가 식어지면
비인 밭에 밤바람 소리 말을 달리고,
엷은 졸음에 겨운 늙으신 아버지가
짚벼개를 돋아 고이시는 곳
-- 그곳이 차마 꿈엔들 잊힐 리야.

흙에서 자란 내 마음
파아란 하늘빛이 그리워
함부러 쏜 화살을 찾으려
풀섶 이슬에 함추름 휘적시던 곳,
-- 그곳이 차마 꿈엔들 잊힐 리야.

전설바다에 춤추는 밤물결 같은
검은 귀밑머리 날리는 어린 누이와
아무렇지도 않고 예쁠 것도 없는
사철 발 벗은 아내가
따가운 햇살을 등에 지고 이삭 줍던 곳,
-- 그곳이 차마 꿈엔들 잊힐 리야.

하늘에는 성근 별
알 수도 없는 모래성으로 발을 옮기고,
서리 까마귀 우지짖고 지나가는 초라한 지붕,
흐릿한 불빛이 돌아앉아 도란도란거리는 곳,
-- 그곳이 차마 꿈엔들 잊힐 리야.

이 시에는 한자어가 거의 없다. "동(東)쪽", "황(黃)소", "금(金)빛", "사(四)철", "모래성(城)" 등의 접사같은 단음절을 제외하면, 2음절의 한자어는 "질화로(火爐)"와 "전설(傳說)"뿐이다(이런 뜻에서 시의 제목이 한자어「향수(鄕愁)」임은 좀 얄궂은 듯하다). 이 시에서 몇 개의 고유어를 같은 의미의 한자어로 대치해보자. 즉 "넓은 벌"을 "광야(廣野)"로, "바람소리"를 "풍성(風聲)"으로 "늙으신 아버지"를 "노부(老父)"로, "파아란 하늘"을 "청천(靑天)"으로, "풀섶 이슬"을 "초로(草露)"로, "햇살"을 "일광(日光)"으로, "알 수도 없는"을 "미지(未知)의" 등으로 대치한 다음, 다시 시를 읽어보라. 시감(詩感)이 어떻게 달라지는가? 이 시에서 "해설피", "함추름", "성근별"의 뜻은 무엇인가?

4. 다음은 *Hamlet*의 유명한 독백(soliloquy)이다(*Hamlet* 3막 1장, 56-88행). 이 독백에는 죽음과 주저의 두 주제가 시종 흐르고 있다.

   a. 주검이 무엇에 비유되며 이 비유들이 어떻게 전개되는가?
   b. 주저가 어떤 어휘와 문장구조와 비유로 표현되고 있는가?
   c. 이 독백이 기막히게 아름다운 글로 손꼽히는 이유는 무엇인가?

To be, or not to be: that is the question:
Whether 'tis nobler in the mind to suffer
The slings and arrows of outrageous fortune,
Or to take arms against a sea of troubles,
And by opposing end them? To die: to sleep;
No more; and by a sleep to say we end
The heart-ache and the thousand natural shocks
That flesh is heir to, 'tis a consummation
Devoutly to be wish'd. To die, to sleep;
To sleep: perchance to dream: ay, there's the rub;
For in that sleep of death what dreams may come
When we have shuffled off this mortal coil,
Must give us pause. There's the respect

That makes calamity of so long life;
For who would bear the whips and scorns of time,
The oppressor's wrong, the proud man's contumely,
The pangs of dispriz'd love, the law's delay,
The insolence of office, and the spurns
That patient merit of the unworthy takes,
When he himself might his quietus make
With a bare bodkin? who would these fardels bear,
To grunt and sweat under a weary life,
But that the dread of something after death,
The undiscover'd country from whose bourn
No traveller returns, puzzles the will,
And makes us rather bear those ills we have
Than fly to others that we know not of?
Thus conscience does make cowards of us all;
And thus the native hue of resolution
Is sicklied o'er with the pale cast of thought,
And enterprises of great pitch and moment
With this regard their currents turn awry,
And lose the name of action.

'사느냐 마느냐 그것이 의문이다.
어느 것이 더 고귀한 정신일까?
모진 운명의 돌팔매와 화살을 맞고 참는 것이,
아니면 온갖 재난에 맞서서 무기를 들고
싸워 이기는 것이? 죽는다는 것은 잔다는 것
그 뿐이다. 잠으로써 가슴의 아픔을 멎게 하고
육신이 물려받은 수많은 고통을 끝낸다 할진데
그것은 영혼이 갈구하는
완성의 극치일게다. 죽는다는 것은 잔다는 것.
그런데 잠을 자면 필시 꿈도 꾸겠지. 아 그게 문제다.
왜냐하면 우리가 육신의 고리를 벗어버렸을 때

죽음이라는 잠 속에 무슨 꿈이 찾아올지 모른다는 사실이
우리를 멈추게 하고, 이 때문에
우리는 고난을 일생동안 견딜 수밖에 없게 된다.
그렇지 않고서야 누가 시간의 채찍과 조롱을
폭군의 만행과 교만한 자의 불손을
멸시당한 사랑의 아픔을, 법의 지연과
관리들의 오만을, 인내의 공덕이
무고하게 받는 발길질을 누가 감수할 것인가?
단도의 일격으로 해결할 수 있는 이 모든 것들을?
그렇지 않고서야 누가 끙끙대고 땀을 흘리면서
이 지루한 삶의 짐을 지고 갈 것인가?
다만 죽음 후에 무엇이 올지 모르는 그 두려움
한번 가면 그 경계에서 아무 여행자도 돌아와 본 적이 없는
미지의 나라, 이것이 우리의 의지를 어지럽히고
차라리 현재 가지고 있는 병폐들을 감수할지언정
이 미지의 세계로 우리를 날아가지 못하게 하는 것이 아닐까?
그래서 이러한 인식은 우리 모두를 겁장이로 만들고
그래서 결단의 천연색은
고심의 창백한 안개에 덮이고
아무리 고상하고 중대한 사업계획도
이 때문에 그 조류가 빗나가 버리며
실행이라는 이름을 잃어버리게 된다.'

5. 다음은 2001년에 영화화 된바 있는 영국작가 Louis de Berniere(1954-)의
   Corelli's Mandolin(코렐리대위의 맨덜린. Secker & Warburg, GB, 1994)이라는
   전쟁소설에서 죽음을 기술한 부분이다(p. 140). (4)의 *Hamlet*의 독백과 비
   교해서 어떻게 다른가? 이 기술의 주인공의 신분, 연령, 상황 등을 얼마만
   큼 알 수 있는가? 어떤 곳에서 그런 힌트를 얻었는가?

   "Since I encountered death, met death on every mountain path, conversed with
   death in my sleep, wrestled with death in the snow, gambled at dice with death,
   I have come to the conclusion that death is not an enemy but a brother. Death

is a beautiful naked man who looks like Apollo, and he is not satisfied with those who wither away in old age. Death is a perfectionist, he likes the young and beautiful, he wants to stroke our hair and caress the sinew that binds our muscle to the bone. He does all he can to meet us, our faces gladden his heart, and he stands in our path to challenge us because he likes a clean fair fight, and after the fight he likes to befriend us, clap us on the shoulder, and make us laugh at all the pettiness and folly of the living. At the conclusion of a battle he wanders amongst the dead, raising them up, placing laurels upon the brows of those most comely, and he gathers them together as his own children and takes them away to drink wine that tastes of honey and gives them the sense of proportion that they never had in life."

"내가 죽음을 만난 후, 즉 산길마다에서 죽음과 마주치고, 잠속에서 죽음과 대화하고, 눈 속에서 죽음과 씨름하고, 죽음을 걸고 주사위를 던진 후, 내가 얻은 결론이란, 죽음은 적이 아니라 형제라는 사실이다. 주검은 아폴로같이 생긴 나체의 미남이다. 그자는 늙어서 시들어가는 노인을 싫어한다. 그자는 완전주의자로서 청년 미남을 좋아하며, 우리의 머리를 쓰다듬고, 우리의 살과 뼈를 잇는 근육을 애무한다. 죽음은 우리를 만나려고 최선을 다한다. 우리를 보면 그의 심장이 반가워한다. 그자는 우리의 길을 가로막고 서선, 깨끗하고 공평하게 싸우자고 도전한다. 그리곤 싸움이 끝나면 우리의 친구가 되어서, 어깨를 쳐주고, 우리로 하여금 삶의 째째함과 어리석음을 비웃게 한다. 전투가 끝나면 전사자들 사이를 돌아다니면서 죽은 자를 일으켜 세우고선 제일 잘 생긴 놈들의 이마 위에 월계관을 씌어준다. 그리곤 그들은 자기 자식인양 거두어가고선, 꿀맛같은 포도주를 마시고, 그들이 살았을 땐 못 느꼈던 조화와 감각을 그들에게 부어 넣어준다."

6. 우리의 귀에 익은 김소월의 「진달래꽃」은 개작된 것이고, 이 시가 1922년 『개벽』 7월호에 처음 발표되었을 때의 원문은 다음과 같았다고 한다. 밑줄을 그은 부분이 개작과 다른 부분이다(유종호 2002: 101에서 따옴). 수정본과 비교해서 시형, 시감, 운율 등이 어떻게 개선되었다고 생각하는가?

진달래꽃

김소월

원작(1922)	개작(1925)

원작(1922)

나 보기가 역겨워
가실 때에는
고히고히 보내 드리우다

영변에 약산
그 진달래꽃을
한아름 따라 가실 길에 뿌리우다

가시는 길 발걸음마다
뿌려 놓은 그 꽃을
고히나 즈려밟고 가시옵서서

개작(1925)

나보기가 역겨워
가실 때에는
말없이 고히 보내드리우리다.

영변에 약산
진달래꽃
아름따라 가실 길에 뿌리우리다

가시는 걸음 걸음
놓인 그 꽃을
사뿐히 즈려밟고 가시옵소서

나보기가 역겨워
가실 때에는
죽어도 아니 눈물 흘리우리다

「학교」

선생 : "누가 산문과 시문의 차이를 설명할 수 있어요?"

학생 : "저요! 저요!"

선생 : "그래, 쟈니 — 말해봐요."

쟈니 : "시문은 삐기는 산문입니다."

제13장 언어와 음악

The man that hath no music in himself,
Nor is not mov'd with concord of sweet sounds,
Is fit for treasons, strategems, and spoils;
The motions of his spirit are dull as night,
And his affections dark as Erebus:
> Shakespeare: *The Merchant of Venice, V, i* (C.1596)

The voice I hear this passing night was heard
In ancient days of emperor and clown:
Perhaps the self-same song that found a path
Through the sad heart of Ruth, when sick for home,
She stood in tears amid the alien corn;
> John Keats: *Ode to a Nightingale* (1819)

Music exists, within us, as a frame of language.
> Charles Seeger: *Music Vanguard, 1.1* (1935)

셰익스피어는 『베니스의 상인』에서, 자기 안에 음악이 없어서, 감미로운 화음에 감동되지 않는 사람은 반역과 모략과 노획질에나 알맞은 사람이며, 그의 정신은 밤처럼 흐리게 움직이고, 그의 애정은 암흑의 신 에레버스처럼 어둡다라고 말하고 있다. 올림말 "정치꾼"의 풀이 같은 이 구절은, 인간과 동물을 구별하는 척도가 언어라면, 음악은 인도적인 인간과 비인도적인 인간을 구별하는 잣대임을 제창하고 있다고 할 수 있겠다. 그만큼 음악은 언어와 같이 인간적인 요소이다.

"music"(음악)이라는 단어의 어원 자체가 언어와 음악의 밀접한 관계를 말해주고 있다. 고대 그리스에서 μυσικη(musike)라는 단어는 시와 음악이 단일체인 시행(詩行)이었다. 이 전통이 초기 기독교에 이어져서, 언어와 음악을 결합하는 전례송, 기도송(liturgy)이라는 형식이 나타나게 되었다. 그리하여, Georgiades(1982)의 입을 빌리면, 음악이 서양문화사로 들어가는 문(門)은 전례문(文)이었다. 사실 구두문(oral text)을 음악화하는 것이 17세기까지의 서양음악의 전통이었다. 그레고리오 성가(Gregorian chant), 미사곡(mass) 등이 이 시기의 음악이며, 18세기 초 바흐(Johann Sebastian Bach, 1685-1750)에 와서야 기악이 언어로부터 독립하게 된다. 이에 대한 좀 더 자세한 기술을 이 장의 후반에서 보게 될 것이다.

언어와 음악의 관계의 근거는 둘이 소리(음성)라는 매개체를 공유하고 있다는 데서 시작한다. 언어의 소리가 음향적으로 볼 때 주파수와 강도와 음장과 운율(리듬)의 초분절소(suprasegmental)로 규정되듯, 음악의 매개체인 소리도 이런 것들로 규정된다.[1] 음악은 음파를 탄 시이며, 가곡은 노래 부른 가사이고, 오페라는 노래의 희곡이다. 물론 음악에서의 초분절소의 사용과 통제는 언어에서보다 훨씬 더 넓고 엄격하게 규범화되어 있다. 그럼에도 불구하고 두 표현체의 구조에는 겉으로 나타난 우연한 유사성을 지나서, 두 매개체가 인간의 동일한 인지작용이라는 사실에서 유래되는 심층적인 유사성이 있음을 이 장에서 보게 될 것이다. 특히 다음의 세 항목, (1) 음악의 언어적 표현력, (2) 언어와 유사한 음악의 내적 구조 및 (3) 가사와 곡조의 상응관계를 살펴보고자 한다.

이른바 프로그램 음악(program music) 혹은 묘사 음악(descriptive music)이라는 것이 첫째 부류에 속한다. "월광"곡(The "Moonlight" Sonata), "전원" 교향곡

---

1) 그러니까 작곡가는 초분절소만 잘 배합하고 배열하면 된다. 이런 관점에서 볼 때, 악성 모차르트나 베토벤은 조합(combination)과 순열(permutation)의 천재인 수학자라고도 볼 수 있다!? 사실, 음악과 수학을 비교한 서적도 있다. 예: Edward Rothstein: *Emblems of Mind: The Inner Life of Music and Mathematics. New York, NY: Avon Books. 1995.*

(The "Pastoral" Symphony), "송어" 5중주(The "Trout" Quintet) 등에서의 "별명"
들이 음악의 언어성을 예증한다. 이것은 작곡가의 해당 작품에 대한 서술의
기록에서 자주 입증된다(예: 베토벤의 *Sketchbook*). Ludwig van Beethoven
(1770-1827)은 그의 제6번 교향곡("Pastrorale", Op. 68)에 *Erinnerung an das
Landleven*(시골 생활의 회고)라는 부제를 붙였을 뿐만 아니라, 악장마다 다음과
같은 제목을 달았다. 제1악장: "시골에 갈 때의 즐겁고 유쾌한 감정", 제2악
장: "시냇가의 정경", 제3악장: "마을사람들의 모임", 제4악장: "천둥과 폭풍
우", 제5악장: "폭풍후의 신에 대한 감사". 실제로 우리는 베토벤의 "전원"교
향곡에서 목자들의 피리, 시냇물의 흐름, 마을 사람들의 댄스, 다가오는 폭풍,
천둥과 번개, 폭풍 후 구름을 뚫고 내려오는 햇빛, 새들의 지저귐 등을 들을
수 있다. 마찬가지로, Schubert(Franz, 1797-1828)의 "송어"오중주 (Op. 114)에
서 송어들이 뛰노는 장면을 상상할 수 있고, Mendelssohn(Felix, 1809-47)의
Lieder Ohne Worte(가사없는 노래)라는 피아노곡의 멜로디에서 노래의 제목을
연상하는 것은 어렵지 않다. 예를 들면, "베니스의 보트노래"(Op. 19, No. 6),
"시냇물"(Op. 30, No. 6), "실잣는 노래"(Op. 67, No. 4) 등.

묘사음악의 대표작으로 Mussorgsky(Modest, 1839-81)의 *Pictures at an
Exhibition*(전람회의 그림, 1874)과 Debussy(Claude, 1862-1918)의 *La Mer*(바다,
1903-05)를 들 수 있다.

Ravel(Maurice, 1875-1937)이 1922년에 교향곡으로 편곡한 전자는 원래 열 곡
으로 된 피아노 조곡(suite)인데 Mussorgsky가 화가인 친구 Victor Hartmann의
죽음을 애도하며 전람회에서 화가의 그림들을 보고 작곡한 것이다(이 그림들은
아직도 거의 다 남아있다고 한다). 다음의 제목들에서 작곡가가 무엇을 묘사하려고
했는지 알 수 있다.

(13.1) No. 1. Gnome (난쟁이)

No. 2. The old castle (옛 성)

No. 3. Tuileries (튈리 파크)

No. 4. Ox-cart (달구지)

No. 5. The ballet of unhatched chicks (병아리의 춤)ㄱ(어린소녀)

No. 6. A rich Jew and a poor Jew (부유한 유대인과 가난한 유대인)

No. 7. The market (장터)

No. 8. Catacombs (지하묘지)

No. 9. Baba Yaga (바바야가 마녀)

No. 10. The gate in Kiev (키에브의 대문)

Debussy의 *La Mer*는 3악장으로 구성되어 있는데, 연주시간 각 8, 9분
짜리의 세 악장에는 다음과 같이 작곡가가 각 악장의 제목과 연주법을 달
아 놓았다. 작곡가가 어떤 특정한 장면을 음악으로 기술하고 있음을 볼 수
있다.

(13.2) 1악장: "De l'aube à midi sur la mer" (새벽에서 정오까지의 바다)

2악장: "Jeux de vagues" (파도의 놀이)

3악장: "Dialogue du vent et de la mer" (바람과 바다와의 대화)

서양음악에서 가장 감동적인 순간의 하나는 Joseph Haydn(1732-1809)의
The Creation(천지창조)의 서곡 중, "하나님이 빛이 있으라 하시매 빛이 있었
다"라는 대목이다. 그때까지 천지창조 이전의 혼돈(chaos)을 상징하는 저음의
불협화음으로 관현악이 진행되다가, "And there was light"의 *light*에서 온
오케스트라와 코러스가 큰 음량의 화음으로 폭음처럼 터져 나온다. 암흑에서
빛이, 혼돈에서 질서가 나타난 것을 묘사한 것이다. 『천지창조』의 서술성은
이밖에도 여러 곳에 나타나 있다. 예를 들면, No. 6에서는 성난 바다와 유유
한 강과 잔잔한 시내를 들을 수 있고, No. 21에서는 으르렁대는 사자, 넘뛰는
호랑이, 재빠른 사슴 및 기는 벌레들을 들을 수가 있다. 각주 (1)에서 거명한
Rothstein에 의하면, Arnold Schering이라는 음악평론가는 묘사음악의 모델
을 추구하는 과정에서, 작곡가의 작품에 대한 기술과 의미를 토대로, 베토벤
의 피아노 소나타에 해당하는 문학작품이나 역사적 사실을 지적했다고 한다
(p. 124). 예를 들자면, Sonata Op. 27, No. 2는 Shakespeare의 *King Lear*를
Op. 57은 *Macbeth*를, Op. 53는 Homer의 *Odyssey*를, Op. 111은 여섯 왕비를

두었던 16세기의 영국의 왕 Henry 8세(1491-1547)의 생애를 묘사한 작품이라고 주장했다는 것이다.[2]

더욱 더 흥미를 끄는 것은 베토벤의 피아노 협주곡 제4번(G장조, Op. 58)의 제2악장이다. 겨우 72마디(bar) 길이의 이 짧은 악장은 오케스트라와 피아노와의 연속적인 "대화"로 구성되어 있다(필자가 세어본 바에 의하면 열세 번을 주고받는다). 현악기만이 연주하는 오케스트라가 옥타브의 동음(unison)으로 삭막한 서창(敍唱 recitative)을 하면, 피아노가 부드럽게 애원하는 육성으로 대답한다. 현악기는 똑 부러지고, 거칠고, 나무라고, 위협적이며, 피아노의 가냘픈 호소를 성급하게 차단하고 다그친다. 그러다가 나중에 피아노가 조금 긴 악절을 연주한 다음에야 동음의 거친 제창에서 우미한 사부의 화음으로 바뀐다.

19세기의 헝가리 작곡가 리스트(Franz Liszt, 1811-86)는 이 대목을 그리스 신화의 음악 신 오르페우스(Orpheus)가 야수를 길들이는 장면을 묘사한다고 하였는데(현악 오케스트라가 오르페우스를, 피아노가 야수를 대표함은 물론이다), 이 해석이 지배적으로 전래되어 왔다.[3] 그러나 저자는 소련의 피아니스트 Sviatoslav Richter(1915-97)의 해석을 더 좋아한다. 그는 베토벤 피아노 협주곡 제4번의 제2악장을 연옥의 하데스(Hades)가 황천에 찾아온 길 잃은 한 인간의 영혼을 힐책하다가, 황천객의 계속된 구원의 호소를 듣고 드디어 그를 해방시켜 주는 것을 묘사한다고 말한다. 음악 평론가 Robert Boas에 의하면, 이 악장은 기악으로서 언어의 대사에 더 이상 접근할 수 없는 음악이라고 한다.

장머리에 인용한 19세기 초의 영국 시인 키츠의 시는 꾀꼬리에 부치는 송시(訟詩)이긴 하지만, 언어가 시간과 장소와 신분을 초월한 범언어적 현상인 것처럼, 노래도 올밤의 시인이나 옛적의 제왕이나, 그를 웃기던 광대나, 외지에

---

2) 이에 대해 비평가 Eric Blom은 Op. 111에 있는 변주곡 넷은 여섯 왕비를 서술하는 데 모자라지 않느냐고 비아냥거렸다나. Rothstein은 한걸음 더 나아가, 서양 음악의 중심적 테마는 서양 사회의 기원과, 열정과, 그 영웅들의 행적을 고도의 은유로 묘사한 *설화*("tales")라고까지 말한다(p. 222; 이탤릭체는 저자의 강조임).

3) 예를 들면, Leonard Bernstein이 New York Philharmonic Orchestra를 지휘하고 Glenn Gould가 피아노를 연주한 저자 소유의 Columbia MS6262 음반의 재킷 뒤에도 그렇게 쓰여 있다.

서 이삭을 줍던 모압의 여인 룻이나, 모두에게 같은 것임을 읊고 있다. 음악은 이렇게 그 보편성이 언어에 접근할 수 있는 한편, 그 내부의 구조도 언어의 구조와 유사한 데가 많다. 이 점에 대해서 좀 깊이 있는 관찰을 함에 있어서, Ray Jackendoff와 Fred Lerdahl의 일련의 저작에서 인용을 많이 했음을 여기서 미리 밝혀둔다(참고문헌 참조).

이 저자들이 증명해 보인 것은, 언어와 음악의 유사성은 둘 다 같은 유형의 소리를 매개체로 하고 있다는 표현의 유사성을 지나쳐서, 둘 다가 인간의 인식작용이라는 사실에서 기인한다고 주장한다. 그래서 언어에 문법(grammar)이 있듯이, 음악에도 "문법"이 있으며, 토박이 화자가 자국어에 대한 언어본능(language intuition)이 있듯이, 청자가 음악을 "처리(process)"할 때에도 음악의 본능(musical intuition)을 토대로 음악의 문법을 적용한다는 것이다. 우선 인류의 어느 민족에나 언어가 있듯이, 어느 민족에나 고유의 음악이 있다. 어떤 의식에서만 부르는 원시적 영창(chant)이라 할지라도 이것은 음악이다. 또 특별한 음악의 훈련 없이, 한 줄기 소리의 흐름이 노래인지 아닌지, 노래이면 잘 부른 노래인지 아니면 "돼지 멱따는 소리"인지, 노래가 끝나서 박수칠 때가 되었는지, 아니면 노래 중인 줄 알면서 "야, 치아 뿌라!"라고 야유하고 싶을 만큼 노래가 귀에 거슬리는지를 안다. 또 노래가 2박자의 군가(軍歌)나 행진곡인지, 3박자의 타령이나 왈츠곡인지, 4박의 "뽕짝"인지를 안다. 음대를 안 나왔어도 가곡과 유행가, 고전과 현대음악, 판소리와 판 깨는 소리를 구별한다. 예사 사람들에게 귀에 익은 곡조를 녹음해서 거꾸로 틀어 들려주면, 그것은 음악이 아니라고 사람들이 판정한다는 것이다. 대한민국 애국가의 제1절 가사에서, 제2행 끝의 "우리나라 만세"와 맨 마지막의 "길이 보전하세"만이 노래가 끝날 수 있는 부분이다(실상 이 둘은 곡조가 같다). 다른 어느 부분도 노래의 끝이 될 수 없다. 예를 들어 "백두산이", "마르고 닳도록", "화려 강산" 등에서 노래를 마칠 수 없다. 이것은 가사가 미완인 것 때문이 아니고, 곡조의 구조상 그 음계에서 곡이 끝날 수 없기 때문이다. 누가 "화려 강산"이나, "대한사람 대한으로"에서 노래를 마쳤다고 한다면, 청자에게는 "밑 안 닦은 변" 같은 미완성 노래로 들렸을 것이다. 이러한 일련의 사실은 언어와 음악이 어떤 공통점을 내포하고 있다는 사실을 말해준다. 이 공통점은 넓게는 언어와 음악이 인간의 인지 기능(cognitive function of man)을 공유하고 있다는 사실과 좁게는 음악도 언어처럼 계층적인 내면 구조를 가지고 있다는 사실에 기인한다. 다시 말하면, 아무런 음소나 단어의 일직선의 나열이 문장을 성립할 수 없는 것처럼, 아무런 음표(note)나 마디(bar)의 나열이 음악을 구성할 수 있는 것이 아니다. 즉, 단어들이 구절(phrase)을 이루고 이 구절들이 계층의 구조(hierarchical structure)를 이루면서 문장(sentence)을 성립하듯이 음악의 곡조에도 이와 유사한 계층적 구조가 있다는 것이다.

언어에도 음악에도 있는 내면적 구조의 하나는 "무리이룸(Jackendoff와 Lerdahl은 이를 *grouping* 혹은 *reduction*이라 부른다)"이다. 이미 제7·8장에서 보았지만, 언어의 문장은 어휘의 단선적 나열로 형성되는 것이 아니라, 단어들이 구절구조(phrase structure)를 이루며 형성된다. 예를 들어 "The president rejected the offer of reconciliation"(대통령이 화해의 제의를 사절했다)이라는 문장은 아래의 (13.3)과 같은 구절구조를 갖는다.

(13.3)

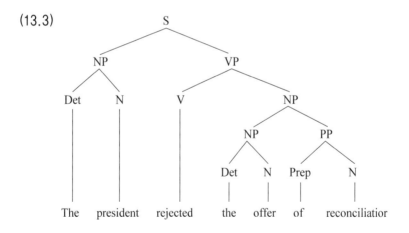

위의 수형도(tree diagram)는 단어들이 계층적인 구절구조를 이룸을 보여준다. 그리하여 [*the president*], [*the offer*], [*the offer of reconciliation*] 등은 구성요소(constituent)이지만, [*president rejected*], [*rejected the*], [*offer of*] 등은 구성요소가 아님을 알 수 있다. 이러한 무리이룸은 구절과 문장에만 있는 것이 아니며,

단어의 운율(prosody)에도 계층적 구조가 있다. 예를 들면 *reconciliation*이라는
단어의 운율구조는 다음 (13.4)가 보여주는 바와 같다.[4]

(13.4) a.

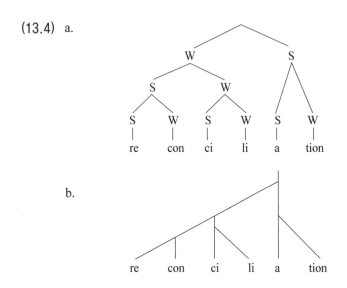

b.

음악에서도 언어에서와 같은 무리이룸(grouping)이 있다고 Lerdahl과
Jackendoff는 주장한다. 예를 들면, 모차르트의 G minor 교향곡(K. 550)의 첫
악절은 그림 (13.5)이 보여주는 바와 같으며 그림 (13.6)가 보여주는 다른 가
능성의 무리이룸은 그릇된 분석이라고 말한다(Lerdahl and Jackendoff 1983:48에
서 따옴).

---

4) (13.4)에서 s(strong)는 강음절, w(weak)는 약음절을 나타낸다. s만을 받는 −a− 음
절에 최강세가 있고, w만을 받는 −li−가 최약 음절이며, 부강세가 음절 *re*−에 옴
을 보여준다.

(13.5)

(13.6)

한걸음 더 나아가서, 언어의 문장 (예: 13.3)안의 요소들이 무리를 짓고 계층적 구조를 형성하듯, 즉 관형사(Det)와 명사(N)가 명사구(NP)를 이루고, 전치사(Prep)와 명사는 전치사구(PP)를 이루고, 동사(V)와 명사구는 동사구(VP)를 이루고, 명사구와 동사구가 문장(S)을 이루는 것처럼 음악의 음표들도 이런 계층적 구조를 이룬다는 것이다. Jackendoff와 Lerdahl은 모차르트의 피아노 소나타(K. 331)의 맨 처음 네 bar가 그림 (13.7)이 보여주는 바와 같은 계층 구조를 이룬다고 말한다(이를 *time-span reduction*이라고 부른다. Jackendoff 1989:25에서 따옴).

그림 (13.7)를 좀 더 자세히 설명하면 이렇다. 우선 각 음표(note)가 언어의 음운(segment)에 해당한다고 가정하면, 음운이 무리를 지어 음절(syllable)을, 음절이 무리를 지어 음보(foot)를, 음보가 무리를 지어 음운구(phonological phrase)를 이루듯, 음표들이 계층적으로 무리를 짓고 있다. 그래서 계층 (a)는 음절, 계층 (b)는 음보, 계층 (c)는 음운구, 계층 (d)는 음운절에 상당하는 구조를 대표한다고 볼 수 있다는 것이다. 피아노 건반에서 각 계층의 음표들을 두드려보면, 이러한 논리에 이해가 갈 것이다.

(13.7)

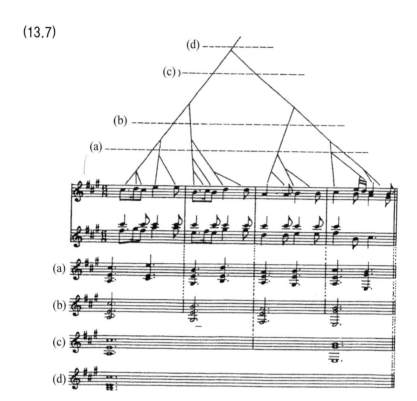

 또 하나, 언어와 음악에 공통된 현상은 언어의 변형(transformation)에 해당하는 음악의 변주(variation)이다. 우리는 제8장에서 현대 생성문법이 변형이라는 장치로 심층구조가 같은(그래서 그 의미도 기본적으로 같은) 한 문장이 표면형으로는 여러 가지 형태로 나타날 수 있음을 보았다. 다시 예를 하나 들면 다음 (13.8)과 같은 것이다.

(13.8) The fact that Trump was elected surprised the world.
        (트럼프가 당선됐다는 사실은 세계를 놀라게 했다)
        The world was surprised by the fact that Trump was elected.
        What surprised the world was the fact that Trump was elected.

It was the world which was surprised by the fact that Trump
was elected.
The fact that Trump was elected was a surprise to the world.
What was a surprise to the world was the fact that Trump was
elected.

위의 문장들은 심층구조가 같은 문장의 변형문들이다(여기에 내포문 *Trump
was elected*의 능동문인 *Americans elected Trump*를 추가하면 변형문의 숫자
가 두 배로 는다). 음악에도 이와 비슷한 주제와 변주(theme and variations)라는
장치가 있다. 이 예는 숱하게 많지만, 필자는 베토벤의 통칭 *Eroica*5)("영웅"교
향곡)로 불리는 제3번 교향곡(E flat major, Op. 55)을 들고 싶다. 추이부(transitional
passage)를 제외하면, 베토벤의 제3번 교향곡은 도-미-솔(do-mi-sol)과 (13.9에
서 a선과 c선 부분) 레-파-솔(re-fa-sol)의 (13.9에서 b선 부분) 두 장조 화음계
(major chord)로 구성되어 있다고 해도 거의 과언이 아니다. 제2악장의 장송곡
(Marcia funebre)과 제3악장의 호른 3중주(horn trio)를 포함해서, 이 교향곡의
전 4악장이 제1악장에 나오는 위의 두 코드로 된 주제를 변조(transposition),
증음(augmentation), 강약(dynamics)의 변화 등으로 이룬 변주라고 말할 수 있
다. 다음 그림 (13.9)에서 (a)는 제1악장에 나오는 기본 주제(도--미 | 도--솔

---

5) 잘 알려진 사실이지만, 1804년에 작곡한 "영웅(*Eroica 'hero'*)"이라는 별명의 이 교향곡
   은, 18세기 말 프랑스 혁명 후 자유와 새 질서의 세계의 지도자로 지목받은 나폴레옹
   (Napoleon Bonaparte, 1768-1821)에게 이 교향곡을 바치려 한 데서 유래된다. 그러나
   1804년 5월에 나폴레옹이 황제로 즉위했다는 소식을 듣고 베토벤은 "그도 범인(凡人)이
   냐? 이제 자기 야망의 충족을 위해, 그 친구도 인권을 유린하고 자기만을 높이는 폭군이
   되겠군" 하고 격분하면서 "Buonaparte에게"라고 쓴 첫 장을 찢어서 방바닥에 던졌다고
   한다(Maynard Solomon 1988. *Beethoven*. New York, NY: Shirmer Books, p. 173).
   나폴레옹은 empire를 얻었으나 *Eroica*를 잃은 셈이 되었는데, 어느 쪽의 수명이 더 길
   었는가? 17년 후인 1821년 5월에 나폴레옹이 센트 헬레나 섬에서 사망했다는 소식을
   접하자, 베토벤은 "이 비극에 관한 적절한 음악은 내가 이미 작곡했었다"라고 했는데,
   제2악장의 장송곡을 두고 한 말이다(전게서, p. 182). 음악비평가들은 이 베토벤 제3교
   향곡의 "영웅"은 이태 전부터 귀가 먹어간 작곡가의 가혹한 운명과 맞붙어 싸워서 이긴
   베토벤 자신을 지칭한다고도 하고, 또 베토벤이 모차르트와 하이든의 비엔나 고전음악
   으로부터 과감하게 탈출한 음악 혁명의 영웅임을 상징한다고도 말한다.

| 도-미-솔 | 솔-- | 레--파 | 레--솔 | 레파솔 | 솔--)이고, (b)는 제2악장의 장
송곡의 주제, (c)는 제3악장의 horn trio의 주제, 그리고 (d)는 제4악장 Finale의
주제이다. 제1악장의 주제의 변형들임을 알 수 있다. 휘파람이나 콧노래로
쉽게 부를 수 있는 주제이다.

(13.9) (a) 1st. Movement

(b) 2nd Movement

(c) 3rd Movement

(d) 4th Movement

미국의 20세기의 저명한 지휘자이며 작곡가인 Leonard Bernstein(1918-
-1990)은 그의 *The Unanswered Question*(대답 안 된 질문)이라는 1976년 저
서에서 베토벤의 제6번 "전원"교향곡에서의 좀 더 정교한 주제와 변주의 예
를 들고 있다. 독자의 CD나 앨범을 들어가면서, 이 장을 읽기를 권한다.

이제 이 장의 마지막 과제로 가사와 곡조(text-tune) 또는 운문과 선율(verse-
melody)의 상관관계를 고찰해보자.

이 장의 처음에서 잠깐 언급했듯이, 쉿츠(Heinrich Schütz, 1585-1672)까지의
서양 음악은 기도문 혹은 전례문에다 음악의 옷을 입히는 것이 그 전통의 중심
부를 이루고 있었다. 그래서 이 시기의 리듬은 박자나 마디(bar) 같은 음악적

시간의 조직에 기인하지 않고, 언어의 특성에 의하여 결정되었다. 그리하여 고대 그리스어에서 각 음절의 음장은 원래의 음장 그대로 음악에 전이되어 고유의 언어 음장을 음악에서 줄일 수도 늘릴 수도 없었고, 리듬(운율)은 고유음의 장단의 교체로 형성되었다. 다음 (13.10)에서 든 기원전 5세기의 그리스 서정 시인 Pindar(522?-440? B.C)의 올림픽송(頌)의 예를 보라.

(13.10)

(로마자)　(ariston men hudor, ho de chrusos aithomenon pur)
(영역)　　(water however is best, but gold is flaming fire)
(국역)　　(물이 그러나 최고이지만, 금은 타오르는 불이다)

　모음의 장단 음장이 송시(頌詩)에 음표의 음장으로 그대로 옮겨져 있음을 볼 수 있다. 이러한 전통이 라틴어의 기독교 음악에 답습되어 기도문이나 전례문을 읊을 때에는 라틴어 가사의 언어적 성격을 그대로 서창에 반영하였다. 그래서 장음절은 장음표로, 단음절은 단음표로, 구문의 구절경계는 음악에서의 쉼표로, 문장의 어조와 억양(intonation)은 악구(樂句)의 음계와 자연적으로 이어졌다. 한두 개의 예를 들어보자. *Agnus Dei, qui tollis peccata mundi, miserere nobis*(세상의 죄를 지고 가는 신의 양이여, 우리에게 자비를 베푸소서)는 그레고리오 성가에서 다음 (13.11)와 같이 나타난다.

(13.11)

Ag·nus De　·　i,　　qui tol·lis pec·ca·ta mun·di:　mi·se·re·re no　·　bis.

오선(五線) 위쪽의 세로금(|)은 숨쉼표를 나타내는데, 이 악구를 표시하는 이 위치가 문장의 구절구조의 경계와 일치할 뿐만 아니라, 종속구절은 음계 A로 올라가고, 최종구절은 음계 G로 내려가는 것이 일반 언어를 발화할 때의 억양의 기복과 일치함을 볼 수 있다. 이를 도식화하면 (13.12)와 같다.

(13.12)

Agnus Dei — qui tollis peccata mundi — miserere nobis

같은 현상은 유대교 회당(synagogue)에서 성전을 히브리어로 서창할 때에도 발견된다. 예를 들어 창세기의 첫 절 *Bereshe et bara elohim ethashe maayim veet haaretz*(태초에 하나님이 천지를 창조하셨도다)는 다음 (13.13)과 같이 낭송된다.

(13.13)

BE-RE-SH-E ET　BA-RA　E-LO-HIM　　ET-HA-SHE MA-A-YIM VE-ET　HA-A-RETZ

악보 위의 콤마는 낭송 때의 단락점(break)를 나타내는데, 이것이 어사나 구절의 경계와 일치하고(*bereshe et* 태초에, *bara* 창조했다, *elohim* 하나님이, *ethashe maayim* 하늘, *veet* 그리고, *haaretz* 땅), 또 최장의 음표가 이 문장의 주어구(NP)와 동사구(VP) 사이 그리고 문장 끝에 옴을 볼 수 있다. 한편 주어구의 마지막 단어 *elohim*의 음표는 상승하고, 문장의 마지막 음표는 하강한다. 이것은 이 문장의 발화시의 억양과 일치하는 것이다. 단적으로 말해서 문장 발성시의 구두점이 이 문장의 서창에 그대로 반영되고 있다고 할 수 있다.

언어와 음악의 이러한 신토불이(身土不二)의 관계는, 더 좁혀서 가사의 거울과도 같은 곡조의 현상은, 16세기 이탈리아의 작곡가 팔레스트리나(Giovanni Pierluigi da Palestrina, 1525-94)에서 의미의 영역에까지 침투되어 다음과 같은 현상을 낳는다. (13.14)는 *Palestrina*의 *Pope Marcellus Mass*라는 미사곡의 일부인데 라틴어 가사는 *descendit de coelis*(하늘에서 내려왔다)이다 (Georgiades 1982:43에서 따옴).

(13.14)

위의 예에서 우리는 두 가지를 주목해야 한다. 첫째는 *descendit de coelis* 의 강세가 음절 ‒scen-과 coe-에 있는데, 곡조가 이를 반영해서 이 음절의 음표가 최장음으로 나타나 여섯 음절이 ♩♩♩○♩♩○♩│의 멜로디를 이루고 있다는 사실이고, 둘째는 네 번 반복되는 이 구절이 모두 고음에서 저음으로 "내려오는" 음계를 이루고 있다는 사실이다. 가사의 *descendit*(내려왔다)의 의미를 음계가 반영해서 곡조도 "내려왔다"고 볼 수밖에 없지 않을까.

그러나 이러한 언어-음악의 밀착적인 관계가 한계에 도달하게 되고, 나아가서 맞서 대결하는 지경에까지 이르게 된다. 이 이유의 근원은 당시 음악의 언어였던 라틴어의 구조에 있다. 이를 좀 더 자세히 보자.

라틴어는 그 운율의 강세가, 같은 단어에서도 어형변화(paradigm)에 따라 그 위치가 다른 음절로 옮는다. 예를 들면, 동사 *adorare*(숭배하다)는 어형에 따라 그 강세의 위치가 다음과 같이 바뀐다.

(13.15) adoráre   'to adore' (부정형)

adóro   'I adore' (일인칭 단수형)

adorátio   'adoration' (주격 명사형)

adoratiónis   'of adoration' (속격 명사형)

(이 현상은 현대 영어에서의 강세전위현상과 같다. 예: *hístory, histórical, historícity* 등) 이 강세 전위는 의미 변화와는 전혀 관계가 없으며, 오로지 단어의 음절과 형태소 구조에 기인한다. 그런데 이와는 대조적으로 독일어에서는 어형변화에 무관하게 강세의 위치가 고정되어 있다. *adorare*와 같은 의미인 *verehren*의 예를 들면,

(13.16) veréhren   'to adore' (부정형)

ich veréhre   'I adore' (일인칭 부정형)

veréhrte   'adored' (과거형)

die Veréhrung   'adoration' (주격 명사형)

der Veréhrung   'of adoration' (속격 명사형)

이 위에 독일어의 명사는 강세가 첫 음절에 오는 한 편(예: *Váter* '아버지', *Wásser* '물', *Hímmel* '하늘', *Lében* '삶'), 접두사가 붙은 동사나 대명사 뒤의 동사는 동사 어간에 강세가 오게 된다(예: *Verjúngst* '젊게 하다', *bewégen* '옮기다', *ich gláube* '나는 믿는다', *du blíckst* '네가 보았다' 등). 16세기 전반에 독일에서 일어났던 종교개혁과 더불어 그 당시까지 전래되었던 미사 음악의 언어인 라틴어가 점차적으로 독일어로 바뀌면서, 교회 음악이 독일어로 불리게 되었고, 이 과정에서 독일어의 강약법이 음율에 반영되게 되었다. 이렇게 독일어의 음운 현상을 음율화하려는 노력에서 현대 음악의 두 기본적 리듬 구조, 즉 강약의 하박(下拍 downbeat)과 약강의 상박(上拍 upbeat)이 출현하게 된다. Georgiades(1982)에 의하면, 이 두 리듬의 요소가 서양음악의 직물(織物)을 짜는 새로운 실감이 되었으며, 이것이 독일 음악의 쇄신을 초래했다고 한다. 바흐(Bach)로 시작하는 비엔나의 고전 음악의 특징은 음악과 독일어와의 동맹에서 비롯되었다는

것이다. 이 형식이 발달하면서, 음악은 언어의 음운적 내지 통사적 특징만을 리듬화하는 것이 아니라, 한걸음 더 나아가서, 의미까지 음악화함에 있어서, 좁은 의미의 언어를⁹ 초월하게 된다. 그리하여 기악은 언어의 기악화에 불과하게 된다. 바흐의 음악은 칸타타(cantata)는 말할 것도 없지만, 그의 기악도 음악의 입을 빌려서 작곡가의 감정과 의도를 표현하려는 극치의 노력이었다. 그의 음악에는 이러한 언어적 성격이 날인되어 있다.

라틴어와 독일어의 구조가 달랐던 것보다 영어와 국어의 구조는 더 많이 다르다. 이 두 언어의 대조적인 성격을 나열해 보면 다음과 같다.

(13.17) <u>영어</u>   <u>국어</u>
      명사구: 관사 + 명사   관사 없음
      전치사구: 전치사 + 명사   명사 + 후치사
      동사구: 조동사 + 본동사   본동사 + 조동사
      접속구: 접속사 + 구, 절   구, 절 + 접속사
      강세: 제2음절에 자주 옴   항상 첫 음절에만 옴

문장의 기본 어순이 영어는 주어-동사-목적어이고 국어는 주어-목적어-동사에서 연유되는 위와 같은 구절구조(제11장 참조)에서 볼 수 있는 두 언어의 대조적인 운율구조는 영어는 약강격이고 국어는 강약격이라는 사실이다. 이에 해당하는 음악적 리듬은 영어에선 상박(♪ | ♩ ♩ |)이고 국어에선 하박(| ♩ ♩ ♩ |)이다. 아래의 (13.18)에 있는 찬송가 6장은 이 원리를 잘 예시해 준다.

(13.18)

이 찬송가의 영어 가사의 각 음절에 해당하는 음표를 음계를 무시하고 도시하면 다음 (13.19)와 같다.

(13.19)

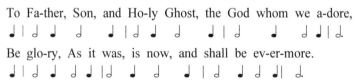

이 찬송가의 리듬은 6박자인데, 최강세는 제1박이고, 부강세는 제4박, 최약세는 제6박이다. 위의 가사-곡조 연계에서, 제6박에 오는 음절은, 전치사 *to*, 접속사 *and*, 관사 *the*, 대명사 *it*, 동사 *adore*에서 무강세의 *a*-음절임에 비해서, 제1박과 연결된 음절은 *Father*의 ***Fa***-음절, *Holy*의 ***Ho***-음절, ***God***, *adore*의 ***-dore***, *glory*의 ***glo-*** 등이다. 가사(text)의 강세 구조가 곡조(tune)의 박자 구조와 일치함을 볼 수 있다. 한편 한국어로 번역된 가사와 음표와의 연결은 다음 (13.20)이 보여주는 바와 같다.

(13.20) 찬 양 성부 성 자 성령 삼 위 일체신 께

영 세 무궁하 기까지 영광을 돌리 세

어사적으로 장음절인 찬-, 성-, 영-, 동사어간 하- 음절들이 상박인 제6박과 연결되고, 한편 단음절 -양, -부, -자, 동사 어미 -기 음절들이 하박인 제1박과 연결되어 있음을 볼 수 있다. 이것은 찬송가 가사의 번역자가 가사와 곡조의 상관관계를 전혀 고려하지 않고 음절수만 음표수에 맞춘 비음율적인 노래의 예이다. 종교개혁자 마틴 루터(Martin Luther, 1483-1546)가 어느 부활절 예배에서 초입경(初入經 Introit)을 라틴어에서 번역한 독일어로 노래 부르는 것을 듣고 난 뒤, "이 우스꽝스러운 노래는 나를 열 받게 한다. 독일어로 노래를 부르려면 제대로 된 독일어로 불러보자. 라틴어 가사를 번역해서 라틴 음표에 갖다 붙이기만 하면 다인가. 가사와 음표, 악센트, 멜로디, 창법 등이 독일어와 그 활용에서 전개되어야지, 그렇지 않으면 원숭이가 흉내 내는 짓밖에 안 된다"라고 통탄했는데, 이 6장 찬송가는 영어 가사를 국어로 번역해서 영어 음표에 갖다 붙이기만 한 통탄할 가락이다.

번역 음악만을 통탄할 것은 아니다. 창작 음악도 같은 오류를 범하기 때문이다. 아래의 (13.21)예를 보라.

(13.21)

이 가곡은 1974년에 경희대학교 창립 25주년 축하로 경희대 교화인 목련을 기리기 위해 작곡한 것인데, (13.21)은 조영식 작사에 김동진(1913-2009)

작곡의 가곡 「목련화」의 일부이다. 최강세의 하박의 음표가 언어적으로는 약세인 격조사(예: -은, -의, -는)나 접속사(예: -니, -고, -요)와 대응되어 있음을 볼 수 있다. 작사가 먼저인지, 작곡이 먼저인지를 저자가 정확히 모르지만, 작사에 작곡을 하는 것이 자연적인 순서라고 볼 때, 경희대학교 음악대학의 학장도 역임하고, 예술원 회원이신 작곡가 김동진님의 우아한 선율이 가사의 몇 군데에서 잘못 입혀진 옷 같은 인상을 주는 것이 자못 아쉽다. 시나 동요를 작곡하거나, 찬송가의 가사나 오페라의 대사(libretto)를 번역할 때, 음절수와 음표수만 맞추면 되는 것이 아니다. 성악은 마치 언어를 말하듯 작곡되고 연출되어야만 하는 것이다. 장머리에서 인용했지만, 20세기 전반의 미국의 음악학자 Charles Seeger(1886-1979)가 "음악은 우리 안에 언어의 틀로 존재한다"라고 한 것은 이런 의미에서이다.

지금까지 우리는 언어와 음악과의 관계를 몇 면 보았다. 둘 사이에는 물론 차이점도 있다. 우선 산문(散文 prose)은 음악이나 운문(韻文 verse)에 비해서 그 형식(짜임)이 덜 규제되어 있다. 그럼에도 불구하고, 산문도 운문이나 음악에서와 같은 현상을 지니고 있다. 이미 보았듯이 언어에도 악절(樂節)과 시행(詩行)에서처럼 그 구성단위들이 무리를 지어 계층을 이루며 리듬이 있다. 좀 구체적인 예를 들면, 소나타곡이나 전장(前場)에서 보았던 율시(律詩)에 있는 기승전결(起承轉結)의 원칙은 산문, 설화, 동화, 농담 등에서도 발견된다. 음악에서 불협화음의 긴장을 협화음으로 해결하는 것이나, 설화나 산문에서, "요약하자면", "환언하면", "결론적으로" 하는 등의 관용구나, 농담에서의 급소행(急所行 punch line) 등은 전(轉)에서 결(結)로 옮는 과정의 표현이다. 리듬(운율)도 그렇다. 음장의 장단, 강세의 기복, 성조의 고저, 음절의 대칭 등으로 운문에서 운율을 제조함을 전장에서 보았거니와 산문도 리듬을 지향한다. 우선 강세언어(stress language)에서 강세가 인접 음절에 연거푸 오는 법이 없고 한 음절 건너씩 오며(예: 영어: *dif-fe-rèn-ti-á-tion, àr-ti-fi-ci-á-li-t y*; ′가 주강세 ‵가 부강세), 국어에선 장음절이 기수 음절에만 온다(예: **대한 사람** 대 **초대형 눈사람, 미인 사건** 대 **반미 행사**; ‒가 장음표, ˘가 단음표). 또 다음 (13.22)에 든 예를 살펴보라.

(13.22) quìte unknówn   vs.   an ùnknown sóldier
         jùst fourtéen   vs.   foùrteen mén

이것은 영국의 저명한 음성학자 Daniel Jones(1881-1967)가 처음 관찰한 rhythmic stress shift(운율적 강세 전위)라는 현상인데, 여느 때 어간 -known 과 -teen에 오는 강세가 접사 un-과 four-에 옮겨 앉았음을 볼 수 있다. 이 것은 un-과 four-의 강조를 위한 것이 아니고, 순전히 리듬을 살리기 위한 모사이다.

이러한 공통점은 어디에서 오는 것일까? 겉으로는 전혀 이질적으로 보이는 인간의 통신과 예술 형식이 속을 살펴보면 동질적인 조직 장치를 가지고 있는 것은 무슨 연유에서일까? 이에 대한 대답은 언어도 음악도, 인간이 자연을 인식하고 이에 질서를 부여하는 인간의 사고방식의 지배를 받고 있다는 사실에서 찾아볼 수 있을 듯하다. 이것은 인간의 세계는 시간, 공간, 동작 등의 기본적 개념으로 정리되어 있다고 주장한 20세기 초의 이른바 게슈탈트 심리학(Geschtalt psychology)과 맥락을 같이 한다. 언어, 문학, 음악, 무용 등은 모두가 다 시간적 현상을 더 쉽게 접근할 수 있도록 하는 순서정리원칙의 지배를 받는 현상이라고 할 수 있다. 이 원칙은 인간세계와 자연을 좀 더 경제적으로 정돈하려는 의도에서 진화했다고 해도 과언이 아닐 것이다. 사실상 시행에서의 율격(meter), 두운(頭韻 alliteration), 각운(脚韻 rhyme), 대치(對置 contraposition) 등은 기억의 경제를 위한 조직의 방편이라고 볼 수 있다. 다음 (13.23)에 든 얼마 전에 유행했던 「당신의 마음」이라는 노래의 가사에는, 사람의 마음이 부과하는 인류 보편적인 조직의 계층이 있음을 예시하고 있다.

(13.23)

당신의 마음

(김지평 작사, 김학송 작곡)

바닷가 모래밭에 손가락으로
그림을 그립니다. 당신을 그립니다.
코와 입, 그리고 눈과 귀,
턱 밑에 점 하나,
입가에 미소까지 그렸지마는,
마지막 단 한 가지 못 그린 것은
지금도 알 수 없는 당신의 마음.

얼굴은 그리는 순서가 코, 눈, 입, 귀, 점, 미소이다. 이것은 우연한 것 같
으면서도 우연한 순서가 아니다. 순서를 거꾸로 바꾸어 미소, 점, 귀, 입, 눈,
코의 순서로 얼굴을 그릴 수는 없다. Sommers(1986)의 실험은 이 원칙을 더
잘 예시해 주고 있다. 그가 사람들에게 (13.24)와 같은 그림을 보여주면서,

(13.24)

한 번은 "이것은 두 팔을 벌린 사람입니다"라고 하고, 또 한 번은 "이것은
버찌가 든 칵테일 잔입니다"라고 따로 알려주고, "같은 그림을 복사해보세요"
라고 했더니, "사람"으로 볼 때는 얼굴을 맨 먼저 그리고, "칵테일 잔"으로
볼 때는 잔을 먼저 그리고 버찌(=사람일 때의 얼굴)를 맨 나중에 그렸다는
것이다. 이것은 인간은 어떤 현상에서든 중심물과 주변물을 가리고 의식하고
있다는 사실을 예시한다. 일상생활에서 또 한 예를 들어보면, 어느 주부가 저녁
식사를 준비하는 도중에 다음의 행위를 하고 있었다고 하자. (1) 콩나물국을

끓이기 위해 콩나물을 다듬고 있었음, (2) 반찬거리로 김을 굽고 있었음, (3) 밥을 안쳐 놓고 기다리는 동안 TV를 보고 있었음, (4) 거울을 보고 주름살을 세고 있었음, (5) 화장실에 앉아 있었음. 그런데 각 행위 중에 다섯 친구에게서 전화가 왔는데, 각자가 "너 지금 뭐하고 있니?"라고 물어보았다고 하자. 이때 뭐라고 대답했을 것인가? "콩나물 다듬고 있어", "김 굽고 있어", "TV 보고 있어", "주름살 세고 있어", "화장실에 앉아있어"라고 각자에게 때맞게 "정확한" 대답을 했을 것이기 보다는 모두에게 "응 지금 저녁밥을 하고 있는 중이야"라고 "거짓말"을 했을 것이다. 그러나 이것이 거짓말이 아니고 정답인 이유는 (1)에서 (5)까지의 행위가 "저녁식사 준비"라는 중심행위 안에 속하는 주변행위 내지 부속행위에 불과하기 때문이다.

또 다음과 같은 현상도 인간은 질서와 조화의 세계를 추구하고 인지함을 보여준다. 이탈리아의 심리학자 Gaetano Kanizsa가 1955년에 만든 "가닛사 삼각형(Kanizsa Triangle)"으로 불리는 다음 (13.25)의 그림에서 많은 사람은 끊긴 선에도 불구하고, 온전한 삼각형 두 개와 온전한 원 셋을 보는 "환각"을 경험한다. 이론적으로는 ㅅ(시옷)자 세 개와 팩맨(PacMan) 셋을 보아야 한다.

(13.25)

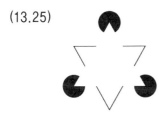

또 (13.26)은 온전한 세모꼴과 온전한 네모꼴이 포개진 것이라고 보지, "이가 빠진" 세모꼴과 온전한 네모꼴의 집합으로 보지 않는다.

(13.26)

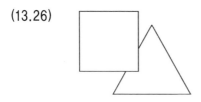

　심지어 간단한 X자도 일직선의 두 사선(＼와／)의 결합이라고 해석하지, >와 <의 혹은 ∨와 ∧ 의 접합이라고는 보지 않는다. 이러한 사실은 인간의 인지작용에 범인류적인 요인이 있는데, 이 요인이란 자연 세계에 질서와 범주와 조화와 완전을 부과하려는 범언어적·범인종적 의도라고 볼 수 있다. 이런 인지능력이 끊어진 선을 잇고, 빠진 이를 해박하며, 복잡한 현상에서 가장 간결한 세계를 구축하는 것이다.

　본론으로 돌아가서, 언어와 음악에 있는 유사성과 평행 현상은 구성요소가(예: 음소, 음표) 같거나, 같은 요소에 그 기원이 있기 때문도 아니고, 또 상위의 (더 큰) 구성요소를 형성하는 방법이 똑같기 때문도 아닐 것이며, 필시 거기에는 생물학적인 토대가 있기 때문일 것이다. 환희나 흥분은 빠르고 고조된 곡조로 표현되고, 비통이나 침울은 느리고 저조한 곡조로 표현되는데[6], 이 두 현상 사이에는 우연적이 아닌 상관관계가 있기 때문은 아닐까? 일상의 언어에 (13.27)에서 보는 바와 같은 비유가 있음도 이러한 상관관계를 보여준다.

(13.27)

기분이 하늘을 **나를** 듯하다	사기가 땅에 **떨어졌다.**
그의 감정이 **오름세다**	그의 감정은 **내리막**이다
기분이 지금 구름 위에 **떠있다**	기분이 시궁창에 **빠져** 있다

---

6) 헨델의 *The Messiah* 중 "할렐루야" 합창(#44)과 알토 영창 "He was despised"(#23) 및 베토벤의 제9번 교향곡에서 「환희의 찬가」와 차이코프스키의 제6번 교향곡 「비창」의 주제가 좋은 대조적 예이다.

his spirit *soared*	his heart *sank*
his mood was *upbeats*	he's in an emotional *downswing*
she is in *cloud* nine	she's at the bottom of an *abyss*

결론적으로 말해서, 언어와 음악에 (및 문학, 무용 등의 다른 예술에도) 공통점이 존재하는 것은 이 모두가 인간의 인지 작용의 산물, 특히 각 형식의 입력에 구조를 부과하고, 시간적·공간적으로 연속적이고 복잡한 현상을 좀 더 처리하기 쉬운 불연속적 현상으로 단순화시키려는 노력의 소산이라고 볼 수 있다.[7] 이런 의미에서 언어학은 생성의미론에서처럼 심층구조를 더 깊이 파려고만 노력할 것이 아니라, 인간의 인지능력과 기능이 여러 양식에 걸쳐 나타나는 현상을 연구함으로써 인간정신의 심층구조를 더 밝게 조명해야 할 것이다.

참고문헌

김진우. 1988. "Language, literature, and music". *Sojourns in Language* II, 852-879. 서울: 탑출판사.

Bernstein, Leonard. 1996. *The unanswered question.* Cambridge, MA: Harvard University Press.

Calvin, W. and D. Bickerson. 2000. *Lingua ex machina.* Cambridge, MA: The MIT Press.

Chomsky, N. 1989. *Reflections on language.* Enlarged ed. New York, NY: Pantheon.

---

[7] Chomsky는 일찍이 이런 말을 한 적이 있다.
"언어 이외에 언어 습득 이론의 영역과 같거나 비슷한 인지 영역이 있음을 발견한다면 참 흥미 있는 일일 것이다. 지금까지는 설득력 있는 주장이 없었지만, 그런 영역이 있으리라는 것은 상상할 수 있다."(Chomsky 1975:20)
더 최근에는, 음악, 미래의 계획, 논리, 규칙에 준한 게임 등 인간의 고도의 지능 기능이 언어에 불가결한 신경 체계의 덕을 입고 진화되었을 가능성을 시사한 학자도 있다(Calvin and Bickerton 2000:177).

Cooke, Deryck. 1989. *The language of music*. London, UK: Oxford University Press.

Erickson, Robert. 1955. *The structure of music*. New York, NY: Noonday Press.

Georgiades, Thrasybulos. 1982. *Music and language*. (Translated by Marie Louise Gollner from German: *Musik und Sprache*. Springer-Verlag, 1974). Cambridge, UK: Cambridge University Press.

Jackendoff, Ray. 1989. "A comparison of rhythmic structures in music and language". In P. Kiparsky and G. Youmans, eds. : *Phonetics and phonology*, vol. I: *Rhythm and meter*. pp. 14-44. New York, NY: Academic Press.

_____ and Fred Lerdahl. *Deep parallel between music and language*. Bloomington, IN: Indiana University Press.

Kim, Chin-W.(김진우). 2002. "A symphony of language". 『인문언어』 2(2):5-50.

Lerdhal, Fred and Ray Jackendoff. 1983. *A generative theory of tonal music*. Cambridge MA: The MIT Press.

Patel, Aniruddh D. 2008. *Music, language, and the brain*. New York, NY: Oxford University Press.

Sommers, Peter van. 1986. How the mind draws. *Psychology Today*. May 1986, pp. 62-66.

그녀: "드보르작의 「제9번 교향곡」 들어봤어요?"
저자: "아, 드보르라는 사람이 작곡한 교향곡 말이죠?
　　　「제10번」은 들어보았지만…"

[저자가 첫사랑에 실패한 이유!?]

1. Symphonic poem(교향시 交響詩) 또는 tone poem(음시 音詩)라는 음악 형식
   이 있다. 무엇인가? 여기서 언어와 음악의 관계는 무엇인가?

2. 다음은 Carl Maria von Weber의 "무도에의 초대"곡에서 Allegro Vivace
   의 왈츠곡 전후, 즉 맨 처음과 맨 나중에 나오는 Moderato 부분이다. 어떤
   장면을 묘사한다고 생각하는가? 남녀의 대화를 상징한다고 한다면, 어느
   부분이 남자이고 어느 부분이 여자인가? 여기에 한 번 가사를 붙여보라.
   (음표와 음절이 1대1로 상응하지 않아도 된다.)

Invitation to Dance

C.M.Weber,Op.56

3. 합동찬송가 제5장의 영어 가사는 (13.18)에서 본 제6장의 가사와 똑같지만 (*To Father, Son, and Holy Ghost*) 한국어 가사는 좀 다르다. 가사-곡조의 상응 관계가 제6장에 비해서 어떻게 다른가? 무엇이 이 다름(악화 혹은 향상)을 초래하였는가?

4. 찬송가 229장 제1절 제1소절의 곡조와 한국어 가사와 영어 가사는 다음과 같다.

두 언어에서 가사-곡조의 상응관계가 어떻게 다른가? 어느 쪽이 더 합리적인 상관관계를 지니고 있다고 생각하나? 그 이유는?

5. 다음은 베르디(Giuseppe Verdi, 1813-1901)의 오페라 *La Traviata*(椿姬)에 나오는「축배의 노래」(*Brindisi*)의 첫 악절의 가사를 박화목(朴和穆) 씨가 이탈리아어에서 번역한 것이다. 3박자이며 |가 악보에서의 마디(bar)를 표시한 것인데, 국어 어휘의 구조가 악보에서의 상박·하박의 위치와 일치하는 곳은 O를 치고, 반대로 상치하는 곳엔 X를 쳐서 둘의 대응 관계를 살펴보라. 상치된 부분을 교정한 음악적인 새 가사를 지어보라.

들ㅣ어 --ㅣ-라행ㅣ복의축ㅣ배-를ㅣ들--ㅣ-어서ㅣ청춘의ㅣ꿈을노ㅣ래하ㅣ자
청ㅣ춘 --ㅣ-의꿈ㅣ속에 이ㅣ몸을맡ㅣ기--ㅣ-어사ㅣ랑을속ㅣ삭이-ㅣ리!
다ㅣ같이ㅣ축배-ㅣ를 들ㅣ어서ㅣ기쁨ㅣ속에-ㅣ잠 기세
젊ㅣ음의ㅣ가슴-속ㅣ에--ㅣ사랑ㅣ의애ㅣ가(哀歌)라--ㅣ네!
들ㅣ어--ㅣ-라행ㅣ복의축ㅣ배-를ㅣ들ㅣ-어서ㅣ사랑을ㅣ속삭이ㅣ리!

6. 다음은 Haydn의 『천지창조』의 No. 30에서 아담과 이브의 이중창의 가사이다. C장조 4/4 박자인데, 독자가 작곡가라면, 상박과 하박을 어디에 둘것인가? (나중에 이 아름다운 선율의 이중창을 들어보면서 독자의 답과 비교해보라.)

By thee with bliss. O bounteous Lord.
Both heaven and earth are stor′d
This world so great, so wonderful.
Thy mighty hand has fram′d.

7. 대중가요는 그 시대의 사회상과 대중의 정서를 반영하기 때문에 유행성을 띄고 있다고 볼 수 있다. 이른바 "흘러간 노래"(예: "목포의 눈물", "눈물젖은 두만강")와 보다 현대의 유행가(예: "청첩장", "꽃", "피아노", "친구")의 가사를 비교해 보고 이 논리의 타당성을 모색하라.

8. 베토벤의 8번 피아노 소나타(Op. 13) 차이코프스키의 6번 교향곡에는 "Pathetique(비창)"이라는 별명이 붙어 있다. 어떤 공통점이 있다고 생각하나?

제14장   언어와 두뇌

Speech is the only window through which the physiologist can view the cerebral life.

Fournier: *Essai de psychologie* (1887)

그가 (聖所에서) 나와서 그들에게 말을 못하니… 그가 몸짓으로 뜻을 표시하며 그냥 말 못하는 대로 있더니…

(누가복음 1:22)

세종대왕의 한글(『훈민정음』), Shakespeare의 *Hamlet*, Beethoven의 제9교향곡, Einstein의 상대성 원리… 이 위대한 업적들은 다 인간의 두뇌의 소산이다. 이에 못지않은 기적은 여섯 살밖에 안된 갑순이와 갑돌이가 다음과 같은 대화를 나누는 것이다.

(14.1) 갑순: "난 이담에 커서 너한테 시집 안 갈거야"
　　　　갑돌: "누가 무섭대? 난 복순이가 더 좋아"

어린애들이 벌써 혼인애기를 하고 있는 게 기적이 아니라, 이런 가상적인 애기를 할 수 있다는 게 기적이라는 것이다. 어떤 다른 동물세계에도 이런 통신을 할 수 있는 영물은 없다. 아무리 개가 웅변술이 좋다하더라도, 자기 애비는 가난했지만 정직했노라고 말할 수는 없다고 영국의 비평가 George Bernard Shaw(1856-1950)가 말한 것은 이러한 맥락에서이다. 이렇게 기적적인 언어의 제조기는 두뇌이다. 그래서 언어작용에 관한 수수께끼의 매듭을 두뇌에서 풀어 보려는 노력과 연구가 최근 부쩍 늘어났다. 사실 요즘에는 언어에 관한 논문이 재래의 언어학지에만큼 신경학(neurology), 신경생물학(neurobiology), 인지심리학(cognitive psychology) 등의 학술지에 많이 게재된다.

여기서는 두뇌의 생김새와 짜임, 두뇌에서의 언어 소재지, 그리고 언어발동 시의 두뇌의 작용, 즉 두뇌의 언어처리 현상을 수박 겉핥기식으로 볼 것이다.

두뇌는 프라이팬에 약간 지져서 겉을 그슬린 두부처럼, 겉은 좀 거무스름하고 안은 희끄무리한, 또 그 농도(濃度)도 두부와 비슷한 1400그램(3파운드) 정도의 세포조직이다. 이 안에 약 천 억(10^{10}) 정도의 뇌세포가 있으며 이 뇌세포들을 잇는 역시 수천 억의 연결선이 있다.[1] 2-4mm가량의 두께가 되는 뇌의 외곽을 cerebral cortex(大腦皮質)라고 하는데 밖에서 보면 창자처럼 쭈글쭈글하게 주름져 있다. 그렇다고 잡아당기면 한 줄로 빠지는 것은 아니다. 마치 부채를 펴는 것보다는 접는 것이, 또 손수건을 다려서 펴놓는 것보다 개거나 접는 것이 면적을 훨씬 덜 차지하는 것처럼, cortex가 접혀 있는 것이다. Cortex의 65%가 겉에서 안 보이는 주름 속에 있다. 하여간 이 두뇌는 인체에서 제일 중요한 기관이기 때문에(미국의 희극배우 Woody Allen은 "내게 둘째로 중요한 기관"이라고 했지만) 이를 보호하기 위해 거북이의 귀갑(龜甲)처럼 두개골이 감싸고 있다. 394쪽의 (14.2)는 왼쪽 두뇌의 사진이다.[2]

---

[1] 이것을 누가 어떻게 셌는지 궁금해서 책 몇 권을 뒤져 보았으나 찾지 못했다. 필시 가엾고 가난한 연구조교들이 했을 것이다!

[2] 이 실물 사진은 John Nolte와 Jay B. Angevine, Jr. 편저의 *The Human Brain in Photography and Diagrams*. 2nd ed. (St. Louis, Mo: Mosby, Inc. 2000, p. 5)에서 따온 것인데 미국 Arizona 대학의 의과대학 해부학과에서 찍은 것이다.

(14.2) 인간의 두뇌(왼쪽)

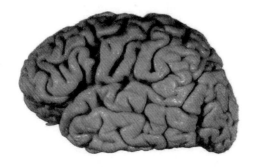

(14.8) "Tan"의 두뇌

(14.15) PET가 보여주는 단어처리에 있어서의 두뇌활동

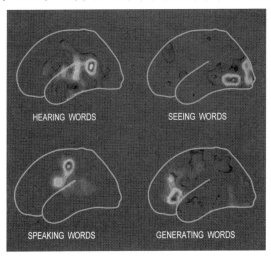

(14.20) 두뇌의 "통신"

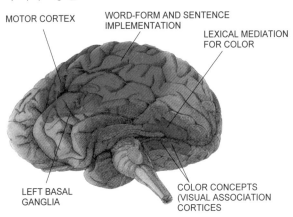

　한강을 기준으로 서울을 강북과 강남으로 나누고, 섬진강을 경계로 호남과 경남이 갈라지듯, 두뇌의 지리를 논할 때도 뇌피에 있는 깊은 골을 지표로 삼는다. 우선 머리의 정상을 보면 머리가 앞에서 뒤까지 타져 있는데 사실 이 금이 두뇌를 좌반구(左半球 left hemisphere)와 우반구(右半球 right hemisphere) 로 가른다. 각 반구에 있는 다음으로 큰 주름살은 머리 위 한가운데에서 약간

앞쪽으로 내려오는 Central sulcus(또는 Rolandic fissure)라는 것이고, 또 하나는 앞밑에서 뒤쪽으로 올라가는 Sylvian fissure(또는 Lateral sulcus)라는 것이다.[3] 이 두 "강"을 기점으로 다음 그림에서 보는 바와 같이 두뇌를 lobe (넛불, 두엽 頭葉)라고 하는 네 부분으로 나눈다. Central sulcus의 앞쪽을 Frontal lobe(前頭葉), 그 뒤쪽을 Parietal lobe(정수리골 頭頂葉), Sylvian fissure 의 밑쪽을 Temporal lobe(側頭葉), 그리고 맨 뒤쪽을 Occipital lobe(後頭葉)라 고 한다. (14.3)의 약도를 참조하라.

(14.3) 두뇌의 지도 (좌반구)

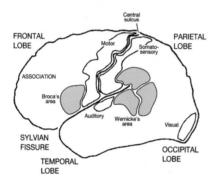

형태해부학에서는 이 넛불들의 기능을 따로 부여해서 기술하는 것이 예사 이다. 좌반구가 보다 분석적인데 비해 우반구는 종합적이고, 전자가 이지적인 데 비해 후자는 정서적이라고 한다. 그래서 수학공식은 좌뇌로 풀고 형체파악 은 우뇌로 하며, 일반인은 음악을 오른쪽 두뇌로 감상하며 듣는데 음악비평가 는 왼쪽 두뇌로 분석하며 듣는다고 한다. 또 Frontal lobe는 지각작용과 근육운 동 등을 지배하고, Parietal lobe는 주로 촉각과 미각을, Temporal lobe는 청각 을, Occipital lobe는 시각을 처리한다. 이러한 대칭관계가 일반적으로 사실이 라 하더라도 지표적인 것일 뿐 절대적인 것이 아님을 유의해야 할 것이다.

---

3) *Roland, Sylvia*는 사람 이름을 딴 것이고, *Central, Lateral*은 위치를 지칭한 것이다. *sulcus*도 *fissure*도 '틈', '금'을 지칭하는 단어이다. 한자로 뇌구(腦溝)라고 한다.

언어의 소재지를 논의하기 전에 두뇌의 교통에 대해 두 가지 얘기할 게 있다. 하나는 두뇌의 두 반구가 Corpus callosum(뇌량 腦梁)이라고 하는 5천만의 섬유로 구성된(이건 또 누가 세었을까) 신경대로 인해 샴의 쌍둥이(Siamese twins)처럼 붙어 있다는 사실이고, 또 하나는 뇌반구와 외부세계와의 연결이 최단거리의 원리로 직결되어 있는 것이 아니라, X자 모양으로 우회(迂廻)하고 있다는 사실이다. 이를 신경의 contralateral pathway(반측도로 反側道路)라고 한다('반대쪽 측면'이라는 의미의 반측이다). 그래서 두뇌의 좌반구는 신체의 오른쪽과 통신하고, 우반구는 신체의 왼쪽과 통신한다. 직결되는 동측도로(同側道路 ipsilateral pathway)도 있다. 그러나 두뇌의 명령과 외부로부터의 입력은 주로 반측도로를 질주한다. 두뇌의 오른쪽에 이상이 생겼는데 몸의 왼쪽에 중풍이 오고, 두뇌의 왼쪽을 다쳤는데 신체 오른쪽에 마비가 오는 것은 이 때문이다.

왜 두뇌가 대칭적인 두 반구로 나뉘어져 있고, 왜 신경선이 반측적으로 뻗어 있는지는 아직 아무도 모른다. 하여간 이 두 사실이 언어정보처리에 작용을 하기 때문에 여기에 언급해 두는 것이다.

한 가지 더 짚고 넘어갈 게 있다. 이 장의 머리맡에서 저자는 두뇌의 언어처리 현상을 "수박 겉핥기식"으로 보겠다고 했었다. 이 관용구를 인용한 이유는 '어떤 현상의 본질은 모르면서 겉만 피상적으로 보기'라는 일반적 뜻 위에 거의 문자 그대로의 의미가 있기 때문이다. 수박의 안을 보고 싶으면 쪼개면 되고, 시계의 동작을 알고 싶으면 열어 보면 된다. 그러나 두뇌의 작용을 알고 싶다고 두개골을 쪼갤 수는 없다. "실험용 두뇌 구함. 한 시간에 5만 원 지불함."이라는 광고를 보고 지원할 사람은 하나도 없을 것이다. 또 설사 톱으로 두개골을 잘라서 그 속을 뒤져 보고 휘저어 보고 현미경으로 관찰해 본다 하더라도 아무런 소득이 없을 것이다. 사기 전이라 수박을 깰 수 없을 때 우리는 겉을 두드려 보고 소리를 들어 본다. 산 사람의 두뇌를 쪼갤 수 없을 때도 마찬가지이다. 우리는 두개골을 "두드려 보고 들어 본다". 두뇌에 관한 모든 연구는, 검시(檢屍)가 아닌 한, 두뇌 겉에서 이루어진다. 이런 의미에서 신경언어학은 "수박 겉핥기"인 것이다.

우선 누구나 한 번쯤은 궁금하게 여겨 보았을 현상부터 생각해 보자.

고등학교나 대학교에서 외국어를 공부해 본 독자는 모국어 습득은 물 마시듯 쉬운데 외국어 습득은 아무리 열심히 공부해도 늘 "물먹는" 어려운 것임을 잘 알 것이다. 수십 년을 배웠는데도 또 웅변술이나 작문실력이 뛰어난다 할지라도, 회화는 토박이화자처럼 하지 못해서 늘 "악센트"가 있기 마련이다. 나치의 유태인 핍박을 피해서 15세 때 미국으로 이민 온, Nixon 행정부의 국무총리였던 Henry Kissinger(1923-)의 말에는 독일어 악센트가 짙었으며, 빚에 쫓겨 21세에 영국으로 도망가서 정착한 Poland 태생의 영국 작가 Joseph Conrad(1857-1924)는 주위 사람들이 그의 영어를 못 알아들을 정도로 폴란드어 악센트가 짙었다. 또 러시아 혁명을 피해 유럽을 거쳐 1941년 미국으로 건너간 근대언어학의 태두인 Roman Jakobson(1896- 1982)은 비록 6개 국어(러, 영, 독, 불, 폴, 이)로 논문을 썼지만, 그의 회화에는 러시아어 악센트가 어찌나 짙었던지, "He speaks Russian in six languages"('그는 러시아어를 6개 국어로 한다')라고 사람들이 농을 할 정도였다.

이러한 현상은 인간의 언어습득 능력이 시한성(時限性)이 있는 장치임을 시사한다. 학자들은 이 시기가 두세 살에서부터 사춘기(思春期 puberty)까지라고 보고 있다. 이것을 Critical Age Hypothesis(결정적 연령가설)이라고 하는데, 이 가설을 뒷받침해 주는 현상이 두셋 있다.

첫째는 고립아의 경우이다. 제3장에서도 언급했지만, 열세 살 반일 때 발견된 Genie는 영어를 자연스럽게 습득하지 못하고, 비문법적인 문장을 만든 반면, 여섯 살 반일 때 해방된 Isabelle은 복잡한 문장을 구사할 수 있었다. 예를 하나씩만 든다.

(14.4) Genie: Applesauce buy store (=buy applesauce at the store)
　　　　　　'애플소스를 상점에서 사요'

　　　　Isabelle: What did Miss Mason say when you told her I cleaned the classroom?
　　　　　　'내가 교실을 청소했다고 당신이 미스 메이슨에게 말하니까 그녀가 뭐라고 합디까?'

영어를 배운 시기가 결정적인 영향을 줌을 알 수 있다. 언어습득 연령과 언어실력 사이의 함수관계는 이민 자녀들에게서도 볼 수 있다. Illinois대학의 Jaqueline Johnson 교수와 Elissa Newport 교수(지금은 Rochester대학으로 감)가 한국계 학생들과 중국계 학생들을 대상으로 조사를 해 보았더니 다음 그래프가 보여주는 결과가 나왔다(Johnson & Newport 1989).

(14.5) 이민시기의 연령과 영어실력과의 함수관계

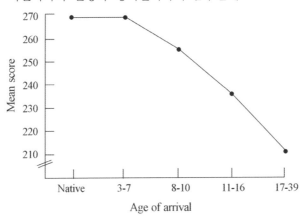

이민 시기가 세 살에서 일곱 살인 학생들은 영어실력이 토박이화자들과 같으며, 여기서부터 이민연령이 높아질수록 문법의 오류가 많아지고, 점수가 제일 낮은 그룹은 17세에서 39세까지의 이민연령임을 볼 수 있다.

또 사춘기 이전에 두뇌의 특정한 곳을 다치면, 잠시 언어를 상실했다가도 곧 회복하는데, 사춘기 이후에 같은 곳을 다친 사람은 흔히 실어증을 평생 지니게 됨도, 결정적 연령가설을 지지해 주는 현상이라고 볼 수 있다.

여기서 우리는 이 유익한 언어습득 능력이 왜 사춘기에 사라지는가 하는 질문을 해볼 수 있다. 이에 대한 대답은 쉽지 않다. 사춘기가 '死'春期이기 때문임은 물론 아니다. 뇌세포의 증식, 신진대사의 속도, 시냅스(synapse-뇌세포와 뇌세포를 잇는 연접부)의 증식 등이 사춘기 전후에 쇠퇴한다는 두뇌 자체의 성숙과정과 연관이 있을 수 있다. 그런데 Steven Pinker는 "쓸모"를 이유로 든다. 그의 가설은 다음과 같다.

일단 언어를 배우고 나면 이젠 쓸모가 없어져버렸으니까, 마치 빌려 온 연장이나 소프트웨어를 돌려주듯, 언어습득장치도 "재활용 통"에 넣어버린다. 다음의 비유 —Pinker의 비유가 아니고 저자가 생각해 낸 것이다— 가 적합할는지 모른다. 어느 술집(bar)에서 주정뱅이들을 통제하기 위해 상주하는 힘센 청년을 경비원(bouncer)으로 고용했다고 하자. 그리고 여러 해가 지나 이 경비원이 그전처럼 힘을 못 쓰게 되었으나, 원체 거구이기 때문에 아직도 대식가라고 하자. 그러면 술집 주인이 이 "돈먹는" 문지기를 영구히 고용하고 있을 필요가 없지 않을까? 그런데 두뇌는 "먹보" — Pinker의 말을 빌리면 "돼지" — 이다. 몸무게의 2%밖에 안 되는 두뇌가 체내의 산소와 칼로리 및 인지방(燐脂肪 phospholipid)의 5분의 1(20%)을 "먹"기 때문이다. 옷장의 공간에 한계가 있을 때, 우리는 헤졌거나 작아졌거나 유행이 지나갔거나 해서 이제는 더 못 입는/안 입을 옷가지들을 무기한 걸어두지 않고 내다버린다. 그래서 유지비가 비싼 언어습득장치는 일단 언어를 습득한 후에는 버리게 되는 것이라고, 즉 두뇌의 성장 스케줄이 그렇게 짜여 있는 것이라고, Pinker는 말한다(1994:295).

언어는 두뇌의 어디에 있는가? 이 질문에 대한 대답은, 독도는 어디에 있는가 하는 질문에 대한 대답같이 간단한 것이 아니다. 고정되어 있는 독도는 그 위치를 쉽게 측정할 수 있다. 그러나 언어의 중추는 한곳에만 박혀 있지 않고, 산재해 있기 때문에 꼬집어서 말할 수가 없다. 그런대로 실어증 환자나 뇌수술 환자의 언행, 단편적인 임상실험, 여러 장치로의 탐색 연구 등은 두뇌에서의 언어 소재지의 지도를 점점 더 정확히 그려 나가고 있다.

우선 언어는 오른손잡이일 경우 좌반구에서 살고 있는 듯하다(99%). "오른손잡이일 경우"라고 조건을 붙이는 이유는, 왼손잡이일 경우 그 비율이 거의 3분의 2로 떨어지고(65%), 왼손잡이의 20%는 언어중추가 우반구에 있기 때문이다(나머지 15%의 경우는 선호하는 반구가 없다). 뇌반구와 신체 사이에 반측적인 관계가 있음을 상기해 볼 때, 이 현상은 대부분의 인간에서 좌반구가 우반구보다 우세하며, 또 언어는 이 지배적 뇌반구에 서식하고 있음을 알 수 있다. 이는 좌반구가 분석적 기능을 감당한다는 관찰과도 상통하는 사실이다. 언어작용은 분석적 현상이기 때문이다.

언어와 "손잡이"와의 밀접한 관계는 Montreal Neurological Institute의 Penfield와 Roberts라는 신경외과의가 모은 통계자료에서도 두드러지게 나타난다. 언어의 두뇌기능에 관심을 가진 이들은 뇌수술의 위치와 수술 후에 나타나는 실어증의 상관관계를 몇 해에 걸쳐 기록해 본 결과 다음 (14.6)과 같은 통계자료를 얻었다(Penfield and Roberts 1959:93에서 인용함).

(14.6)

	뇌수술 위치			
	좌반구		우반구	
	수술 인원	실어증 환자	수술 인원	실어증 환자
오른손잡이	175	121	252	1
왼손잡이	48	10	12	2
양손잡이	23	13	12	0
합계	246	144	276	3

오른손잡이일 경우 좌반구의 뇌수술을 받으면 70%(175명 중 121명)에게 실어증이 왔지만, 우반구의 경우는 252명 중 겨우 1명만이 실어증을 보였다.

이와 같은 현상은 자극 실험에서도 나타났다. 뇌수술 도중, 두뇌의 여러 부분을 전류로 자극했을 때, 자의적이 아닌 발성·발화현상이 나타났는데, 그림 (14.7)이 보여주는 바와 같다(Penfield and Roberts 1959:122에서 따옴). 각 점이 자극점을 표시하는데, 점들이 주로 Rolandic(Central) fissure와 Sylvian (Lateral) fissure의 교차점의 앞 언덕에 집중되어 있음을 볼 수 있다.

(14.7)

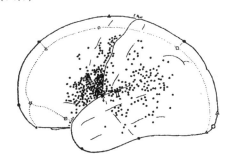

언어가 두뇌의 좌반구에 문패를 걸고 있다는 증거를 처음 제시한 사람은 프랑스의 신경생리학자 Paul Broca(1824-1880)였다. 그에게 Tan이라는 실어증 환자가 있었는데 그가 1861년 57세로 죽은 후 부검을 해보았더니 Sylvian fissure의 앞둑 부분이 손상되어 있음을 발견했다.[4] 요즘에는 이 부위를 Broca's area라고 부르고 이 부분에 상처를 입어 생기는 실어증을 Broca's aphasia라고 부른다. Broca의 실어증 환자는 발음을 제대로 못하고 문법이 마구 틀리는 것이 특징이다. 실례를 들면 한 Broca 환자에게 *It's hard to eat with a spoon*(숟가락으로 먹는 게 힘들다)라는 문장을 따라해 보라고 했더니

(14.9) ··· har it ··· wit ···pun

이라고 했다. 마찰음 [θ] 파열음 [t]로 대치하고, 자음군 [rd], [sp]를 단자음 [r]와 [p]로 간소화하고, *it's, to, a* 등의 문법어휘가 아주 삭제되어 있고 또 ···이 표시한 것과 같이 주저가 빈번함을 볼 수 있다.

이보다 10여 년 후인 1874년에는 독일인 신경생리학자 Carl Wernicke (1848-1905)가 Broca's area의 맞은편 Temporal lobe에 이상이 생기면, Broca 의 실어증과 대조적인 실어증이 나타남을 발표하였다. 지금 이를 Wernicke's aphasia라고 부르는데, 발음과 문법은 정확하나 발화내용이 삼천포로 빠지는 것이 특징이다. 실례로 한 환자에게 "What is your name?"(당신의 이름이 무어죠?)하고 물었더니

(14.10) No, I don't I ··· right I'm right here now
            (아뇨, 나 안해요 나 ··· 바로 지금 바로 여기 있어요)

라고 대답했다. 발음, 문법, 어순, 어조 등이 정확하고 거의 주저 없는 유창한 문장이지만 전혀 무의미한 동떨어진 대답이다.

---

4) "tan"이라는 발성밖에 못해서 이름이 Tan이 되었다고 한다. Broca가 잘라내서 병에 넣은 Tan의 두뇌가 지금도 파리의 Dupuytren 박물관에 보관되어 있다((14.8) 참조).

또 음성은 Broca's area가 처리하는데 형상은 뇌의 다른 부위가 처리하기 때문에, Broca's area를 다친 한 일본인 환자가 음절문자인 가타가나와 히라가나는 읽지 못하면서도 표의문자인 간지(한자)를 읽는 데는 지장이 없었다는 보도가 있었다(O'Grady 외 2006. 문헌정보는 15쪽).

Broca 부위, Wernicke 부위 등이 그 구역경계가 잘 명시되어 있는 것처럼 우리는 생각하기 쉽다. 그러나 사실은 그렇지가 않다. 마치 전라도방언이 전라도 안에만 국한되어 있지 않고 다른 지방에서도 쓰이며, 서울방언이 수도권에서만 있는 것이 아니라 다른 곳에서도 들리듯이, Broca나 Wernicke의 실어증을 유발하는 두뇌의 손상도 산재해 있다. 앞에서 Broca의 부위가 "Sylvian fissure의 앞둑"이라고 말했지만, Sylvian fissure가 한강(漢江)은 아니다. 그것은 주름살일 뿐, 펴면 연결된 것이기 때문이다. 손수건을 접거나 구겼다고 해서 접힌 곳이나 구겨진 곳이 자연 경계를 이루는 것은 아니다.

언어정보를 좌반구가 처리한다는 극적인 증거가 있다. Split brain(분리된 두뇌)이라는 것이다. Corpus callosum(뇌량)이라는 굵은 신경대가 두 대뇌반구를 연결해 줌을 독자는 기억하리라. 이것을 재언하면, 두 반구가 Corpus callosum이라는 전선(교량)을 통해서 정보를 서로 교환한다는 말이 된다. 그런데 이 전선을 끊으면 어떤 현상이 일어날까? 극심한 간질병을 고치기 위해 또는 뇌종양(腦腫瘍)을 떼어내기 위해 뇌수술을 해서 Corpus callosum을 다 도려내야 할 때가 있다. 이런 수술을 받은 사람들을 split brain patient(두뇌분리 환자)라 하는데, 의아하리만큼 수술 후의 대부분 언행이 수술 전과 별로 다름이 없다. 그런데 극적으로 다른 것은 환자의 오른쪽 시야에 제시된 언어현상의 처리와 왼쪽 시야에 제시된 언어현상의 처리 사이의 차이이다. 단적으로 말해서 전자의 경우는 아주 정상적인데 후자의 경우는 전혀 불가능하다. 예를 들어, 두뇌분리 환자에게 왼쪽 손에는 사과를 쥐어 주고 오른쪽 손에는 바나나를 쥐여 준다고 하자(그림 (14.11) 참조). 그리고 환자에게 본 것이나 쥔 것을 기술해 보라고 하면, 오른쪽에 쥔 바나나는 바로 알아맞히지만, 왼쪽에 쥔 사과는 빤히 보고 무엇인지 알면서도 "사과"라는 말을 전혀 못한다! 이 이유는 다음과 같다. 오른쪽에 보이는 바나나는 반측도로를 타고 왼쪽 두뇌에 전달된다. 이 좌반구에 언어중추가 있으므로, "바나나"라는 단어를 발음할 수 있다.

반면에 왼쪽 손에 쥐여 준 사과는 그 정보가 반측으로 우반구에 도달한다. 그런데 두 반구를 잇는 다리가 끊겨서 우반구가 사과에 관한 정보를 좌반구에 전달하지 못한다. 그리하여 이 환자는 "사과"라는 말을 못하는 것이다.

(14.11) 분리된 두뇌 현상

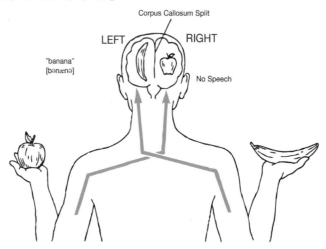

구약의 시편 (137:5)은 좌반구의 언어상실이 오른손의 마비를 초래함을, 그래서 두 현상 사이에 유기적인 관계가 있음을 시사하고 있다. 기원전 6세기에 예루살렘이 함락되어 바벨론으로 유배간 한 유태인이 읊은 구절이다.

(14.12) 예루살렘아, 내가 너를 잊을진대, 내 오른손이 그 재주를 잃을지로다.

장머리에 인용한 누가복음 구절은 신약에 나오는 실어증의 언급이다. 세례 요한의 아버지 사가랴(Zacharias) 제사장이 성전에 들어갔다가, 나이 많은 자기 부인이 잉태할 것이라는 천사의 말을 믿지 않자 그 벌로 벙어리가 되어 나온다.

언어정보 처리에 관한 연구와 실험은 최근까지만 하더라도 위에서 본 바처럼, 두뇌분리 환자, 언어장애나 실어증 환자 및 이들의 사후 두뇌 검진 등에 의존했었다. 이런 실험대상자들이 유익한 정보를 제공하지 않는 것은 아니나, 여기에는 여러 가지 한계성이 있다. 우선 언어장애자들은 그 장애를 보상·극복하기 위해서 두뇌에 어떤 조정작용이 일어날 수 있다. 마치 시각을 잃은 사람의 청각이나 촉각이 더 예민해지는 것처럼. 그러니까 좌반구에 부상을 입고도 언어를 구사하는 사람이 있을 경우, 이 사람의 우반구에 원래부터 언어기능이 있었는지 아니면 사고 후에 보상적으로 발생한 능력인지를 우리는 가늠할 길이 없다. 그리하여 최근에는 의학에서 진료용으로 개발한 기구와 장치들을 이용하여 정상 두뇌의 언어가공 현상을 측정하려는 노력이 발생하였다. 아래에 두어 가지 그런 장치를 간단히 설명하고 그 장치로 얻은 실험결과의 예를 하나씩 들어보겠다.

　처음으로 등장한 기구는 EEG(electroencephalography 뇌파탐지기)라는 것으로 실험대상자의 두개골 여러 곳에 electrode(전극 電極)를 붙이고서 언어처리 때의 뇌파를 측정하는 것이다. 여러 가지 다른 뇌파를 구분하기 힘들고, 특정 뇌파의 근원이 두뇌의 어느 부분인지 알기 어렵지만, 언어처리를 할 때와 안할 때의 뇌파를 많이 재다보면 둘 사이의 차이를 알게 되고, 언어처리 시에 두드러지게 드러나는 뇌파의 형태를 얻을 수 있게 된다. 이때 나타나는 뇌파의 전위(電位)를 ERP(Event-Related Potential)라고 한다. 이제 아래의 문장들을 살펴보라.

(14.13)　a. The pizza was too hot to eat.
　　　　　　　(피자가 너무 뜨거워서 먹을 수가 없었다)

　　　　　b. The pizza was too hot to drink.
　　　　　　　(피자가 너무 뜨거워서 마실 수가 없었다)

　　　　　c. The pizza was too hot to cry.
　　　　　　　(피자가 너무 뜨거워서 울 수가 없었다)

(14.13)의 세 문장은 "조리도"(條理度)가 다르다. (a)문은 당연하고, (b)문은 좀 억지이지만 그럴 수도 있는데, (c)문은 아주 부조리하다.

이 세 문장을 피실험자들에게 들려주고 그들의 뇌파를 쟀더니 (14.14)와 같은 결과가 나왔다.

(14.14) 뇌파의 전위 "N-400" 현상

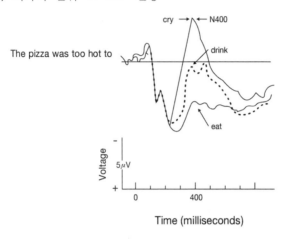

부조리도가 높을수록 ERP의 스파크의 높이도 더 높음을 볼 수 있다. 문제의 단어를 들은 뒤 약 4분의 1초(=400 milliseconds)만에 음성(negative) 스파이크가 생긴다고 해서 이 현상을 N400 effect(N400 현상)라고 부르게 되었다. 이 N400 현상은 우리가 문장을 처리할 때, 문장을 다 듣고 의미해석을 하는 것이 아니라, "온라인"(on-line)으로 처리하고 있음을 보여준다.

EEG는 아무리 보아도 "겉핥기"이다. 그래서 두뇌 안을 침투하는 장치가 발명되었다. CAT(Computerized Axial Tomography X선 체축단층촬영법)와 PET(Positron Emission Tomography 양전자 방출단층촬영법)이다. 둘 다 단층 사진촬영 장치인데, 방사성 물질을 혈관에 주입해서 피의 집합점을 사진으로 찍는 기술이다. CAT의 경우는 작업을 많이 하는 두뇌의 부분일수록 피를 더 많이 소요한다는 원리를 이용한 것이고, PET의 경우는 일을 많이 할수록 포도당(glucose)이 많이 소요된다는 원리를 이용해서 방사성의 포도당을 혈관에 주입하는 기술이다. 395쪽에 있는 (14.15)는 PET로 찍은 사진으로서 피의 고임과 모임이 언어의 여러 기능에 따라 다름을 보여주고 있다.

두어 마디로 간소화해서 말하면, 낱말을 들을 때는 피가 Temporal lobe에 가장 많이 모여 있고, 말할 때는 Central sulcus 부분에, 낱말을 볼 때는 Occipital lobe에, 그리고 낱말을 생성할 때는 Broca's area에 가장 많이 모여 있음을 볼 수 있다. 한편 좁은 한 곳에 작업장소가 국한되어 있지 않고 널리 퍼져 있음을 볼 수 있다.

아주 최근의 장치로는 MRI(Magnetic Resonance Imaging 자기공명영상법) 및 MEG(Magneto-Encephalography 자기뇌파검사)가 있다(MRI 발명으로 일리노이 대학의 Paul Lauterbur(1929-2007) 교수가 2003년 의학 부문 노벨상을 받았다. 저자의 옆 동네에 살았다). 두뇌의 자장(磁場 magnetic field)을 측정하는 기구인데, 방사성 물질을 사용하지 않고 사진이 더 선명하다는 이유로 점차 PET를 대치하고 있다. 그러나 기술적인 문제가 아직 큰 듯하다. 지구의 자력에 비해 두뇌의 자력은 어찌나 미약한지 이를 측정하려는 것은 Pinker의 말을 빌면, "록(rock) 콘서트에서 개미의 발걸음을 들으려는 것과 같다"고 한다. 이것을 잡아내는 현대 의학기술에 경의를 표한다.

근래의 연구에서 얻은 결과들을 개관해 보면 다음과 같다.

첫째로 두뇌의 언어기능은 세분화되어 있는 듯하다. 이미 보았지만, 발화, 듣기, 쓰기, 읽기 등이 두뇌의 다른 부분에서 통제되고 있을 뿐만 아니라, 더 나아가, 작문(作文) 대 조어(造語), 동물 대 어류 대 식물에 관한 명칭, 명사 대 동사, 일반 어휘 대 문법적 형태소, 보통명사 대 고유명사, 추상명사 대 구체명사, 규칙형 대 불규칙형 등등의 두뇌에서의 소관소(所管所)가 각기 다름이 나타났다. 두셋 예를 들어보자.

Temporal lobe에 상처를 입은 A. N.이라는 환자가 있었다. 거의 모든 범주의 개념 ─ 얼굴, 신체부분, 동물, 식물, 건물, 도구, 부엌기구 등 ─을 파악하고 확인하는 데 어려움이 없었다. 그럼에도 불구하고, 빤히 보면서 알고 있는 물체의 이름을 대지 못했다. "너구리"(raccoon)의 그림을 보여주고 무어냐고 물었더니 다음과 같이 대답했다.

(14.16) "Oh! I know what it is — it is a nasty animal. It will come and rummage in your backyard and get into the garbage. The eyes and the rings in the tail give it away. I know it, but I cannot say the name."

(아, 무언지 알아요 − 못된 짐승이죠. 뒷마당에 나와서 쓰레기통을 뒤지곤 하죠. 눈하고 꼬리에 있는 바퀴를 보면 금방 알죠. 그런데 그놈의 이름을 모르겠네요.)

또 한 번은 마릴린 몬로(Marilyn Monroe, 1926-62)의 사진을 보여주었더니 다음과 같이 말했다.

(14.17) "Don't know her name but I know who she is; I saw her movies; she had an affair with the president; she commited suicide…"

(이름은 모르는데 누군지 알아요. 그녀가 나오는 영화도 봤어요. 대통령과 염문이 있었죠. 자살했어요…)

이렇게 명칭을 잊어버린 사람이 동사의 용법에는 아무런 지장이 없었다고 한다. 200여 개의 그림을 보여주고 그 그림에 맞는 동작이나 상태를 서술하라고 했더니 어렵지 않게 해냈다(위의 예는 Damasio & Damasio (1992: 93-94)에서 따옴).
다른 예를 하나 들어보면, G. R.이라는 난독증(難讀症 dyslexia) 환자에게 다음의 낱말을 읽어보라고 했더니 보이는 바와 같은 결과를 얻었다.

(14.18)

제시어	응답	제시어	응답
eye	*eyes*	I	*no!*
hymn	*bible*	him	*no!*
hour	*time*	our	*no!*
bean	*soup*	been	*no!*
wood	*wood*	would	*no!*
witch	*witch*	which	*no!*

오른쪽 단에 제시한 단어와 왼쪽 단에 제시한 단어들이 동음이의어임을 착안할 필요가 있다. 즉, *eye*는 *I*와, *wood*는 *would*와, *witch*는 *which*와 발음이 똑같음에도 불구하고 *eye, wood, witch* 같은 일반어는 읽으면서 *I, would, which* 같은 문법어는 읽지 못하는 것이다. 또 *hymn*(찬송), *hour*(시時), *bean*(콩)을 *bible*(성경), *time*(시간), *soup*(국) 등의 유의어/관련어로 읽은 것도 흥미있는 현상이다. 어사들이 의미의 "친족끼리" 두뇌 속에 저장되어 있는 듯함을 보여준다(위의 예는 Fromkin, Rodman & Hyams(2014:466-7)에서 따옴).

1770년에 Johann Gesner(1738-1801)라는 독일인은 어떤 수도원장이 두뇌를 다쳤는데, 모국어인 독일어는 잊어버렸으나 라틴어는 계속 지니고 있다고 기록하고 있다. 이는 모국어와 외국어가 두뇌의 다른 부분에서 처리되고 있음을 시사한다. 독일어는 어릴 때 배웠을 것이고, 라틴어는 결정적 연령(Critical age)이 지난 다음에 배웠을 가능성이 많으므로, 모국어와 외국어는 두뇌의 다른 위치에서 처리된다는 가정을 세워봄직하다. 사실 최신의 제2국어 습득(second language learning)에 관한 뇌신경학적 실험은 이러한 가정을 뒷받침해 준다. 그러나 여기서는 상론을 삼가기로 한다.

또 하나 밝혀진 사실은 언어와 지능이 완전히 독립되어 있다는 것이다. 종래에는 언어와 일반적 인지능력의 발달이 병행한다고 믿는 사람들이 많았다. 그러나 낫 놓고 기역자도 모르는 IQ(지능지수)가 아주 낮은 사람들이 말은 귀신같이 하는 소위 linguistic savant(言語賢者)의 사례들은 언어와 지능의 독립적 관계를 증명해 준다. 한두 예를 들어보자. 우선 다음 문장을 읽어 보라.

(14.19) "You're looking at a professional book writer. My books will be filled with drama, action, and excitement. And everyone will want to read them. I'm going to write books, page after page, stack after stack…"

(전문적인 작가를 보고 계십니다. 내 책은 드라마와 액션과 흥분으로 가득 찰 거예요. 그래서 누구나 다 읽으려고 할 거예요. 한 페이지 한 페이지씩 쓰면서 선반을 차곡차곡 채워 나가겠습니다…)

이 발언은 미국의 Crystal(크리스탈)이라는 16세 된 소녀가 한 것이다. 그런데 이 소녀의 IQ는 49이고, 자기 신발 끈을 못 매고, 좌우의 구별을 못하고, "작년"이 "지난 주" 뒤인지 앞인지 분간을 못하고, 찬장에서 그릇을 꺼내지 못하고, 2에 2를 더하지 못하고 등등 7·8세 아이들이 할 수 있는 평범한 일을 하지 못해서 늘 baby-sitter의 간호를 받아야 했다면 독자들은 믿지 못하리라(Pinker 1999:260에서 따옴).

이보다도 더 신기한 것은 영국의 Christopher(크리스토퍼)의 경우이다. 이 사람은 IQ가 65쯤 되는 중년 남자인데, 자기 셔츠의 단추를 채우지 못하고, 자기 손톱을 못 깎으며, 마루 청소를 못한다. 그러면서도 그의 언어 실력은 어느 토박이화자에 못지않을 뿐더러 15개 이상의 외국어를 영어로 번역한다고 하니, 그야말로 언어현자(言語賢者)이다!5)

두뇌의 어느 부분의 결함이 색맹(色盲 achromatopsia)을 유발하는지 우리는 잘 안다. 또 이 부분 외에는 두뇌의 다른 어떤 부분의 손상도 색맹을 초래하지 않는다는 사실도 잘 안다. 불행하게도 언어와 두뇌의 관계는 이렇게 간단하지가 않다. 색의 시각작용이 신경세포의 솔로(solo) 공연이라고 한다면, 언어처리는 앙상블(ensemble) 연주이다. 갑돌이가 갑순이에게 "너 예쁘다"라는 말을 하기 위해서는, 후두엽이 갑순이를 보고서 그 영상을 전두엽에 보내면 전두엽이 그 이미지가 정말로 양귀비에 가까운지 가치판단을 하고, 그 결과를 측두엽에 보낸다. 그러면 측두엽에서는 선택된 개념을 문장으로 어떻게 표현할까를 모색한다(예: "클레오파트라 뺨치게 생겼다", "전지현 같이 생겼네", "예쁘다"). 이제 결정한 문장을 정수리골에 보내면 그 문장의 발성에 필요한 근육을 작동시키는 뇌세포를 자극시켜 명령을 내려 보낸다. 이 명령대로 목청과 목젖과 혀와 턱과 입술이 재빨리 움직여서 드디어 "너 예쁘다"라는 말이 나오는

---

5) 크리스토퍼가 영어로 번역한 외국어를 나열해 보면, 독일어, 덴마크어, 네덜란드어, 프랑스어, 이탈리아어, 포르투갈어, 스페인어, 폴란드어, 핀란드어, 그리스어, 힌디어, 터키어, 웨일스 등이다. 외국어 화자들에게서나 외국어 학습서에서 배운 실력이라고 한다(Smith & Tsimpli 1995 참조). 1770년 4월 열네살 때, 이탈리아 여행 도중, 로마의 Sistine Chapel에서 아홉 성부(聲部)로 된 미사곡(*Miserere*)을 한 번 듣고, 그날 저녁 여관에 돌아와서 이것을 그대로 악보에 옮겼다는 신동 모차르트를 연상시킨다.

것이다(395쪽에 있는 (14.20) 참조). 이것은 적어도 4중주(quartet) 아니면 5중주 (quintet)이다. 어찌 사랑의 고백이 힘들지 않을 수 있으랴!

마지막으로 근래에 학계가 흥분하고 대중매체(*New York Times*, *National Geographic* 등)가 떠들썩한 적이 있었던 FOXP2라는 것에 대한 이야기를 아래에 간추려서 전하고 이 장을 맺는다.

1980년 후반에 약칭 KE로 지칭되는 가문의 아이들 일곱 명이 영국 런던 시 서부에 있는 Brentford 초등학교에서 언어장애인을 위한 특수반을 다니고 있었는데, 담임인 Elizabeth Augur 선생이 University College London에 속한 Institute of Child Health에 가서 진찰과 치료를 받아볼 것을 권하였다. 이에 이 아동건강소 연구원인 Marcus Prembey와 Jane Hurst가 조사해 보았더니 KE 가의 3대에 걸쳐 30명 중의 반인 15-6명에게 언어장애가 있었으며, 혈액검사를 비롯한 여러 조사 결과, 장애자들의 지능계수나 청취력엔 이상이 없어서, 언어장애는 어떤 훼손된 언어유전자가 멘델(Mendel)법에 따라 전승되었기 때문일 것이라고 판단하였다. 인간만이 언어를 소유하고 있는 이유가 이 유전자 때문일 것이라고 속단하고, BBC가 이의 방영을 기획하고 있었는데, 이 무렵 Myrna Gopnik라는 캐나다의 University of McGill의 심리언어학 교수가 Oxford 대학을 유학 중이던 아들을 방문차 마침 영국에 왔다가 이를 전해 듣고, Montreal에 돌아가서 *Nature*지(1990)에 "grammar gene"(문법유전자)가 인간의 두뇌에 있다고 발표하였다.

그러나 Institute of Child Health의 Farnah Vargha-Khadem 신경학 교수와 Oxford 대학의 유전학 교수 Anthony Monaco 및 Simon Fraser 연구팀은 이 결과에 불복하고 더 깊은 조사를 하였다. 우선 장애인과 정상인 사이의 평균 IQ가 달랐다. 분포는 비슷했지만 평균은 장애인의 86(분포: 71-111)에 비해 정상인은 104(분포: 84-119)였다. 또 PET 및 MRI 등을 이용해서 KE 가의 13명의 언어장애자와 8명의 정상인을 비교해 보았더니 두 그룹 사이에 두뇌의 활성 패턴이 다름을 발견하였다. 요약하면 장애인은 basal ganglia(신경구)가 정상인에 비해 많이 축소되어 있고, Broca's area도 축소되었으면서 활성이 과다하였다. KE 가의 일원이 아닌 CS라는 소년 언어장애자의 검사에서도 같은 결과를 얻었다. 연구팀은 이러한 언어장애의 원인이 Chromosome 7에 있는 Forkhead Box Protein P2(약칭 FOXP2)라는 단백질 중 arginine이란 아미노산(amino acid)이 돌연변이(mutation)한 때문임을 발견하고, FOXP2가 language gene(언어유전자)일 것이라고 *Natural Genetics*지(Fisher, Simon E. et al. 1998)에 발표하였다.

FOXP2에는 715의 아미노산이 있는데, 인류와 근친인 원류(遠類; 고릴라, 침팬지, 원숭이)와는 2개가 다르고, 쥐와도 겨우 3개만이 다르다(그러니까 원류와 쥐와는 한 개만 다르다. 원류와 쥐가 분화하는 데 7500만 년이 걸리고, 인류와 원류가 분화하는 데에는 700만 년이 걸렸다고 한다). 학자들의 추측은 인류의 FOXP2 아미노산 하나의 돌연변이가 만 내지 십만 년 전에 일어났을 것이라고 한다. 그러나 언어의 역사는 이보다 훨씬 더 길다(제3장 참조). 또 언어의 출현에는 여러 조건이 필요했다. 제3장(언어의 기원)에서 보았듯이, 발성을 가능케 한 성대의 하강과 인지능력의 발달에 필요한 두뇌의 증가가 언어 출현의 계기가 되었을 것이다. 그래서 FOXP2에 있는 한 아미노산의 돌연변이만이 언어를 출생시켰다고 보고, 이것이 언어유전자라고 단정하는 것은 너무 단순한 생각이라고 하지 않을 수 없다.

두뇌는 더워진 피를 식히는 기관이라고 믿었던 아리스토텔레스 이후, 또 두뇌가 생치즈(green cheese)로 만들어져 있던들 어떠냐고 하버드 대학의 행동주의 심리학자 Jerome Bruner 교수(1915-2016)가 1957년에 억지 부린 이후, 신경언어학은 많은 발전을 해 왔고 새로운 탐색기구로 눈부신 연구를 거듭하고 있다. 신(神) 다음으로 가장 신비로운 것이 두뇌이기에, 더 크고 놀라운 연구의 성과가 기다려진다.

참고문헌

강옥미. 2009. 『언어여행』. 제2장 "두뇌와 언어" 77-124. 서울: 태학사.

Ahlsen, F. 2006. *Introduction to neurolinguistics*. Amsterdam: John Benjamins.

Curtiss, Susan. 1977. *Genie: A linguistic study of a modern-day "wild child"*. New York: Acaemic Press.

Damasio, Antonio R. and Hanna Damasio. 1992. "Brain and language". *Scientific American* 267(3):88-95.

Enard et al. 2002. "Molecular evolution of FOXP2, a gene involved in speech and language". *Nature* 418:869-872.

Fisher, Simon E. et al. 1998. "Localisation of a gene implicated in a severe speech and language disorder". *Nature Genetics* 18(2):168-170.

Fisher, Simon E. and Constance, Scharff. 2009. "FOXP2 as a molecular window into speech and language". *Trends in Genetics* 25(4):166-177.

Fromkin, V., R. Rodman, and N. Hyams. 2014. *An introduction to language*. 10[th]ed. Boston, MA:CengageLearning,Inc.

Geschwind, Norman. 1979. "Specialization of the human brain". In *Human communication: Language and its psychological basis*, pp. 110-119. San Francisco, CA: W. H. Freeman.

Gilling, Dick and Robin Brightwell. 1982. *The human brain*. New York, NY: Facts On File Publications.

Gopnik, M. 1990. "Genetic basis of grammar defect". *Nature 347*(6288):26.

Johnson, Jaqueline and Elissa L. Newport. 1989. "Critical period effects in second language learning". *Cognitive Psychology* 21:60-99.

Lai et al. 2001. "A forkhead-domain gene is mutated in a severe speech and language disorder". *Nature* 413:519-523.

Lenneberg, E. H. 1967. *Biological foundations of language*. New York, NY: Wiley.

MacAndrew, Alec 2016. FOXP2 and the evolution of language. Internet.

Obler, Loraine and Kris Gjerlow. 1999. *Language and the brain*. Cambridge, UK: Cambridge University Press.

Penfield, Wilder and Lamar Roberts. 1959. *Speech and brain mechanisms*. Princeton, NJ: Princeton University Press.

Pinker, Steven. 1994. *The language instinct: How the human mind creates language.* New York, NY: Morrow.

_____. 1999. *Words and rules.* New York, NY: Basic Books.

Smith, Neil and I-M. Tsimpli. 1995. *The mind of a savant.* Oxford, UK: Blackwell

Vargha-Khadem, Faraneh; Liegeois, Frederique. 2007. "From speech to gene: The KE family and the FOXP2". In Braten, Stein: *On Being Moved From Mirror Neurons to Empathy.* Amsterdam: John Benjamins.

"프랭클린, 좌측 두뇌와 우측 두뇌에 관한 장을 읽어 봤어?"

"난 「좌골인」인 것 같애. 분석 잘 하고, 숫자와 기호를 좋아하거든."

"난 「우골인」인가 봐. 퍼즐, 음악을 좋아하고 상상력이 풍부하니까."

"그런가 하면 여기 「무골인」도 있지…"

"나 들었다!"

1. 헤드폰으로 오른쪽 귀와 왼쪽 귀에 비슷한 다른 단어를 동시에 들려준다고 하자. 예를 들면 오른쪽 귀에는 **주민**, 왼쪽 귀에는 **주님**이라는 단어를 동시에 같은 소리 크기로 들려주었다고 하자. 이때 청자가 선호하는 귀가 있을까? 있다면 어느 쪽 귀일까? 이유는?

2. 위의 실험에서 자연언어의 단어 대신, 무의미한 소음을 신호로 대치했다고 하자. 어떤 결과가 나타나리라고 생각하는가? 그 이유는?

3. Corpus callosum을 잘라서 두뇌의 우반구와 좌반구가 교신을 못하는 사람이 있다고 하자. (문제 1)과 똑같은 실험을 했을 때, 같은 결과가 나타날까 아니면 다른 결과가 나타날까? 이유는?

4. 난독증 환자에게 특정의 어휘를 제시하고 발음해보라면 엉뚱하지만 비슷하거나 관련 있는 것으로 대치해서 발음한다. 이 현상은 어휘가 두뇌에 어떻게 저장되어 있음을 시사하는가?

제시어	응답어
liberty	freedom
canary	parrot
abroad	overseas
large	long
short	small
tall	long
remember	memory

5. 5,147명의 미국인과 캐나다인을 상대로 두뇌 좌반구의 지배성이 신체의 부분에 나타나는 현상을 조사해 보았더니 다음과 같은 결과를 얻었다.

a. 오른손: 88%

b. 오른발: 81%

c. 오른눈: 71%

d. 오른귀: 59%

언어도 88%의 경우 좌반구에 위치해 있으므로, 오른손잡이의 수치와 맞먹는데, 발, 눈, 귀로 가면서 오른손잡이의 확률이 점차적으로 줄어듦을 볼 수 있다. 개인의 경우에 따라 다르나, 샘플이 많을수록 위의 수치에 접근할 것이다. 같은 수업을 듣는 동기생이 수십 명 될 경우, 다음 사항을 관찰하며 이런 추세를 조사해 보라.

손: 글을 어느 쪽 손으로 쓰는가?

공은 어느 쪽 손으로 던지는가?

수저는 어느 쪽 손으로 쥐고 식사를 하는가?

발: 어느 쪽 발로 공을 차나?

선 자세에서 앞으로 나갈 때, 어느 쪽 발이 먼저 나가나?

발을 꼴 때, 어느 쪽 발이 위에 가나?

눈: 어느 쪽 눈으로 일안의 망원경을 보나?

어느 쪽 눈으로 사격 조준을 하나?

어느 쪽 눈으로 윙크를 하나?

귀: 어느 쪽 귀를 문에 대고 엿듣나?

어느 쪽 귀에 이어폰을 끼우나?

어느 쪽 귀에 소라 껍질을 대나?

제15장 언어와 컴퓨터

> What is *Apple*? *Apple* is about people who think 'outside the box,' people who want to use computers to help them change the world, to help them create things that make a difference···
>
> Steve Jobs (1955-2011) in 1997.

영국의 주간지 *The Economist*(1843년 창간. 미국의 *Time*지보다 80년 앞선 세계 최고(最古)의 주간지이다)는 2015년 2월 28일자의 표제글 9쪽에서 인류를 "phono sapiens"라고 규정하고 표지에 스마트폰으로 덮인 지구의 사진을 실었다. *Phono*가 *Homo sapiens*의 *homo*와 운이 잘 맞아서 *phono sapiens*라고 했겠지만, 스마트폰이 컴퓨터와 다름없는 이상, 현대인을 *phono sapiens* 대신 *computo sapiens*라고 규정했어도 되었을 것이다. *The Economist*지는 2020년이 되면 세계 성인의 80%가 수퍼컴퓨터(=스마트폰)를 주머니에 넣고 다닐 것이라고 했는데, 미성년자까지 치면 90%에 가까울지도 모른다. 사실 요즘 어린 아이로부터 나이든 어른에 이르기까지 스마트폰을 늘 지니고 다니지 않는 사람이 없으며, 전철 안에서나 길거리에서나 많은 사람들이 스마트폰에 몰두해 있는 현상을 볼 수 있다. *petextrian*(문자하는 보행인, *pedestrian*의 둘째음절 dest를 text로 대치한 것)이란 혼성어가 나왔을 만큼 스마트폰/컴퓨터가 그만큼 일상화 된 것이다. 인류의 역사를 석기 시대, 청동기 시대, 문예부흥 시대, 산업혁명 시대 등으로 구분하는데, 분명 현시대는 전산 시대(computer age)라고 할 수 있다. 이 장에서는 컴퓨터와 언어와의 관계를 잠시 엿본다.[1]

---

1) 이 장을 씀에 있어 University of Texas-Austin의 Department of Information Science 에서 학위과정을 마치고 지금은 미 California주의 Silicon Valley에 있는 Airbnb회사 에서 전무로 근무하고 있는 유호현 군이 많이 도와주었다. 그의 큰 도움에 깊이 감사한다. 아울러 이 장의 오류는 그의 책임임을 기꺼이 밝혀둔다!?

앨빈 토플러(Alvin Toffler, 1928-2016)는 *Future Shock*(1970)에서 사람이 감당하기 어려울 만큼 정보가 홍수처럼 넘쳐나는 정보 과잉(Information overload)의 시대를 예견하였다. 그로부터 30년이 지난 2000년대 초반 인터넷의 급속한 확산으로 정보 과잉은 대부분의 사람들이 경험하는 흔한 현상이 되었다. 종이와 잉크를 이용한 전통적 방법의 정보 전달은 급속하게 줄어들고 인터넷과 스크린이 언어 정보 전달의 주요 매체가 되었다. 정보화 시대로 일컬어지는 현대에 이르러서는 종이에 글을 쓰는 것보다 컴퓨터에 글을 입력하는 빈도가 압도적인 비중을 차지하게 되었다. 정보화 시대 초반에는 책을 통한 아날로그 정보를 디지털화하여 배포하고 활용하였다면, 현대에 만들어지는 대부분의 정보는 처음부터 디지털의 형태로 태어나서 디지털로 유통되며 디지털 형태로 저장되거나 소멸하게 된다.

수천 년 간 써오고 자연스럽게 발전시켜 온 사람의 언어는, 디지털 시대에도 여전히 주요 전달 매체이다. 그러나 언어와 활자는 디지털 시대를 미리 예상하고 만들어진 것이 아니기에, 컴퓨터를 이용해 언어를 입력하고 소통하는 데에는 해결해야 할 문제점이 많이 있다.

사람의 언어는 음성을 통해 정보를 전달하는 데 주된 목적이 있으며, 사람의 인지 능력을 최대한 활용하도록 만들어져 있다. 사람은 유머, 반어법, 과장법, 비유법 등을 활용하여 감정을 풍부하게 전달하며, 더 나아가 문맥(context)을 읽어내는 탁월한 인지능력을 갖고 있다. "네가 그랬지?"라는 문장에 대해 누가 어떻게 말을 하느냐에 따라 "네가 지난번에 한 말이었지?"라는 뜻도 되고 "네가 저지른 잘못이지?"라는 뜻도 된다. 음성적 정보, 즉 말의 어투나 높낮이, 그리고 문맥적 정보가 없으면 "네가 그랬지?"라는 문장이 어떻게 해석되어야 하는지 판단하는 데에 어려움이 있을 것이다. 이러한 문자 중심의 컴퓨터 언어와 사람의 언어의 간극을 메우는 학문이 전산언어학(computational linguistics)이다.

전산언어학의 세 가지 목적은 다음과 같다. 첫째, 언어학의 이론, 가설, 모델 등을 컴퓨터를 이용해 시험(test)하고 검증(verify)하는 것이다. 변형문법이나 심층구조가 언어학자의 한낱 가공사(假工事 projection)인지, 화자의 가공기(加工機 processor)인지 검증한다. 둘째는 컴퓨터를 언어학 연구의 도구(a research tool)로 삼는 것이다. 음성학 연구에서는 사람의 음성의 파형을 분석하여 음성의 특성을 분석할 수 있고, 코퍼스 분석을 통해 어휘의 변천사 등을 분석할 수도 있다. 셋째는 언어에 관한 지식을 컴퓨터를 이용해서 현실세계의 언어에 관한 문제의 해결책을 모색하는 응용(application)이다. 사람들이 소셜 네트워크에 올리는 글을 분석하여 선거의 결과나 신제품의 인기도 등을 예측할 수도 있고, 영어를 한국어로 자동 번역하는데 컴퓨터를 사용할 수도 있다. 이 입문서에서는 언어학의 이론의 검증에 관한 토론은 삼가고, 전산언어학의 다른 두 분야, 즉 언어학 연구로의 도구와 응용을 기술해보려고 한다. 설명을 위해 컴퓨터에 관한 기초지식을 군데군데 예시하기도 할 것이다.

제1장에서 우리는 사람의 언어를 귀납적 방법보다는 연역적 방법에 기대어 연구할 수밖에 없음을 언급하였다. 사람은 언어를 잘 알고 있지만, 우리가 어떻게 언어를 알고 있는지는 모른다. 우리가 어떻게 음성을 듣는지, 쓰여진 글자를 보고 머릿속에서 어떻게 하나하나의 글자로 인식하는지, 어떻게 신경세포 하나하나에 우리가 알고 있는 단어들을 새겨 기억하는지, 어떻게 기억한 단어들을 토대로 정보를 분석하고 이전의 기억들과 연결하여 현상을 이해하는지, 또 어떻게 그 복잡한 문법의 규칙들을 적용해서 말을 하고 글을 쓰는지 현재의 과학은 아직 모른다.

그런데 참 흥미로운 것은 사람과 컴퓨터는 그 기능이 거의 상보적이라는 사실이다. 사람이 언어학에서 가장 어려워하는 부분을 컴퓨터는 너무나도 쉽게 하고, 컴퓨터가 잘 못하는 부분을 사람은 너무나도 쉽게 한다. 서너 살의 어린이가 할 수 있는 문장을 만드는 일은 컴퓨터가 가장 못하는 일이고, 사람의 언어 습득의 마지막 단계라고 할 수 있는 글을 읽고 쓰는 일은 컴퓨터에게는 아주 쉬운 일이다. 그래서 컴퓨터는 참으로 사람에게 유용한 도구이다. 컴퓨터는 사람의 제한된 기억력을 대체하기에 더 없이 좋은 도구이며, 사람에게는 불가능한 이 세상의 글들을 모두 읽고 정보를 찾는 일을 할 수 있다.

처음 사람이 언어를 직접적 의사소통의 수단으로 사용하였을 때, 말은 담을 수 없는 신호에 지나지 않았다. 문자가 발명되고 책이 생기면서 정보가 축적되기 시작하였고 지난 이천여 년 간 인류는 책을 통하여 많은 지식을 저장하고 전달하고 발전시켜왔다. 문자가 처음 만들어졌을 때에는 진흙, 뼈, 돌 등에 문자를 새겨 기록하였다(문자에 관한 다음 장 참조). 그 때에는 글자를 새기기 위해서 많은 노력과 비용이 수반되었다. 종이와 잉크의 발명, 그리고 나아가 금속 활자의 발명을 통해 인류는 책을 만들고 전에 비해 훨씬 적은 시간과 노력, 그리고 비용을 들여 정보를 축적하고 전달하였다. 그러나 책을 통한 정보의 집적과 소통도 물리적 한계를 뛰어넘을 수는 없었다. 아무리 큰 도서관 건물도 인류의 지식을 모두 담을 수는 없다. 컴퓨터는 이러한 책의 물리적 한계를 해결하며 정보의 대량화와 대중화를 가져다주었다. 아주 작은 휴대전화도 수십 기가바이트 이상의 저장 공간을 가지고 있는데 1기가바이트는 약 10억 개의 영문자, 약 5억 개의 한글 문자를 저장할 수 있다.

컴퓨터 "문자"는 아날로그(analog)가 아니라 디지털(digital)이다. 아날로그는 연속적(continuous)이지만 디지털(digital)은 불연속적(discrete)이다. 아날로그 시계의 초침은 연속적으로 돌지만, 디지털 시계의 초침은 초에서 초로 뛰면서 돈다. 또 한 예로 연필로 종이에 동그라미를 그리는 것을 생각해 보자. 사람은 연속된 한 획으로 동그라미를 그리지만, 컴퓨터는 화면을 수많은 점으로 인식하고 하얀 색은 숫자 0으로 검은 색은 숫자 1로 표현한다. 그리고 사람이 그린 원에서 최대한 가까운 점들에 1을 배치한다. 사람이 그린 그림은 확대해서 보아도 부드러운 선이지만 컴퓨터의 동그라미는 점들의 배치이기 때문에 확대하면 계단 형태의 점들을 보게 된다(컴퓨터의 경우 더 부드러운 동그라미를 그리기 위해서는 해상도, 즉 단위 넓이당 점의 수를 늘려야 한다. 그렇게 하면 내부적으로는 점으로 구성되어 있지만 사람의 눈에는 부드러운 동그라미처럼 보이게 된다).

(15.1)

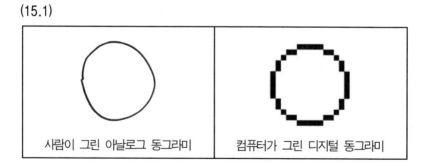

| 사람이 그린 아날로그 동그라미 | 컴퓨터가 그린 디지털 동그라미 |

언어를 인식하고 처리할 때도 마찬가지이다. 인간의 언어는 아날로그이다. 음성도 시작과 끝이 모호한 연속된 소리의 변화이고, 글자도 모든 사람이 다르게 쓰는 종이 위의 선의 연속된 변화이다. 그것을 디지털 체계로 변환하는 것이 컴퓨터가 사람의 언어를 이해하는 첫 단계이다.

앞의 간단한 예에서 우리는 컴퓨터가 읽는 숫자가 0과 1이라고 했는데, 실제로 컴퓨터는 0과 1밖에 모르는 디지털 기계이다. 비유하자면 컴퓨터의 두뇌 구조는 전구 여러 개를 연결해 놓은 것과 같다고 할 수 있다. 전구가 켜지면 1, 꺼지면 0을 표시한다고 한다면 전구가 하나만 있으면 이 기계는 두 가지 정보만을 표현할 수 있게 된다. 즉, '밥을 먹었다' 또는 '안 먹었다', '재미가 있다' 또는 '재미가 없다' 등의 정보를 표현할 수밖에 없게 된다. 그러나 한 개의 전구만 있을 때에는 단순하고 별 쓸모가 없는 컴퓨터는, 전구가 두 개가 있으면 두 배의 정보를 표현할 수 있게 된다. 즉, 00, 01, 10, 11 네 개의 상태를 통해 재미가 있으면서 밥을 안 먹은 상태까지 표현이 가능해진다. 전구를 하나 더 붙이면 정보 표현력은 또 두 배가 더 늘어나서 000, 001, 010, 011, 100, 101, 110, 111의 8가지의 정보를 표현할 수 있게 된다. 조금 더 연장하면 전구 8개는 256가지 정보를 표현할 수 있다.

이러한 전구 1개 정보의 최소 단위를 비트(bit)라고 부른다. 그리고 8개의 비트를 모아 1바이트(byte)라고 부른다. 그리고 2의 10 제곱인 1,024개의 바이트를 1킬로바이트(Kilobyte), 1,024개의 킬로바이트를 1메가바이트(Megabyte), 1,024 메가바이트는 1기가바이트(Gigabyte)라고 한다. 언어를 표현하는 데에 영어 한 글자는 1바이트, 한글 한 글자는 방식에 따라 다르지만 표준적으로 2바이트를 차지한다. 1기가바이트의 저장 장치는 영어 글자 10억 개, 한글 글자 5억 개 정도를 저장할 수 있는 어마어마하게 큰 언어 저장 공간이다.

세계의 문자들을 컴퓨터의 부호로 바꾸는 방법을 인코딩(encoding)이라고 한다. 문자를 코드로 바꾼다는 뜻이다. 우리가 주로 사용하는 인코딩은 다음과 같다.

(15.2) ASCII: 1960년대에 제정된 영문, 숫자, 문장부호 등을 나타내기
위한 체계

EUC-KR: 한국어 완성형 코드 체계 (마이크로소프트(microsoft) 한
글 윈도우즈(windows)의 체계)

UTF-8: 전 세계의 문자를 표현할 수 있는 유니코드 체계 (웹에
서 쓰는 체계)

ASCII 인코딩은 미국 정보 교환 표준 부호(American Standard Code for Information Interchange)의 약자로 컴퓨터에서 가장 기본적으로 쓰이는 숫자와 알파벳, 문장 부호 등을 포함하는 126개의 문자를 컴퓨터가 이해하도록 저장하는 방식이다.

우리가 키보드를 통해 입력한 "a"라는 글자는 아스키(ASCII) 코드를 통해 0110 0001이라는 0과 1의 배열로 바뀌어 저장된다. "a"를 나타내는 아스키 코드 0110 0001은 8개의 0과 1, 즉 8개의 비트로 되어 있으며 그것은 ASCII 코드 한 글자가 1바이트의 저장 공간을 차지한다는 것을 보여준다. 쉽게 말하자면 1바이트는 영어나 숫자, 또는 문장부호 한 글자를 저장할 수 있다.

재언해서 1킬로바이트는 1,024글자, 1메가바이트는 1,024×1,024=1,048,576 글자를 저장할 수 있다. 2017년 기준으로 우리가 쉽게 주변에서 볼 수 있는 1테라바이트(Terabyte) 저장 공간은 ASCII 인코딩을 기준으로 1,000조 개의 문자를 저장할 수 있으니 실로 엄청난 정보량이다.

ASCII 인코딩을 사용했던 초기의 컴퓨터는 영어 밖에 표현할 수 없었다. 스페인어의 ñ자도 표현할 수 없었으며 한글을 표현할 수 없는 것은 당연했다. 초성과 중성과 종성을 이용하여 조합 가능한 한글의 글자 수는 1만 가지가 넘는다. 1만 가지의 글자를 표현하기 위해서는 몇 개의 비트, 즉 몇 개의 전구가 필요할까? 000000을 '가', 000001을 '나', 000010을 '다', 이런 식으로 표현한다면 말이다. 앞에서도 보았듯이 전구 1개로는 두 개의 글자, 전구 2개로는 네 개의 글자, 3개로는 8개의 글자를 표현할 수 있다. 이렇게 계산하면 14개의 전구를 사용하면 2^{14}개, 즉 16,384개의 글자를 표현할 수 있다.

앞에서도 언급했지만 컴퓨터는 1바이트, 즉 8비트 단위로 정보를 처리한다. 처음에 컴퓨터가 개발 되었을 때 영어의 대소문자와 기본 특수 문자의 모든 문자 수가 2^8, 즉 256개 안에 다 들어갔기 때문에 1바이트를 1글자와 같은 것으로 정했다. 1바이트는 8비트이고, 2바이트가 16비트이다. 14비트가 필요한 한글자를 저장하려면 2바이트의 컴퓨터 저장 공간이 필요하다. 실제로 '가'라는 글자는 컴퓨터에서 1010 1100 0000 0000이라는 16자리의 2진 숫자로 저장된다. 2바이트를 이용하면 총 2^{16}, 즉 65,536 종류의 글자를 표현할 수 있다. 3바이트를 이용하면 2^{24}, 즉 16,777,216 종류의 글자를 표현할 수 있다.

초기의 한국어 처리는 완성형과 조합형으로 나누어서 연구되었다. 완성형은 모든 조합 가능한 글자를 만들어 놓고 글자 하나하나에 고유의 값을 부여하는 방식이며, 조합형은 초성, 종성, 종성을 각각 저장하여 나중에 사용할 때 합치는 방식이다. 예를 들면 "언어"는 완성형으로 "언"과 "어"로 저장되며 조합형은 "ㅇ, ㅓ, ㄴ, ㅇ, ㅓ"로 저장된다. 한글을 0과 1로 바꾸는 많은 방식이 있지만 대부분 한 글자가 2바이트나 3바이트를 차지하기 때문에 한글 한 글자를 저장하기 위해서는 영어 두세 글자를 저장하기 위한 공간을 확보해야 한다. 초기의 한글을 저장하는 방법은 대부분 ASCII의 영어 대소문자, 문장부호, 숫자들과 한글만 저장이 가능했다. 따라서 한자, 일본어, 그리고 영어 외 유럽어의 ñ, å 등을 표현하기 위해서는 별도의 수단이 필요했다. 이러한 개별언어 체계의 문제점을 극복하여 지구상의 모든 글자를 표현하기 위해서 만든 코드 체계를 유니코드(Unicode)라고 한다. 유니코드에는 몇 가지 표준이 있는데, 그 중에서 가장 널리 쓰이는 표준은 UTF-8로 현대의 거의 모든 웹 페이지들이 채택하고 있다. UTF-8은 다소 긴 Universal Character Set + Transformation Format-8 bit의 약자인데 우리말로 풀어서 쓰면 '세계 모든 문자를 0과 1로 이루어진 디지털 전산 부호로 바꾸는 규칙'을 뜻한다. UTF-8은 한 글자에 1바이트에서 4바이트를 사용하며 100만 개 이상의 문자를 저장할 수 있다. 더 자세한 설명은 Unicode Consortium(http://unicode.org/)이나 위키피디아(Wikipedia)에서 쉽게 찾아볼 수 있다.

컴퓨터를 통해 문헌을 연구하는 입장에서는 이 유니코드의 활용이 매우 중요하다. 정확한 문헌 분석을 위해서는 라틴 계열 언어의 악센트나 특수

부호 등을 표현할 수 있어야 하며, 특히 현재의 구글, 페이스북, 트위터 등을 통해 모은 데이터에는 다국어가 포함되어 있는 경우가 빈번하기 때문에 영어만 가능한 인코딩이나 한국어만 가능한 인코딩으로는 우리가 원하는 정보를 온전히 저장하고 표현할 수가 없다. 요즘은 모든 웹 문서를 UTF-8 유니코드로 저장하므로 전 세계 대부분의 컴퓨터에서 한글을 제대로 표현할 수 있다.

앞에서 본 바와 같이 컴퓨터는 0과 1의 두 숫자만으로 엄청난 자료를 저장할 수 있다. 다음의 사실은 인력과의 차이를 극적으로 잘 보여준다.

세계에서 가장 큰 사전은 영국의 *OED(Oxford English Dictionary)*이다. 19세기 중엽에 시작한 작업은 수천 명의 독자로부터 단어의 용례를 제공받아 (*"You shall know [the meaning of] a word by the company it keeps"*라고 한 J. R. Firth(1957:11)의 말을 상기하자) 무려 70년이 지난 1928년에 열 권으로 출판되었다(282,000올림말에 정의한 어휘수는 414,800). 제2판은 1989년에 출간되었는데 스무 권으로 늘었고(291,500 올림말에 정의한 어휘수는 615,100), 무게는 137 파운드(=63kg; 꼭 저자의 체중이다), 책 선반에서 4피트(=120cm)를 차지했다. 이에 비교해 1992년에 한 장의 CD Version 1.0이 나왔고, 2009년에는 Version 4.0이 나왔다. 그 이후에는 온라인으로 출판되어 심지어 CD도 필요 없게 되었다.

사전 편찬과 어휘 수집의 작업은 컴퓨터의 출현으로 극적으로 간편해졌으며 이런 어휘집(말뭉치)을 이용한 언어사용의 연구가 요즘 활발히 진행되고 있다. 이 언어학 분야를 **코퍼스 언어학**(corpus linguistics)이라고 한다. 코퍼스(Corpus) 언어학은 문헌을 전산화하여 코퍼스, 즉 말뭉치를 만들고 그 말뭉치 내에서의 언어학적 특징을 분석해 내는 학문이다. 코퍼스 언어학은 벌써 30년에 가까운 역사를 가진 학문으로, 수많은 말뭉치와 코퍼스 분석 도구들이 개발되어 왔다.

초기 언어학은 사람들이 어떻게 말을 하는지, 그 용례를 수집하여 규칙을 찾아내어 언어가 무엇인지 밝히려 노력하였다. 그러나 노암 촘스키는 언어학이 밝혀내야 하는 것은 어떠한 언어를 만들어 낼 수 있는 잠재능력, 즉 언어능력(competence)이지, 사람들이 말을 어떻게 하는지, 즉 언어수행(performance)을 연구하는 것은 무의미하다고 비판하였다. 같은 맥락에서 귀납적으로 수집하게 되는 코퍼스는 사람의 언어능력을 모두 반영할 만큼 완전무결하지 못하다는 점을 문제점으로 지적하였다. 실제로 말뭉치는 문법 오류로 가득하며, 화자가 누구인지, 어느 지역에 사는지, 어떤 기분에 있는지에 따라 언어의 본질을 밝히기에 어려운 점이 있을 수도 있다. 그러나 1990년대에 시작된 말뭉치 분석은 기존에 우리가 할 수 없었던 언어학에 대한 귀납적 접근의 길을 새롭게 열어 주었다. 말뭉치의 언어학적 오류는 기계가 언어 데이터를 초대량으로 모으면서 소수 문헌의 문제로 희석되며, 일정한 실수가 엄청나게 많은 말뭉치에 걸쳐서 나타난다면 그것은 오류가 아닌 언어학이 규명해야 할 언어학적 패턴이 된다.

현대의 자동번역 시스템을 보면 언어의 연역적 접근의 한계에도 불구하고 코퍼스 등을 통한 귀납적 접근 방식이 대량의 데이터를 갖추었을 때 얼마나 강력한 힘을 보여주는지 알 수 있다. 기존의 자동번역 시스템들은 사람들이 규칙을 생각하고 컴퓨터에서 규칙을 알려주어서 번역을 하려고 노력해 왔지만 좋은 성과를 거두지는 못하였다. 반면 귀납적 자연언어 처리를 이용한 접근방식에서는 엄청난 데이터를 모아서 기계학습을 시킴으로써 인간의 언어능력을 재현해 내고 있다. 최신 자동번역 시스템에서 잘 보여주고 있는 엄청난 양의 데이터에 기반한 인간의 언어능력의 재현은 오히려 연역적 접근방식이 인간의 언어능력을 완전히 규명하는데 한계가 있다는 것을 방증하고 있다.

언어의 본질에 대한 규명에 접근하기 위해 코퍼스 분석은 다양하게 활용될 수 있다. 예를 들면, 손쉽게 영어의 동사 형태의 변천사를 추적해낼 수 있고, 각 시대별, 지역별로 자주 쓰이는 단어들을 찾아낼 수 있다. 또한 여러 언어로 번역된 병렬말뭉치(Parallel Corpus)를 이용하면 기계 번역에도 활용할 수 있으며, 기계학습을 이용하면 작가 한 사람 한 사람의 글의 언어적 패턴을 찾아내어 특정한 글을 누가 썼는지도 판별해 낼 수 있다.

여기서는 그간 나온 말뭉치 몇 개를 소개하고 코퍼스 활용의 한 두 예를 보기로 한다.

(15.3) **Brown Corpus**(브라운 말뭉치. Brown University Standard Corpus of Present-Day American English의 약칭). 이 말뭉치는 1961년에 나온 미국 영어를 15개 분야(예: 언론, 종교, 취미/오락, 소설, 학술지, 공문 등)로 나누어 500의 텍스트를 수집한 것인데, 한 텍스트가 각 2,000이여서, 총 백만 어휘의 말뭉치이다(2,000×500=1,000,000). **LOB Corpus**(London-Oslo-Bergen Corpus의 약칭). 유럽에서 역시 1961년에 쓰인 영국영어의 예들을 모은 말뭉치. 1967. 약 백만 어휘. **Helsinki Corpus**(1991). OE에서 Early Modern English(730-1700 AD)까지의 영국 영어, 450 texts, 1500만 어휘. **British National Corpus**(2001-2007). 20세기 후반의 영국 영어 말뭉치. 1억 어휘. 90% 문어(written English), 10% 구어(spoken English). **ARCHER**(A Representative Corpus of Historical English Registers 의 두자어). 1600-1990. 영미어의 역사적 변화의 연구가 목적. 10개 분야, 1,000 텍스트, 1700만 어휘. 7개국에서 14 대학이 참가. (진행 중)

이렇게 세계 여러 학술 기관과 국가 기관에서 말뭉치를 만들어 왔다. 한국에서는 1987년 4억 2,000만 현대 한국어 어절을 담은 **연세 한국어 말뭉치**를 시작으로 그 역사가 시작되었으며, 국립 국어원에서 간행한 6,800만 어절의 말뭉치는 조선시대 1400년대부터의 문헌을 포함하고 있다.

현대 말뭉치 중 최대 규모는 **구글 말뭉치**이다. 무려 1550억 개의 어절로 시작했으며 누구나 사용 가능한 구글 N-Gram이라는 서비스를 하고 있다 (https://books.google.com/ngrams). 이 서비스는 지금까지 다양한 언어로 출판된 책들을 분석하여 어떠한 단어가 어느 시대에 많이 사용되었는지 보여준다. 예를 들어 아래의 그림은 영어 단어 *computer*와 *language*가 각각 어느 시대에 출판된 책에 많이 등장하였는지 보여준다. *language*는 1800년대부터 비교적 꾸준한 빈도를 보이지만 *computer*는 1940년대부터 나타나기 시작해 급격히 빈도가 올라가는 것을 확인할 수 있다.

(15.4)

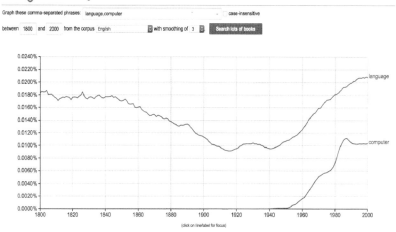

위의 예는 *computer*와 *language*라는 두 단어가 시대를 함수로 어떻게 변하는가를 구글 말뭉치가 보여준 예였다. (15.5)는 언어자료의 세 유형(genre)에서(회화, 뉴스보도, 학술논문), 새 정보(new info) 대 주어진 정보(given info)의 빈도가 어떻게 나타나는지를 보여준다(Finegan 2004:281, Figure 8-1에서 따옴). 회화에선 주어진 정보가 새로운 정보보다 거의 세 배가 더 많은데, 학술논문에서는 반대로 주어진 정보가 새 정보의 반 밖에 안 된다. 뉴스보도에서도 새로운 정보가 주어진 정보의 한 배 반이 넘는다. 한편 뉴스보도와 학술논문은 회화에서보다 새로운 정보가 두 배 이상 많으며, 회화에선 주어진 정보가 다른 두 장르에서보다 두 배 이상 많음을 볼 수 있다.

위는 장 머리에서 서술한 전산언어학의 둘째 목적, 즉 컴퓨터를 언어학 연구의 도구(a research tool)로 삼은 실례였다. 이제 전산언어학의 셋째 목적, 즉 언어에 관한 지식을 컴퓨터를 이용해서 현실세계의 당면한 언어 문제의 해결책을 모색하는 응용(application)의 사례를 보자.

(15.5) Average number of given and new referring expressions in three kinds of texts

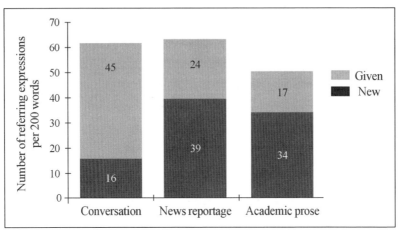

Source: D. Biber S. Conrad, R. Reppen, Corpus Linguistics
(Cambridge: Cambridge University Press, 1998).

대표적인 응용의 사례는 많은 사람들이 이미 알고 있고 체험하고 있는 **음성인식**(speech recognition)과 **음성합성**(speech synthesis), 그리고 **기계번역**(machine translation)이다. 음성 인식과 음성 합성의 가장 가까운 예는 휴대전화에 들어간 개인 비서 서비스를 들 수 있다. 휴대전화에 음성 명령을 내리면 휴대전화는 음성을 인식하여 명령을 분석하고 이를 컴퓨터가 알아들을 수 있는 언어로 바꾼다. 그리고 검색 등 적절한 과정을 수행하여 그 결과를 음성 합성을 통해 우리에게 전달한다. 여기서 한 가지 염두에 두어야 할 것은, 컴퓨터는 사람에 비해 비교할 수 없으리만큼 빠르고 정확하지만, 어떤 면에서는 그리 스마트하지 못한 숙맥이기도 하다. 잘 알려진 예로, 고장 나서 멈춘 시계와 하루에 겨우 일초가 느린 시계와의 둘 중에서 어느 것이 더 나은 시계냐고 컴퓨터에게 물어보면, 멈춘 시계라고 대답한다고 한다. 그 이유는 멈춘 시계는 하루에 적어도 두 번 정확한 시간을 맞추지만, 하루에 일초 늦는 시계는 한번도 정확한 시간을 알려주지 못 하기 때문이라나!?

우리가 앞에서 제일 먼저 살펴보았던 소리에 대한 연구인 음성학과 음운론은 컴퓨터에게는 오히려 가장 어려운 문제이다. 컴퓨터는 소음과 사람의 음성을 잘 구분해내지 못하며 목소리와 어투의 차이에도 민감하게 반응하지 못한다. 현재 음성 분석을 위한 많은 기술이 개발되고 있지만 아직 컴퓨터가 사람마다 다르게, 그리고 때와 장소, 감정 상태에 따라 다르게 발화되는 음성을 이해하는 데에는 많은 한계가 있다.

여기에 음성인식＋음성합성의 어려움이 있다. 컴퓨터에게 직접 명령을 내릴 수 있고, 대화를 할 수 있게 하는 음성 인식 기능은 우리가 가족이나 친구의 목소리를 인식하듯 뇌리적으로 하는 것이 아니라, 사람의 목소리를 녹음한 데이터를 컴퓨터와 그에 해당하는 문장을 학습시켜서 나중에 유사한 소리가 들리면 녹음된 음성을 자동으로 문자로 바꾸는 기계 학습을 이용한다.

휴대전화에 들어가 있는 음성 인식 기능이나 전화 자동 응답 시스템 등이 대표적이며, 인터뷰 내용이나 방송 내용에서 자동으로 음성을 인식하여 자막을 만들어 내는 데에도 활용한다. 또한 음성 인식으로 통해 음성 데이터를 문자화 하면 전문 검색이 가능해져 동영상 검색 등에도 활용될 수 있다.

음성 인식에는 여러 가지 도전과제가 있다. 우선 가장 기본적으로 단어 인식부터 어려움이 있다. 사람이 보통 말을 할 때 한 단어 한 단어를 음소별 또는 음절별로 또박또박 읽지는 않는다. 컴퓨터는 기계 학습을 통해 어떠한 소리가 각 단어에 매칭(matching)이 되는지를 확률적으로 찾아내며, 그 과정에서 성별, 사투리, 억양 등의 영향을 가려내야 한다.

더 어려운 문제 중 하나는 일찍이 1953년에 Colin Cherry가 관찰하고 이름지은 **칵테일 파티 효과**(the cocktail party effect)라는 현상이다. 이 현상은 칵테일 파티에서 수십 명의 사람들이 하는 말이 동시에 들려옴에도 불구하고 내가 엿듣고 싶은 사람의 음성을 정확히 인식하거나, 다른 수많은 소리 중에서 내 대화 상대 또는 관심 상대의 음성만을 집중해서 들을 수 있는 (예를 들면, 내 girlfriend가 지금 내 rival과 무슨 대화를 나누고 있나 하는 것을 "tune-in"해서 엿들을 수 있는) 현상을 일컫는다. 이러한 칵테일 파티 효과는 컴퓨터가 쉽게 따라할 수 없는 사람의 뇌의 놀라운 능력 중 하나이다. 음성 인식 기술의 실용적 활용을 위해서는 조용한 상태에서 발화된 음성을 인식하는 것을 넘어 여러 사람의 동시 발화 중에서 특정인의 음성만 분리해 내는 기술도 가지고 있어야 할 것이다.

음성 인식이 컴퓨터에 언어를 듣는 귀를 준다면, 음성 합성은 말을 할 수 있는 입을 제공한다. 컴퓨터 내부에 문자적으로 존재하는 정보를 사람의 청각 감각에 전달하려면 컴퓨터도 사람처럼 말을 할 수 있어야 한다. 제5장 음운론에서 살펴본 바와 같이 사람이 말을 할 때에는 연음 현상이 적용되며, 서술문인지 의문문인지의 여부와 감정과 상황에 따라 다양한 변화가 생긴다. 예를 들어 "그 애가 그랬어?"라는 문장을 발화 할 때, "그 애"를 강조해서 발화하면 다른 사람이 아닌 "그 애"의 행동에 대한 놀라움을 표현하지만, "그랬어"를 강조해서 발화하면 사람이 아닌 행동에 대한 놀라움을 표현하게 된다. 또한 억양에 따라 놀라움을 표현할 수도, 단순한 질문을 할 수도 있다.

문자에서 음성 소리를 만들어내는 음성 합성 기술은 이와 같이 문맥에 대한 파악이 필요한 어려운 영역이다. 음성 합성도 기계 학습을 이용하여 다양한 상황과 문맥을 고려한 발화를 컴퓨터에 학습 시킬 수 있으며, 기계 학습을 시킬 수 있는 데이터가 더 많이 쌓일수록 더 자연스러운 발화를 만들어 낼 수 있다.

기계 번역은 두 해당 언어에 상응되는 단어들을 교환하기만 하면 되기 때문에 비교적 쉬운 작업이라고 얼핏 생각하기 쉽다. "전기", "배", "갈다", *bank, change, key* 같은 동음이의어의 많은 경우는 문맥이 해결해 준다고 해도, 한 단어에 해당하는 상대방의 언어에 여러 단어가 있을 때 컴퓨터가 어떤 단어를 선택할지는 쉽지가 않다. 가까운 예로는, 남한산성의 '남문'을 영어로 *South Door*라고 하고, '서울숲', '양재시민의 숲'을 *Seoul Forest, Yangjae Citizen's Forest*라고 오역할 수도 있다('방문'은 door이지만 '성문'이나 '대궐문'은 gate이고, '삼림'은 forest이지만, '작은 숲'은 woods이다).

한편 컴퓨터는 너무도 똑똑한 나머지 빤한 의미의 문장을 지나치게 번역하기도 한다. 다음 예는 기계 번역 초기에 있었던 실제 사례인데, *Time flies like an arrow*(시간은 화살같이 흐른다)라는 문장을 다음과 같이 다섯 의미로 번역했다고 한다. 오역(五譯, 誤譯?)이다.

(15.6) 1. The speed of time is as fast as the speed of an arrow. (의도
한 바의 의미)

2. A species of fly called time likes an arrow. ('Time이라는 파리가
화살을 좋아한다' '파리'에는 butterfly '나비', dragon fly '잠자리', tsetse
fly '체체 파리', fruit fly '과실 파리' 등 여러 종류가 있을 수 있다.)

3. Measure the time of flies like one would measure the time
of an arrow. (time을 동사로 해석하고, '파리의 비행시간을 화살의 비
행시간을 재듯이 재어라.')

4. Measure the time of flies like an arrow would measure the
time of flies. ('파리의 비행시간을 화살이 재듯 재어라.')

5. A species of fly called time that looks like an arrow.
('화살 같은 time이라는 파리')

이런 예들에서 볼 수 있듯 기계 번역은 자연 언어 처리에서 가장 어려운
영역이자 엄청난 양의 데이터가 있어야 하는 분야이다. 기계 번역의 기본
원리는 비교적 간단한 기계학습 알고리즘이 수없이 많은 번역 문장을 분석
함으로써 번역 패턴을 찾아내고 그 패턴을 다른 문장에 적용하는 것이다.
그렇지만 워낙 언어마다 표현이 달라서 수많은 예외가 생긴다. 기계 번역의
기본 알고리즘을 짜는 것도 쉽지 않은 일이지만, 기계 번역이 잘 작동을 하
기 위해서는 엄청나게 많은 예시들을 컴퓨터에 입력해야 한다.

우선 컴퓨터가 언어를 인식하는 방법 중 가장 쉬운 것은 **문자집합**(Cha-
racter Set)을 보는 것이다. 문자집합은 유니코드에서 제정된 것으로 유니코
드의 문자 중 [A-Z]는 라틴 알파벳, [가-힣]은 한글, [あ-ん]는 일본어 히라
가나 등으로 정의해 놓은 것이다. 이를 통해 우리는 쉽게 어떤 글이 한글로
쓰여 있는지, 일본어로 쓰여 있는지를 알 수 있다. 그러나 이 방법만 가지고
는 완전히 언어를 판별할 수 없다. 일본어의 경우에는 한자만 사용하여 명
사를 나열할 수도 있는데, 이런 경우에는 중국어인지 일본어인지 알 수가
없게 된다. 또한 유럽 언어들은 대부분 로마알파벳을 공유하므로 문자 집합
만으로 언어를 확인할 수 없다.

문자 집합을 통해서 어떠한 문자들로 글이 쓰여져 있는지 판별한 후에는 언어 판별을 위해 두 가지 방법을 사용할 수 있다. 하나는 단어집을 이용하는 것이고 다른 하나는 이른바 N-Gram을 이용하는 것이다.

단어집을 이용하는 경우는 각 언어에서 자주 사용되는 모든 단어를 입력해 리스트(list)를 구축한 뒤 이를 활용해 언어를 판별하는 방법이다. 한 예를 들어, "Yo, Pedro, how have you been?"(어이 페드로, 요즘 어떻게 지내?)라는 문장을 보고, 컴퓨터는 단어집에서 다음을 확인한다.

(15.7) Yo: 영어에서는 부르는 말, 스페인어에서는 "나"라는 의미
        Pedro: 스페인어에서 많이 쓰는 이름
        how, have, you, been: 영어에서만 쓰이는 단어들

"Yo"는 영어에도 스페인어에도 있는 단어이니까, 우선은 이 문장을 영어와 스페인어 둘 다로 인식한다. 그러나 how, have, you, been은 모두 영어에서만 쓰이는 단어들이므로 이것은 영어의 문장이라고 결정한다.

이러한 단어 위주의 접근법은 방대한 어휘 데이터를 이용해야 한다는 것과 신조어에 취약하다는 문제점을 갖는다.

또 다른 방법은 문자단위 N-Gram을 이용하는 방법이다. 문자단위 N-Gram은 N개의 문자 길이만큼 반복하여 단어를 자르는 것이다. 예를 들어 "Hello"라는 단어에 트라이그램(Trigram, 3-gram)을 적용하면 다음과 같이 된다.

(15.8) (Hel, ell, llo)

이렇게 세 글자씩으로 이루어진 trigram의 통계를 내어보면 해당 trigram이 어떤 언어에 속하는지를 쉽게 알 수 있다. 예를 들어 "gus"라는 trigram은 스페인어에서는 *gusto*(즐거움), *gusta*(좋다) 등에 많이 활용되지만 영어에서는 *August*(8월), *Angus*(소의 일종), *gust*(돌풍) 등 상대적으로 활용도가 적은 단어에서만 사용되므로 "gus"라는 trigram이 많이 나타나면 그 글은 영어보다는 스페인어일 확률이 더 크다고 컴퓨터가 판단하는 것이다.

위의 음성인식과 음성합성에서 보았듯, 전산언어학은 사람의 말을 컴퓨터 안의 신호체계로 표현하는 데에서 시작하는데, 이 과정을 지나면 또 다른 난관에 부딪히게 된다. 제6장에서 보았던 형태론이 그 첫 관문인데, 형태 (morpheme)와 단어(word)의 인식이다. 간단한 예를 들어 "경기도가"를 컴퓨터에 입력하면 이 단어가 "경기도" + "가"인지, "경기" + "도가"인지, "경" + "기도" + "가"인지 컴퓨터는 알기가 힘들다. 즉, 누군가가 "기도"라는 단어를 검색했거나 "경기"라는 단어로 검색했을 때 이 단어를 보여주어야 할 것인지 말아야 할 것인지 컴퓨터는 판단하기가 매우 어렵다.

형태소 분석은 보통 사전과 규칙을 기반으로 이루어진다. 명사 목록, 동사 목록, 어미 목록 등을 가지고 규칙을 컴퓨터에게 알려주어 분석을 하도록 하는 것이다.

영어나 라틴 계열 언어는 띄어쓰기로 단어가 구분되기 때문에 비교적 쉽게 형태소 분석을 해 낼 수 있다. 영어에서는 형태소 분석을 위해 어절을 분리해야 하는 경우는 복수를 의미하는 -s, 과거를 의미하는 -ed, 분사형 어미 -ing 등 뿐이다. 그렇지만 한국어의 경우는 기본적으로 대부분의 명사에 조사가 결합되고 동사의 활용은 무한에 가까우며 띄어쓰기 오류가 빈번하게 발생한다. 일본어도 이와 마찬가지의 문제가 있으나 한국어의 경우에는 자소단위의 오류가 발생할 수 있어서 분석이 더욱 어렵다. 예를 들어 "없어"가 "ㅇ 벗어"로 입력되는 경우가 빈번하다.

단어 단위 인식도 쉽지 않은 상황에서 문장의 뜻을 이해하는 통사론은 컴퓨터에게 더욱 어려운 문제이다. 문장 구조를 파악하는 알고리즘(algorithm, 컴퓨터가 문제를 해결하는 방법)은 아직도 활발히 연구되고 있다. 컴퓨터 언어학의 궁극의 목표인 의미론, 즉 사람의 말에 대한 완벽한 이해에 이르기 위해서는 반드시 풀어야 하는 선결과제이다.

문장분석은 컴퓨터가 인간 언어의 다양한 문장의 예를 보고 일정한 패턴을 학습한 뒤, 그렇게 획득한 패턴을 새로운 언어가 입력되었을 때 적용함으로써 실행한다. 그 첫 단계로 하는 작업이 문장에 있는 어휘의 품사를 자동적으로 할당하는 것이다. 이를 **품사 태깅**(Part-of-speech Tagging)이라고 한다. 영어에서는 동사와 명사의 형태가 같은 경우가 많으므로 기계학습을 통해서 주로 이 같은 작업을 수행하며, 한국어에서는 기계 학습과 사전을 이용한 방법이 함께 사용되고 있다. 예를 들어,

(15.9) "경기도가 운동경기도 잘 한다"

라는 문장을 컴퓨터가 학습한 패턴에서 자동으로 하는 품사 할당은 다음과 같다.

(15.10) 경기(명사), 도(조사, 행정구역), 경기도(명사), 가(조사), 운동(명사), 경기(명사), 도(조사), 잘(부사), 하(동사), ㄴ(접미사), 다(어미)

위의 예문에서 "도"가 조사이므로, "경기도가"의 "도"를 조사로 우선 할당해 볼 수도 있지만, 후행하는 "가"도 조사이므로, 두 조사 "도"와 "가"가 한국어에서 연이어 올 수 없다고 컴퓨터가 판단하고 "도"가 "경기"에 속한 행정구역 단위라고 판단, 처음의 "경기도"를 지명으로 분석한다. 그러나 "운동경기도"에서는 단어 주변의 문맥을 통계적으로 분석한 기계학습은 "운동"과 "경기"가 빈번하게 병행해서 나타남을 알고, 이 때의 "경기"는 보통명사로 분석하고 경기(명사) + 도(조사)로 분리한다.

다음 단계의 자연 언어 처리는 **문장구조 분석(Parsing)** 기술이다. 자동으로 인식한 품사를 기반으로 어느 부분이 주어구인지, 어느 부분이 명사구인지, 어느 부분이 동사구인지 등을 찾아내는 기술이다. 문장구조 분석은 품사 할당이 완벽하게 이뤄졌다 하더라도 쉽지 않은 과정이다. 다음의 유명한 예문을 살펴보자.

(15.11) "The horse raced past the barn fell."

이 문장은 언어학에서 garden path sentence(정원길 문장)[2]라고 하는 혼동스

---

2) '정원 통로'처럼 빤한 듯하면서도 잘 못 유도할 수 있다는 뜻에서 이런 이름이 붙여진

러운 문장의 대표적 예이다. 이 문장을 처음 읽을 때, 거의 모든 사람은 *the horse*를 주어, *raced*를 술어동사로 보고, '말이 헛간을 지나 달렸다'(*the horse raced past the barn*)라고 해석한다. 그런데 동사 *fell*이 또 나와서, 한 문장에 술어동사가 둘 있을 수 없음을 알고(예: **the old man loved died*), 문장을 다시 읽고 *raced*가 술어동사가 아니라 과거분사로 *the horse*를 수식하며(*the horse stolen by a man* '어떤 사람이 훔친 말'과 동격) *the horse*의 술어동사는 *fell*이라고 재해석한다. 즉, '헛간을 지나 달린 말이 넘어졌다'로. 그러니까 이 문장의 올바른 구조분석(parsing)은 다음 (15.12)에서 1이 아니라 2이다.

(15.12) 1. *말이 무너진 헛간을 지나서 달렸다.

명사구: 말	동사구: 달리다	부사구: 넘어진 헛간을 지나서		
명사	동사	전치사	명사	동사
The horse (말)	raced (달리다)	past (지나서)	the barn (헛간)	fell (넘어지다)

2. 헛간을 지나서 달린 말이 넘어졌다.

명사구: 헛간을 지나서 달린 말				동사구: 넘어지다
명사구: 말	형용사구: 헛간을 지나서 달린			동사구: 넘어지다
명사	동사	전치사	명사	동사
The horse (말)	raced (달리다)	past (지나서)	the barn (헛간)	fell (넘어지다)

높은 수준의 자연 언어 처리에서는 위에서 본 바와 같은 기계 번역 (machine translation) 외에도 분석된 문장을 기반으로 실제로 의미있는 정보를 찾아내는 일을 한다. 대표적인 기술로는 **구체적 명사 인식**(Named Entity Recognition), **동일지시물 분석**(Co-reference Resolution), **정보 추출**(Information Extraction), **감정 분석**(Sentiment Analysis) 등이 있다. 이 중에서 예를 하나씩 들어 보자.

듯하다. 청자/독자는 최단의 구조로 문법적 문장을 만든다(이를 minimal attachment라고 한다). 그런데 어떤 경우에는 이것이 부당함을 느끼고 되돌아가서 다시 구조분석을 해야 한다(이를 late closure라고 한다).

구체적 명사 인식(Named Entity Recognition)은 문장에서 명사를 찾아내는 것에 그치지 않고 그 명사가 사람인지, 나라 이름인지, 건물 이름인지, 회사 이름인지 등을 구분해 내는 작업이다. 다음의 예를 보면 품사 태깅으로 명사를 추출하는 것과 구체적 명사 인식으로 명사의 구체적인 내용까지 확인하는 것의 차이를 알 수 있다.

(15.13)

예문: 연세대학교에서 공부하였으며, 현재는 미국 샌프란시스코에 살고 있다.
품사 태깅: 연세대학교(명사) 에서(조사) 공부(명사) 하였으며(동사), 현재(명사) 는(조사) 미국(명사) 샌프란시스코(명사) 에(조사) 살고(동사) 있다 (형용사).
구체적 명사 인식: **연세대학교**(고유명사: 기관-학교)에서 공부하였으며, 현재는 **미국**(고유명사: 지명-국가) **샌프란시스코**(고유명사: 지명-도시)에 살고 있다.

여기에는 높은 수준의 기계학습이 사용되며 수많은 예시를 통해서 컴퓨터가 사람 이름과 회사 이름들을 학습하고 또 그 패턴을 익혀서 새로운 입력에 대해 그 결과를 예측하는 기술이 사용된다. 예를 들어 주격 조사가 많이 붙었다면 사람일 가능성이 많고, 처소격 조사가 많이 붙으면 장소인 가능성이 높은 식이다. 최근에는 위키피디아에 엄청난 양의 정보가 쌓이면서 위키피디아의 정보를 이용하여 언어에 관계없이 명사의 의미를 인식하는 기술도 활발히 연구되고 활용되고 있다.

동일지시물 분석(Co-reference Resolution)도 사람에게는 아주 쉬우나 컴퓨터에게는 큰 혼란을 일으킬 수 있다. 다음 문장의 의미를 살펴보라.

(15.14) 한국의 대통령이 미국의 대통령을 방문했다. 그는 그에게 선물을 주었다.

(The president of Korea paid a visit to the President of the United States. He gave him a gift.)

해당하는 영어문장도 그렇지만 사람은 이 문장의 의미가 '한국의 대통령이 미국의 대통령에게 선물을 주었다'임을 쉽사리 안다. 그렇지만 컴퓨터의 경우에는 위 문장에서 주어의 "그"(he)와 목적어의 "그"(him)가 누구를 지칭하는지 알아내는 것이 쉽지 않다. 이를 알기 위해서는 우선 앞문장의 주어와 목적어가 어떤 것인지 알아야 하고, "그"라는 대명사가 사람을 지칭할 수 있다는 정보도 알아야 한다. 이러한 문제를 해결하기 위해 구체적 명사 인식이 선행되어 명사를 모두 찾은 후에 기계학습을 통하여 어떠한 대명사가 어느 명사를 지칭할 확률이 높은 지를 찾아야 한다. 비슷한 예문을 (9.51)에서 들고 논하였다.

감정 분석(Sentiment Analysis)은 주로 트위터 등 소셜 네트워크에 올라온 글을 바탕으로 해당 글이 특정 주제에 대해 긍정적인지, 부정적인지, 더 상세하게 나아가면, 흥분, 행복, 실망, 절망 등의 감정과 어떻게 연결되는지를 파악하는 일이다. 감정 분석을 하는 방법은 기초적으로는 긍정 혹은 부정을 뜻하는 단어들의 빈도를 세는 것이다. 예를 들어 트위터에서 언어학을 검색하여 "재밌다", "흥분된다", "즐겁다" 등의 단어가 많이 나오는지, "어렵다", "힘들다" 등의 단어가 많이 나오는지 확인해 보는 것이다.

정보 검색(Information Extraction)은 21세기 인간의 생활을 바꿔 놓은 가장 핵심 기술 중의 하나이다. 인터넷은 전 세계의 엄청나게 많은 정보에 접근을 가능하게 하였고, 그 정보를 모아서 조직하고 검색할 수 있도록 한 구글은 세계 최대의 기업 중 하나가 되었다.

검색엔진이 사용자가 검색을 할 때마다 세상의 모든 인터넷 문서를 다시 읽어서 해당 단어가 포함된 문서를 모두 찾아오는 것은 아무리 컴퓨터의 성능이 향상되어도 불가능하다. 수 초 내에 검색결과를 보여주기 위해서 검색엔진은 "색인(index)"이라는 것을 만든다. 색인은 각 단어 별로 그 단어를 포함한 문서의 목록을 저장한 데이터이다. 검색엔진은 인터넷 상의 접근 가능한 모든 문서를 찾아가서 문서를 분석한다. 그리고 앞에서 살펴본 자연언어

처리 기술을 이용하여 언어를 인식하고 토큰화를 하여 색인을 만든다. 다음의 예는 컴퓨터가 어떻게 자연 언어 처리를 이용하여 순간적으로 전 세계의 인터넷 문서를 검색해 내는지 보여준다.

(15.15)

문서 수집

인터넷에 다음과 같은 3개의 문서가 있다고 가정해보자. 검색 엔진은 각 인터넷 문서를 방문하여 내용을 가져온다.

문서1: 언어와 컴퓨터는 서로 깊은 관련을 갖게 되었다.
문서2: 세상에는 수천 개의 언어가 존재한다.
문서3: 컴퓨터를 활용하면 언어를 처리할 수 있다.

자연 언어 처리

자연 언어 처리를 하면 검색엔진은 각 문서가 한국어라는 것을 분석하고, 토큰화를 거쳐 검색의 대상이 되는 명사를 추출해 낸다.

문서1: 언어, 컴퓨터
문서2: 세상, 언어
문서3: 컴퓨터, 언어

색인 생성

이를 이용하여 다음과 같은 색인을 만들 수 있다.

언어: 문서1, 문서2, 문서3
세상: 문서2
컴퓨터: 문서1, 문서3

검색

사용자가 "언어와 컴퓨터"를 검색하면, 검색 엔진은 색인을 이용하여 모든 문서를 다시 확인하지 않고도 "언어"와 "컴퓨터"가 동시에 들어간 문서1, 문서3을 순간적으로 사용자에게 제공한다.

이와 같이 자연 언어 처리와 컴퓨터 언어학은 세상을 바꾼 정보 검색 기술의 가장 중요한 기반 기술 중의 하나이다.

수천억 단어에 이르는 말뭉치는 한 대의 컴퓨터에 저장할 수도 없고 한 대의 컴퓨터를 이용해 분석할 수도 없다. 이러한 문제들을 빠르게 해결하기 위해서 빅데이터(Big Data)를 처리하는 기술이 2009년 정도부터 빠르게 발전하였다. 이메일(e-mail), 트위터(twitter), 페이스북(facebook), 위키피디아(wikipedia), 블로그(blog) 등을 통해 매일 엄청난 양의 텍스트 자료가 인터넷 상에서 생산되고 있다. 과거에는 언어자료 처리를 위해 한 대의 컴퓨터로 가능하였지만, 요즘의 방대한 데이터를 처리하기에는 한 대의 컴퓨터에는 그 데이터를 다 저장할 수도 없고 처리를 할 수도 없다.

2009년 이후로 활발히 이루어진 빅데이터 연구는 여러 대의 컴퓨터를 통한 방대한 데이터의 분산 처리를 가능하게 하였다. 여러 대의 컴퓨터를 사서 한꺼번에 처리하는 것은 웬만큼 큰 기관이 아니면 비용과 관리의 부담이 엄청나다. 컴퓨터 한 대 한 대에 운영 체제를 설치해야 하며, 네트워크와 전원의 공급도 늘 신경을 써야 한다. 또한 각 컴퓨터에 분석 업무를 나눠주고 모아 오는 소프트웨어도 만들어야한다. 그래서 초기에는 빅데이터 활용이 큰 기업이나 대학이 아니면 도전하기 힘든 과제였다. 그렇지만 요즘에는 클라우드(cloud)의 등장으로 누구나 적은 비용으로 빅데이터 처리를 할 수 있게 되었다. 클라우드서비스(Cloud Service)는 어떤 사업자가 수천대 이상의 컴퓨터를 보유하고, 시간당으로 일부 컴퓨터를 네트워크를 통해 대여해 주는 것이다. 클라우드서비스를 사용하면 세계 어디에서나 랩탑(lap top) 하나로 원격으로 수천대의 컴퓨터들을 제어할 수 있다.

오픈소스도 빅데이터 처리의 대중화에 엄청난 기여를 하였다. 분산처리 시스템의 대표적인 소프트웨어인 MapReduce는 구글에서 만들어졌으며, 그 이론적 배경만이 공개되었고 소프트웨어는 공개되지 않았다. 논문으로 발표된 이론을 바탕으로 하둡(Hadoop)이라고 하는 시스템이 오픈소스로 만들어져 현재 전세계의 거의 모든 기업이 하둡을 활용하여 빅데이터 처리를 하고 있다. 오픈소스 소프트웨어로 인해 한 기업의 독점기술일 수 있었던 빅데이터 기술이 전 세계에 대중화되었으며, 불과 수년 만에 "빅데이터를 어떻게 처리할까"가 아닌 "빅데이터를 통해 무엇을 찾아낼까"를 고민하는 시대가 되었다.

재래 언어학의 역사를 보면, 음성학과 음운론이 제일 먼저 시작되었고, 그 다음이 어휘론과 통사론, 의미론과 화용론은 제일 나중에 다루어졌다. 그러나 전산언어학에서는 언어 전달 매체가 음성이 아니고 문자이므로, 형태론 분야가 음성학에 앞서서 발전하였다. 그래서 음성인식과 음성합성은 아직도 어휘론이나 통사론에 비해 많이 뒤지고 있다. 오히려 기계번역이 음성인식보다 더 좋은 결과를 보여주고 있다. 한편 컴퓨터는 사람과 달리 아직은 경험에 의한 상황판단이나 세계에 관한 지식에 기반한 추론을 할 수 없는 컴퓨터가 문맥에 의한 의미추리나 활용적 의미를 탐색해 내는 것은 아직 요원한 일이다. 제9장(의미론) 끝에서 인용했던 다음과 같은 대화 (예문 (9.54), 261쪽)에서,

(15.16 = 9.54) A: 철수와 순자가 요즘도 데이트하나?

B: 노란 소나타가 여학생 기숙사 주차장에 가끔 서있던데.

철수와 순자가 아직도 데이트하고 있다는 것을 컴퓨터가 추리해 낼 수 있을까?

전산언어학의 궁극적인 목표는 사람과 컴퓨터가 자유롭게 소통하는 것이다. 컴퓨터 과학의 아버지라 불리는 영국의 앨런 튜링(Alan Turing, 1912-1954)은 1950년에 기계가 인지능력이 있다고 판단할 수 있는 기준을 제시하였다. 그의 이름을 따서 튜링 테스트라고 불리는 이 간단한 시험은 사람이 인간의 언어를 이해하도록 설계된 기계와 대화했을 때, 자신이 기계와 이야기하는지 실제 사람과 이야기하는지 식별하기 어렵다면 그 기계가 인지능력을 갖췄다고 판단하는 것이다.

1950년에서 많은 시간이 지난 지금에도 그런 기계는 이 세상에 아직 없다. 기계는 아직도 사람의 발성을 완전히 흉내내지 못하고 있으며, 최근 거의 모든 휴대전화에서 지원하는 음성인식 기능도 사람과의 대화에 비하면 답답해서 휴대폰을 던져버리고 싶을 지경이다. 음성의 입력과 출력에서도 튜링 테스트를 통과하지 못하는데, 언어를 이해하고 정보를 분석하여 대화를 이어가는 기능을 컴퓨터에 기대하는 것은 아직 요원한 일이라고 생각된다.

1968년 Stanley Kubrick가 제작한 *2001: A Space Odyssey*란 영화에서 목성(Jupiter)으로 가고 있는 Discovery One이란 스페이스쉽 안에서 우주인 과학자 Dr. David Bowman과 Dr. Frank Poole이 HAL 9000이란 컴퓨터와 자유자재로 통신한다. 이러한 현상이 현실이 되기는 아직 먼 듯하다. 하지만 최근 컴퓨터 기술의 진보는 튜링테스트를 통과할 수 있는 완벽한 인공지능에 하루하루 근접하고 있다. 몇 년 전만 해도 멀게만 느껴졌던 인공지능은 2016년 딥러닝 알고리즘을 활용하여 바둑 최고수 이세돌을 이긴 알파고를 기점으로 자율주행 자동차와 휴대전화 음성인식 개인비서 등 우리생활에 이미 밀접히 자리잡아 가고 있다.

인공지능의 핵심기술은 신경망 알고리즘 등을 통한 기계학습이다. 그리고 인공지능의 여러 기계학습 영역 중 자연언어 처리는 매우 어려운 문제이자 핵심적인 문제이다. 우리가 컴퓨터에 텍스트의 형태로 입력하여 결과를 얻는 기술은 이미 많이 진보되어 있다. 이제 각 사람이 다양한 음성으로 질문하고, 컴퓨터는 정확한 의도를 분석하여 음성으로 답을 하는 시스템이 완성되기 위해서는 사람의 음성인식과 파싱(parsing), 의미론적 이해 등이 필수적이다.

앞으로 컴퓨터 발전의 궁극 목표인 인공 지능에 이르게 되기까지, 컴퓨터가 언어를 이해하고 처리하고 합성하도록 하는 연구가 가장 중요한 과제 중의 하나가 될 것이다. 또한 컴퓨터 언어학을 통해 인간의 언어에 대한 이해도 한층 더 높일 수 있을 것이다.

수의사에게: "넘 크게 짖어요. 진동모드로 해주세요."

참고문헌

강범모. 2003. 『언어, 컴퓨터, 코퍼스 언어학』. 서울: 고려대학교 출판부.

서상규, 한영균. 1999. 『국어 정보학 입문』. 서울: 태학사.

이상억. 2001. 『계량국어학 연구』. 서울: 서울대학교 출판부.

이석재 외. 2003. "한국인의 영어 음성 코퍼스 설계 및 구축". 『말소리』 46:159-174.

이용훈. 2016. 『R을 활용한 코퍼스언어학과 통계학』. 서울: 한국문화사.

홍윤표. 2012. 『국어 정보학』. 서울: 태학사.

Banbrook, Goeff. 1996. *Language and computers*. Edinburgh, UK: Edinburgh University Press. [유석훈 역: 『언어와 컴퓨터』. 서울: 고려대학교 출판부. 1999]

Cherry, Colin. 1953. "Some experiments on the recognition of speech, with one and with two ears". *Journal of the Acoustical Society of America* 25(5):975-79.

Finegan, Edward. 2004. *Language: Its structure and use*. 4th ed. For Worth, TX: Harcourt Brace College Publishers.

Hockey, S. 1980. *A guide to computer applications in the humanities*. London, UK: Duckwlrth.

Jurafsky, D. and H. H. Martin. 2008. *Speech and language processing*. 2nd ed. Upper Saddle River, NJ: Prentice Hall.

Michel, J. R. et al. 2011. "Quantitative analysis of culture using millions of digitized books." *Science*, v. 331, pp. 176-182.

Olsson, J. 2008. *Forensic linguistics*. 2nd ed. London, UK: Continuum

Rhee, Seok-Jae(이석재) and Yi Liu. 2017. "On English prenominal adjective order by Korean EFL Learners". *Journal of Modern British & American Language & Literature*. Vol. 35(2):213-38.

Weizenbaum, J. 1976. *Computer power and human reason*. San Francisco, CA: W. H. Freeman.

1. 인공지능의 발전에 기여한 언어학의 역할 중 형태론이 미친 영향을 서술하라.

2. 컴퓨터가 입력 텍스트를 보고 어떤 언어로 쓰여져 있는지를 구분해 내는 두 가지 접근 방법을 기술하라.

3. 사람이 사물을 이해하는 모델을 흉내내어 스스로 학습하는 기계학습 알고리즘 중 사람의 뇌를 따라 만든 알고리즘에 대해 설명하라.

4. 인간과 똑같이 언어를 이해하고 말을 할 수 있는 기계를 만들어 사람과 대화를 하였을 때, 사람이 자신이 기계와 이야기하고 있는지 다른 사람과 이야기하고 있는지 모른다면 그 기계를 인지능력이 있다고 판단하는 테스트가 있다. 이에 대해 설명하고 오늘날의 컴퓨터가 그러한 인지능력이 어느 정도까지 가능한지 토론하라.

5. 글자를 표현하기 위해서 만든 코드 체계에 대해 설명하라.

6. 사람의 언어의 논리를 구체화하고 표준화하여 컴퓨터가 이해할 수 있도록 한 언어에 대해 설명하라.

7. 현실 세계의 문자들을 컴퓨터의 부호로 바꾸는 방법에 대해 기술하라.

8. 미국 정보 교환 표준 부호 ASCII 체계에 대해 기술하라.

9. 한국어가 다른 언어에 비해 토큰화가 어려운 이유를 기술하라.

10. 기계 번역을 위해 필요한 기본 작업과 기계번역의 완성도에 대해 토론하라.

11. 검색 엔진은 순간적인 서비스 제공을 위해, 자연 언어 처리 기술을 어떻게 이용하고 있는지 설명하라.

12. 많은 사람이 동시에 이야기할 때 대화 상대의 음성을 정확히 인식하고 다른 수많은 소리에서 대화 상대의 음성만을 집중해서 들을 수 있는 현상에 대해 설명하고 컴퓨터의 인지 능력의 한계를 기술하라.

13. 컴퓨터가 음성을 듣고 이해할 수 있는 기술과 음성을 발화할 수 있게 하는 기술에 대해 기술하라.

14. 말뭉치에 대해 기술하고 그 활용도에 대해 토론하라.

15. 다음 영어문장들은 이른바 garden path sentence의 예이다. 무엇이 이를 garden path sentence로 분류하게 하는지 분석하라. 첫 해석(minimal attachment)은 무엇이며, 나중 해석(late closure)은 무엇인가? 풀이에 힌트를 참조하라.

The cotton clothing is made of grows in Mississippi.

(힌트: the cotton의 수식구)

The man who whistled tunes pianos. (힌트: tunes의 품사)

Mary gave her child the dog bit a band-aid. (힌트: the dog의 격)

The old dog the footsteps of the young. (힌트: dog의 품사)

Since John always walks a mile seems like a short distance to him.

(힌트: a mile의 격)

제16장　언어와 문자

나랏말ᄊᆞ미中國에달아文字와로서로ᄉ뭇디아니ᄒᆞᆯ씨
어린百姓이니르고져홇배이셔도제ᄠ들시러펴디몯홇노미하니라
내이ᄅᆞᆯ爲ᄒᆞ야어엿비너겨새로스믈여듧字ᄅᆞᆯ밍ᄀᆞ노니…

세종대왕 (1397-1450)

"Hangul must unquestionably rank as one of the great intellectual achievements of humankind."

(한글은 확실히 인류의 최대의 지적 업적의 하나로 꼽혀야 한다.)

Sampson (1985:144)

　언의의 기능은 통화이다. 즉, 우리가 일상생활을 할 때 주위 사람들과 의사소통을 하게 하는 것이 언어의 주요 기능이며, 실상 언어 발생의 동기와 목적이 통화의 필요성에 있었다고 볼 수 있다. 인류문화가 아주 원시적이었던 선사시대에는 단순한 통화만으로 언어가 그 기능을 다 발휘할 수 있었다. 그러나 인간의 사회구조가 점점 더 복잡해지고 인류문화가 발달하면서, 눈앞에 보이는 청자와의 직접적인 통화뿐만이 아니라, 화자의 음성이 미치지 못하는 거리나 시간에 처해 있는 보이지 않는 청자와 통화를 해야 할 필요성이 생기게 되었다. 부족국가가 형성되고, 정치체계가 성립되면서 지방행정관에게 명령을 전달할 필요성도 생겼고, 자기가 습득한 기술이나 지식을 후손에게 전해 주고 싶은 마음도 생겼고, 보이지 않는 독자를 위해 시나 소설을 짓고 싶은 마음이 생기기도 하였다. 전화도 녹음기도 비디오도 없었던 시절, 발성하자마자 한 리(里)도 못 가 자취 없이 사라져 버리는 음성은 위와 같은 간접적인 통화에는 전혀 부적당한 매개체였다. 그리하여 시간과 공간의 장애를 초월해서 의사를 전할 수 있는 언어의 매개체를 모색하게 된다. 이것이 문자이다.

국가의 행정에 문자가 얼마나 필요했는가 하는 것은, 기원 503년 신라의 22대 지증왕이 관제와 관명과 행정단위와 심지어 국호를 비롯한 인명과 지명까지 한자화하라는 칙령을 내렸다는 사실에 극적으로 나타나 있다. 문자가 없었던 국어는 행정적인 기능을 감당할 수 없었던 것이다. 향가(鄕歌) 몇 수를 제외하면, 한글이 창제된 15세기 이전부터 내려오는 이렇다 할 국문학이 별로 없고, 대중적 교육제도가 없었던 것도 국어에 문자가 없었다는 사실에 기인한다고 할 수 있다.

그러니까 세종대왕의 공로는 개인과의 통화기능만을 유지해 왔을 뿐인 국어에게, 행정적, 문화적 및 교육적인 기능을 감당할 수 있는 자격을 부여해 주셨다는 데 있다고 볼 수 있다.[1]

문자의 발생은 언어의 역사와 비교해 볼 때 최근의 일이다. 언어의 연령이 적어도 오륙십만 년은 됨에 비해(제3장 참고), 문자의 역사는 오륙천 년 밖에 되지 않기 때문이다. 아직 종이가 없던 시절 "문자"는 진흙으로 된 판이나 그릇에 새겼는데, 그 동기는 상거래의 내역을 기록으로 남기 위한 것이었던 듯하다. 문자 발명의 원동력은 경제에 있었다. 경제가 오늘에도 개인과 국사의 가장 큰 관심사임이 당연한 듯하다! 문자는 하루아침에 태어나지 않았다. 한글을 비롯한 두셋의 예외를 제외하면 오늘날 쓰이고 있는 문자들은 수천 년을 두고 몇 단계를 거쳐 진화된 결과의 산물이다. 이를 좀 더 자세히 보자.

제1단계는 실물에 가까운 그림을 그림으로써 사물을 나타내는 것이다. 한자 山, 月, 川 등의 기원이 ⛰, ⟩, 𝍷에 있었음은 우리가 이미 잘 알고 있다. 이때의 문자를 **그림문자**(pictogram)라 한다. 지금부터 오륙천 년 전의 일이다.

그림문자는 세계의 서너 군데에서 각기 독립적으로 발생하였다. 다음 (16.1)은 몇 가지 예이다.

---

1) 사실은 조선왕조가 시종 한자를 사용했기 때문에 이러한 국어의 기능은 20세기에 들어와서야 발휘되기 시작했다고 보아야 할 것이다. 이른바 "신소설"이 시작된 것도, 대중적 교육제도가 실시된 것도, 정부의 공문서가 한글로 씌어진 것도 20세기에 들어와서의 일이니까.

(16.1) 그림문자(pictogram)의 예[2]

	SUMERIAN	EGYPTIAN	HITTITE	CHINESE
MAN				
KING				
DEITY				
OX				
SHEEP				
SKY				
STAR				
SUN				
WATER				
WOOD				
HOUSE				
ROAD				
CITY				
LAND				

제2단계로 그림문자의 형체가 간소화되면서, 사물만을 표시하는 것이 아니라, 그 사물과 관련된 개념들도 표시하게 된다. 예를 들면, '해'(sun)를 가리켰던 그림문자가 '빛'(light), '열'(heat), '낮'(day) 등의 개념도 뜻하게 되는 것이다.

---

2) 가장 오래된 Sumerian은 Mesopotamia에 살고 있던 민족이고, Hittite는 소아시아에 살고 있던 민족인데, 이들의 그림문자는 Sumerian의 후예(차용)라는 학자도 있다. Mesopotamia는 '두 강 사이'라는 뜻으로 두 강은 Tigris강과 Euphrates강을 일컫는다. 지금의 Iraq, Kuwait, Syria동부 지역이다.

구체적인 사물은 그림문자로 표시할 수 있지만, 추상적인 개념은 그림문자로 표시할 수 없으므로, 이러한 의미의 이행(移行)은 자연스러운 현상이다.

한자에서 예를 들면, 明이 '해와 달' 보다는 '밝음, 똑똑함'을 뜻하고, 東이 '나무에 걸린 해'가 아니라 '동녘'을 뜻하게 됨과 같다. 이 시기의 문자를 **표의문자**(表意文字 ideogram)라고 하는데, 그림문자나 표의문자나 한 문자가 한 단어 전체를 표시하므로 이 둘을 합해서 **단어문자**(logogram)라고 하기도 한다. 1, 2, 3 등의 숫자와 $, %, +, −, = 등도 단어문자의 예라고 할 수 있다.

제3단계에서 두 가지 현상이 일어난다. 하나는 문자의 형체가 원래의 모습을 찾아볼 수 없으리만큼 더욱 간소화되고 인습화된다는 사실이다. 아래 (16.2)의 예는 Sumerian의 그림문자가 인습화되는 과정을 보여준다.

(16.2) Sumerian 설형문자의 진화

BIRD				
FISH				
DONKEY				
OX				
SUN				
GRAIN				
ORCHARD				
PLOUGH				
BOOMERANG				
FOOT				

Sumerian인은 바닥이 삼각형인 얇은 나뭇가락으로 진흙판을 눌러서 글자를 썼다. 이 글자가 쐐기(설 楔)같다고 하여 이를 **설형문자**(楔形文字 cuneiform. 라틴어 *cuneus* '쐐기'에서 옴)라고 한다. 고대 이집트의 문자를 **상형문자**(象形文字 hieroglyph)라 하는데 영어명 *hieroglyph*는 그리스인들이 이를 *hiero* '聖' *glyphikos* '새김'이라고 부른 데서 유래한다.

상형문자의 판독은 1798년 Napoleon Bonaparte(1769-1821)의 이집트 원정과 관계가 있다. 1799년 8월, Nile강의 서구(西口) Rosetta(Rashid) 근처에서 요새를 짓기 위해 땅을 파고 있던 프랑스 군인들이 비석을 하나 발견하였는데, 비문이 고대 그리스어와 이집트의 상형문자와 상형문자의 초서체로 보이는 알 수 없는 세 언어로 쓰여 있었다. The Rosetta Stone으로 알려져 있는 이 비석은 1801년 Napoleon을 패배시킨 영국군이 약탈하여 영국으로 가지고 가서, 지금 영국 박물관(The British Museum)에 보관되어 있다. "*Conquered by the British Armies*"(영국군에게 정복됨)이란 팻말과 함께. 그러나 실제로 이 비석을 "정복"한 것은 젊은 영국인 언어학자이며 의사였던 Thomas Young (1773-1829)과 프랑스의 이집트학 학자 Jean-François Champollion(1790-1832)이었다. 판독과정을 짧게 소개하면 다음과 같다.

(16.3)의 사진에서 볼 수 있듯 비문이 세 문자로 되어있는데, 맨 밑부분이 그리스문자, 맨 위가 이집트의 상형문자, 가운데는 알 수 없는 문자였다(나중에 상형문자의 초서체인 Demotic으로 밝혀졌다). 우선 두 사람은 세 비문이 같은 사실을 기록하고 있다고 판단하고, 그리스문을 읽어보니 그것은 기원전 196년에 이집트왕 Ptolemy V의 즉위를 기념하는 비문이었다. 다음의 가정은 이집트의 상형문자라도 인명만은 음성적으로 기록했어야 했을 것이라는 것이었다. 마지막으로 그리스 비문에 나오는 인명 Ptolemy와 그의 왕비 Cleopatra 및 다른 인명들은 비석 맨 위의 상형문에서 비슷한 위치에 있을 것이라고 단정했다. 그리고 그 위치를 찾았는데 이 탐색에 큰 도움이 된 것이 있었다. 그것은 cartouche(카투슈)라고 불리는 타원으로(cartouche는 프랑스어로 cartidge '탄약통'이란 뜻인데 타원의 모양이 탄약통과 비슷하다고 해서 붙여진 이름이다) 왕명은 이 타원 안에 적어 넣는 관습이었다. 상형문에 총 여섯 개의 cartouche가 있었는데 여기서 그리스어 비문에 해당하는 곳에서 왕명 Ptolemy와 왕비명 Cleopatra를

비교적 쉽게 찾아낼 수 있었다. 그런데 두 이름 Ptolemy와 Cleopatra 사이에는 같은 음이 다섯 있다. [p], [t], [l], [o] 및 [e]이다. 여기에서 [p]는 작은 네모, [t]는 작은 반원, [l]은 앉은 사자 등임을 판독하는데 성공하였다. 도표 (16.4)를 참조하라.

(16.3) The Rosetta Stone

(112.3cm×75.7cm×28.4cm)　　　　일부. 세 문자(위로부터 이집트 상형문자, 그 초서체 및 그리스 문자). 맨 위 왼쪽에 카투슈(cartouche)가 보인다.

이 도표에선 상형문자가 알파벳(표음문자)의 자모를 나타내는 것처럼 보이지만, 상형문자에선 모음을 표시하지 않았으므로, 각 문자는 음절을 나타낸다. 즉, *p=pa, pe, pi, po, pu*(현대어에서도 약자는 자음만으로 적는 경우가 많다. 예: bldg=building, hdqrs=headquarters, Skt=Sanskrit 등).

(16.4) 이집트의 상형문자

glyph	translit	phonetic	glyph	translit	phonetic
🦅	ꜣ	[ʔ]		ḥ	[h]
	i	[i]		ḫ	[x]
	y	[y]		ḥ	[ç]
	c	[ʕ]		s	[s]
	w	[w]		š	[š]
	b	[b]		ḳ	[q]
	p	[p]		k	[k]
	f	[f]		g	[g]
	m	[m]		t	[t]
	n	[n]		ṯ	[tʸ], [c]
	r	[r]		d	[d]
	h	[h]		ḏ	[dʸ], [j]

　자형의 인습화와 더불어 제3단계에서 일어난 또 하나의 현상은 표의문자가 표음문자로 이전되기 시작했다는 사실이다. 이 전환의 발판은 동음이의어였다. 예를 들면, 영어에서 *sun* '해' *son* '아들'이 동음이의어이고, *I* '나' *eye* '눈'(目)이 동음이의어이다. 그러니까 *sun*의 기호로써 *son*을 표시할 수도 있고, *eye*의 기호로써 *I*를 표시할 수도 있게 된다. 이쯤 되면 *sun*과 *eye*의 기호(예를 들어 ⊙와 ◉◎▷)는 그 원래의 의미를 완전히 떠나 그 음가만을 상징하게 된다. 이런 것을 rebus(수수께끼그림)라고 한다. 옛말에서 실례를 들면, Sumerian에서 [ti] '목숨'(life)이라는 뜻의 단어가 마침 '화살'(arrow)이라는 뜻의 단어와 발음이 같았다. 그리하여 '목숨'도 ⨠⨠⨠→로 표시하게 되었다. 또 [gi] '갈대'(reed)는 '상환'이란 의미를 띠게 되었다. 이집트의 상형문자에선 '손가락'(finger)과 '만'(萬 10,000)이 동음이의어 '*db*'이었다. 그래서 '만'을 '손가락'으로 표시하게 되었다.

저자가 어렸을 때 할아버지에게서 들은 다음과 같은 야사의 이야기는 이 rebus 원리를 상기시킨다. 어떤 암행어사가 누더기 옷을 입고 지방 시찰을 나갔다가 어느 집에서 점심을 얻어먹게 된다. 그 집 규수가 손을 보니 차림은 초라하나 용모는 귀공자다. 궁금한 규수가 상을 차리면서 흰밥 위에 뉘를 세 개 꽂는다. 밥 두껑을 열어 보고 의아해 한 어사는 그것을 "뉘세요?"라고 판독한다. 그리고 점심을 마친 후 상을 내보내면서 상 네 귀퉁이에 반찬으로 나왔었던 생선 조각을 놓는다. 상을 받아 본 규수가 이를 "어사(魚四=御使)요"로 해독한다(물론 이것이 인연이 되어 둘이 나중에 결혼해서 행복하게 살게 된다!). 이것은 뉘 세개와 뉘세요 및 어사(魚四)와 어사(御使)가 동음이의어임을 바탕으로 만든 수수께끼 그림문자의 예이다.

이렇게 상형문자가 그 원래의 의미를 잃고 음가만을 지니게 되는 과정은, 어떤 언어가 외국어의 문자를 빌려 쓸 경우 더욱 더 쉽게 일어날 수 있다. 왜냐하면 외국어의 문자는 자국어에선 아무런 의미도 없기 때문이다. 예를 들어, 파라오(Pharaoh)의 지팡이를 상징하는 상형문자 ?가 고대 이집트어에서 그 의미는 '지배, 통치'이고, 발음은 [pi]라고 가정하자. 그리고 이 상형문자를 어떤 외국어가 빌려 쓴다고 하자. 그런데 이 외국어에선 [pi]가 '통치'를 의미하지 않고 '닭'을 의미한다고 하자. 즉, '닭'을 ?로 표기한다고 하자. 이 과정에서 상형문자 ?가 가졌던 원래 의미가 완전히 상실되고 그 발음만 차용됨을 볼 수 있다. 바로 이러한 과정 즉 상형문자의 의미와 발음이 분리되어 발음만이 남게 되는 과정이 문자발달의 제4단계이다. 역사상 이 과정은, 지중해 연안(지금의 Lebanon)에 살면서 해상의 통상이 활발했던 Phoenician이라는 히브리족이 기원전 1500년경 이집트의 상형문자를 빌려 쓰면서, 이집트어에서의 의미는 버리고 그 발음만을 따다 쓴 데서 이루어졌다. 이것이 음절문자(syllabary)이다.

동아시아에서는 일본어가 한자와 그 소리만을 빌려서 이른바 가다가나라는 음절문자를 형성하였다. 도표 (16.5)를 보라.

(16.5) 한자에서 유래된 일본어의 음절문자 가다가나

한자	katakana		한자	katakana		한자	katakana	
阿	ア	a	千	チ	ti(chi)	牟	ム	mu
二	イ	i	川	ツ	tu(tsu)	女	メ	me
宇	ウ	u	天	テ	te	毛	モ	mo
江	エ	e	止	ト	to	也	ヤ	ya
於	オ	o	奈	ナ	na	由	ユ	yu
加	カ	ka	仁	ニ	ni	與	ヨ	yo
幾	キ	ki	奴	ヌ	nu	良	ラ	ra
久	ク	ku	祢	ネ	ne	利	リ	ri
介	ケ	ke	乃	ノ	no	流	ル	ru
己	コ	ko	八	ハ	ha	礼	レ	re
散	サ	sa	比	ヒ	hi	呂	ロ	ro
之	シ	si(shi)	不	フ	hu(fu)	和	ワ	wa
須	ス	su	部	ヘ	he	惠	エ	we
世	セ	se	保	ホ	ho	井	ヱ	wi
曾	ソ	so	未	マ	ma	乎	ヲ	wo
多	タ	ta	三	ミ	mi	爾	ン	n

한자 加, 多 등이 간소화되어 カ, タ가 되고, [ka], [ta]의 음가를 유지하게
될 뿐, 원래의 의미인 '더하다', '많다'가 カ, タ에는 없다.

한자의 음(音)과 훈(訓)을 빌어서 우리말을 표기한 신라시대의 향찰(鄕札)
과 이두(吏讀)도 넓은 의미에서 음절문자라 할 수 있으며, 적어도 음절문자
형성과정의 시초라고 할 수 있다. 예를 몇 개 보면,

(16.6) 夜入伊遊行如可 (處容歌)　　밤들이노니다가

　　……見昆　　　　(〃)　　　　보곤

　　……爲理古　　　(〃)　　　　ᄒᆞ릿고

　　……無去乙　　(大明律直解)　　업거늘

　　……爲去乃　　(大明律直解)　　ᄒᆞ거나

이러한 표기법이 시종 일관성 있게 쓰이고, 또 어미에 뿐만 아니라 어간에까지도 미쳤다면, 가는 可, 거는 去, 고는 古, 나는 乃 등등으로 일본 가다가나식의 음절문자가 국어에도 발생할 가능성이 있었을 것이다. 그러나 이 가능성이 배제된 것은 세종의 탄생이 늦었기 때문이 아니라, 국어의 음절구조 때문이었다고 생각된다.

자음 열 개에 모음이 다섯인 언어가, 일본어과 같이 CV(자음+모음)의 음절구조만을 허용한다면, 총 음절수는 50(10C×5V, 자음이 없는 음절까지 합하면 55)밖에 되지 않는다. 약 쉰 개의 음절문자를 배우는 것은 그리 어려운 일이 아니다. 그런데 국어의 음절구조는 V(예: 이), CV(예: 개), VC(예: 옷), CVC(예: 산)가 가능할 뿐만 아니라, CVCC(예: 닭)도 가능하고 옛날에는 CCVC(예: 뿔),도 가능했던 듯하다. 자음군을 배제하고 CVC 음절형에서 모든 자음이 모든 모음과 결합이 가능하다고 가정하고, 자음수가 15, 모음수가 10이라고 가정한다면, 가능한 음절수는 2,560이 된다. 이만한 음절문자 수를 인간의 두뇌력으로 도저히 감당할 수가 없다.

(16.7) V(10)   10
        CV(15×10)   150
        VC(10×15)   150
        CVC(15×10×15)   2,250

        계 2,560

기원전 10세기경 Phoenician의 음절문자(이를 Old Semitic Syllabary라 한다)를 빌려 쓰게 된 그리스인들은 이 음절문자가 그리스어에서처럼 음절구조가 복잡한 언어에서는 꽤 비능률적이고 부적합함을 깨닫게 되었다. 여기서 문자발달사에서 제5단계인 획기적인 진화가 발행한다. 즉, 음절문자에서 모음을 버리고 자음만을 빌림으로써, **음소문자**(音素文字 phonemic script또는 alphabetic writing system)가 발생하게 된다는 사실이다. 상형문자 시대부터 모음의 표기가 따로 없었고, 또 그리스어와 히브리어는 외국어지간이기 때문에 마치 Phoenician이 이집트의 상형문자를 빌리면서 의미를 버리기가 비교적 쉬웠듯이 그리스인이 Phoenician의 음절문자를 빌리면서, 모음을 버리기가 그리 어렵지 않았던 듯하다. 도표 (16.8)은 Phoenician의 Old Semitic Syllabary와 Greek Alphabet을 대조한 것이다.

Alphabet이란 단어가 첫 두 자모의 그리스어 명칭을 합성한데서 유래된 것임을 알 수 있다. 몇 개만 부연해 보면 **B**는 '집'(*bēth* > bēta)이라는 상형 표의문자에서 [bV](V는 아무 모음)의 음절문자가 되었다가 [b]음가의 음소 문자 [B]가 되었으며, ㄱ은 '낙타'(*gimel* > camel)라는 표의문자에서 [gV]의 음절문자로, 여기서 음소문자 [G]로 되고, △는 '삼각형문'(*dāleth* > delta)이 라는 상형문자에서 음절문자 [dV]로, 여기서 음소문자 [D]로 진화되었다.

(16.8) Phoenician Syllabary와 Greek Alphabet의 대조

OLD SEMITIC			OLDEST GREEK ALPHABAET		
문자	문자 이름	음절초성	문자	문자 이름	음가
∢	'alef	'	Х	alpha	a
ᱼ	bēth	b	8	bēta (bắta)	b
ᱝ	gimel	g	ㄱ	gamma	g
△	dāletl	d	△	delta	d
ㅋ	hē	h	ㅋ	epsilon (ē)	e
Ƴ	wāw	w	ㅅㅋ	digamma (vau)	w, v
Ⅰ	zayin	z	Ⅰ	zēta (dzắta)	dz
日	ḥēth	ḥ	日	ēta (hắta)	h later ẵ
⊕	tēth	t	⊗	thēta (thắta)	th
ᱨ	yōd	y	ㄱ	iōta (iắta)	i
ㅈ	kaf	k	ᱲ	kappa	k
᱾	lāmed	l	ᱣ	lambda	l
ㄲ	mēm	m	ㄲ	mȳ (mū)	m
ᱝ	mūn	n	ᱟ	nȳ (nū)	n
ㆍ	sāmech	s	ㅍ	ksī (kzē)	khs
ㅇ	'ayin	·	O	omicron (ō)	o
ᒋ	pē	p	ᒋ	pī (pē)	p
ᱭ	ṣādē	ṣ	M	(sampī)	s
Φ	ḳof	ḳ	Ǫ	koppa	k
ᱫ	rēś	r	ᱫ	rhō (rhẵ)	r
w	šīn	ś and š	ᱬ	sigma	s
╋	tāw	t	ㅜ	tau	t

문자 진화의 마지막 단계는 모음의 추가이다. 흔히들 생각하듯 자음문자가 생긴 제5단계에서 한꺼번에 생긴 것이 아니다. 모음의 추가는 자음문자가 성립된 후 몇 세기에 걸쳐 이루어졌다. 그 과정은 다음과 같다. 그리스어에는 아랍어나 히브리어에 많이 있는 후두음(喉頭音 guttural)이 없다. 그리하여 Phoenician Syllabary로부터 빌린 문자 중에 몇 개가 남아돌아가게 되었다. 즉, ’alef(=alpha, 원래 ‘소’의 뜻)와 hē(=epsilon, 원래 ‘숨소리’의 뜻)와 ’ayin(=omicron, ‘눈’(眼)의 뜻)이 그것이다. 그리스어에 후두음이 없었기 때문에 ’alef가 성문파열음 없이 불리웠고, hē는 성문마찰음 h없이 ē로 , 그리고 ’ayin은 인두(咽頭)마찰음 없이 oyin(선행자음의 영향으로 a가 o로 그리스인 귀에 들린 듯함)으로 불리게 되었다. 결국 이 글자들이 첫소리 a, e, o를 표기하게 되기에 이르렀다. 그리스어에 또 없었던 소리로 반모음 y(yodh, ‘손’(手)의 뜻)가 있었다. 이에 그리스인들은 이 반모음을 모음화시켜 모음 i를 만들어 냈다. 옛 그리스인들의 기발함과 영리함을 여기서도 엿볼 수 있다.

　이러한 그리스의 음소문자를 이탈리아 서북부에 살던 Etruscan들이 이어받고 있다가 로마제국에게 넘겨주게 된다. 이것이 로마문자(the Roman Alphabet)이다. 로마제국의 성장과 더불어 라틴어가 유럽 전역에 보급되고, 오늘날엔 영어의 세계화와 더불어 세계 각지로 퍼지고 있다.

　이 밖에 주요 문자로, Cyrillic, Devanagari, Mayan 등이 있다. Cyrillic(시릴/키릴) 문자는 9세기말, Cyril과 Methodius라는 그리스인 형제가 기독교를 슬라브 제국에 전파하기 위해 고안한 문자로, 그 기반은 그리스-로마자였다. 18세기에 러시아의 Peter대제가 다듬은 것이 지금 소련과 동구 여러 나라에서 약 2억 5천만 명이 쓰고 있다. Devanagari는 인도대륙과 주변의 백 여 국가에서 쓰이는 문자인데 원래 기원전 1세기에 Sanskrit에서 비롯되었다. Devanagari는 Sanskrit어로 deva(god)와 nagari(city)의 합성어로 ‘신의 언어’, ‘천국 도시의 언어’ 등으로 불리운다. 기본적으로 음절문자이며 모음가(價)는 첨가부호로 나타낸다. Mayan문자는 이집트의 상형문자처럼 표의문자이면서 음절문자였다. 중남미(Mesoamerica)에서 기원전 3세기 때부터 쓰였으나 16세기에 스페인에 정복당한 후 사라졌다. 해독은 20세기에 와서야 제10장에서 언급한 Benjamin Lee Whorf가 처음으로 시도했는데 상형문자(glyph)의 수가 800을 넘어 쉽지 않았다. 이 입문서에서는 상론을 삼가겠다. ancientscripts.com과 omni glot.com/writing의 website에서 더 자세한 것을 볼 수 있다.

지금까지 우리는 문자의 진화를 살펴보았다. 그림문자에서 음소문자에 이르기까지. 그런데 한글은 이 진화과정의 어느 지점에도 갖다 놓을 수 없다. 왜냐하면 한글은 진화된 것이 아니라 창안된 것이기 때문이다. 세종대왕이 15세기에 그의 집현전 학자들과 더불어 한글을 창제한 것은 세계 문자 사상 실로 그 유례가 없는 공적이라고 하지 않을 수 없다. 우리가 그 분을 대왕이라고 부르고 한글날을 국경일로 만든 것은 당연하다.3) 한글의 창제 동기와 그 경위와 그 구조를 우리는 다 잘 알고 있으므로 여기서 더 논하지 않는다. 다만 얼마 전 한글이 세종 개인의 완전한 창작품이 아니라, 반 모방작이라는 의견이 있었음을 언급하고 지나가야 하겠다.

지금은 은퇴한 Columbia대학의 Gari Ledyard교수는 그의 1966년 학위논문에서 한글 자체(字體)에, 1269년 몽고의 쿠빌라이 칸(Kublai Khan)왕이 'Phags-pa(八思巴)라는 티베트의 명승을 시켜 제작한 몽고문자(이른바 파스파문자, the 'Phags-pa script)의 본을 받은 흔적이 보인다는 의견을 제출하였다. (16.9)가 'Phags-pa문자의 자음계열이다.

(16.9)를 살펴보면 몇 개의 한글 자모와 몽고 자모 사이에 꽤 뚜렷한 유사점이 보인다. 특히 ㄱ과 ꡂ(g), ㄷ과 ꡊ(d), ㅂ과 ꡎ(b), ㄹ과 ꡙ(l), ㅈ과 ꡅ(č') 등. 이것들이 전혀 우연적인 유사성이라고 단언하기도 힘들지만, 체계적인 유사성이라고 주장하기도 어렵다.

---

3) 세계 어느 나라이건 모든 국경일이 정치적인 것이나 종교적인 것인데(예 3.1절, 광복절, 미국의 독립기념일(7월 4일), 프랑스의 Bastille Day(7월 14일), 부활절, 초파일, 크리스마스 등), 학문의 업적을 기리기 위한 국경일은 세계에서 한글날이 유일한 듯하다. 저자는 일리노이대학교에 재직시(1967-2006), 10월 9일엔 휴강하고 파티를 열었으며 나중에 보강(하는 척)했다.

(16.9) 'Phags-pa문자의 자음계열

리	*p*	舌	*č*
己	*b*	巨	*ǰ*
匹 舌	*v*	习	*š*
刭	*m*	口	*ž*
斤	*t'*	Ш	*y*
彐	*t˘*	ℿ	*k*
ㅌ	*d*	佲	*k'*
징	*n*	司	*g*
ㄷ	*n*	口	*g*
己	*l*	習	*y*
ㅎ ㅌ	*c*	己	*ŋ*
죄 ㅋ	*j*	乞	*r*
ㄥ	*s*	匚	·
ㅌ	*z*	◡	*y*
曰	*č*	◢	*w*

우리는 맹목적인 애국심에 눈을 가리고 사실을 볼 것을 거부해선 안된다.[4] 어진 세종임금이나 그의 총명한 집현전 학자들은 분명 몽고문자를 알고 있었을 것이다. 이것은 당시 사역원(司譯院)에서 취급한 네 언어가 중국어, 일본어, 여진어 및 몽고어이었던 것으로 알 수 있다. 쿠빌라이 칸의 명령으로 'Phags-pa승이 문자를 고안해 냈다는 사실에서 문자 창제의 가능성에 대한 격려나 자신을 얻었을지도 모른다. 또 Ledyard 교수가 지적한 바와 같이 한글 자모가 그 당시 유행했던 붓으로 쓰기에는 너무 불편하고 부적절할 정도로 네모지고 각이 졌다는 사실도 주의해야 할 것이다. 또 실상 어진 세종이

---

[4] 최근 정광 교수는 『한글의 발명』(2016)에서, 한글창제의 처음 동기는, 동국(東國=朝鮮) 한자음(漢字音)과 중국의 한어음(漢語音) 사이의 큰 차이를 좁히려는 의도에서 출발한 발음표기체였다는 가설을 내세웠다.

문자를 창제하면서 이웃나라말의 음운과 문자를 참작하지 않았으리라고는 생각할 수 없다. 이것은 집현전(集賢殿) 학자인 신숙주(申叔舟, 1417-75)와 성삼문(成三問, 1418-56)으로 하여금 요동반도에 귀양와 있던 중국의 음운학자 黃瓚(Huang Zan)을 열세 번이나 찾아가서 상담케 한 것을 보아도 알 수 있다. 세종의 천재성은 무(無)에서 유(有)를 창조해 낸 데 있는 것이 아니라, 가능한 자료를 다 참작하고 이용한 다음, 그 간결성과 체계와 과학성에 있어서 세계의 어느 문자도 따라갈 수 없는 문자를 창제해냈다는 데에 있다. 자찬은 미덕이 아니다. 그러나 사실의 기술이 자랑을 결론으로 초대한다면 우리는 이를 받아들여도 될 것이다. 세종임금이 국어의 음소분석을 정확히 하셨다든가, 이웃나라 말들의 문자가 모두 음절문자인데 음소문자를 제정하는 독창성을 발휘하셨다든가, 자형(字形)을 자음은 조음위치를 본따고, 모음은 천지인(天地人)을 본따서 만드셨다든가 하는 사실들은 우리가 다 이미 알고 있는 것이니까 접어두기로 하자. 저자가 여기서 지적하고 싶은 것은 문자체제 안에 있는 체계적인 조직이다. 다음의 자모의 계열을 살펴보자.

(16.10)

	Velar	Dental	Labial	Alveo-palatal
예사소리(平音 plain)	ㄱ	ㄷ	ㅂ	ㅈ
거센소리(激音 aspirated)	ㅋ	ㅌ	ㅍ	ㅊ
된소리(硬音 tense)	ㄲ	ㄸ	ㅃ	ㅉ

우리가 이미 잘 알고 있는 사실이지만, 위와 같은 계열은, 기본자음형에 획(劃)을 더함으로써 같은 조음위치에서 조음방식이 다른 자음을 만듦을 보여준다. 즉, 한 획을 더하면 거센소리가 되고, 예사소리를 중복해서 쓰면 된소리가 되고. 이러한 음운론적 원리를 자체(字體)가 보여주는 문자는 세계에 또 없다. 로마 알파벳의 p와 b가 횡선(橫線) ㅣ와 반원형 ɔ와의 상대적 위치로 성대진동(voice)의 유무를 나타낸다고 (즉 ɔ가 위쪽에 붙으면 무성, 아래쪽에 붙으면 유성을 나타낸다고) 가정하자. 이 원리를 치경음과 연구개음에까지 적용한다면 다음과 같은 가상적인 문자체계를 얻게 된다.

(16.11)

	Labial	Aveolar	Velar
무성(voiceless)	p	q (=t)	Ḳ (=k)
유성(voiced)	b	d	k (=g)

물론 이것은 가상적인 체계다. 로마자의 p, b, t, d, k, g는 그 사이에 아무런 체계적 관계도 없는 독립된 기호들일 뿐이다. 한글의 제작 원리는 마치 세종 임금이 음소들이 제4장에서 본 변별적자질(Distinctive Feature)로 가로 세로 묶여져 있음을 파악하고, 이를 자체(字體)에 반영시켰다고 해도 과언이 아닐 정도로 놀라운 과학성과 논리성을 보여주고 있다.5) 모음도 체계의 정연함을 보여 준다. 한 획(원래는 점)을 더해서 반모음 [y]를 표시한 것은(예: ㅏ, ㅓ, ㅗ, ㅜ 대 ㅑ, ㅕ, ㅛ, ㅠ, 러시아문자 Я (ya), Ю ю (yu) 등과 비교해 보라) 자음에 서 한 획을 더해 기음(氣音 aspiration)을 표시한 것과 같은 원리이다. 한편 ㅘ, ㅝ는 가능하되, ㆇ, ㆊ는 불가능하게 한 것은 국어에 모음조화라는 현상이 있어 ㅗ, ㅏ가 ㅜ, ㅓ와 조화의 계열을 달리함을 파악한 결과이며(예: 보아→봐 대 부어→뭐), ㅐ(=ㅏ+ㅣ), ㅔ(=ㅓ+ㅣ) 등의 자형은 세종임금께서 나+아+다→ 내다(ㅽ), 두껍이→두꺼이→두께 등에서 보이는 국어형태와 음운교체 현상까 지도 파악하시고 이 현상을 한글 자체(字體)에 반영시킨 것이라 볼 수 있다. 그러니까 세종임금은 표면상의 음성형(phonetic form)뿐만이 아니라, 그 기저 형(underlying form)과 음운규칙에 대한 개념까지도, 또 변별적자질에 대한 개 념까지도 파악하고 계셨었다는 것을 말해 준다. 이것은 Jakobson의 변별적자 질설과 Halle의 음운이론을 무려 오백 년 앞서는 놀라운 사실이다. 한글의 자랑은 그것이 우리말을 표기하는 우리 고유의 음성표기체라는 데에 있지 않다. 단순한 음성표기체의 고안은 13세기의 티베트승 'Phags-pa도, 1821년

---

5) 한글을 변별적자질 문자라고 볼 수 있다는 것을 처음 언급한 것은 Sampson(1985)으로 알려져 있다. 그러나 저자는 그보다 5년 앞선 1980년 10월 9일에 일리노이대학에서 한 "On the origin and structure of the Korean script"(한국문자의 기원과 구조에 대하 여)란 강연에서 피력한바 있고 같은 주제로 1981년 4월, University of Chicago에서, 1982년 10월 Brigham Young University에서 있었던 한미수교 100주년 기념 학회에 서 발표한바 있다. 인쇄본은 저자의 『言語小典』(Sojourns in Language) Ⅱ (서울: 탑 출판사 1988), 721-734쪽에 있다.

미국 Cherokee 인디안족의 추장이 Cherokee어의 표기를 위해 한 적이 있다. 한글의 자랑은 그것이 현대언어학의 이론을 무려 오백 년 앞당겨 적용해서 만들어졌다는 데에 있다. 그리하여 『훈민정음 해례』의 후기에 나오는 다음과 같은 정인지(鄭麟趾 1396-1478)의 칭송에 우리는 공감하지 않을 수 없다.

(16.12) "二十八字로서…通達치 못할바이 업스니 비록 바람소리와 鶴의 우름과 달긔 홰침과 개의 지즘도 모다 쓸수가 잇는것이니다. … 공손히 생각하옵건댄 우리 殿下는 하늘이 내신 聖人으로 制度施爲가 百王을 超越하옵서… 大抵東方에 나라가 잇음이 오래지 안한 것 아니언만은 開物成務의 큰 智慧는 오늘에 기다림이 잇든것이온저.

(스물여덟자로서 통달하지 못할 것이 없으니, 비록 바람소리와 학의 울음과 닭의 홰침과 개의 짖음도 모두 다 쓸 수 있다. 공손히 생각하옵건대, 우리 임금님은 하늘이 내신 성인으로, 만사를 베풀어 이룸이 백 왕을 초월하신다. 대체로 동방에 나라가 있은지가 오래 안된 것이 아니나, 만물의 뜻을 깨닫고 모든 일을 이루는 큰 슬기는 오늘을 기다려서야 나타났도다.)

한글은 우리의 자랑거리만이 아니다. 외국 학자들의 칭송을 두엇 보자.

"No other alphabet in the world is so beautiful and sensibly rational... It is impossible to withhold admiration for it. There is nothing like it in all the long varied history of writing."
(세계의 어느 문자도 그렇게 아름답고 합리적일 수 없다… 경탄을 금할 수가 없다. 세계의 오랜 다양한 문자사에서 이런 것은 없었다.)

Ledyard (1966:202)

"Hangul is simple, elegant, and more systematically structured than any other writing system."
(한글은 간소하고 우아하며 다른 어느 문자보다도 더 체계적인 구조를 가지고 있다.)

Coulmas (1996:144)

참고문헌

김진우. 1988. "On the origin and structure of the Korean script". In *Sojourns in language*, II. 721-734. 서울: 탑출판사.

김완진. 1996. 『음운과 문자』. 서울: 신구문화사.

이상억. 2017. 『조선시대어 형태 사전』. 서울: 서울대학교 출판부.

임용기. 2008. "허웅선생의 국어학 연구". 『한글』 281:73-119.

정광. 2015. 『한글의 발명』. 파주: 김영사.

홍윤표. 2013. 『한글이야기』. 서울: 태학사.

Coulmas, Florian. 1989. *The writing systems of the world*. Oxford, UK: Blackwell.

Daniels, P. T. 2001. "Writing systems". In M. Aronoff and J. Rees-Miller eds: *The handbook of linguistics*. Hoboken, NJ: Blackwell.

Diringer, D. 1943. "The origins of the alphabet". *Antiquity* 52:77-90.

Gelb, I. J. 1952. *A study of writing*. Chicago, IL: University of Chicago Press.

Kim, Chin-W. 1997. "The structure of phonological units in *Hangul*". In Young-Key Kim-Renaud ed. : *The Korean alphabet: Its history and structure*. Honolulu HI: University of Hawaii Press, pp. 145-160.

Ledyard, Gari. 1966. *The Korean language reform of 1446: The origin, the background, and the early history of the Korean alphabet*. University of California-Berkeley doctoral dissertation.

Rogers, H. 2005. *Writing systems: A linguistic approach*. Malden, MA: Blackwell.

Sampson, Geoffrey. 1990. *Writing systems: A linguistic introduction*. Stanford, CA: Stanford University Press. [신상순 역: 『세계의 문자 체계』. 서울: 한국문화사. 2000]

Wang, William S-Y. 1973. "The Chinese language". *Scientific American* 228(2):50-63.

CHARTOON
Phonetically defined

reveal — make veal again

pointless — refrain from indicating things with finger

crooked — thief named Ed

forebear — intended to belong to a grizzly

realize — genuine ocular organs

understands — situated below the bleachers

JOHN ATKINSON, WRONG HANDS

Rebus(그림문자)의 익살스런 예들

reveal '드러내다' = re + veal '송아지고기 다시 굽다'
pointless '무의미한' = point + less '손가락질 덜'
crooked '비뚤어진' = crook + Ed 'Ed라는 도둑놈'
forebear '조상' = for a bear '곰을 위해서'
realize '실현하다' = real + eyes '진짜 눈알'
understands '이해하다' = under + stands '스탠드(관람석) 밑에서'

1. 다음은 Sanskrit의 전신인 고대 인도어(Brāhmī) 문자이다. 이를 (16.8)의 Semitic Syllabary 및 Greek Alphabet와 비교해 보고, 이 고대 인도문자가 전자에서 도래된 것인가 아닌가를 밝혀라.

OLDEST INDIAN FORMS		OLDEST INDIAN FORMS	
ⴽ	a	ᴜ	la
☐	ba	𝑋	ma
∧	ga	⊥	na
D	dha	ⴑ	sa
ⴑ	ha	D	ē
ⵝ	va	Ɩ	pa
Ⲥ	dža	ꝺ	ča
ⴼ	gha	ꝫ	kha
⊙	tha	⟨	ra
↓	ya	⋏	śa
✝	ka	𝘈	ta

2. Sanskrit를 한문으로 범어(梵語)라고 했다. 성종대(成宗代)의 성현(成俔, 1439-1504)은 한글이 Sanskrit 문자에 의존해서 만들어졌다고 말하였다.("其字體依梵字 -「慵齋叢話」). 위 도표를 보고 이 가능성이 얼마나 되는지 말해 보라.

3. 훈민정음(制字解)은 한글의 일곱 기본모음을 다음과 같이 정의하고 있다.

· 舌縮 聲深 (혀가 옴츠리고, 소리가 깊다)
ㅡ 舌少縮 聲不深不淺 (혀가 조금 옴츠리고 소리는 깊지도 얕지도 않다)
ㅣ 舌少縮, 聲淺(혀가 옴츠리지 않고, 소리가 얕다)
ㅗ 與·同, 口蹙(·와 같고, 입을 오므린다.)
ㅏ 與·同, 口張(·와 같고, 입을 벌린다.)
ㅜ 與ㅡ同, 口蹙(ㅡ와 같고, 입을 오므린다.)
ㅓ 與ㅡ同, 口張(ㅡ와 같고, 입을 벌린다.)

舌縮, 聲深, 聲淺, 口蹙이 변별적자질이라고 가정하고 이분법(+,ㅡ)으로 다음 도표를 채우라.

	·	ㅡ	ㅣ	ㅗ	ㅏ	ㅜ	ㅓ
舌縮							
聲深							
聲淺							
口蹙							

舌縮=back, 聲深=grave, 聲淺=acute, 口蹙=round라고 가정하고 위 일곱 모음의 음가를 모음도에 재구해 보라. 현대국어의 모음조화현상에 비추어 고려해 볼 때 이 재구된 모음체계에 얼마만한 타당성이 있다고 생각하는가?

4. 희랍인은 Phoenician에게서 물려받은 (16.8)의 스물두 자 이외에 희랍어에 필요한 Υ(ypsilon), Φ(phi), X(khi), Ψ(psi), Ω(omega)의 다섯 글자를 뒤에 추가하였다 국어에 ㅿㆆ를 부활시켜 [z] [ʔ]음을 각각 표기하도록 하고, 자체(字體)를 조금 변경하여 ㄹ은 [l]을, ㄴ은 [f]를, ᆖ는 [yɨ]를 표기하도록 하자는 제안들이 가끔 있었다. 이러한 제안을 비평하라.

5. 한글을 풀어 쓰자는 제안이 한 때 있었다. 즉, 한글을 ㅎㅏㄴㄱㅡㄹ식으로. 이 풀어쓰기 제안을 평가하라.

맺는 말

Language is a perpetual Orphic song,
Which rules with Daedal harmony a throng
Of thoughts and forms, which else
Senseless and shapeless were,
Shelley: *Prometheus Unbound* (1812)
(언어는 오르페우스의 영원한 노래,
언어없인 무의미하고 무형체였을
천태만상의 사고와 형상을
신묘한 조화로 다스린다.)

지금까지 우리는 언어라는 현상의 이모저모를 살펴보았다. 새가 날개가 있기 때문에 공중을 날 수 있듯이, 인간은 언어가 있기 때문에 인간 특유의 감정의 하늘과 지성의 세계를 날 수 있다. 문학에서 과학, 예술에서 의술에 이르기까지, 인간이 짓는 문명의 바벨탑은 모두 언어 때문에 가능하다고 할 수 있다. 그만큼 언어는 특이하고 경탄스럽고 거의 마력적이다. "천 냥 빚을 말로 갚는다"라는 속담은 언어의 위력을 단적으로 표현하고 있다.

이러한 언어는 아직도 신비스런 존재로 남아 있다. 아무리 고도로 발달된 컴퓨터도 언어를 좀처럼 흉내 내지 못하고 있다. 이것은 앞으로 우리가 해야 할 연구가 아직도 많이 남아 있음을 시사한다. 프랑스의 뇌신경학자 Jean Alfred Fournier(1832-1914)는 두뇌의 생태를 엿볼 수 있게 하는 유일한 창문은 언어라고 하였지만, 근래에 무서운 속도로 발전하고 있는 전산언어학은 본서의 제2판 때만 해도 상상할 수 없었던 고지로 우리를 데리고 가서 언어의 실태를 내려다보게 하고 있다. 컴퓨터가 두뇌의 역할을 대행하고 있다고 할 수 있다. 몇 해 뒤에 본서의 제4판이 나온다면 그때는 언어의 어떤 모습을 우리가 엿볼 수 있게 되는지, 마치 배우자와의 첫 만남에서처럼, 설레는 마음으로 기다려진다.

이 책에서 다룬 여러 장들은 언어라는 융단의 한 조각을 짜는 여남은의 실오리에 지나지 않는다. 그럼에도 어떤 무늬가 어렴풋하게나마 나타났기를 간절히 바랄뿐이다.

한국문화사 언어학 시리즈

제3판
언어: 이론과 그 응용

3판 1쇄 발행 2017년 8월 1일
3판 2쇄 발행 2018년 2월 5일
3판 3쇄 발행 2019년 3월 31일
3판 4쇄 발행 2020년 8월 31일
3판 5쇄 발행 2022년 8월 10일

지 은 이 | 김진우
펴 낸 이 | 김진수
펴 낸 곳 | 한국문화사
등   록 | 제1994-9호
주   소 | 서울특별시 성동구 광나루로 130 서울숲 IT캐슬 1310호
전   화 | 02-464-7708
팩   스 | 02-499-0846
이 메 일 | hkm7708@hanmail.net
홈페이지 | http://hph.co.kr

ISBN 978-89-6817-521-3 93700

• 이 도서의 국립중앙도서관 출판예정도서목록(CIP)은 서지정보유통지원시스템 홈페이지
  (http://seoji.nl.go.kr)와 국가자료공동목록시스템(http://www.nl.go.kr/kolisnet)에서
  이용하실 수 있습니다.(CIP제어번호: CIP2017018540)